고려의 혼인제와 여성의 삶

고려의 혼인제와 여성의 삶

권 순 형

머리말

　이 책은 필자의 박사학위 논문과 그 이후에 쓴 글들을 묶은 것이다. 그런데 학위논문을 쓸 때도, 지금도 필자의 관심은 고려시대의 여성이다. 왜 고려시대의 여성을 연구하느냐고 물으면, 딱히 대답할 말은 없다. 처음에 주제를 택하게 된 동기는 정말 뭘 모르고 시작한 것이었다. 애초에는 근대사를 전공할 생각으로 대학원에 들어왔는데, 첫 학기 고려시대 수업을 들으면서 상당히 충격을 받았다. 워낙 학부 때 사학을 부전공으로 했기 때문에 학점 비중이 크지 않았고, 또 시대가 시대였던 만큼 거의 근대사 쪽 과목만 들었었다. 처음 전근대사를 접하면서, 그것도 아주 정통적인 방식의 연구경향을 접하면서, 이 쪽을 새롭게 연구하고 싶다는 생각이 들었다. 그래서 덜컥 시대를 바꿨는데, 왜 수업 시간에 읽었던 고려시대 논문들이 답답하게 느껴졌는지를 이해하는 데는 오래 걸리지 않았다. 여성사를 하고 싶다는 생각은 석사 때부터 있었지만, 도저히 자신이 없어 포기했다. 박사과정에 들어와 다시 주제를 고민하다 결국은 '공부 하루 이틀 할 것도 아닌데'라는 생각이 들어, 그냥 여성사를 하기로 결정했다. 이후부터는 고난의 연속이었다. 1천년 전 여자들이 무슨 일로 역사에 이름을 남기겠는가? 사료가 많아도 하기 힘든 것이 여성사인데, 하물며 사료가 없음에랴!
　그러나 후회는 하지 않는다. 고려는 나름대로 매력적인 시대이다. 고려는 다른 시대에 비해 전반적으로 연구가 왕성하지 않으며, 여성에 대해서는 특히 더하다. 고려는 근대사처럼 변화의 폭이 크지도 않고, 조선시대처럼 사료가 많은 것도 아니다. 또 고대사처럼 절대적인 상상력이 펼쳐질 수 있는 세계도 아니다. 어찌 보면 이러한 '밍밍함'이 연구자들의 관심을 상대적으로 덜 붙잡게 된 것이 아닌가 하는 생각도 든다. 그러나 여성에 관한 한 고려는 상당히 주목할 만하다. 고려 여성들의 삶은 우리가 일반적으로 전통이라고 생각하는 조선시대와는 많은 점에서 차이를 보이며, 오히려 오늘날 우리가 지향하는 방향과 비슷한 요소들이 있기조차 하다. 처가와 밀접한 혼인 양식도 그렇고, 유교와 불교, 민간신앙 등이 공존했던 다원적인 사상도 그러하다. 또 독신녀의 존재나 여성의 경제력과 활동 등도 그러하다. 물론 고려시대 여성의 힘과 활동성은 대부분 친족 배경에 근원하는 것으로 여성 개인이 주체인 오늘날과는 비교할 수 없다. 그러나 가부장적이 아닌 또다른 세계를 꿈꿀 때, 고려시대 여성들의 삶은 우리에게 시사해주는 것이 없지 않다.

처음 책을 펴낼 생각을 하고, 체제를 잡으면서 새로 항목을 넣기도 하고, 기존의 글을 대폭 수정하기도 하였다. 한편 거의 손대지 않은 것들도 있다. 이는 전반적으로 고려시대 혼인이나 여성에 대한 연구가 활발하지 않기 때문이기도 하고, 또 필자의 게으름 때문이기도 하다. 막상 책으로 펴낼 것을 생각하니 부끄럽고, 두렵고, 손을 털기가 망설여진다. 그럼에도 불구하고 일을 진행하는 이유는, 어처구니없게도 내못난 글에 대한 어줍지 않은 애착 때문인 것 같다. 어떻게 그런 마음이 들었는지 모르지만, 책을 내겠다는 생각을 하고, 이전에 쓴 글들을 뒤적여보니 좀 충격이 왔다. 더 지나면 완전히 휴지조각이 될 것 같다는 느낌과 그나마 이 분야 연구자들이 없어서 다행이라는 한심한 생각까지 들면서 마음이 몹시 바빠졌다. 그저 '앞으로 새롭게 잘하기 위해' 지금까지의 것들을 정리해 낸다고만 생각하기로 했다.

책을 내면서 감사하고 싶은 분들이 많다. 가장 먼저 내 존재의 근원이며, 힘의 원천인 가족들에게 감사한다. 다음으로 대학원에서 필자를 지도해 주시고, 학부에서 사학을 전공하지 않아 기초지식이 부족한 필자에게도 균등한 사랑을 베풀어주신 신형식·이배용 교수님께 감사드린다. 또 처음 대학원 들어와서부터 지금까지 한결같이 필자를 감싸주고 있는 강성원·김영미 두 선배님께도 감사한다. 그리고 10년도 훨씬 넘는 세월을 함께 하며 '여성사 지킴이'가 되고 있는 여성사연구실 식구들 및 가장 먼저 이 길을 걸으신 박용옥 교수님, 그리고 책이 나올 수 있게 도와주신 주진오 교수님께도 감사의 말씀을 전한다. 끝으로 전혀 상업성이 없고, 내용도 신통치 않은 원고를 책으로 낼 수 있게 허락해 주신 혜안 출판사 오일주 사장님 이하 여러분들께도 감사를 드린다.

2006년 5월
권 순 형

차 례

서 론

　본고는 고려시대 혼인과 여성의 가정생활에 대한 논고이다. 고려시
대 여성들의 지위와 생활은 기록의 한계 때문에 구체적으로 파악하기
어렵다. 그러나 그들 삶의 성격은 전통사회 이해의 한 부분으로서 간
과할 수 없는 사항이다. 전근대 여성들에게 가장 중요한 것은 가정생
활이었다. 보통 10대 중·후반에 혼인하여 죽을 때까지 그들은 가족
내에서 살게 된다. 가족은 여성들이 활동할 수 있는 유일한 공간으로
서 여성들은 그 속에서 자신의 존재 의미와 삶의 목적을 발견하게 된
다.

　가족을 형성하는 단초는 혼인이다. 혼인은 남자와 여자가 그들의
결합을 사회적으로 인정받는 행위로써 각 시대마다 성립 요건이나 절
차, 내용 등에 차이가 있다. 혼인은 한 사회의 구조나 성격과 밀접한
관련을 맺고 있기 때문이다. 따라서 혼인에 대한 연구는 가족사나 여
성사의 출발점일 뿐 아니라 사회사 연구의 중요 주제이기도 하다. 이
에 본고에서는 고려시대 혼인제에 대한 연구를 통하여 고려 사회의
일면을 해석하고, 고려 여성들의 지위와 생활을 알아보고자 한다.

　먼저 혼인에 대한 그간의 연구 성과를 살펴보겠다. 혼인제를 근대
역사학적인 방법으로 처음 연구한 것은 일제시대 일본인 학자들이었
다. 일본은 식민지 지배를 위해 조선의 사회구조를 이해할 필요가 있
었으며, 이에 조선의 민속이나 풍속에 대한 자료 조사부터 시작하였

14

다. 이 결과 1910~20년대에는 婚俗을 포함한 여러 자료집들이 간행
되었으며,[1] 차츰 조선 혼인 풍속의 특성에 대한 연구 논문들이 발표
되기 시작하였다.[2] 이들은 주로 혼인의례나 同姓不婚制 등 일본과 다
른 조선 혼속의 특징을 다루고 있는데, 철저히 식민사관에 입각한 해
석을 하고 있다.[3]

반면 한국의 학자들은 우리의 고유성을 강조함으로써 이에 대응하
고 있다. 孫晉泰는 우리의 독특한 혼인 풍속으로 率婿制를 들고 조선
시대에 儒者들의 주장에도 불구하고 半親迎조차 습속화되지 못했다
하여 우리 문화의 독자성·고유성을 강조하고 있다.[4] 李能和 역시 혼

1) 山口豊正,『朝鮮之研究』, 1911 ; 今村鞆,『朝鮮風俗集』, 京城 : ウツボヤ書
籍店, 1914 ; 西村眞太郎,『朝鮮の俤』, 朝鮮警察協會, 1916. 이 외에 朝鮮總
督府 調査資料가 1920년대부터 간행되고,『朝鮮事情』,『朝鮮要覽』및『朝
鮮』이라는 월간지도 간행되었다.

2) 小田幹治郎,「婚姻に關する朝鮮の習俗」,『朝鮮』6월호, 1920 ; 都守泰一,
「朝鮮人の婚姻と族姓」,『社會學雜誌』26, 1926 ; 伊藤憲郎,「朝鮮に於ける
同族不婚の原則」,『朝鮮』161, 1928 ; 秋葉隆,「朝鮮の婚姻形態」,『哲學論
叢』제2부 論叢2, 京城帝大 法文學部, 1930 ; 今村鞆,「朝鮮婚姻制の一面觀
察」,『朝鮮』190, 1931 ; 今村鞆,「朝鮮に於ける一夫多妻の存在について」,
『稻葉博士還曆紀念滿鮮史論叢』, 1938.

3) 예컨대 今村은 "조선의 동족불혼은 고대로부터의 풍습도 아니고 경제·사회
적 원인이 있는 것도 아니다. 그저 유교에 의해 중도에 행해져 완성된 지 불
과 4백년에 지나지 않는다"며(今村鞆, 위의 글, 1931) 그 타율성을 강조하고
있다. 또한 그는 일부일처를 문명국의 징표로 상정하고 조선은 고대 이래 일
부다처와 일부일처가 병존해 왔으며 중종대에서야 일부다처가 없어졌다 하
여 중국보다 9백년, 일본보다 4백년 뒤떨어졌다고 한다. 그리고 이처럼 뒤처
진 이유는 조선의 경제발전이 늦고 그러다 보니 문화진전도 늦어서라고 보
고 있다. 그리고 늦게나마 일부일처로 변한데 대해서도 끝까지 사회발전을
언급하지 않고 위정자의 노력과 법률의 위력, 유교신앙(?)의 보급에서 그 배
경을 구하고 있다. 게다가 아직도 풍속상 일부다처의 잔재가 남아있다고 하
는 등 일관된 정체성과 타율성 논리로 조선의 혼인제를 분석하고 있다(今村
鞆, 위의 글, 1938).

4) 孫晉泰,「朝鮮の率婿婚俗に就いて」,『史觀』3冊, 1933 ;「朝鮮率婿婚制考」,
『開闢』續刊 1-2, 1934 ;「朝鮮婚姻의 主要形態인 率婿婚俗考」,『朝鮮民族

인풍속 등 민속연구를 통하여 우리의 전통문화를 부각시켰다.5) 이 외
에도 여러 연구들이 나왔으나6) 아직 연구업적이 축적되지 않은 시기
이므로 어떤 특정시대를 정밀하게 연구하기보다는 통시대적으로 기술
한 논문이 대부분이었다. 근대 역사학이 시작되는 시점에서, 더구나
식민사관내지 그에 대한 대응이라는 명확한 입장을 전제하고 연구를
행하는 상황에서 객관적이고 실증적인 논문을 기대하는 것은 무리일
것이다. 보다 전문적인 역사학 논문은 해방 이후를 기다릴 수밖에 없
었다.

   그러나 해방이 되었어도 50년대까지는 좌우익 대립 및 6·25전쟁
등 혼란한 사회상황으로 연구가 부진했다. 이 시기 혼인에 대한 성과
물로는 金斗憲이 기존의 논문을 묶어 펴낸 『朝鮮家族制度史』7)가 유
일하게 기념할 만한 업적이라 하겠다. 이 책은 고대 이래 조선시대까
지 혼인은 물론 가족제도 전반을 다룬 최초의 본격적인 연구서로서
서구의 인류학 이론을 원용하고 비교사적 방법을 사용하는 등 한국
혼인사의 연구수준을 한 단계 높이고 있다.8) 또한 이론과 실증의 균
형을 추구한 모범적 연구9)로 이후의 혼인사 연구에 지대한 영향을 끼

   文化의 研究』, 乙酉文化社, 1948.
 5) 이능화는 혼례식 때 흰말을 사용하는 것이 기자의 유풍이라는 유형원의 설
    에 반대하고 박혁거세와 알영설화에서 닭과 흰말의 상서로움을 찾아내는 등
    우리의 고유한 민족문화를 강조하고 있다(李能和, 「朝鮮に於ける神話的婚
    媾」, 『朝鮮』168, 1929 ; 李能和, 『朝鮮女俗考』, 동양서원, 1927/金尙憶 옮김,
    『朝鮮女俗考』, 東文選, 1990, 51~52쪽).
 6) 張承斗, 「朝鮮原始諸種族の婚姻」, 『朝鮮』281·282호, 1938 ; 張承斗, 「朝鮮
    の同姓不婚」, 『朝鮮總督府調査月報』10월·11월호, 1939 ; 李相佰, 「再嫁禁
    止習俗의 由來에 대하여」, 『東洋思想研究』1, 1934/『李相佰著作集』1 ; 金
    斗憲, 「朝鮮의 早婚과 그 起源에 대한 고찰」, 『震檀學報』2, 1935/『韓國家
    族制度研究』, 서울大出版部, 1969 ; 金斗憲, 「朝鮮妾制史小考」, 『震檀學報』
    11, 1939/위의 책, 1969.
 7) 金斗憲, 『朝鮮家族制度研究』, 乙酉文化社, 1949/위의 책, 1969.
 8) 장병인, 『조선전기 혼인제와 성차별』, 일지사, 1997, 12~13쪽.
 9) 池承鍾, 「朝鮮前期 社會史 研究의 動向 - 家族·鄕村社會·身分研究를 中

치고 있다. 그러나 통시대를 다루었어도 사료 분량상 대부분 조선시대
에 치중하고 있어 고려 혼인제에 대한 내용은 매우 소략하다.

60년대에 들어와서는 가족법 개정 논란이라든지 경제개발계획에
따른 가족구조의 변화로 법학이나 사회학 분야에서도 혼인에 대한 연
구가 활발했다.10) 이 추세는 70·80년대에도 계속되었고,11) 이 외 학
문분야가 다양해지면서 인류학12)이나 가정학,13) 민속학14) 등에서도

心으로」,『韓國史論』24, 國史編纂委員會, 1994, 134쪽.

10) 朴秉濠,「우리나라 率婿婚俗에 由來하는 親族과 禁婚範圍」,『法學』4-12,
   1962 ; 申圭東,「韓國의 婚姻制度」,『成均法學』7, 1962 ; 鄭範錫,「우리나라
   同姓婚 및 近親婚에 관한 硏究(1)」,『金斗憲博士華甲紀念 論文集』, 1964 ;
   李効再,「한국 결혼제도를 통하여 본 변동의 유형」,『震檀學報』31, 1967.
11) 崔在錫,「韓國家族制度硏究」,『韓國文化史大系』Ⅳ, 高麗大民族文化硏究
   所, 1970 ; 崔在錫,『韓國家族制度史硏究』, 一志社, 1983 ; 裵慶淑,「韓國婚
   俗의 變遷에 관한 硏究」,『法史學硏究』6, 1981 ; 李東科,「韓國의 儒敎的
   傳統婚禮 節次에 關한 考察」,『法學論考』17, 청주대학교 법과대학, 1988 ;
   韓福龍,『韓國婚姻法論』, 하락도서, 1989.
12) 李光奎,『韓國家族의 史的硏究』, 一志社, 1977.
13) 朴惠仁,「傳統的 婚姻儀禮에 나타난 韓國家族의 性格」,『女性問題硏究』
   10, 1981/『韓國의 傳統婚禮硏究』, 高麗大學校出版部, 1988 ; 朴惠仁,「母處
   父處制 婚姻居住規則의 殘滓-婿留婦家婚俗을 중심으로」,『民族文化硏
   究』17, 1983/위의 책, 1988 ; 朴惠仁,「女家에서의 婚禮式의 淵源 및 그 變
   遷」,『女性問題硏究』12, 曉成女大 부설 여성문제연구소, 1983/위의 책 ; 李
   順洪, 1992,『韓國傳統婚姻考』, 學硏文化社, 1988.
14) 최재석,「濟州道의 婚姻儀禮와 그 社會的 意義」,『亞細亞女性硏究』16, 淑
   明女子大學校 亞細亞女性問題硏究所, 1977 ; 최재석,「濟州道의 死後婚」,
   『韓國學報』제13집, 一志社, 1978 ; 安秉台,「婚俗 親迎에 대하여」,『韓國民
   俗學』5, 1972 ; 呂重哲,「同族部落의 通婚圈에 관한 硏究」,『人類學論集』
   1, 1975 ; 呂重哲,「韓國農村의 地域的 通婚圈」,『新羅伽倻文化』9·10,
   1978 ; 朴桂弘,「韓日婚俗의 比較考察」,『韓國民俗學』11, 1976 ; 朴桂弘,
   「韓·日民俗의 比較考察(Ⅱ)-日本婚姻의 歷史的 類型을 中心으로」,『百
   濟硏究』7, 忠南大學校 百濟硏究所, 1976 ; 朴貞惠,「韓國婚姻風俗硏究-
   古代婚俗의 民俗學的 考察」, 誠信女大 大學院, 1976 ; 高富子,「濟州道의
   婚俗」,『國際大學 論文集』6, 1978 ; 康龍權,「虛婚에 관한 硏究」,『民族文
   化』2, 동아대학교 부설 한국민족문화연구소, 1980 ; 崔吉城,「死後結婚의

여러 연구가 나왔다. 그러나 이들 분야의 연구 역시 대부분 조선을 대
상으로 하고 있다. 법학이나 가정학, 민속학에서 전통 혼인법제나 혼
례, 혼인풍속이라고 하면 그것은 인접 시기인 조선의 혼인제를 말하는
것이다. 사회학이나 인류학에서는 통시대를 다루면서 앞 시기를 고찰
하는 경우도 있으나 이때에도 이론을 적용해 해석할 여지가 많은 고
대에 치중하고 있어 고려는 여전히 소략하게 다루어지고 있는 실정이
다. 그나마 법학 분야에서의 연구는 혼인의 법제적 측면을 밝히는 데
주력하여 실제 적용 문제를 소홀히 하는 감이 있으며, 가정학 분야의
연구는 혼인의례에 치우치는 경우가 많다. 사회학이나 인류학의 연구
도 가족이나 친족제도를 다루는 중에 부수적으로 혼인에 대해 언급하
고 있어 본격적인 혼인제 연구라 하기 어렵다.

　한편 사학계에서는 60년대에 들어 식민사관의 비판과 새로운 한국
사상의 수립이라는 과제의 연속선상에서 내재적 발전론을 이론적으로
더욱 다듬고 실증적으로 구체화하는 작업을 진행시켰다.[15] 이에 청동
기 시대의 존재 문제라든지 실학에 대한 연구 등 많은 성과가 나오게
되었다. 그러나 혼인에 대한 연구는 여전히 제대로 이루어지지 못했
다. 정치·경제·신분·외교사 등 역사학이 다루어야 할 문제가 많고,
식민사관의 오류를 불식할 필요도 있어 개인이나 가정 문제를 다루는
혼인관계 연구는 비중이 감소할 수밖에 없었기[16] 때문일지도 모른다.

　　意味 - 韓·中·日 比較」,『比較民俗學』창간호, 比較民俗學會, 1985 ; 閔
　　濟,「婚俗의 大禮에 대하여」,『月山任東權博士頌壽紀念論文集 - 民俗學
　　編』, 集文堂, 1986 ; 전경수,「진도 下沙渼의 대바구 혼인 : 그 민족지적 의미
　　와 비교문화적 위상」,『한국문화인류학』19, 한국문화인류학회, 1987 ; 竹田
　　旦,「死後결혼의 比較民俗學的 硏究」,『月山任東權博士頌壽紀念論文集 -
　　民俗學編』, 集文堂, 1986 ; 竹田旦,「全南 珍島에 있어서의 死後婚 - 民俗의
　　地域性 解明을 爲해서」,『韓國民俗學』20, 民俗學會, 1987.
15) 박찬승,「분단시대 남한의 한국사학」, 조동걸·한영우·박찬승 엮음,『한국
　　의 역사가와 역사학』하, 창작과 비평사, 1994.
16) 鄭容淑,『高麗王室族內婚硏究』, 새문사, 1988, 10쪽.

특히 고려시대의 혼인에 대한 연구 성과는 매우 미흡하다. 조선은
현재와 인접 시기인 데다가 사료도 상대적으로 많아 그 중 연구가 된
편이며, 신라도 왕위계승이나 골품제 등이 혼인과 관련되어 있어 여러
논문에서 자주 거론되고 있다.[17] 그러나 고려는 중간 시대로서 별로
주목을 받지 못하였다. 혼인에 대한 연구 중, 시대를 고려로 한정한
것은 50년대의 金成俊 논문과[18] 60년대의 河炫綱, 李熙永, 江原正昭,
尹庚子의 논문이 있을 뿐이다.[19] 그런데 이것은 모두 특수한 집단인
왕실을 대상으로 정치적 측면에서 혼인을 다루고 있다. 이는 60년대까

17) 申瀅植, 「新羅王位繼承考」, 『柳洪烈博士華甲紀念論叢』, 惠庵柳洪烈博士華
甲紀念事業委員會, 1971 ; 李基東, 「新羅中古時代血族集團의 特質에 관한
諸問題」, 『震檀學報』 40, 1975/『新羅骨品制社會와 花郎徒』, 1984 ; 李光奎,
「新羅王室의 婚姻體系」, 『社會科學論文集』 제1집, 서울大學校 社會科學大
學, 1976 ; 李光奎, 「韓國古代社會와 親族制度」, 『韓國古代文化와 隣接文
化와의 關係』(報告論叢81-1), 韓國精神文化研究院, 1981 ; 李光奎, 「신라왕
실의 혼인체계」, 『민족과 문화』 Ⅱ 사회·언어 - 한국문화인류학회논문집, 정
음사, 1988 ; 徐銀淑, 「新羅 中古·中代 王室婚姻考」, 慶北大 석사학위논문,
1977 ; 金毅圭, 「新羅母系制社會說에 대한 檢討 - 新羅親族研究」, 『韓國史
研究』 23, 1979 ; 李鍾旭, 「新羅 上代 王位繼承 研究」, 『民族文化叢書』 7,
嶺南大學校 民族文化研究所, 1980 ; 盧泰敦, 「高句麗 初期의 娶嫂婚에 관
한 一考察」, 『金哲俊博士 華甲紀念論叢』, 1983 ; 崔在錫, 「新羅王室의 王位
繼承」, 『歷史學報』 98, 1983 ; 崔在錫, 「新羅王室의 婚姻制」, 『韓國史研究』
40, 1983 ; 崔在錫, 「古代社會의 婚姻形態」, 『奎章閣』 9, 서울大學校 圖書
館, 1985 ; 辛東鎭, 「고구려 초기의 혼인체계분석」, 건국대 석사학위논문,
1984 ; 李文雄, 「新羅 親族 연구에서 婚姻體系와 出系의 문제」, 『韓國文化
人類學』 17, 韓國文化人類學會, 1985 ; 李英夏, 「高句麗家族制度와 娶嫂婚
制」, 『論文集』 25 - 人文·社會科學編, 公州師範大學, 1987.
18) 金成俊, 「麗代 元公主出身 王妃의 政治的 位置에 대하여」, 『韓國女性文化
論叢』, 梨花女子大學校 出版部, 1958/『韓國政治法制史研究』, 一潮閣, 1985.
19) 李熙永, 「高麗朝歷代妃嬪の姓の繼承に關する一試論 - 同姓不婚制の形成
過程における一現象の究明」, 『民族學研究』 31-1, 1966 ; 江原正昭, 「高麗王
族の成立 - 特に太祖の婚姻を中心として」, 『朝鮮史研究會論文集』 2, 1966
; 尹庚子, 「高麗王室의 婚姻形態」, 『淑大史論』 3, 1968 ; 河炫綱, 「高麗前
期의 王室婚姻에 對하여」, 『梨大史苑』 7, 1968.

지 고려사 연구가 제도사 및 지배세력 문제를 주로 해명하려 했던 경향20)과도 맞물리는 것이라 하겠다. 이러한 주제와 연구 방법이 고려의 혼인제에 대해 많은 정보를 주는 것은 불가능할 것이다.

70년대에 들어와 고려의 혼인은 귀족가문 연구에 부수되어 행해지게 된다.21) 당시는 고려사회 성격논쟁이 활발하게 제기되던 시기라 귀족제 사회설을 보강하기 위한 가문 연구가 많이 행해졌고, 이에 왕실을 포함한 귀족가문 간의 혼인에 대해서도 언급되었던 것이다. 그러나 이것 역시 혼인 자체의 연구라고는 할 수 없을 것이다. 80년대에 들어와 鄭容淑이 『高麗王室 族內婚研究』를 펴냈는데, 이는 고려 혼인제에 대한 최초의 단행본이라는 점에서 의미가 크다. 그러나 이 책의 내용 역시 특수한 집단인 왕실의 혼인을 다뤘다는 점에서 한계를 가지고 있다.

이처럼 80년대까지의 고려 혼인제 연구는 논문 편수도 적을 뿐 아니라 대부분이 왕실혼을 주제로 삼거나 귀족가문 연구에 부수되어 행해진 것들이다. 이에 고려 혼인제 일반에 대해서는, 통시대를 다룬 책22)이나 고려의 여성사나 사회사를 다루면서 부수적으로 언급한 글23)을 통해 단편적으로 알 수밖에 없다. 그리고 그 수준은 고려의 혼

20) 河炫綱, 「高麗史硏究의 動向(1945~1981년도)」, 『韓國中世史論』, 新丘文化社, 1989.
21) 藤田亮策, 「李子淵と其の家系」, 『靑丘學叢』 13·15, 1933·1934 ; 尹庚子, 「高麗王室과 仁州李氏와의 관계」, 『淑大史論』 2, 1965 ; 閔賢九, 「高麗後期 權門世族의 成立」, 『湖南文化硏究』 6, 1974 ; 黃雲龍, 「高麗閔族考」, 『釜山史學』 1, 1977/『高麗閔族에 관한 硏究』, 1979 ; 李萬烈, 「高麗慶源李氏家門의 展開過程」, 『韓國學報』 21, 1980 ; 金蓮玉, 「高麗時代慶州金氏의 家系」, 『淑大史論』 11·12합집, 1982 ; 朴龍雲, 「高麗時代의 定安任氏·鐵原崔氏·孔巖許氏 家門 分析」, 『韓國史論叢』 3, 1978 ; 朴龍雲, 「高麗時代 水州崔氏家門 分析」, 『史叢』 26, 1982.
22) 金斗憲, 앞의 책, 1949 ; 李光奎, 앞의 책, 1977 ; 崔在錫, 앞의 책, 1982 ; 朴惠仁, 앞의 책, 1988.
23) 崔在錫, 「家族制度」, 『한국사』 5, 국사편찬위원회, 1975 ; 崔在錫, 「高麗時代

20

인을 동성근친혼, 서류부가혼, 일부다처혼, 신분내혼이었다고 선언하는 수준이다. 이는 일제시대에 제시된 견해들[24]에서 거의 진전이 없는 것이다.

90년대에 들어와 치밀한 실증을 통하여 고려의 혼인이 일부일처제였다는 견해가 제시되었고,[25] 개설서에서도 이를 받아들이고 있다.[26] 90년대 후반에는 필자의 박사학위논문『고려시대 혼인제도 연구』[27]가 나와, 왕실이 아닌 일반인들의 혼인제도를 본격적으로 다뤄보고자 하였다. 이후 실증에 기반한 혼인 관련 논문들이 몇 편[28] 더 나왔고, 외국과의 비교사 연구도 시도되었다.[29] 그러나 여전히 고려 혼인제는 더 많은 연구를 필요로 하고 있다.

본고에서 고려의 혼인제를 고찰하고자 하는 궁극적인 목적은 고려시대 여성들의 지위와 생활을 알기 위해서이다. 그런데 기존의 고려시

의 婚姻制度」,『高麗大 人文論集』27, 1982/앞의 책, 1983 ; 金銀坡,「高麗時代 法制上 및 社會通念上에서의 女子의 地位」,『全北史學』3, 1979 ; 朴敏子,「高麗時代의 女性의 地位 - 家族制度를 중심으로」,『論文集』12, 德成女大, 1983 ; 許興植,『高麗社會史研究』, 亞細亞文化社, 1981.

24) 秋葉隆, 앞의 글, 1930 ; 今村鞆, 앞의 글, 1931 ; 今村鞆, 앞의 글, 1938 ; 孫晋泰, 앞의 글, 1948.

25) 張炳仁,「高麗時代 婚姻制에 대한 재검토 - 一夫多妻制說의 비판」,『韓國史研究』71, 1990/앞의 책, 1997. 또 허흥식도 같은 요지의 글을 발표하였다(許興植,「高麗時代의 夫妻形態와 그 變遷」,『韓國親族制度研究』, 歷史學會 編, 一潮閣, 1992).

26) 노명호,「가족제도」,『한국사』15, 국사편찬위원회, 1995.

27) 權純馨,『高麗時代 婚姻制度 研究』, 이화여대 박사학위 논문, 1997.

28) 崔淑,「麗末鮮初 新興士大夫의 婚姻制度 改革論」,『韓國史의 構造와 展開 - 河炫綱教授定年紀念論叢』, 혜안, 2000 ; 崔淑,「麗末鮮初 鄭道傳의 婚姻制 認識」,『崔淑卿教授停年紀念史學論叢』, 2000 ; 崔淑,「고려 혼인법의 개정과 그 의미 - 近親婚 禁制를 중심으로」,『한국사론』33, 국사편찬위원회, 2002 ; 이정란,「高麗時代의 婚姻形態에 대한 재검토」,『史叢』57, 역사학연구회, 2003.

29) 정용숙,「高麗와 日本의 王室婚姻에 대한 검토 : 10~12세기를 중심으로」『韓國民族文化』9, 釜山大 韓國民族文化研究所, 1997.

대 여성사 연구에서는 예외 없이 男歸女家婚 및 그에 따른 가족의 非부계적 성격을 지적하고, 자녀균분상속 등을 이유로 고려 여성의 지위가 매우 높았다고 설명하고 있다.[30] 또, 별다른 실증도 거치지 않고 고려가 성관계 면에서도 자유로운 사회였다고 이야기되고 있다. 그래서 여성의 생활과 지위에 관한한 고려는 마치 조선과 전혀 별개인 양 취급되고 있으며, 고려에서 조선으로의 변화는 여성지위의 하락이라고 일률적으로 규정되고 있다. 그러나 고려의 여성들은 역사 속의 존재였다. 그 생활과 지위는 전후 시기와의 관련 속에서 실증적인 고찰을 통하여 검증되어야 할 것이다. 그리고 역사가 진보하는 것이라면, 유독 여성의 지위에 대해서만 그 법칙이 적용되지 않는다는 것도 문제가 있는 관점일 것이다. 한 시대에서 다른 시대로의 이행은 순기능과 역기능을 함께 포함한다. 본서에서는 조선으로의 변화가 가지는 긍정적인 측면도 아울러 밝혀보고자 한다.

본서는 다음과 같이 구성될 것이다. 제1장에서는 고려시대 혼인분석의 전제로서 고대의 혼인 및 『고려사』 형법지 혼인 관련 사료에 대해 검토할 것이다. 고대의 혼인에서는 삼국시대 혼인의 주혼과 절차, 연령과 대상 및 통일 이후의 변화상에 대해 고찰할 것이다. 또 『고려사』 형법지를 통해 고려 혼인제의 범주와 형법지가 가지는 사료로서의 의미와 한계를 알아보고자 한다. 제2장에서는 고려시대 혼인제의 운영과 변천에 대해 고찰할 것이다. 우선 고려전기에 혼인이 성립하기 위해서는 시기나 대상, 절차 등의 측면에서 어떠한 요건을 갖추어야 하는가를 살피고, 혼인 거주규정으로 남귀여가혼의 실상을 고찰하고자 한다. 또한 고려후기 혼인제의 변화 및 시기에 따른 특징, 그리고

---

30) 최숙경, 「고려시대의 여성」, 이화여대 한국여성사편찬위원회 편, 『한국여성사』 1, 이화여대출판부, 1972 ; 김은파, 「상속형태를 중심으로 본 고려시대 여자의 지위」, 『전북사학』 2, 1978 ; 김은파, 앞의 글, 1979 ; 박민자, 앞의 글, 1983 ; 김수진, 「고려시대 여성의 토지소유형태」, 『부산여대사학』 12, 1994 ; 허흥식, 「고려여성의 지위와 역할」, 『한국사시민강좌』 15, 1994.

혼인제 변화와 여성 삶과의 관련성에 대해 살펴보고자 한다.

제3장에서는 이혼과 재혼에 대해 고찰할 것이다. 고려는 정략혼이 성행하고 재가가 금지된 사회가 아니어서 이혼과 재혼이 빈번했다. 이혼의 성립요건과 유형, 절차 등을 통해 고려시대 이혼의 특성을 밝혀 보겠다. 또한 재혼관과 남녀 재혼의 실태, 과부 및 재혼녀의 구체적 삶을 통해 이혼과 재혼이 여성 삶에서 갖는 의미에 대해 밝혀보고자 한다. 제4장에서는 성과 성차별 문제를 다루고자 한다. 우선 혼인 외 관계로서 간통죄의 개념과 처벌 상의 특징 등을 통해 고려시대 성적 자유의 실상에 대해 알아보고자 한다. 그리고 고려의 수절의식과 열녀의 존재를 통해 고려사회의 성의식과 성차별에 대해 고찰하고자 한다. 제5장에서는 여성의 가정생활에 대해 살펴보고자 한다. 우선 국가의 여성 정책과 유교 및 불교의 여성관을 통해 고려시대 여성의 존재 조건부터 짚어보겠다. 또한 가족의 규모와 구성, 가족 내 여성의 법적 및 실제적 지위, 그리고 가족 내 여성의 역할에 대해서도 알아보고자 한다. 아울러 여성의 일상적인 가사노동과 가정 경제의 운영, 영리활동에 대해서도 고찰할 것이다. 이로써 고려 여성의 존재형태와 생활상을 밝히고, 그 역사적 성격을 구명해 보고자 한다.

23

제1장 혼인제도의 형성과 사료에 대한 검토

제1절 고대의 혼례식과 혼인규제

1. 삼국시대 혼인의 主婚과 절차

혼인(marriage)이란 사회적으로 승인된 영속적인 남녀의 성적 결합으로서 단순히 생물학적인 성관계와는 구분된다. 인류는 이미 신석기 시대에도 族外婚 등 나름대로의 혼인규칙을 가지고 있었으나 혼인에 대한 문헌적 자료가 보이는 것은 국가 성립 이후이다. 그러나 고조선이나 부여 등 우리나라 초기국가의 혼인에 대해서는 우리 측 사료가 남아있지 않아, 단지 중국 사료에 실린 단편적인 기사를 통해 간접적으로 짐작할 수 있을 뿐이다.

『漢書』 地理志에는 고조선의 八條法禁과 함께 부인들의 몸가짐이 깨끗하였다는 기록[1]이 보인다. 이로써 고조선에서는 여성의 정절을 중시하였고 간음시 처벌하는 법이 있었으리라 여겨진다. 부여에서는 질투나 간음을 한 여성들을 모두 죽였고, 특히 질투하는 것을 더욱 미워하여 시체를 내다 버리기도 했다 한다.[2] 이로써 이 시기에는 여성들이 정절을 지켜야 함은 물론 다른 여성을 투기해서도 안 되었던 蓄

---

1) "婦人貞信 不淫辟"(『漢書』 권28 하, 地理志 제8 하).
2) "男女淫婦人妬 皆殺之 尤憎妬 己殺 尸之國南山上"(『三國志』 권30, 魏書 東夷傳 30 夫餘).

妾制 내지는 一夫多妻制 사회였음을 알 수 있다.

관습률이 지배하던 초기 국가는 점점 중앙집권적인 국가체제로 발전해 나간다. 이에 따라 일원적인 官等체제가 마련되며 여러 官府가 설치되고 律令이 반포된다. 또한 불교가 공인되며 신분제가 확립된다. 律은 범죄와 형벌에 관한 규정을 내용으로 하는 형벌법이며, 令은 국가제도 전반에 걸치는 규정을 포함하는 民政法이다. 율령법의 제정은 곧 국가적 성문법의 제정을 의미하며, 그 법에 의거한 지배체제의 국가를 율령국가라 부른다.[3] 고구려는 소수림왕 3년(374)에 율령을 제정·반포하였으며, 백제에서도 율령이 있었던 것으로 보인다. 신라에서는 고구려 보다 147년 뒤인 법흥왕 7년(520)에 율령을 반포하였다.[4] 이러한 율령체제의 수용과 관련해 중앙집권적 국가체제가 마련되었으며 혼인에 대한 법제도 정비되어 나갔다.

혼인에 대한 규제는 우선 主婚者가 누구인가 하는 문제로부터 시작된다. 이것은 혼인이 누구에 의해 결정되는가 하는 것으로서 自由婚과 中媒婚으로 나눌 수 있다. 자유혼이란 혼인을 할 때 당사자의 의사에 의해 혼인이 결정되는 것이며, 중매혼이란 당사자보다 가족 간의 의사가 중시되는 것을 말한다. 우리의 경우 이미 고구려 건국설화에도 朱蒙의 어머니 柳花가 解慕漱와 중매 없이 결합하여 부모에 의해 優渤水로 쫓겨난 기록[5]이 보여 중매혼의 전통이 매우 오래되었음을 알려준다.

물론 이는 신화라는 점에서 후대의 관념이 투영되어 이루어진 것이겠지만 뒤의 사료에도 중매혼 이야기는 계속 나온다. 고구려에서는 양가가 혼인에 합의한 뒤 여자쪽에서 壻屋을 짓는다[6] 하며, 동옥저에서

---

3) 金龍善,「新羅法興王代의 律令頒布를 둘러싼 몇 가지 問題」,『加羅文化』1, 1982, 122쪽.
4)『三國史記』권4, 新羅本記4 法興王 7년 정월.
5)『三國史記』권13, 高句麗本紀1 始祖 東明聖王.
6)『三國志』권30, 魏書30 東夷傳 高句麗.

도 "여자가 10세가 되면 양가가 서로 허락하여 남자집에서 신부를 맞이해 기른 후에 아내로 삼는다"[7]라 하여 역시 중매혼이었음을 말해준다.

그런데 한편 이와는 달리 자유혼이었던 듯이 기록한 것도 있다. 고구려에서는 풍속이 음란하여 남녀가 서로 유혹하는 일이 많았다거나[8] 혼인도 남녀가 서로 좋아하기만 하면 이루어졌다[9]는 등의 기사가 그것이다. 신라에서도 金庾信(595~673) 부모나 김유신 누이와 金春秋(602~661), 그리고 强首와 대장장이 딸 등 계층을 불문하고 여러 자유혼 사례가 보인다. 그러나 家格을 따질 것이 없었던 일반 서민의 경우를 제외하고는 중매혼이 주류였던 것 같다. 지배층의 경우 자유혼은 家長에 의해 규제되었고, 심한 경우 혼인으로 인정하지 않을 수도 있었기 때문이다. 주몽의 어머니 유화부인의 사례도 그렇지만 아래의 경우도 이를 잘 보여주고 있다.

A-1. 처음 舒玄이 길에서 立宗의 아들인 肅訖宗의 딸 萬明을 보고, 마음에 기뻐하여 눈짓으로 꾀어, 중매도 없이 결합하였다. 서현이 萬弩郡(진천) 태수가 되어, 萬明과 함께 떠나려 하니, 숙흘종이 그제야 딸이 서현과 野合한 것을 알고 미워해서 딴 집에 가두고 사람을 시켜 지켰는데, 갑자기 벼락이 그 집 문간을 때리어 지키는 사람이 놀라 어지러뜨리자 만명이 들창문으로 빠져 나와서 드디어 서현과 함께 만노군으로 갔다(『三國史記』 권41, 列傳1 金庾信).

김유신의 어머니 만명이 중매 없이 서현과 결합하자 그녀의 아버지는 노해 그녀를 별채에 가두었다. 또한 김유신은 누이가 김춘추와 정을 통해 임신하자 누이를 태워 죽이려 하였다.[10] 6두품 출신 학자였던

7) 『三國志』 권30, 魏書30 東夷傳 東沃沮.
8) 『梁書』 권54, 列傳48 諸夷 高句麗.
9) 『隋書』 권81, 列傳46 東夷 高麗.

강수는 대장장이 딸과 사실혼 관계에 있었는데 아버지가 이를 무시, 그를 좋은 집안 여자와 혼인시키려 하였다.[11]

이처럼 이 시대의 자유혼은 규제되고 있었지만 조선시대처럼 중매가 혼인 성립 요건 중의 하나로서 이를 통하지 않으면 법적인 처벌을 받는다거나 혼인으로 인정되지 않는 것은 아니었다. 중매를 통하지 않고 결합했는데도 김유신의 부모는 이후 아무런 법적 처벌도 받지 않았다. 그리고 자식들이 관직에 진출해 승진하는데도 전혀 영향을 미치지 않았다. 강수도, 김유신 누이와 김춘추의 경우도 마찬가지였다. 즉, 고대사회의 혼인은 중매를 통하는 것이 원칙이기는 했으나 그렇지 않다 해도 단지 가장에 의해서만 규제될 뿐 국가나 사회적 처벌대상은 아니었던 것으로 보인다.

혼인이 중매혼 중심으로 이루어졌다는 것은 곧 혼인에서 가장의 권한이 강했음을 의미한다. 혼인을 결정할 때 그 권한은 아버지에게 있었으며 여기서 벗어난 딸을 처벌하는 것도 아버지였다. 樂浪公主의 아버지는 好童王子를 神異한 사람으로 여겨 딸과 혼인시켰고,[12] 유리명왕은 箕山原野에서 사냥하다가 겨드랑이에 깃이 달린 한 異人을 얻자 조정에 등용해 羽氏란 성을 주고 왕녀를 취하게 하였다.[13] 앞에서 보았듯 유화와 만명의 아버지는 딸이 중매를 통하여 혼인하지 않았다고 처벌하였다. 뿐만 아니라 아버지의 필요에 의해 딸의 혼인이 결정되는 수도 있었다.

> A-2. (설씨)녀는 栗里 民家의 여자였다.……진평왕 때에 그 아버지가 나이 늙게 正谷에서 防秋하는 番을 들게 되었는데, 딸은 아버지가 노쇠하고 병들었으므로 차마 멀리 떠나 보낼 수 없고, 또 여자의

---

10) 『三國遺事』 권1, 紀異1 太宗春秋公.
11) 『三國史記』 권46, 列傳6 强首.
12) 『三國史記』 권14, 高句麗本紀2 大武神王 15년 3월.
13) 『三國史記』 권13, 高句麗本紀1 瑠璃明王 24년 9월.

몸이라 대신 갈 수도 없어 한갓 극심하게 번민하기만 하였다. 이
때 沙梁部의 소년 嘉實이……설씨가 아버지가 늙어 從軍하게 됨을
근심한다는 말을 듣고 설씨에게 가서 말하기를 내가 한낱 용렬한
남자이지만 일찍부터 의지와 기개로써 자처하여 왔다. 불초한 몸으
로 아비의 일을 대신하기를 원한다고 하였다. 설씨가 매우 기뻐하
여 들어가 아버지에게 고하였다. 아버지가 引見하고 말하기를, 그
대가 이 노인을 대신하여 가려한다 하니 기쁘고도 송구스러운 마음
금할 수가 없다. 무엇으로 갚을까 생각하는데 만일 그대가 나의 어
린 딸을 어리석고 누추하다하여 버리지 않는다면 아내로 삼아 그대
를 받들게 하고 싶다고 하니, 가실이 再拜하며 감히 바라지는 못하
지만 정말로 소원이라고 하였다(『三國史記』권48, 列傳8 薛氏).

　위의 사료에서 설씨녀의 아비는 자기 대신 군역에 나가는 가실에게
딸의 의사는 묻지도 않고 딸과 혼인시켜 주겠다고 약속하고 있다. 또
한 비록 설화이지만 西海神은 軍士 居陁知가 자신들의 간을 빼먹는
여우를 활로 쏘아 물리쳐주자 그에게 보답으로 딸을 주고 있다.[14] 이
러한 여러 사실들은 고대사회의 혼인이 혼인 당사자의 애정에 기초한
것이라기보다 집안과 집안간의 관계였으며, 가장에 의해 정략적 도구
로 이용될 수도 있었음을 말해준다. 그리고 가장의 주도하에 양가가
일단 혼인에 합의하면 그 약속은 반드시 지켜야 했던 것 같다. 설씨녀
와 가실 설화에서 설씨녀의 아버지는 둘의 혼인을 약속했으나 가실이
떠난 뒤 6년이 지나도 돌아오지 않자 딸을 다른 사람과 혼인시키려
하였다. 그러나 가실이 돌아오자 설씨녀는 가실과 혼인하게 된다.[15]
　혼인식의 절차는 어떠했을까. 당시 우리의 혼인의례에 대한 기록은
남아있지 않다. 중국의 경우는 納采, 問名, 納吉, 納徵, 請期, 親迎의
6례가 있었다. 6례는 周公이 지었다고 알려지는 『儀禮』婚禮의 장과

14)『三國遺事』권2, 紀異2 眞聖女王과 居陁知.
15)『三國史記』권48, 列傳8 薛氏.

이를 典範으로 戰國時代로부터 漢나라에 이르기까지 여러 사람을 거쳐 완성된 『禮記』 婚儀의 장에 기록되어 있다. 『禮記』는 우리나라에서도 삼국시대 이래 유학에서 중요한 교재의 하나로 채택되어 고려조까지 계속되어 왔다[16)]는 점에서 우리의 혼인의식에도 영향을 미쳤으리라 여겨진다.

6례에서 납채란 신랑가에서 請婚을 하고 신부가에서 許婚을 하는 의례이다. 문명이란 납채가 끝난 뒤 男家의 주인이 書信을 갖추어 使者를 女家에 보내 여자 어머니의 姓을 묻는 절차이다. 이는 정혼한 여자의 장래 길흉을 점치기 위함이다. 납길이란 앞서 문명한 것을 갖고와서 家廟에 점을 쳐 얻은 吉兆를 다시 女家에 보내 고하는 순서이다. 납징이란 주자가례에서는 納幣라고 하며 男家에서 女家에 폐백을 보내 혼인 성립을 더욱 확실히 해주는 절차이다. 청기란 成婚의 吉日을 정하는 것이다. 친영이란 신랑이 신부집에 가서 신부를 맞아 자기 집으로 돌아와 혼인식 예를 행하는 것이다.

우리의 경우 6례가 그대로 행해졌다고는 볼 수 없다. 특히 친영은 조선시대에 들어와서도 일반 士庶人家의 경우 끝내 시행되지 않았기 때문이다. 6례 중 납채와 납징은 특히 중요한 혼인 절차라 하겠는데, 우리나라에서는 처음에 폐백을 쓰지 않은 것 같다. 고구려에서는 "남자 집에서는 돼지고기와 술을 보낼 뿐 聘禮에 재물을 쓰지 않았다. 혹 재물을 받는 자가 있으면 모든 사람이 이를 수치로 여긴다"[17)] 했으며, 신라에서도 "혼인의식에는 술과 음식뿐인데 잘 차리고 못 차리는 것은 빈부에 따라 다르다"[18)]라 하여 역시 폐백이 없었음을 보여준다. 한편 설씨녀와 가실 설화에 의하면 가실이 군대로 갈 때 설씨는 가실에게 자신이 가진 거울을 쪼개 주며, 가실은 설씨에게 자기가 기르던 말

16) 李東歡, 「韓國文敎風俗史」, 『韓國文化史大系』 Ⅳ(風俗藝術史下), 高麗大民族文化硏究所, 1970, 773~789쪽.
17) 『隋書』 권81, 列傳46 東夷 高麗.
18) 『隋書』 권81, 列傳46 東夷 新羅.

을 주고 있다.[19] 그러나 이것은 당시에 정형화된 공식적인 예물은 아니었던 것으로 보인다. 혼인 전 여자가 신랑될 사람에게 자기 거울을 쪼개 주는 것도 유례가 없으며, 남자가 말을 바친 것도 아버지에게가 아니라, 약혼녀인 설씨녀에게 말을 기를 사람이 없다며 주고 있다. 이를 보아도 삼국시대에는 중국과 달리 빙례에 재물을 쓰지 않았던 것으로 보이지만, 사실을 잘 알 수는 없다.

2. 삼국시대 혼인의 연령 및 대상

고대사회에서 혼인은 몇 살 때 이루어졌을까. 고구려의 경우를 보면 山上王의 小后가 된 酒桶村女는 20세쯤(208)에 왕과 인연을 맺었고,[20] 온달과 혼인한 평강왕(재위 559~590)의 공주는 16세였다.[21] 신라에서는 소지마립간이 왕 22년(500) 捺已郡에 갔을 때 郡人이 碧花라는 16세의 소녀를 바치고 있다.[22] 强首는 20세(태종무열왕이 즉위한 654년 이전)에 이미 대장장이 딸과 사실혼 관계에 있었는데, 아버지가 중매를 통해 다른 여자와 혼인시키려 하였다.[23]

통일 뒤에도 혼인연령에는 큰 변화가 없다. 원성왕 9년(793) 지방관으로 부임하던 申屠澄이 14, 15세쯤 된 소녀와 혼인하였으며[24] 헌안왕 4년(860)에 왕은 15세의 膺廉에게 19세와 20세의 딸 중 아내를 택하도록 하였고, 그는 맏딸과 혼인하였다.[25] 이후 사위로서 왕위에 오른 응렴(경문왕)은 왕 3년(863)에 둘째 공주를 次妃로 들였으니[26] 그

---

19) 『三國史記』 권48, 列傳8 薛氏.
20) 『三國史記』 권16, 高句麗本紀4 山上王 12년 11월.
21) 『三國史記』 권45, 列傳5 溫達.
22) 『三國史記』 권3, 新羅本紀3 照知麻立干 22년 9월.
23) 『三國史記』 권46, 列傳6 强首.
24) 『三國遺事』 권5, 感通7 金現感虎.
25) 『三國史記』 권11, 新羅本紀11 憲安王 4년 9월. 『삼국유사』에는 이때 응렴의 나이가 20세로 되어 있다(『三國遺事』 권2, 紀異2 第四十八代 景文大王).

녀는 22세에 혼인을 한 셈이다. 서민이었던 효녀 知恩[정강왕 때(재위 886~887)]은 가난해 32세가 되도록 혼인을 하지 못하였다. 이로 미루어볼 때 고대에는 남녀를 불문하고 15~16세 이상이면 혼인이 가능했으며, 여성의 경우 20세가 넘어 혼인하기도 해 早婚의 풍습은 보이지 않는다. 또한 효녀 지은처럼 집이 가난할 경우에는 30세가 넘도록 혼인을 못하기도 하였다.

혼인을 하는 데는 나이뿐 아니라 대상도 고려되었다. 우선 신분이 다른 사람 간의 혼인이 규제되었는데, 이는 고대국가 체제가 정비되면서 신분제가 강화되고, 이것이 혼인에도 영향을 미쳤기 때문일 것이다. 『당서』 신라전에 보면 "왕족은 제1骨이 되었으며 아내도 또 그 족속이라야만 되었고 자녀를 낳으면 제1골이 되었다. 妾媵이면 몰라도 제2骨의 여자를 아내로 맞이하는 일은 없었다"[27]라 하여 身分內婚이었음을 알게 한다. 뿐만 아니라 같은 진골이라도 앞에서 보았듯 김유신 부모나, 김유신 누이와 김춘추의 경우처럼 혼인이 원만하지 않은 경우도 있었다. 엄격한 신분제 사회인만큼 같은 골품 내에서조차 세밀한 규제가 행해졌던 것이다.

그러나 같은 골품끼리 혼인해야 한다는 것은, 만일 그렇지 않을 경우 당사자를 처벌하고 이혼시켜 혼인을 무효화하는 것을 의미하지는 않았다. 强首와 대장장이 딸의 혼인은 이를 잘 보여준다.

B-1. 强首가 일찌기 釜谷의 풀무장이 딸과 野合하여 愛情이 퍽 깊었다. 나이 二十歲가 되자 父母가 邑中의 여자로 용모와 행실이 아름다운 자를 중매하여 아내로 삼게 하려 하였는데, 强首는 두 번 장가들 수 없다 하여 사절하였다. 父親이 노하여 말하기를 "네가 세상에 이름이 나서 國人으로 모르는 자가 없는데, 미천한 자로 짝을 삼는다면 수치스러운 일이 아닌가"하니, 强首가 再拜하고 말하

---

26) 『三國史記』 권11, 新羅本紀11 景文王 3년 11월.
27) 『唐書』 권220, 列傳145 東夷 新羅.

기를 "가난하고 賤한 것이 수치스러운 바가 아닙니다. 道를 배워서 행하지 못하는 것이 정말 수치스러운 바입니다. 일찌기 듣자오니 옛사람의 말에 '糟糠之妻는 堂下에 내려오게 하지 않고, 빈천할 때의 交友는 잊을 수 없다' 하였으니, 천한 아내라고 해서 차마 버릴 수는 없습니다." 하였다(『三國史記』권46, 列傳6 强首).

강수는 그의 아버지가 昔諦 奈麻였다는 점에서 6두품 출신으로 보인다. 그는 자기보다 골품이 낮은 여자와 혼인했지만 이후 어떠한 제제도 받지 않고 외교문서 작성에 많은 공을 세웠다. 그 결과 그는 沙湌의 位와 많은 녹봉을 받았다. 마찬가지로 元曉와 搖石公主 역시 6두품과 진골의 결합이지만 받아들여지고 있다.[28]

그러나 강수가 죽은 뒤 그 아내는 궁핍해 향리로 돌아가려 했고, 이 사실을 안 왕은 租를 주려 했다. 그러나 그녀는 "첩은 천한 사람으로 衣食을 남편에게 의지했으며 나라의 은혜를 받은 바가 많았습니다. 지금 이미 혼자 몸이 되었는데 어찌 감히 다시 후한 賜物을 받겠습니까"라며 거절하고 있다.[29] 이는 단순히 겸양으로 보이지는 않고, 자신보다 높은 신분의 사람과 혼인을 한다 해도 타고난 신분이 변하지 않음을 말해주는 것이라 하겠다. 또한 원효와 요석공주의 아들이었던 薛聰은 6두품 신분에 머무르고 있다. 이로 미루어볼 때 골품이 다른 사람 간의 혼인은 법적으로 불허되는 것은 아니었지만 당사자의 신분은 그대로 유지되고, 그 자식들의 신분은 골품이 낮은 쪽에 귀속되었던 것으로 보인다.

그러나 양인과 천인 간의 혼인만은 허용되지 않은 듯 하다. 그 이유는 多妻의 예가 보이면서도 한편 '賤妾'이란 존재가 있었기 때문이다. 천첩이란 '천인 출신의 첩'을 의미할 것이다. 즉, 신분이 천인일 경우는 처가 될 수 없고 첩이 되었는데, 처가 될 수 없다는 것은 곧 정식의

---

28) 『三國遺事』권4, 義解5 元曉不羈.
29) 『三國史記』권46, 列傳6 强首.

혼인관계가 성립하지 않는다는 뜻이다. 그리고 이 '천첩'은 심지어 신하가 왕의 첩을 죽여버릴 정도로 매우 천한 존재였다. 통일 뒤의 사료이기는 하나 효공왕(재위 897~912)이 천첩에게 빠져 정사를 돌보지 않자 大臣 殷影이 이를 간하다 왕이 듣지 않자 그 첩을 잡아 죽였다는[30] 사례가 있다.

이렇게 신라에서는 양인과 천인 간의 혼인만 금지되고 그 외의 경우는 단지 출생자를 낮은 신분에 귀속시키는 간접적인 처벌만 했다. 그러나 자식의 신분이 낮은 쪽으로 귀속된다는 것은 당시 사회에서 곧 사회적 활동이나 이후 출세의 제약을 의미할 것이다. 뿐만 아니라 혼인을 해도 상대방 집안의 세력이나 후원을 기대할 수 없다는 점에서 이러한 혼인은 행해지기 어려웠을 것이다. 결국 고대사회의 혼인은 같은 신분 내에서만 이루어지는 계급내혼일 수밖에 없는 것이다.

고대사회 혼인규제의 또 하나의 특색은 同姓近親 간의 혼인에 대해 별 제재가 없었다는 점이다. 인류학자들은 동물과 인간의 차이점 중의 하나가 近親禁婚이며, 아무리 원시적이고 미개한 민족이라도 근친금혼을 지키지 않는 민족은 없다. 예외가 있다면 한 사회의 특수층에서 종교적 내지 정치적 이유로 극히 가까운 친족 내지 혈족이 혼인하는 예[31]라고 한다. 신라에서는 "나라 사람들에 김씨 성과 박씨 성을 가진 사람이 많았으며 다른 성하고는 혼인하지 않았다"[32]거나 "형제의 딸과 고종·이종자매를 아내로 맞이했다"[33]는 등 동성근친혼이 성행했음을 알려주는 기록들이 보인다. 『삼국사기』에도 "신라는 동성을 취할 뿐 아니라 조카나 고종·이종자매를 취하여 처를 삼기도 했다."[34]는 기사가 보인다.

30) 『三國史記』 권12, 新羅本記12 孝恭王 15년 정월.
31) 李光奎, 『韓國家族의 史的硏究』, 一志社, 1977, 18~19쪽.
32) 『舊唐書』 권199上, 列傳149 東夷 新羅.
33) 『唐書』 권220, 列傳145 東夷 新羅.
34) 『三國史記』 권3, 新羅本紀3 奈勿尼師今.

한편 이보다 앞선 시기에 濊에서는 同姓婚을 하지 않았다는 사료
도 있으나,[35] 이때 후대와 같은 성이 있었다고는 생각하기 어려우므
로 여기서 동성은 근친이라 해석하는 것이 합리적일 것이다.[36] 당시
중국으로부터의 이주민이나 중국문화의 영향을 많이 받은 극소수는
혹 同姓不婚을 했는지 모르나 이들을 제외하고는 동성불혼이 행해지
지 않은 것으로 보인다.[37] 혹자는 고구려나 백제에서도 동성혼을 하
지 않았다고 보기도 한다.[38] 그러나 고구려에서는 平岡王이 공주를
上部의 高氏에게 시집보내려 했다[39]는 데서 동성혼이 행해졌음을 알
수 있다. 백제는 성씨를 알 수 있는 왕비의 사례가 매우 적어 동성혼
여부를 확인할 수 없다. 그러나 고구려와 신라에서 동성근친혼이 행해
졌다면 삼국의 풍속이 크게 다르지 않았다는 점을 고려할 때 백제에
서도 적어도 동성혼은 행해졌을 것으로 생각된다.[40]

그리고 골품체제가 붕괴되지 않는 한 신분내혼을 유지하기 위해서
는 동성혼이 계속 될 수밖에 없었다. 예컨대 진골은 소수의 新金氏나
박씨를 제외하고는 대부분 왕족인 김씨였다. 따라서 진골끼리의 혼인
은 왕족 김씨 간의 혼인일 경우가 많으므로 동성혼에서 탈피하기가
쉽지 않았다. 6두품은 薛·李·崔·鄭·孫·裵·金·張氏 등 여러
성씨족이 있어 비록 신분내혼을 한다 해도 진골에 비해서는 異姓婚
(족외혼)이 가능할 수 있었다.[41] 그러나 삼국시대의 사실을 적은 어떤

---

35) 『三國志』 권30, 魏書 東夷傳30 濊.
36) 김철준은 이를 일정한 범위의 지역을 점령하고 있던 씨족 내 혼인이 금지된
    것으로 보고 있다. 金哲埈, 『韓國古代社會硏究』, 知識産業社, 1975, 139쪽
    참조.
37) 崔在錫, 「韓國家族制度史」, 『韓國文化史大系』 IV, 高麗大出版部, 1970, 425
    쪽.
38) 李光奎, 『韓國家族의 史的硏究』, 一志社, 1977, 23~24쪽.
39) 『三國史記』 권45, 列傳5 溫達.
40) 崔在錫, 앞의 글, 1970, 438쪽. 중국의 사서에는 백제와 고구려의 풍속이 같
    았음이 여러 차례 언급되고 있다. 『舊唐書』 권199 및 『新唐書』 권220, 東夷
    列傳 참조.

사료에도 동성혼을 규제했다는 이야기가 없는 만큼 이들 역시 자유롭게 동성혼을 했을 것이다. 평민들은 성씨 사용도 이루어지지 않았고 동성혼을 피해야 한다는 유교적 관념도 없었다고 생각되므로 여전히 근친혼을 계속했던 것으로 보인다.

다음으로 重婚에 대해 알아보겠다. 중혼이란 '남편이 있는 여자나 처가 있는 남자가 또 배우자를 취할 수 있는가' 하는 것이다. 고대에는 一夫多妻의 사례가 많이 보인다. 고구려에서는 유리왕(재위 BC 19~AD 18)이 왕비 宋氏가 죽은 뒤 禾姬와 雉姬라는 두 여자를 繼室로 삼았다.[42] 대무신왕(재위 18~44)은 元妃와 次妃가 있었으며,[43] 산상왕(재위 197~227)은 왕비 于氏 외에 酒通村女인 小后가 있었다.[44] 중천왕(재위 248~270) 역시 왕비 掾氏 외에 貫那婦人을 小后로 삼으려 했다.[45] 보장왕(재위 642~668)에게는 '庶子'가 있었다.[46] 백제에서는 다처를 취한 사례가 보이지 않으나 서자나[47] 庶弟[48]가 보여 다처 내지 多妾의 가능성을 암시한다. 신라에서는 진흥왕(재위 540~576)이 妃 朴氏 思道婦人 외에 백제 왕녀를 小妃로 삼았다 한다.[49]

여기서 생각해 보아야 할 것은 다처의 개념이다. 전근대 사회에서 왕이나 귀족들은 여러 여성을 아내로 거느리는 것이 보통이었다. 그러나 그 중 한 여성에게 특별히 높은 지위를 부여하고 그 소생자를 嫡子로 보며 이하 여성들을 첩으로, 그리고 그 자식들을 庶子로 본다면 그

---

41) 李仁哲, 「新羅骨品制社會의 親族構造」, 『정신문화연구』36, 1989, 169쪽.
42) 『三國史記』 권13, 高句麗本紀1 琉璃明王 3년 동10월.
43) 『三國史記』 권14, 高句麗本紀2 大武神王 15년 11월.
44) 『三國史記』 권16, 高句麗本紀4 山上王 13년.
45) 『三國史記』 권17, 高句麗本紀5 中川王 4년.
46) 『三國史記』 권22, 高句麗本紀10 寶藏王.
47) 『三國史記』 권25, 百濟本紀3 田比有王 즉위.
48) 『三國史記』 권24, 百濟本紀2 比流王 18년 춘정월 ; 『三國史記』 권25, 百濟本紀3 阿莘王 3년 춘2월.
49) 『三國史記』 권4, 新羅本記4 眞興王 즉위 및 14년 동10월.

것은 설사 여러 여성을 거느렸다 해도 일부다처가 아닌 蓄妾을 포함하는 一夫一妻制로 보아야 할 것이다. 따라서 계실이나 차비·소후·소비 등이 왕비나 원비와 대등한 지위였는지, 이들의 자식들이 서자로 불렸으며 차별 받았는지를 살펴보아야 할 것이다.

우선 계실은 부인이 죽은 뒤 새로 얻은 부인을 뜻하니 유리왕은 동시에 두 처를 취한 셈이다. 그리고 두 여자에게 각각 東西二宮을 주었다는 데서[50] 지위의 차이도 없었음을 알 수 있다. 차비는 신분 면에서 원비와 대등하고[51] 그 자식에 대해서도 서자라는 용어를 쓰지 않았다는 점,[52] 그리고 비록 통일 뒤의 사료이나 장보고의 딸을 차비로 삼으려 할 때 신하들의 반대가 극심했다는 점 등을 고려할 때[53] 원비와 거의 다름없는 존재였다고 하겠다.

소후와 소비는 비슷한 존재로서 고구려에서는 소후, 신라에서는 소비라는 단어가 보인다. 고구려의 소후는 酒桶村女와 貫那夫人의 두 사례가 보인다. 주통촌녀가 소후가 된 경위는 다음과 같다. 고구려 산상왕이 아들이 없어 山川에 기도하였는데 꿈에 天神이 "내가 너의 소후로 하여금 아들을 낳게 할 터이니 근심하지 말라" 하였다.[54] 뒤에 郊豕가 달아나 관리가 쫓아가매 주통촌에 이르러 한 여자가 이를 잡아주었다. 왕이 이상하게 여겨 그 곳에 微行하였고, 여자는 결국 아들

---

50) "冬10月 王妃宋氏薨 王更娶二女以繼室 一曰 禾姬 骨川人之女也 一曰 雉姬 漢人之女也 二女爭寵不相和 王於凉谷 造東西二宮 各置之"(『三國史記』 권13, 高句麗本紀1 琉璃明王 3년 10월).

51) 비록 통일 뒤의 사료이지만 혜공왕의 元妃 新寶王后는 伊湌 維誠의 딸이고 次妃는 이찬 金璋의 딸이었다(『三國史記』 권9, 新羅本紀9 惠恭王 16년). 경문왕의 차비는 원비의 친동생이었다(『三國史記』 권11, 新羅本記 11 景文王 3년 11월).

52) 호동왕자는 왕의 차비소생이었으나 서자라 불리지 않았다("夏4月 王子好童 遊於沃沮……", 『三國史記』 권14, 高句麗本紀2 大武神王 15년 4월).

53) 『三國史記』 권11, 新羅本記11 文聖王 7년 3월.

54) 『三國史記』 권16, 高句麗本紀4 山上王 7년 3월.

을 낳아 왕의 소후가 되었다.[55] 그러나 그녀는 民家의 여자로서 史記
에 그 族姓이 전하지 않으며[56] 아들이 왕위에 오른 뒤에도 太后로 책
봉받은 것은 그녀가 아니라 왕비인 우씨였다는 점에서[57] 왕비에 비해
지위가 떨어지는 존재였던 것 같다.

관나부인의 이야기는 다음과 같다.

> B-2. 4년 4월에 왕이 관나부인을 가죽주머니에 넣어 서해에 던지게
> 하였다. (처음) 관나부인은 얼굴이 아름답고 머리카락의 길이가 9
> 척이나 되어 왕이 총애해 장차 小后를 삼으려 하였다. 왕후 椽氏는
> 그가 왕의 총애를 독차지할까봐 왕에게 말하기를 "내가 들으니 魏
> 에서는 千金을 주고 長髮을 구한다 합니다. 前日에 先王이 중국에
> 禮聘을 보내지 않았기 때문에 兵禍를 입고 왕이 出奔하여 거의 社
> 稷을 잃을 뻔했습니다. 지금 왕께서 魏의 요구에 따라 사신을 시켜
> 장발미인을 보내면 위에서는 필연코 반기어 받아들여 다시는 우리
> 를 침범하는 일이 없을 것입니다." 하였다. 왕이 그의 뜻을 알고 잠
> 자코 대답하지 않았다. (관나)부인이 이를 듣고 자기에게 해가 미
> 칠까 두려워하여……후에 왕이 箕丘에 사냥하고 돌아오매 (관나)
> 부인이 가죽주머니를 가지고 나와 맞으며 울고 말하되 "왕후가 나
> 를 여기에 집어넣어 바다에 버리려고 하니 대왕께서 나에게 목숨을
> 내리어 집에 돌아가게 하여 주시면 어찌 감히 더 좌우에 모시기를
> 바라겠습니까"하였다. 왕은 그 거짓임을 들어 알고 노하여 부인에
> 게 "네가 정말 바다에 들어가려고 하는구나"하고 사람을 시켜 바다
> 에 던졌다(『三國史記』 권17, 高句麗本紀5 中川王 4년 4월).

長髮의 美人이었던 관나부인 역시 왕비와 왕에 대한 사랑을 다툰
끝에 水葬 당하고 만다는 점에서 왕비보다 지위가 낮은 존재였다고

---

55) 『三國史記』 권16, 高句麗本紀4 山上王 12년 11월, 13년 3월, 9월.
56) 『三國史記』 권17, 高句麗本紀5 東川王 즉위.
57) 『三國史記』 권17, 高句麗本紀5 東川王 2년.

생각된다. 그러나 그녀들의 상대적으로 낮은 지위는 신분이나 소속 집단 등에서 연유한 것으로 보인다. 주통촌녀나 관나부인을 소후로 삼으려는 데 대해 왕후들이 심하게 질투하는 모습[58]은 소후가 왕후에 못지않은 지위임을 반증해준다. 이들의 자식 역시 서자로 칭해지지 않았다.[59] 이처럼 이 시기에는 중혼에 대한 규제가 별로 없었고, 처첩이나 적서구별도 크지 않았다 하겠다.

3. 통일 뒤 혼인제의 변화

신라는 통일 뒤 국왕을 중심으로 하는 중앙집권적 관료체제를 강화해 나갔다. 우선 왕권을 안정시키기 위해 왕위의 직계계승원칙을 확립했으며, 당의 제도를 수용하여 중앙과 지방의 여러 제도를 정비하였다. 이미 신라는 통일 이전에도 진덕왕(재위 647~654) 때부터 당의 연호를 쓴다거나 복식을 채용하는 등 중국문화의 수용에 힘썼으나 이시기 이러한 경향은 더욱 두드러졌다. 삼국을 통일함으로써 영토와 인구가 증가하였고, 더구나 후진적이었던 신라가 고구려와 백제의 제도를 신라의 체제 안으로 포섭·수용하기 위해서는 보다 적극적으로 당의 제도와 문물을 수용할 필요가 있었기 때문이다.[60]

중앙의 통치조직은 執事部를 중심으로 당의 六典組織과 五等官制를 채용하였으며, 지방은 9州 5小京制를 기본으로 郡·縣의 영속관계와 특수행정구역인 鄕·部曲을 편제하였다. 또한 일련의 토지제도도 시행되었다. 신문왕대에는 文武官僚田의 分給과 함께 녹읍이 혁파되고 歲租가 지급되었으며, 聖德王대에는 백성에게 丁田을 지급하였다.

---

58) 우왕후는 왕이 주통촌녀와 상관한 것을 알고 몰래 군사를 보내 그녀를 죽이려 했다(『三國史記』 권16, 高句麗本紀4 山上王 13년 3월).
59) 산상왕과 주통촌녀의 아들 동천왕은 서자로 칭해지지 않았다. "東川王 諱憂位居 少名郊彘 山上王之子"(『三國史記』 권17, 高句麗本紀5 東川王.).
60) 朱甫暾, 「남북국 시대의 지배체제와 정치」, 『한국사』 4, 한길사, 1994.

이는 귀족들의 경제적 기반을 약화시키고 민에 대한 수탈을 제한하여 왕권을 강화하기 위함이었다. 율령도 당률을 계수하며 수정 보완되었다.[61] 태종무열왕(재위 654~661)은 理方府格 60여 조를 수정했으며,[62] 문무왕(재위 661~681)도 율령격식 중 불편한 것을 고쳐 시행하도록 遺詔를 남겼다.[63] 경덕왕 때에는 律令典과 律令博士가 새로 설치되었다.

통치이념으로는 유교가 중요한 역할을 하였다. 신문왕 2년(682)에는 國學이 설치되고 성덕왕 16년(717)에는 공자를 비롯해 그 제자들의 화상이 국학에 모셔졌다. 경덕왕 때에는 국학을 太學監이라 고치고 박사와 조교를 두어 강의하였다. 원성왕 4년(788)에는 讀書三品科라는 관리채용을 위한 국가고시가 생겼다. 유학은 주로 6두품 출신들이 공부했는데, 이들은 골품체제로 인한 정치적 진출의 제약을 유학을 공부함으로써 왕권에 접근해 해결하려 하였다. 왕실 역시 왕권 강화를 위해 진골귀족세력을 억제할 필요가 있었으므로 反진골적 성향을 가진 이들의 지원을 요구하였다. 이러한 양자의 이해관계 속에서 도덕정치가 강조되며 유교는 왕권강화에 기여할 수 있었다.[64] 이와 함께 忠이나 孝가 강조되고, '糟糠之妻不下堂'[65] '三從之道'[66] 등의 용어가 보여 유교가 국가와 사회뿐 아니라 가족윤리에도 영향을 미쳤음을 짐작할 수 있다. 식자층에서는 중국적 예교질서에 바탕을 둔 여성윤리관이 인지되었을 가능성이 높으며, 발해의 貞惠公主와 貞孝公主 묘지명을 통해 볼 때 황실 및 지배층 사이에서는 女誡書類의 책이 광범위하게 읽혔음을 알 수 있다.[67] 혼인의 의식과 규범 역시 이에 따라 변

---

61) 田鳳德, 앞의 책, 1968, 257~316쪽.
62) 『三國史記』 권5, 新羅本記5 太宗武烈王 원년 5월.
63) 『三國史記』 권7, 新羅本記7 文武王 21년 7월.
64) 金瑛河, 「삼국과 남북국 사회의 성격」, 『한국사』 3, 한길사, 1994.
65) 『三國史記』 권46, 列傳6 强首.
66) 『三國史記』 권43, 列傳3 金庾信 下.
67) 김영심, 「한국 고대사회 女性의 삶과 儒敎」, 『한국고대사연구』 30, 가락국사

화했을 것으로 보인다.

그 결과 우선 통일 이후가 되면 지배층에서 자유혼의 사례를 찾기 어렵다. 혼인은 가장에 의해 중매로 결정되었으며 혼인에서의 정략적 성격도 더욱 커졌다. 예컨대 憲安王(재위 857~861)은 國仙 膺廉이 어짊을 알고 사위로 삼았으며,[68] 神武王(재위 839)은 張保皐의 도움을 청하면서 그 딸을 왕자비로 맞겠다고 제안했다.[69] 신라가 고려에 귀부한 뒤 태조 왕건은 자신의 딸을 신라왕에게 주었으며,[70] 신라왕 역시 伯父의 딸을 왕건과 혼인시켜[71] 정략혼의 모습을 잘 보여주고 있다. 그러나 아래의 사료에 의하면 서민들의 경우는 여전히 자유혼도 했던 것 같다.

C-1. 신라 풍속에 매년 2월을 당하면 초8일로부터 15일까지 都中 남녀가 다투어 興輪寺의 殿塔을 도는 福會를 행하였다. 원성왕대에 郎君 金現이 밤 깊이 홀로 돌면서 쉬지 않았다. 한 처녀가 또한 염불하고 따라 돌새 서로 마음이 맞아 눈길을 주었다. 돌기를 마치자 으슥한 곳으로 끌고 가 情을 통하였다(『三國遺事』 권5, 感通7 金現感虎).

당시는 불교가 성행했던 시절이라 여러 가지 불교행사가 많았다. 그리고 아직 유교적 내외관념도 크지 않았으며, 특히 서민층의 경우는 이와 무관했기 때문에 남녀가 자유롭게 행사에 참여할 수 있었다. 김현과 여인도 이를 통해 만났으며, 부부의 義를 맺게 되었다. 서민이라할 수는 없지만 궁예의 휘하 장수였던 왕건(877~943)이 목포에 내려와 시냇가에서 빨래하고 있던 장화왕후 오씨와 인연을 맺은 것[72]도

적위원회, 2003, 49~50쪽.
68) 『三國遺事』 권2, 紀異2 四十八代景文大王.
69) 『三國遺事』 권2, 紀異2 神武大王 閻長 弓巴.
70) 『三國史記』 권12, 新羅本紀12 敬順王 9년 11월.
71) 『三國史記』 권2, 紀異2 金傅大王.

자유혼의 예라 하겠다. 이처럼 이 시기 자유혼이 없었던 것은 아니나 전기에 비해 극히 사례도 적고, 진골 귀족층의 실 예가 보이지 않아 이들의 경우 혼인에 대한 규제가 보다 엄격해졌을 것으로 추측된다.

둘째로 왕실의 경우 납채(납징)와 친영의 예가 보이는 등 중국식 혼인의례의 영향이 나타난다.

> C-2. (3년 2월에) 왕이 金欽運(歆運)의 작은 딸을 맞아 부인을 삼으려 할새, 먼저 伊湌 文穎과 波珍湌 三光을 보내어 기일을 정하게 하고, 大阿湌 知常을 시켜 (부인에게) 納采케 하니, 幣帛이 15수레, 쌀·술·기름·꿀·간장·된장·포·식혜가 135수레, 벼가 150수레였다.……5월 7일에 이찬 文穎과 愷元을 그 집에 보내 부인을 책봉하였다. 이 날 묘시에 파진찬 大常·孫文과 아찬 坐耶·吉叔 등을 시켜 각기 그들의 아내와 딸, 그리고 及梁·沙梁 2部의 부인 각 30명을 데리고 부인을 맞아오는데 부인이 탄 수레 좌우에는 시종하는 官人과 여자들이 매우 성대하였다. 왕궁의 북문에 이르러 부인은 수레에서 내려 대궐로 들어왔다(『三國史記』 권8, 新羅本紀8 神文王 3年 2월 및 5월 7일).

위의 사료를 보면 신문왕(재위 681~692)이 金欽運의 작은딸을 왕비로 맞이하면서 납채(납징)하고 있는데, 납채와 납징이 혼용되고 있다. 이는 우리와 중국 혼례의 차이로, 우리나라에서는 조선초기까지도 납채와 납폐를 별개의 절차로 까다롭게 구분하지 않고 婚書와 幣物의 수수라는 하나의 절차처럼 취급해 定婚의 징표로 삼았다[73] 한다. 또한 비록 왕이 직접 친영을 하지는 않았지만 신하 등을 시켜 부인을 맞이해 오고 있다는 점에서 친영례 역시 행해졌음을 알 수 있다.

이처럼 통일신라시대에는 왕실혼의 경우 납채·납징·친영 등 중

72) 『高麗史』 권88, 列傳1 后妃 1 莊和王后 吳氏.
73) 장병인, 『조선전기 혼인제와 성차별』, 일지사, 1997, 139쪽.

국식 혼인의례가 시행되었다. 그러나 이 시기 민간에서도 같은 의례가 행해졌는지는 잘 알 수 없다. 친영례는 조선시대에 들어와서도 왕실에서 모범을 보여야 할 정도였으니 당연히 시행되지 않았을 것이다. 설씨녀와 가실설화에서 혼인식 장소가 신부집이었다[74]는 점도 이를 증거해 준다. 납채와 납징은 차츰 왕실에서 지배층들로 확대되지 않았을까 생각된다.

셋째로 혼인 대상 면에서 동성혼으로부터 탈피하려는 시도가 보인다. 예컨대 소성왕(재위 799~800)의 어머니는 김씨, 왕비도 김씨로[75] 왕과 같은 성씨였는데, 唐에 책봉을 요구하면서 어머니는 申씨, 왕비는 叔씨로 칭하고 있다.[76] 여기서 신씨는 王妃의 아버지 金神述의 이름 중 神字와 같은 韻인 申을 따서 성으로 한 것이며, 숙씨 역시 아비의 이름이 叔明이므로[77] 그 이름자 중 한 글자를 딴 것으로 보인다.

그런데 이전에는 동성의 왕비라도 성을 바꾸어 당에 책봉을 요구한 사례가 없었다. 신라 왕실은 동성끼리 혼인하는 예가 비일비재했고, 이는 그대로 당에 의해 받아들여졌다. 예컨대 효성왕은 왕 3년(739)에 이찬 金順元의 딸을 왕비로 맞았고, 이듬해 당에서는 그녀를 왕비로 책봉하였다.[78] 소성왕대에 와서 왕비의 성을 바꾼 것은 중국에 고하

---

74) 가실이 6년이 지나도록 돌아오지 않자 설씨의 아버지는 비밀히 마을사람과 혼인을 약속하고 날을 정해 그 사람을 맞아들이니 설씨는 굳게 거절하고 몰래 도망하려고 하였으나 뜻을 이루지 못하였다는 데서(『三國史記』 권48, 列傳8 薛氏) 혼인식 장소가 신부집이었음을 짐작할 수 있다.

75) "昭聖王……母金氏 妃金氏 桂花夫人 大阿湌 叔明女也"(『三國史記』 권10, 新羅本記10 昭聖王 즉위년).

76) "9年 春2月……遣金力奇入唐朝貢 力奇上言 貞元16年 詔冊臣 故主金俊邕爲新羅王 母申氏爲大妃 妻叔氏爲王妃 冊使韋丹至中路 聞王薨却廻 其冊在中書省 今臣還國 伏請授臣以歸 來力金俊邕等冊 宜令鴻月盧寺 於中書省 受領 至寺 宜授與金力奇 令奉歸國 仍賜王叔彦昇及其弟仲恭等門戟 令本國准例給之(申氏金神述之女 以神字同韻申爲氏誤)"(『三國史記』 권10, 新羅本記10 哀莊王 9년 2월).

77) 주 75) 참조.

42

기 위해서라기보다 통일 이후 한층 강화된 중국문물의 수용, 예제와
법제 등의 정비가 혼인규범에도 영향을 미친 때문이라 여겨진다. 즉,
"부인을 얻을 때, 같은 성의 여인을 얻지 않는 것은 동성과 타성의 구
별을 철저히 하기 위함이다.……신라의 경우에는 같은 성씨끼리 혼인
하는 행위를 그치지 않았고, 사촌이나 고종·이종 누이들까지도 아내
로 삼았다. 비록 외국과 우리나라의 풍속이 각각 다르다고는 하지만
중국의 예법을 기준으로 따지자면 이는 대단히 잘못된 일이다."[79]라
는 김부식의 견해는 바로 동성혼 금제가 중국의 문화임을 말해 준다.
　그러나 소성왕의 어머니와 왕비는 당과의 관계에서만 신씨와 숙씨
로 성을 바꾸어 칭했을 뿐 국내에서는 그대로 동성인 채로 왕비 책봉
을 받고 있다. 즉, 소성왕 원년(799)에 왕은 어머니 김씨를 聖穆太后
로 추봉하였으며,[80] 왕 2년(800)에는 왕비 김씨를 王后로 책봉했다.[81]
다음 왕인 애장왕(재위 800~808) 역시 자기 모후인 소성왕의 왕비 김
씨를 그대로 대비로 책봉하고 있다.[82] 이런 점에서 이 시기의 동성혼
에 대한 규제는 매우 미약한 것이었다고 하겠다. 왕실을 제외한 士庶
人의 경우는 전혀 동성혼을 규제한 사례가 보이지 않아 여전히 동성
근친혼이 보편적으로 행해지고 있었음을 알 수 있다.
　넷째로 혼인의 형태 면에서 일부일처적 경향 및 적서분별이 보이고
있다. 이전 시기 왕실에서 차비나 소후 등을 둔 이유는 고구려 산상왕
의 경우처럼 繼嗣를 넓히기 위해서라는 목적이 컸을 것이다.[83] 그러

---

78) "三年 三月 納伊飡順元女惠明爲妃. 四年 春三月 唐遣使冊夫人金氏爲王
　　妃"(『三國史記』 권9, 新羅本紀9 孝成王).
79) 『三國史記』 권3, 新羅本紀3 奈勿尼士今 즉위.
80) "八月 追封母金氏爲聖穆太后"(『三國史記』 권10, 新羅本紀10 昭聖王 원년
　　8월).
81) "二年春正月 封妃金氏爲王后"(『三國史記』 권10, 新羅本紀10 昭聖王 2년
　　춘정월).
82) "六年 春正月 封母金氏爲大王后"(『三國史記』 권10, 新羅本紀10 哀莊王 6
　　년 춘정월).

나 신라 中代 왕실의 경우 이런 식으로 후사를 구하지 않았다. 경덕왕의 예는 많은 시사점을 준다.

C-3. (경덕왕은)……아들이 없어 왕비를 폐하고 沙梁夫人을 봉하였다. 後妃 滿月夫人의 시호는 景垂太后이니 依忠 角干의 딸이었다. 어느날 왕은 表訓大德에게 명했다. "내가 복이 없어 아들을 두지 못했으니 바라건대 大德은 上帝께 청하여 아들을 두게 해주오" 표훈은 명령을 받아 천제에게 올라가 고하고 돌아와 왕께 아뢰었다. "상제께서 말씀하시기를 딸을 구한다면 될 수 있지만 아들은 될 수 없다고 하셨습니다." 왕은 다시 말했다. "원컨대 딸을 바꾸어 아들로 만들어 주시오." 표훈은 다시 하늘로 올라가 천제께 청하니 천제는 말하기를 "될 수는 있지만 아들이면 나라가 위태로울 것이다."……표훈은 돌아와 천제의 말대로 왕께 알아듣도록 말했지만 왕은 다시 말하기를 "나라가 비록 위태롭더라도 아들을 얻어서 대를 잇게하면 만족하겠다." 이리하여 만월왕후가 태자를 낳으니 왕은 무척 기뻐했다(『三國遺事』 권2, 紀異2 景德王 忠談師 表訓大德).

경덕왕(재위 742~765)은 아들이 없자 차비나 소후를 얻은 것이 아니라 왕비를 폐해 沙梁夫人으로 봉하고, 새로 伊湌 金順元의 딸을 왕비로 맞았다.[84] 그러고도 아들이 없자 표훈대사를 통해 상제께 청을 하였다. 상제가 딸이라면 가능하지만 아들을 얻으면 나라가 위태로울 것이라고 경고했음에도 불구하고 경덕왕은 꼭 아들을 얻어 대를 잇게 하겠다며 강한 집념을 보이고 있다. 이전 시기와 같이 딸이나 사위에 의한 왕위계승을 전혀 고려하지 않고 있는 것이다. 또 신문왕의 비 김씨 역시 蘇判 欽突의 딸인데 왕비의 자리에 있은 지 오래되어도 아들이 없고 후에 아버지가 난을 일으켜 연좌되어 궁에서 쫓겨났다.[85]

---

83) 『三國史記』 권16, 高句麗本紀4 山上王 7년 3월.
84) 『三國史記』 권9, 新羅本紀9 景德王 3년 3월.

이처럼 신라 중대에는 왕비에게 후사가 없을 때 차비나 소후를 얻는 게 아니라 왕비를 폐하고 다른 왕비를 들이는 모습이 보인다. 이 시기에는 마지막 혜공왕을 제외하고는 차비나 소후라는 존재가 나타나지 않는다. 신라에서 '서자'라는 용어가 처음 보이는 것도 바로 이 때이다. 그러나 이 시기의 처첩이나 적서관념은 조선시대와 달랐다. 이를 잘 보여주는 것이 태종 무열왕과 김유신의 사례이다. 태종 무열왕의 妃는 김유신의 季妹인 文明皇后 文姬이다. 태종 무열왕의 자식은 태자 法敏, 각간 仁問, 각간 文王, 각간 老且, 각간 智鏡, 각간 愷元 등 文姬의 소생과 庶子로서 皆知文 급간, 車得令公, 馬得 아간 및 딸 5인이 있었다.[86] 여기서 문희의 소생 이외에는 서자로 불렸음을 알 수 있다. 김유신의 처는 태종대왕의 제3녀인 智炤夫人으로 三光 이찬, 元述 소판, 元貞 해간, 長耳 대아찬, 元望 대아찬의 아들 다섯과 딸 4인을 두었다. 庶子로 軍勝 아찬이 있는데 그 어미의 성씨는 잃었다 한다.[87] 김유신의 경우 역시 지소부인 이외의 소생은 서자로 칭해졌던 것이다.

그런데 이 시기 처첩의 결정은 혼인의 순서와는 무관하게 妻族의 세력에 따라 결정되었던 것 같다.[88] 예컨대 김유신이 지소부인과 혼인한 것은 김유신이 61세 때의 일이다.[89] 이 이전에 김유신에게는 당연히 처가 있었을 것이나 지소부인이 공식적인 처로, 그리고 그 자식들이 적자로 기록되고 있다. 또한 서자라는 개념도 '장자를 제외한 여러 아들'이라는 뜻으로 사용되기도 하여 후대와는 차이가 있다. 즉, 문

---

85) 『三國史記』 권8, 新羅本記8 神文王 즉위.

86) 『三國遺事』 권1, 紀異1 太宗 春秋公.

87) 『三國史記』 권43, 列傳3 金庾信 下.

88) 全吉姬, 「新羅時代 庶族에 대한 小考」, 『梨大史苑』 2, 1960, 76쪽.

89) 지소부인은 태종무열왕 2년(655)에 김유신과 혼인하였다(『三國史記』 권4, 新羅本記4 太宗武烈王 2년). 김유신은 眞平王 建福 12년(595)에 출생했으니(『三國史記』 권41, 列傳1 金庾信 上) 61세에 지소부인을 맞은 것이다.

희의 아들인 文王, 老且, 智鏡, 愷元 등이『삼국사기』에는 서자라 기록[90]되어 있는데, 이는 원자 이외의 아들이라는 의미로 생각된다. 그리고 문무왕이 異腹인 庶弟 車得公에게 冢宰가 되어 百官을 고루 다스리고 四海를 평안하게 하라고 한 예[91] 등을 볼 때 적서 간에 그리 큰 차별도 없었던 것으로 보인다. 총재라면 적어도 한 부서의 장을 의미할 터인데, 신라에서 장관은 진골에만 한했기 때문이다. 따라서 서자라 하여도 어미의 골품이 낮지 않는 한 신분이나 관등, 관직 등에 차별을 두지는 않은 것 같다. 즉, 이 시기에는 처첩이나 적서분별이 행해지기는 했지만 매우 미약한 수준이었고, 여전히 골품제의 지배를 크게 받고 있었던 것이다.

그러나 신라는 下代에 들어와 강력한 왕권을 정점으로 하는 집권체제가 무너지고 귀족들의 발호가 시작된다. 진골귀족들은 통일 뒤에도 골품제에 의해 권력을 독점하였고, 경제적으로도 큰 富를 누렸다. 많은 이들이 입신을 위해 이들의 門客이 되었으며 귀족들의 세력은 날이 갈수록 비대해갔다. 결국 왕권과 귀족 간에는 충돌이 발생하였고, 이후 진골귀족 상호간에도 분쟁이 일어났다. 이제 왕위는 무열왕 직계라는 혈통에 의해서가 아니라 실력으로 쟁취하는 것이 되었으며, 왕족은 점점 分枝化하여 가계단위의 왕위쟁탈전이 격화되었다. 정권은 유력 진골귀족 가계간의 연립정권적 성격을 띠게 되었으며, 이에 上代와 같이 사위나 외손, 여성 등이 왕위를 계승하기도 하고, 次妃도 다시 등장하게 되었다. 혜공왕과 경문왕에게는 원비와 차비가 있었고,[92] 문성왕 역시 장보고의 딸을 차비로 맞으려 했다.[93] 헌강왕도 서자가

---

90) "立元子法敏爲太子 庶子文王爲伊湌 老且爲海湌 仁泰爲角湌 智鏡 愷元各 爲伊湌"(『三國史記』권5, 新羅本紀 5 태종무열왕 2년 정월).

91) 『三國遺事』권2, 紀異2 文虎王 法敏.

92) 『三國史記』권9, 新羅本記9 惠恭王 16년 ; 『三國史記』권11, 新羅本記 11 景文王 3년 11월.

93) 『三國史記』권11, 新羅本記11 文聖王 7년 춘3월.

있었다.[94] 하대에 차비의 아들들이 서자로 불렸는지는 사료가 없어 잘 알 수 없다. 이 시기 유일하게 보이는 '서자'의 예는 헌강왕의 서자 孝恭王 嶢인데 어미가 일반 민간의 여성으로 신분이 낮아 이를 잘 해명해주지 못한다.[95]

한편, 왕실 외에 민간의 사례를 보면, 태조 왕건의 경우가 시사하는 바가 크다. 즉 왕건은 수많은 호족 딸들과 혼인했는데 물론 이는 왕이라서 다처를 취했다고도 할 수 있다. 그러나 그는 왕이 되기 전, 즉 고려 건국 전에도 신혜왕후 유씨와 장화왕후 오씨를 부인으로 취하고 있다.[96] 이는 武珍州吏 安吉의 처첩이 3인이었다는 사례와[97] 함께 이시기 민간에서도 다처제였을 가능성을 시사한다. 고대사회의 혼인은 골품제의 영향으로 신분내혼과 동성근친혼을 특징으로 한다. 통일 뒤 왕실에서 동성혼에서 탈퇴하려는 의식 및 일부일처적 경향과 적서구분 등이 나타나기도 했으나 매우 미약한 수준이었다 하겠다.

제2절 『高麗史』 형법지 혼인관련 조항의 검토

1. 『고려사』의 편찬과정과 형법지의 구성

고려는 신라의 골품제를 극복하고 지방 호족 및 6두품 세력들에 의해 건국되었다. 고려의 혼인제도는 고대와 어떤 차이가 있을까. 고려시대 혼인제도에 대해 일차적으로 알 수 있는 사료는 『고려사』 형법

---

94) 『三國史記』 권11, 新羅本記11 眞聖王 9년.

95) 『三國史記』 권11, 新羅本記11 眞聖王 9년 동10월.

96) 신혜왕후 유씨는 신숭겸·복지겸 등이 집으로 찾아와 왕건에게 쿠데타를 권할 때 왕건의 부인으로 함께 있었다. 장화왕후 오씨는 아들 혜종이 911년에 출생했다는 데서 역시 부인이었다 하겠다(『高麗史』 권88, 列傳1 后妃1 神惠王后 柳氏 및 莊和王后 吳氏).

97) 『三國遺事』 권2, 紀異 2 文虎王 法敏.

지 혼인관련 기사들이다. 고려의 혼인은 고려율의 적용을 받겠으나 고려율이 현존하지 않아 고려시대 혼인제도에 대한 내용은 형법지를 통해 간접적으로 짐작할 수밖에 없기 때문이다. 그런데『고려사』는 조선시대에 국가적 사업으로 편찬된 사서이므로, 거기에는 조선시대 왕 및 관인들의 시각과 입장이 들어가 있다. 따라서 고려시대 혼인제 연구를 위해서는 그 기본 사료라 할 수 있는 형법지 혼인관련 기사들에 대한 사료 검토가 우선되어야 할 것이다.

『고려사』는 태조가 즉위한 지 불과 3개월 뒤인 원년(1392) 10월부터 편찬에 착수하기 시작하였다. 그러나 실제로『高麗史』가 완성된 것은 문종 원년(1451)의 일로『고려사』의 편찬에는 거의 60년이라는 긴 세월이 소요되었다. 이 동안에『高麗史』는 鄭道傳과 鄭摠의『高麗國史』를 시작으로『讎校高麗史』,『高麗史全文』등 여러 차례의 개수과정을 거치게 된다.[98] 이처럼『고려사』의 편찬이 쉽지 않았던 이유는 조선왕조의 건국과 이에 가담한 주역들의 행동을 정당화하는 작업 및 개인의 가문을 빛내기 위한 곡필 때문이었다.[99]『고려국사』는 僞朝 이후의 일이 자못 진실을 많이 잃었다는 이유로 개수가 요구되었고,[100]『고려사전문』역시 수찬관이던 權踶가 그 선조 權守平을 태조공신 權幸의 후예라고 하는 등 修史不公의 문제로 반포가 중지되었다.[101] 또한 내용이 소략하고 빠진 사실이 많다는 것도 문제였다.[102]

---

98)

서명	편찬자	착수시기	완성시기
『高麗國史』	鄭道傳・鄭摠	태조원년(1392) 10월	태조4년((1395) 정월
제1차 개수	河崙・卞季良	태종14년(1414) 5월	
제2차 개수	柳觀・卞季良	세종 즉위년(1418)	세종3년(1421) 정월
『讎校高麗史』	柳觀・尹淮	세종5년(1423) 12월	세종6년(1424) 8월
『高麗史全文』	申槩・權踶・安止	세종20년(1438) 3월	세종24년(1442) 8월
『高麗史』	金宗瑞・鄭麟趾	세종31년(1449) 정월	문종원년(1451) 8월

99) 李基白,「高麗史解題」,『高麗史』, 延世大學校 東方學研究所, 1972, 2~3쪽.
100)『太宗實錄』권27, 太宗 14년 5월 壬午.
101)『成宗實錄』권138, 成宗 13년 2월 壬子.

48

처음에『고려국사』는 역대 실록과 고려말의 사료 및 이제현의『史略』, 李仁俊·李穡의『金鏡錄』, 閔漬의『綱目』등을 이용, 37권으로 고려의 역사를 정리하였다.[103] 그러나 이에 만족할 수 없었던 세종은 개수시마다 '소략하여 사실을 잃지 않게 할 것'[104]을 명하였다. 이 결과 崔允儀의『古今詳定例』·『式目編修錄』및 諸家의 雜錄, 詔敎, 문집, 상소문 등 국내 사료와 중국 및 塞外 지방의 사서류까지 참고, 총 139권이라는 거대한 분량의 사서가 탄생하게 되었다.

뿐만 아니라『高麗史』편찬에는 以實直書論과 事大名分論의 대립 및 史體의 문제도 논란거리였다.[105]『고려국사』는 명분론에 입각하여 고려 당시에 사용하던 宗, 陛下, 太后 등의 용어들을 모두 王, 世子, 王妃 등으로 고쳐 썼는데, 세종은 당시의 용어를 그대로 쓸 것을 주장하였다. 또한 사체도 처음에는 편년체였으나 前朝의 제반 문물에 대한 인식이 필요하다는 시대적 요청으로 기전체로 바뀌게 되었다. 이러한 변경은『고려사』가 개수되던 세종 당시의 상황과 밀접한 관련이 있다. 이 시대는 개국 초의 혼란기를 지나 정치적 안정이 정착된 시기로 현실적인 자신감이 넘쳐 있었으며, 또한 민족문화가 획기적으로 발전한 시기여서 주체적인 역사의식을 가질 수 있었다.[106] 이 결과『고려사』는 기전체로서 보다 풍부한 내용을 담을 수 있게 되었으며, 또한 당시의 사실을 있는 그대로 전해 좀 더 객관적인 사료가 될 수 있었다.

기전체 사서로서『高麗史』의 志는 天文(3)·曆(3)·五行(3)·地理(3)·禮(11)·樂(2)·輿服(1)·選擧(3)·百官(2)·食貨(3)·兵(3)·刑法(2)의 12개 항목으로 되어 있다. 이 중 가장 큰 비중을 차지하는 것

---

102) 邊太燮,『高麗史의 研究』, 三英社, 1982, 19쪽.
103)『東文選』권92, 序「高麗國史序」및 권93, 序「進讎校高麗史序」.
104)『世宗實錄』권57, 世宗 14년 8월 壬子.
105) 李基白, 앞의 글, 1972, 4~5쪽.
106) 邊太燮, 앞의 책, 1982, 125~126쪽.

은 예지로 전체 지 39권 중 11권에 달한다. 반면 형법지는 2권에 불과하고 맨 끝에 위치하여 당시의 편찬자들이 예를 중시하고 법가를 경시하던 유교적 역사인식을 갖고 있었음을 알 수 있다.107) 이러한 유교적 사고는 형법지 서문에도 보여 "刑으로는 죄 지은 자를 징벌하고 法으로는 죄를 짓기 전에 방지한다. 죄 지은 자를 징벌하여 사람들에게 두려움을 알게 하는 것은 죄를 짓기 전에 방지함으로써 사람들로 하여금 죄를 피할 줄 알게 하는 것만 못하다"108)라 하여 형률보다는 도덕에 더 비중을 두고 있음을 확인할 수 있다.

형법지의 서문에는 형법지를 지은 목적도 잘 나타나 있는데, 그것은 고려의 멸망을 교훈삼고 조선왕조의 건국을 정당화하려는 것이었다. 즉, 고려의 제도는 대개 당의 것을 모방하였고 형법에 이르러서도 당률을 채용하여 時宜에 맞게 참작해 사용하였다. 그런데, 法網을 펴지 못하고 형벌은 완화되고 赦免은 잦아 姦兇의 무리들이 법망을 벗어나서 제멋대로 하여도 제지하지 못하였고 말기에 가서는 그 폐단이 극에 달하게 되었다. 이리하여 元의 『議刑易覽』과 明의 『大明律』을 섞어 쓰자는 의견도 나왔고, 『至正條格』과 『言行事宜』를 겸해 채용하자고 책을 만들어 바친 자도 있었으나, 이미 국가의 대강이 무너지고 국세가 기울어져 소용이 없었다. 이에 史書에 나타나 있는 것으로 그 대강을 기록하고 득실을 상고하기 위해 형법지를 만든다는 것이다.109) 이것은 교훈으로서의 역사를 강조하는 전통적인 유교사관에

---

107) 辛虎雄, 『高麗 刑法史硏究』, 東國大學校 博士學位論文, 1986, 10쪽/『高麗法制史硏究』, 國學資料院, 1995, 54쪽.

108) "刑以懲其已然 法以防其未然 懲其已然而使人知畏 不若防其未然 而使人知避也".

109) "高麗一代之制 大抵皆倣乎唐 至於刑法亦採唐律 參酌時宜而用之……刪煩取簡 行之一時 亦不可謂無據 然其弊也 禁網不張 緩刑數赦 姦凶之徒 脫漏自恣 莫之禁制 及其季世 其弊極矣 於是 有建議雜用 元朝議刑易覽大明律以行者 又有兼採 至正條格 言行事宜 成書以進者 此雖切於救時之弊 其如大綱之已隳國勢之已傾何 今以見於史者 記其梗槩 使考得失 作刑法志"

입각, 조선왕조의 건국을 역사적 필연으로 합리화시키는 것이라 하겠다. 그리고, 이러한 맥락의 서술은『高麗史』전체의 서문 격인「進高麗史箋」은 물론 다른 志의 서문에도 보여『고려사』에 일관되게 흐르는 정신임을 알 수 있다.

　한편 형법지의 체제는『元史』를 본뜨고 있다. 고려의 형률이 당률을 채용해 時宜에 맞게 참작해 사용했다 하면서도『唐書』체제가 아닌『원사』체제로 형법지를 구성한 이유는 唐志가 事實로 조직하여 編을 만들어 攷覈하기 어려운 반면,『원사』는 조목별로 되어있어 찾아보기 편리하다는 志 편찬의 일반 원칙이 적용되었기 때문일 것이다.110) 그리고 사실『원사』체제를 모방한 것은 형법지만이 아니다.『고려사』의 전반적인 체제와 편찬원칙 등이『원사』에 준하고 있다. 그 이유는 조선초의 사상적 분위기 및 정치적 필요성에서 설명된다. 즉,『원사』는 조선의 학자들이 존경하는 明의 巨儒 宋濂・王禕 등이 纂述에 참여해 주자학적 사상체계에 공감하는 조선초 학자들이 모델로 취하게 되었다.111) 또한『원사』는 명태조의 주관이 크게 반영된 군주중심의 사서였기 때문에 국왕 중심의 역사를 편찬하려는 의도의 소산에서 택하게 된 것이기도 하다.112)

　그러나,『고려사』는 단순히『원사』를 모방한 책이 아니다. 이는 <표 1-1>을 통해서도 잘 알 수 있다.

　<표 1-1>은『高麗史』형법지와『원사』형법지의 편목을 비교한 것이다. 이것을 보면 우선 항목의 배열 순서가 다름을 알 수 있다.『고려사』는 형법 총칙에 해당하는 명례를 冒頭로 하여 公式, 職制 등 관료체제 운영에 필요한 규정을 앞에 설정하고, 奸非이하 軍律까지 가

（『高麗史』권84, 志38 刑法1 序文).

110) "按歷代史志 代各不同 志於唐志 以事實組織成篇 難於攷覈 今纂高麗史 準元史 條分類聚 使覽者易攷焉"（『高麗史』「纂修高麗史凡例」).

111) 邊太燮, 앞의 책, 1982, 149쪽.

112) 韓永愚,「『高麗史』와『高麗史節要』의 比較」, 앞의 책, 1981, 91쪽.

<표 1-1>『高麗史』및 『원사』형법지의 편목 비교

高麗史 刑法志		元史 刑法志	
1. 名例	11. 恤刑	1. 名例	11. 盜賊
2. 公式	12. 訴訟	2. 衛禁	12. 詐僞
3. 職制	13. 奴婢	3. 職制	13. 訴訟
4. 奸非		4. 祭令	14. 鬪訟
5. 戶婚		5. 學規	15. 殺傷
6. 大惡		6. 軍律	16. 禁令
7. 殺傷		7. 戶婚	17. 雜犯
8. 禁令		8. 食貨	18. 捕亡
9. 盜賊		9. 大惡	19. 恤刑
10. 軍律		10. 姦非	20. 平反

정윤리에서 사회윤리로의 순서를 취하고 있으며, 형률 운영에 해당하는 恤刑·訴訟을 끝에 두어 일목요연하다.[113] 이것은 각 항목의 중요도에 대한 인식의 차이 때문이라고 볼 수 있다. 즉,『고려사』에서 奸非나 戶婚 등 가정윤리를 앞쪽에 배열하고, 특히 간비를 호혼보다도 앞에 실은 것은 정절을 중시하고 가정윤리를 강화하려는 조선조 관인들의 입장이 표현된 것이라 하겠다.[114]

그리고 각 항목의 수를 비교해보면『원사』는 20항목인 반면『고려사』는 13항목이다. 두 사서에서 같은 항목은 11개,『원사』에는 있으나 『고려사』에는 없는 것이 9개,『원사』에는 없으나 『고려사』에는 있는 것이 2개이다.『고려사』에 빠진 항목은 衛禁, 祭令, 學規, 食貨, 詐僞, 鬪訟, 雜犯, 捕亡, 平反의 9개이다. 위금은 궁궐의 범금자에 대한 치죄규정을 다룬 것인데, 이러한 규정이 있다는 것 자체가 오히려 범금을 할 수 있다는 가능성을 시사한다는 점에서 정신적 금기를 범하는 것으로 이해하여 형법지에 넣지 않았을 것이다. 제령은 따로 항목을 설정하는 대신 제사의 실제를 왕의 세가에 연월일별로 정리·수록하고,

---

113) 尹熙勉,「高麗史 刑法志 小考」,『東亞研究』6, 1985, 341쪽.
114) 鄭容淑,「高麗史 刑法志 奴婢項의 檢討 - 撰者의 對奴婢觀과 관련하여 - 」,
　　『韓國史硏究』46, 1984, 66~67쪽.

학규는 선거지에, 식화는 식화지에 편입하는 방법을 썼다. 詐僞 이하의 항목들은『원사』에서도 그 내용이 상당히 소략하여 항목을 따로 설정할 필요가 없다고 판단하여 형법지 각 항에 필요한 내용만을 분산 수용하였다.115)

『고려사』에만 있는 항목은 공식과 노비인데, 공식은 相避, 官吏給暇, 避馬式, 公牒相通式 등 관료 조직의 위계질서 및 체제 유지를 위해 필요한 것들이다.『고려사』형법지에서는 특히 이를 앞에 수록하여 전조의 제반 양식을 가늠할 수 있게 할 뿐 아니라 조선의 양반 관료체제가 지향하는 良俗의 사회 규범과 법령을 고려시대의 제 제도에서도 참고하려 하였다.116) 노비항을 설정한 이유는 조선시대의 관인들이 고려후기 신분제의 동요와 노비의 정치경제적 진출현상이 고려를 멸망으로 이끈 중대한 원인이라고 보아, 노비를 노비로서 존속하게 하기 위해서는 강력한 법제적 규제가 필요하다고 인정했기 때문이다.117) 즉, 양천제를 근간으로 하는 조선의 신분제를 유지하기 위해서 노비항의 설정이 요구되었던 것이다. 이처럼『고려사』형법지는 고려의 법제이지만 조선에 들어와서도 실제 유용하게 사용할 수 있는 것들은 수록, 참고하려 하였다.118)

지금까지 논의의 결과『고려사』형법지는 조선초의 시대적 분위기 하에서 조선조 위정자들의 필요와 목적을 위해 편찬된 역사서임을 알게 되었다. 이는 형법지 내 혼인에 대한 기사의 편제와 내용에서도 잘 나타나는 성격이다. 다음 장에서는 이에 대해 살펴보도록 하겠다.

---

115) 鄭容淑, 위의 글, 1984, 67~68쪽.
116) 辛虎雄, 앞의 책, 1995, 71~72쪽.
117) 鄭容淑, 앞의 글, 1984, 89쪽.
118) 尹熙勉, 앞의 글, 1985, 344~346쪽.

2. 형법지 혼인관련 조항의 편제와 내용

1) 혼인관련 기사의 소재

혼인에 대한 율은 일차적으로 형법지 戶婚條에 실려 있다고 생각할 수 있다. 호혼이란 호적과 혼인을 말하므로 호혼조는 호적의 편제방식 및 혼인제도에 대한 율이 되기 때문이다. 실제로『원사』형법지에서는 혼인에 관한 모든 규정이 호혼조에 수록되어 있다. 그런데,『고려사』형법지에 혼인관련 기사는 호혼·간비·금령·노비항에 수록되어 있다. 사실 혼인에 대한 율이 꼭 호혼조에만 들어가야 한다는 법은 없다. 예를 들어 노비의 혼인에 대한 것은 호혼조에 포함될 수도 있지만 노비조에 해당될 수도 있기 때문이다. 즉, 혼인에 대한 것이라도 호혼조가 아닌 다른 항목에 실릴 수 있으며 어떤 기사를 어떤 항목에 넣는가는 형법지 찬자의 의식을 반영하는 것이라 하겠다. 형법지에 나타나는 혼인관계 기사를 항목별로 도표화하면 <표 1-2>와 같다.

이에 의하면 호혼조에 실려 있는 것은 이혼(1·3·4), 재혼(6), 신분 및 지위가 다른 사람과의 혼인에 대한 규제(2·5)이다. (1)은 처첩 擅去에 대한 것으로 처나 첩이 함부로 도망해 가면 처벌한다는 내용이다. 이는 처첩이 마음대로 집을 떠나 혼인관계가 깨지는 것을 막기 위한 것이었다. (3)은 유부녀가 간음하면 恣女案에 기록하여 針工으로 삼는다는 것이다. 간음에 대한 형률은 간비조에 따로 수록되어 있는데, 이 조항을 여기에 넣은 이유는 간음한 처가 針工이 됨으로써 이혼이 성립되기 때문이다. 고려시대에는 처의 정조가 부부관계에서 의무사항이었으며, 처의 간음은 혼인관계가 깨지는 데 중요한 역할을 했던 것이다. (4)는 함부로 처를 버리는데 대한 규제이다. 삼별초란으로 함락된 지역의 관리들은 거의 재취하고, 난이 끝나 본처가 돌아와도 버리고 받아들이지 않았다. 이에 부모와 의논하지 않고 이유 없이 처를 버린 자는 처벌한다는 규정을 두게 되었다. 이처럼 고려시대에는 천거와 棄妻 및 유부녀 간음을 규제함으로써 가정의 유지와 보전을 꾀하

54

고자 하였다.

<표 1-2> 형법지 혼인관련 기사

호혼	(1) 妻擅去徒二年 改嫁流二千里 妾擅去徒一年半 改嫁二年半 娶者同罪 不知有夫不坐.
	(2) 郡縣人與津驛部曲人 交嫁所生 皆屬津驛部曲, 津驛部曲與雜尺人 交嫁所産 中分之 剩數從母.
	(3) 睿宗3年判 有夫女淫 錄恣女案 針工定屬.
	(4) 元宗13年 正月 御史臺奏 庚午之變 朝官以其家屬陷賊 率多改娶 今敵平 其舊室雖有還者 或疑有所汚 或悅新婚遂棄而不顧 以敗人倫以致多怨 請禁之從之. 無父母和論 無故棄妻者 停職付處.
	(5) 忠肅王 12年10月教曰 官私奴子 妄稱南班 引誘良家婦女婚嫁 據法禁理.
	(6) 恭讓王 元年9月 都堂啓 散騎以上妻爲命婦者 毋使再嫁 判事以下至六品妻 夫亡三年不許再嫁 違者坐以失節 散騎以上妾及六品以上妻妾自願守節者 旌表門閭 仍加賞賜.
간비	(7) 肅宗元年6月 禁功親婚嫁.
	(8) 毅宗卽位 始禁堂姑從姉妹堂姪女兄孫女相婚.
	(9) 忠烈王 34年 閏11月 憲司請禁外家四寸通婚.
	(10) 恭愍王 16年5月 監察司請 禁人妻死繼娶妻之姉妹及娶異姓再從姉妹.
금령	(11) 祖父母父母 被囚而嫁娶者 徒罪杖一百 死罪徒一年 祖父母父母命者勿論 妾減三等.
	(12) 忠烈王 4年11月 王下旨 紅大燭闕內所用 凡婚姻喪制一皆禁斷.
	(13) 辛禑元年2月教曰 人不知儉侈用傷財 今後如燒酒錦繡段匹 金玉器皿等物 一皆禁斷 雖婚姻之家 止用紬紵從儉約 以成風俗.
	(14) 恭讓王 3年3月 中郞將房士良上疏……人家子孫 或家貧無錢 以錦繡綾衾之未辦 皮幣衣服之未備 淹延歲月婚姻失時 甚至父母亡而或托族屬或依奴婢 因此失禮幾敗人倫者 往往有之 願自今婚姻之家 專用綿布 一禁異土之物 如有仍行舊弊者 以違制論.
노비	(15) 奴娶良女 主知情杖一百 女家徒一年 奴自娶一年半 詐稱良人二年.
	(16) 恭讓王 4年 人物推辨都監定奴婢決訟法 一 良賤相婚自今依律禁斷 如有洪武 25年正月以後 違律相婚者 主奴論罪 所出之子亦許爲良 其主不知者不坐.

　　신분이나 지위가 다른 사람 간의 혼인에 대한 규정을 보면, (2)는 군현인 및 부곡인, 부곡인과 雜尺人 간에 혼인했을 때 태어난 자녀의 귀속 문제를 다루고 있다. 고려시대에 부곡인은 천민은 아니었지만 특

수한 역을 지는 사람들로서 일반 군현민에 비해서 천시되었다.[119] 이들이 일반 군현인과 혼인했을 때 그 자식들은 부곡에 속하게 하였는데, 이는 국역 부담의 계속성을 꾀하기 위해서였다. 부곡인과 잡척인은 같은 지위이므로 양쪽 집단에 고루 속하게 하였다. 고려시대의 가족은 단순히 자연적인 혈연집단이 아니라 국가의 역의 원천이었으므로 이러한 규정을 두었던 것이다.

(5)는 충숙왕 때 노비들이 신분을 속이고 양녀와 혼인하는 일이 많으므로 이를 법에 따라 처벌하자는 것이다. 여기서 법은 노비율에 보이는 양천불혼율(15)일 것이다. 고려에서는 一賤卽賤이었으므로 양천혼 소생은 천인이 된다. 따라서 이는 국가의 양인 확보책에 따른 조치라 하겠다.

(6)은 재혼에 관한 것인데 남편벼슬의 품계에 따라 차등적으로 재혼을 규제하자는 것이다. 이것은 공양왕 때의 일이고, 더구나 제의에 불과하다는 점에서 고려시대에는 재혼이 금지되지 않았음을 알 수 있다. 그런데 이 기사를 호혼조에 넣은 이유는 재가를 엄히 규제하던 조선시대 성리학자들의 입장이 반영된 것이라 이해된다. 이처럼 호혼조에는 이혼과 재혼, 신분 및 지위가 다른 사람 간의 혼인에 대한 규제가 수록되어있어 고려 혼인제의 대강을 알려준다.

다음, 간비조에는 근친혼에 대한 금지규정이 실려 있다. 근친혼에 대한 규제를 호혼조가 아닌 간비조에 넣은 이유는 근친간의 혼인을 간통이라 여기는 조선시대 관인들의 의식에서 비롯되었다고 여겨진

---

119) 부곡인의 신분을 양인으로 보는 연구는 다음과 같다. 李佑成, 「高麗末期 羅州牧 居平部曲에 대하여」, 『震檀學報』 29·30, 1966/『韓國中世社會研究』, 一潮閣, 1991, 114~130쪽 ; 金龍德, 「部曲의 規模 및 部曲人의 身分에 대하여」(上), 『歷史學報』 88, 1980, 53~69쪽 ; 武田幸男, 「朝鮮의 律令制」, 『岩波講座 世界歷史』 6, 岩波書店, 1971, 77~78쪽 ; 朴宗基, 「高麗 部曲制의 構造와 性格 - 收取體制의 運營을 中心으로」, 『韓國史論』 10, 1984, 121쪽 ; 洪承基, 『한국사』 15, 국사편찬위원회, 1995, 54~63쪽 ; 金蘭玉, 『高麗時代 賤事·賤役良人研究』, 신서원, 2000, 219~231쪽.

다. 당률에서는 근친 간의 혼인을 간통으로 규정하나,[120] 고려에서는 근친혼이 성행했고 이를 간통죄로 처벌한 사례도 없다. 반면 조선시대에 들어와서는 대명률에 이 규정이 실려 있고[121] 실제로 거의 근친혼이 없었다는 점에서 이는 유교적 동성불혼 관념을 지향하는『고려사』찬자들의 의식이 반영된 것으로 보인다.

금령조에는 혼인해서는 안 될 시기 및 혼인 사치에 대한 규정이 있다. 조부모나 부모가 죄를 짓고 옥에 갇혔을 때 부모의 명을 받지 않고 혼인한 자는 부모 죄의 경중에 따라 차등적으로 처벌하였다(11). 또한 혼인사치가 심해 여러 차례 금령이 제정되고 있다(12·13·14). 노비조에서는 양천혼을 규제하고 있다. (15)는 奴가 양민 딸과 결혼했을 때 주인과 奴에 대한 처벌규정이며, (16)는 양천혼 금제가 잘 지켜지지 않자 공양왕 때 가서 양천혼 금지를 재천명한 것이다.

이처럼『고려사』찬자들은 혼인관련 기사들을 가장 적합하다고 생각하는 항목에 분산 수록하였다. 이는『고려사』가『원사』체제를 모방했으면서도 독자성을 보이는 것이며, 또한 여기서 조선시대 찬자들의 혼인에 대한 유교적인 인식도 읽을 수 있다.

2) 고려 혼인율의 내용과 특징

<표 1-2>에서 두 번째로 보이는 특징은 형법지에 연월일이 없는 科條的 기사와 연월일이 있는 編年的 기사의 두 종류가 나타난다는 점이다.[122] 형률집인 당률은 물론『원사』형법지에도 과조적 기사만 보인다. 이는 고려의 율문에 대한 사료가 소략한데다가『원사』체제로 형법지를 만들려다 보니 그 편목을 다 채울 수 없어서 법조문이 아닌

---

120) "諸同姓爲婚者 各徒二年 緦麻以上 以姦論. 若外姻有服屬 而尊卑共爲婚姻 及娶同母異父姊妹若妻前夫之女者 亦各以姦論"(『唐律疏議』권14, 戶婚 同姓爲婚).
121)『大明律直解』권6, 婚姻 尊卑爲婚條 및 娶親屬妻妾條.
122) 辛虎雄, 앞의 책, 1995, 74쪽.

국왕의 制·判·敎 등도 실었기 때문일 것이다. 그러나 한편으로는
이것이 고려율의 특성을 보여주는 것이 아닐까 생각된다. 즉, 고려는
처음에 당률을 취하여 71조의 형률을 만들었으나[123] 사회가 발전함에
따라 새로운 율의 제정이 요구되었고, 또 고려 사회만이 갖는 특수성
도 있어 중국의 율과는 다른 독자적인 규정도 필요했을 것이다. 이에
처음에는 국왕의 제·판·교 형태로 형벌규정들을 만들어 쓰다가 율
령집 개정 시에 새로 추가하기도 하고, 또는 그대로 제·판·교 형태
로 통용되는 것도 있었을 것이다. 따라서 고려의 혼인율은 과조적 기
사와 편년적 기사의 두 유형으로 구성된다고 하겠으며, 이들의 내용과
성격을 살펴보면 당과 다른 고려 혼인율의 특징과 성격이 잘 드러나
리라 여겨진다.

우선 과조적 기사를 보면 (1·2·11·15)가 있다. 이들은 대부분 내
용이나 형량 면에서 당률과 거의 흡사하다는 특징을 가진다. (1)은 처
첩 擅去에 대한 조항으로 처가 마음대로 떠나면 徒 2년, 떠나서 개가
하면 流 2천 리에 처하고, 첩은 1등 감한다는 것이다. 당률에서는 처
첩 모두 徒 2년, 개가하면 徒 3년이다.[124] 이는 『송형통』의 법의를 따
른 것으로 해석한다.[125]

(2)는 군현인과 부곡인의 혼인을 규제한 것으로 고려의 독특한 율
이다. 당률에서는 군현인과 부곡인이 혼인했을 때 처벌하고 이혼시킨
다는 규정이 있으나,[126] 고려에서는 이러한 규정은 없고 소생자 귀속

---

123) 『高麗史』 권84, 志38 刑法1 序.
124) "妻妾擅去者 徒二年 因而改嫁者 加二等"(『唐律疏議』 권14, 戶婚 義絶離
之).
125) "周顯德伍年漆月漆日勅條 妻擅去者徒三年 因而改嫁者流三千里 妾各減一
等 娶者竝與同罪 如不知其有夫者不坐 娶而後知者 減一等 竝離之 父母主
婚者 獨坐父母 妻妾唯得擅去之罪 周親等主婚 分首從"(『宋刑統』 戶婚 和
娶人妻條의 註). 辛虎雄, 앞의 책,1995, 120쪽.
126) "諸雜戶不得與良人爲婚 違者杖一百 官戶娶良人女者亦如之 良人娶官戶女
者加二等"(『唐律疏議』 권14, 戶婚 雜戶不得娶良人).

58

문제만 언급하고 있다. 이는 당과 고려의 부곡인의 신분 차이에서 비롯된다고 이해된다. 당의 부곡인이 천인이었음에 반해 고려의 부곡인은 특수한 역을 지고 있었지만 신분상 양인이었으므로 군현인과의 혼인이 금지될 이유가 없었다. 단, 역의 계속성이라는 측면만이 국가의 관심사항이었으므로 소생자 귀속에 대한 규정만이 실리게 되었던 것이다. 두 나라의 사회 구조상의 차이가 서로 다른 형률을 낳을 수 있음을 보여주는 것이라 하겠다.

(11)은 부모나 조부모가 죄를 짓고 감옥에 갇혔을 때 혼인해서는 안된다는 것으로 당률과 거의 비슷하나 역시 형량이 약간 차이가 있다. 부모가 도형죄를 범했을 때는 고려·당 모두 장 1백이나, 사형에 해당하는 죄를 범했을 때는 당률은 徒 1년 반임에 비해 고려는 徒 1년이다.127) 이 역시 고려율이 당률을 모법으로 했으면서도 그것과 완전히 같지는 않음을 보여주는 것이라 하겠다.

(15)도 당률의 조항을 취하고 있다. 奴가 양인녀와 혼인했을 때 주인이 사정을 알고 있었으면 장 1백, 노가 스스로 혼인했으면 徒 1년 반, 양인이라고 사칭했으면 徒 2년에 처한다는 것이다. 당률에서는 이와 형량이 같지만 보다 자세히 언급하고 있어128) (15)의 모법이었음을 알 수 있다.

이처럼 과조적 기사는 4개가 있는데, 당률의 영향을 강하게 받고는 있지만 기사 내용이 동일하지는 않다. 또한『송형통』의 법의를 취하기도 하고 고려만의 독자적인 규정도 보여 고려가 당률을 그대로 준용했다는 설은 받아들이기 어렵다.『원사』형법지와는 기사 내용이 상당

---

127) "諸祖父母父母 被囚禁而嫁娶者 死罪徒一年半 流罪減一等 徒罪杖一百(祖父母父母命者勿論). 疏議曰……若娶妾 及嫁爲妾者 卽準上文減三等……"(『唐律疏議』 권14, 戶婚 父母囚禁嫁娶).

128) "諸與奴娶良人女爲妻者 徒一年半 女家減一等離之 其奴自娶者亦如之 主知情者杖一百 因而上籍爲婢者 流三千里 卽妄以奴婢爲良人 而與良人爲夫妻者 徒二年 各還正之"(『唐律疏議』 권14, 戶婚 奴娶良人爲妻).

히 달라 형률 조문에서 원의 영향은 크지 않았던 것으로 보인다.129)

다음은 편년적 기사를 살펴보고자 한다. 편년적 기사는 매우 많은데 크게 3부류로 나눌 수 있다. 첫째는 당이나 원에서 전혀 비슷한 것을 찾아 볼 수 없는 고려의 독자적인 규정이다. (3)과 (6)이 여기에 해당한다. (3)은 유부녀가 음탕하면 자녀안에 기록하여 針工으로 삼는다는 것인데 중국에는 이러한 규정이 없다. 그런데 조선시대에도 고려의 예를 따르는 것으로 보아,130) 이는 고려의 독자적인 규정임을 알 수 있다. (6)은 재혼규정으로 散騎 이상의 처로서 命婦가 된 자는 재가를 하지 못하게 하고, 判事 이하 6품 이상의 처는 남편이 죽은 뒤 3년 내에는 재혼을 하지 못하게 하며, 散騎 이상의 첩과 6품 이상의 처첩 중 수절하는 자는 표창하자는 것이다. 이러한 재혼 규정 역시 중국에서는 찾아 볼 수 없는 규정이다. 당률에서는 수절녀를 강제로 혼인시켰을 때 처벌한다는 규정은 있어도 여자의 재혼을 금하는 조문은 없다.131) 물론 고려에서도 이러한 법제는 적용되지 않았다. 이는 조선시대에 들어와 규제된 사항이며 그 선행단계로 조선왕조 건국의 주역들에 의해 공양왕 때 고위관직자 부인들의 재혼금지가 논해진 것일 뿐이다.

둘째는 당이나 원에도 처벌이 있기는 하나 그 내용이 매우 다른 것으로 棄妻(4)와 近親婚(7·8·9·10)이 이에 속한다. 당에서는 七出 三不去라는 기처 규정이 있으나132) 고려의 기처조항은 삼별초란 뒤에

---

129) 『원사』에서는 처첩천거에 대한 조항은 "諸婦人背夫 棄舅姑出家爲尼者 杖 六十七 還其夫"으로, 기처에 대한 것은 "諸出妻妾 須約以書契 聽其改嫁 以 手模爲徵者 禁之"으로, 근친혼에 대한 것은 "諸姑表兄弟嫂叔不相收 收者 以姦論"으로, 양천혼에 대해서는 "諸良家女願與人奴爲婚者 卽爲奴婢"로 규정되어 있는 등 법조문의 내용이 당률이나 고려율과 매우 다르다. 이상 『元史』 권103, 志51 刑法2 戶婚條 참조.

130) "大小兩班正妻 適三夫者 依前朝之法 錄恣女案 以正風俗"(『太宗實錄』 권 11, 太宗 6년 6월 정묘).

131) "諸夫喪服除而欲守志 非女之祖父母父母 而强嫁之者 徒一年 期親嫁者 減 二等 各離之 女追飯前家 娶者不坐"(『唐律疏議』 권14, 戶婚 夫喪守志).

부모의 명이 없을 경우의 기처를 문제 삼는 것으로, 매우 미약하다. 실제로『고려사』를 보면 기처 사례가 많이 나타난다는 점에서 기처에 대한 규제가 심하지 않았음을 알 수 있다. 同姓近親婚 부분도 중국과 매우 다르다. 당은 일찍이 부계친족 집단이 형성되어 동성혼까지 금지했다.133) 고려에서는 문종 때 처음으로 大功親 간에 혼인한 자의 소생 자녀에 대한 금고 규정이 보이며,134) 처족이나 모족과의 금혼범위는 오히려 당률보다 넓어135) 중국과의 차이를 보여주고 있다. 이는 고대사회 이래의 오랜 근친혼 관습으로 처음 고려율이 제정될 때는 근친혼 금지 조항이 없다가 고려중기 이후에야 왕명으로 규제되기 시작했음을 말해주는 것이다. 또한 중국과의 친족구조 차이로 규제범위도 달랐음을 알 수 있다.

세 번째 유형은 시폐를 규제하는 것으로 양천교혼(5·16) 및 혼인사치(12·13·14)에 대한 것이다. (5)는 충숙왕 때 노비자식들이 南班이라고 사칭하며 양민부녀를 유혹하여 혼인하는 것을 법에 의하여 다스린다는 것이다. (16)은 양인과 천인이 통혼하는 것을 다시금 법령에 의해 금지한다는 것이다. (12)는 혼인과 상사 시 궁중에서 쓰는 붉고 큰 초를 일반인들이 사용하지 못하게 하는 것이다. (13)은 혼인사치에 대한 규제로서, 혼인할 때 소주·비단·금옥으로 만든 그릇의 사용을 금하고 명주와 모시 등만 사용하여 검소하게 할 것을 규정한 것이다. (14) 역시 민간인들이 혼인할 때 비단 이부자리 및 혼수·의복을 마련하지 못해 혼인하지 못하는 예를 들며 혼인 시 무명만 사용하고 외국물건을 일절 금하는 법이다. 이는 물론 고려의 독자적인 조문으로 고

132) "諸妻無七出及義絶之狀 而出之者徒一年半 雖犯七出 有三不去而出之者杖一百 追還合 若惡疾及姦者 不用此律"(『唐律疏議』 권14, 戶婚 妻無七出).
133)『唐律疏議』권14, 戶婚 同姓爲婚.
134)『高麗史』권75, 志29 選擧3 詮注 凡限職 文宗 12년 5월.
135)『高麗史』권84, 志38 刑法1 奸非 忠烈王 34년 윤11월 및 같은 책, 恭愍王 16년 5월.

려후기의 신분제 문란, 사회기강의 해이를 반영하는 법이라 하겠다. 혼인사치는『원사』형법지에도 금령이 보인다는 점에서136) 원의 영향을 받은 것이 아닌가 여겨진다. 이처럼 편년적 기사는 과조적 기사보다도 더욱 고려의 독자성을 보여주고 있다.

3. 고려 혼인제의 범주와 형법지의 사료적 가치

앞 장에서 형법지 혼인관련 기사의 편제와 내용을 살펴보았다. 이 결과 혼인관계 기사의 편제에는 조선시대 찬자들의 의식이 들어가 있으며, 고려 혼인율은 고려적인 특성을 지닌 독자적인 것이었음을 알게 되었다. 여기서 한 가지 더 언급해야 할 것은 고려시대 혼인제도의 범주 문제이다.

형법지는 고려시대의 사실을 전하고 있으므로 형법지에 실린 혼인관계 기사들은 그대로 고려의 혼인제도를 반영하는 부분이라 할 수 있다. 앞 장의 내용을 통해 이를 정리해 보면, 고려의 혼인제는 크게 혼인·이혼·재혼의 3 부분으로 나누어지며, 혼인은 그 시기 및 대상, 혼인의례 등의 요소가 규제되었음을 알 수 있다. 이혼은 擅去와 棄妻 및 처의 간음에 대한 규제로 이루어졌는데, 특히 간음에 대한 ·처벌은 부부관계 유지의 관건이었다. 재혼은 실제로 고려에서는 규제되지 않았고, 형법지 찬자의 의식에 의해 포함된 것이므로 고려 혼인제에서는 별로 의미 있는 부문이 아니라 하겠다. 따라서 고려의 혼인제도는 부부의 결합으로서의 혼인 및 그것의 유지로서의 간음에 대한 규제, 그리고 그 해소로서의 이혼이라는 세 부분으로 구성된다 하겠다. 이들은 서로 유기적인 관계를 이루며 고려 혼인제의 범주를 이루고 있는 것이다.

---

136) "諸嫁娶之家 飮食宴好 求足成禮 以華侈相尙 暮夜不休者 禁之"(『元史』권 103, 志51 刑法2 戶婚).

62

고려의 혼인제를 연구함에 있어 또 하나 주의해야 할 것은 형법지의 사료 누락 문제이다. 형법지 서문에 의하면 "사적에 보이는 것으로써 그 대강을 기록하여 득실을 상고하게 하기 위하여 형법지를 지었다"[137] 한다. 이는 형법지에 나타난 것이 고려 형률의 전부가 아님을 시사하는 것이며,[138] 형법지 찬자들에 의해 사료가 취사선택되었을 가능성을 암시하는 것이다. 그렇다면 어떤 목적 하에 어떠한 사료가

<표 1-3> 형법지 혼인관련 편년적 기사

혼인관련 기사	출전	규제내용
(1) 睿宗3年判 有夫女淫 錄姿女案 針工定屬.	호혼	자녀안
(2) 肅宗元年6月 禁功親婚嫁.	간비	근친혼
(3) 毅宗卽位 始禁堂姑從姉妹堂姪女兄孫女相婚.	간비	근친혼
(4) 元宗13年 正月 御史臺奏 庚午之變 朝官以其家屬陷敵率多改娶 今敵平 其舊室雖有還者 或疑有所汚 或悅新婚遂棄而不顧 以敗人倫 以致多怨 請禁之從之. 無父母和論 無故棄妻者 停職付處.	호혼	기처
(5) 忠烈王 4年11月 王下旨 紅大燭闕內所用 凡婚姻喪制一皆禁斷.	금령	혼인사치
(6) 忠烈王 34年 閏11月 憲司請禁外家四寸通婚.	간비	근친혼
(7) 忠肅王 12年10月敎曰 官私奴者 妄稱南班 引誘良家婦女婚嫁 據法禁理.	호혼	양천혼
(8) 恭愍王 16年5月 監察司請 禁人妻死繼娶 妻之姉妹及娶異姓再從姉妹.	간비	근친혼
(9) 辛禑元年2月敎曰 人不知儉侈用傷財 今後如燒酒錦繡段匹 金玉器皿等物 一皆禁斷 雖婚姻之家 止用紬紵務從儉約 以成風俗.	금령	혼인사치
(10) 恭讓王 元年9月 都堂啓 散騎以上妻爲命婦者 毋使再嫁 判事以下至六品妻 夫亡三年不許再嫁 違者坐以失節 散騎以上妾及六品以上妻妾 自願守節者 旌表門閭仍加賞賜.	호혼	재혼
(11) 恭讓王 3年3月 中郎將房士良上疏…人家子孫 或家貧無錢 以錦縟綾衾之未辦皮幣衣服之未備 淹延歲月婚姻失時 甚至父母亡而或托族屬或依奴婢 因此失禮嫁 敗人倫者往往有之 願自今婚姻之家 專用綿布一禁異土之物 如有仍行舊弊者以違制論.	금령	혼인사치
(12) 恭讓王 4年 人物推辨都監定奴婢決訟法 一 良賤相婚自今依律禁斷 如有洪武25年正月以後 違律相婚者主奴論罪 所出之子亦許爲良 其主不知者不坐.	노비	양천혼

137) "以見於史者 記其梗槩 使考得失 作刑法志".
138) 辛虎雄, 앞의 책, 1995, 64쪽.

취사선택되었으며 그 의미는 무엇인지를 살펴보도록 하겠다. 우선 형법지의 편년적 기사들을 연대순으로 배열하면 <표 1-3>과 같다.

<표 1-3>에 의하면 고려전기에는 간음한 부녀자를 자녀안에 올린다거나(1), 함부로 처를 버리지 못하게 한다거나(4), 근친혼을 규제(2·3)하는 등 주로 법의 기강을 세우는 데 주력하고 있다. 그러나 충렬왕 이후에는 혼인사치나(5·9·11) 양천혼에 대한 금령(7·12)이 거듭 내려져 고려말로 갈수록 신분제가 혼란해지고 사회 기강이 무너짐을 알 수 있다. 이는 흥망사관에 입각한 『고려사』 찬자들의 기본입장이139) 그대로 반영된 것이라 하겠다. 또한 고려후기로 갈수록 근친혼의 범위가 확대되며(6·8), 공양왕 때에는 상류층 부인들의 재혼금지 논의(10)도 보여 유교 이데올로기가 더욱 강해짐을 알 수 있게 한다. 형법지 혼인관련 기사 역시 고려멸망의 필연성과 조선왕조 건국의 정당화라는 관점에서 편집되었던 것이다.

그렇다면 이 목적을 위해 형법지에는 의도적으로 싣지 않은 기사도 있을까. 고려의 형률집이 남아있지 않은 상황에서 어느 정도의 기사가 누락되었으며, 구체적으로 어떤 조항이 빠졌는지를 안다는 것은 불가능할 것이다. 그러나 형법지 이외의 다른 사료를 통해 이를 추측해 볼 수 있다. 우선 충선왕 즉위교서 내의 동성혼 금지 규정140)이 志에는 빠졌다는 점을 지적할 수 있다. 이는 이후 왕실에서조차 공민왕 때 복고정책으로 족내혼을 다시 행하기 전까지 한동안 동성혼이 금지되었다는 점에서 매우 의미 있는 규정이다. 그러나 이 조항은 형법지에 수록되지 않았다.

또한 樂人과 娼妓를 처로 삼았을 때 처벌하자는 鄭夢周의 新定律도 빠져있다.141) 물론 이는 법이 시행되지 않아서 삭제했다고도 하겠

139)『高麗史』권84, 志38 刑法1 序.
140)『高麗史』권33, 世家33 忠宣王 즉위년 11월 辛未.
141)『高麗史』권46, 世家46 恭讓王 4년 2월 甲寅.

64

으나 공양왕 때 都堂의 啓(10)는 고려시대에 실제로 시행되지도 않은 재혼에 대한 건의조차도 싣고 있다는 점에서 형평에 어긋나는 것이라 하겠다. 게다가 정몽주의 신정률에 대해서는 『고려사』 형법지 서문에서 "元朝의 『議刑易覽』과 『大明律』을 섞어 쓰자는 의견도 나왔고, 또 『至正條格』·『言行事宜』도 겸해 채용하자고 책을 만들어 제출한 자도 있었으나 이미 국가의 규율이 해이해지고 국세가 기울어진 바에야 무슨 소용이 있으랴"며 그 무의미함을 강조하고 있는 것이다. 이는 결국 고려말의 체제 내에서의 개혁 움직임에 대해 의미를 부여하지 않으려는 『고려사』 찬자들의 입장이 들어가 있는 것이라 하겠다.

또한 형법지에는 유부녀와 혼인하면 처벌한다거나 상 중의 혼인을 금지한다는 등의 사례를 통해 규제되었음이 분명한 것들도 법조문이 누락된 것이 있다. 이것은 형법지가 여러 사서에 보이는 조문들을 엮어 만든 것이라 매우 소략하고 빠진 사실이 많음을 의미하는 것이다. 따라서 형법지를 사료로 이용할 때는 당이나 송, 원 등 중국의 율과의 비교 고찰은 물론 고려시대의 여러 사료들에서 보이는 실제 사례들을 통해 내용을 보충하려는 노력이 필요하다 하겠다. 특히 실제 사례를 통해 재검토하려는 노력은 매우 중요할 것이다. 형법지의 조문들이 혼인에 대해 많은 사실을 알게 해주긴 하나 이것은 어디까지나 율문에 불과하기 때문이다. 실제 사례를 통한 재검토야말로 율문의 실제적인 적용성을 알게 할 뿐 아니라 일실된 고려율의 내용을 보충해 줄 수 있을 것이다. 율문과 실제와의 조화, 그리고 타국과의 비교는 고려 혼인제 연구의 가장 중요한 방법이라 하겠다.

제2장 혼인제의 운영과 변천

제1절 고려전기 혼인의 조건과 절차

1. 혼인의 대상

1) 동성근친혼에 대한 규정

고려시대에 혼인은 언제, 누구와, 어떻게 이루어졌는가. 우선 이야기해야 할 것이 동성근친혼에 대해서이다. 앞에서 이미 통일신라시대에도 흥덕왕·애장왕 시대에 동성 왕비의 성을 바꿔 이에서 탈피하려는 움직임이 있었으나 골품에 따른 계급내혼 문제로 잘 시행되기 어려웠음을 보았다. 고려의 건국은 여기에 전기를 마련했다. 우선 골품제가 붕괴되었으므로 근친혼에서 벗어날 수 있는 여건이 마련되었다. 뿐만 아니라 신라 하대 이래 수많은 호족들이 나타났으며, 이들은 왕건이나 견훤(867~935)의 예에서 보듯 스스로 성씨를 칭하거나 혹은 왕으로부터 성씨를 하사받았다. 이에 고려의 지배층은 전 시대에 비해 보다 많은 성씨 집단으로 이루어졌으며, 지배층 내에서의 동성혼도 신라에 비해 줄어들 소지를 갖게 되었다.

그러나 바로 동성근친혼 금제가 행해졌던 것은 아니었다. 일단 이전까지의 습속을 일거에 벗어버리기도 쉽지 않았고, 또 그래야 할 절실한 이유도 없었다. 특히 왕실의 경우는 건국초 호족 세력을 누르고 왕권을 강화하기 위해 족내혼을 행했다. 수많은 이성 호족들과 혼인했던 태조 왕건은 자신의 소생들에 대해서는 왕실 세력의 분산을 꺼려 이복남매끼리의 혼인도 불사했다.[1] 혜종도 맏공주를 동생인 昭의 아내로 삼아 그 세력을 강성하게 해주었다.[2] 당시의 동성근친혼에 대해 사신은 "혜종이 공주를 아우의 아내로 삼은 것은 무슨 이유였던가. 그 시대의 풍속이 그랬던 것이다. 태조는 세상에 나기 드문 훌륭한 군주로서 모든 일에 옛 것을 본받아 풍속을 변화시키려고 했으나, 습속에 젖어 능히 변경하지 못하였다. 이로부터 그 후로는 이를 家法으로 삼아 조금도 이상하게 여기지 않았으며……"[3]라 하여 태조 이래 왕실에서 동성근친혼이 계속되었음을 말하고 있다.

동성근친혼을 했을 경우 왕비는 모두 외가의 성을 썼다. 그런데, 이는 통일신라시대와 차이를 보여준다. 통일신라시대에도 동성혼일 경우에는 왕비의 성을 바꾸었으나 그 성은 아비의 이름 중 한 글자를 딴 것이었다. 그러나 고려에서는 외가의 성을 사용했다. 이는 이 시기에 이미 진골에서 호족으로 지배집단이 확대되면서 이성혼이 크게 늘었음을 반증하는 것이다. 왕실 족내혼은 이후에도 계속되나 점차 족외혼의 비중이 늘어난다.[4] 특히 현종 이후에는 귀족가문의 딸들을 왕비로 맞아들이고 이들 소생자가 왕위를 이어나가게 된다. 이는 고려의 왕권이 차츰 강화되어 왕실 내에서 통혼을 해야 할 이유가 점점 줄어들었기 때문이다. 또 과거를 통해 여러 문신관료들이 대두하고 이들이 문벌을 형성하면서 왕실과의 혼인 대상으로 부상하게 된다. 이들은 家

---

1) 태조는 자신의 아들 昭(광종)를 이복누이인 大穆王后 皇甫氏와 혼인시켰다 (『高麗史』 권88, 列傳1 后妃 光宗 大穆王后 皇甫氏). 또 神明王太后 劉氏 소생 興芳公主는 元莊太子와 혼인했고 貞德王后 柳氏 소생 文惠王后는 文元大王 貞에게 시집갔다. 역시 정덕왕후 소생인 宣義王后도 戴宗 旭에게 시집갔다(『高麗史』 권91, 列傳4 公主 太祖).
2) 『高麗史節要』 권2, 惠宗 2년.
3) 『高麗史節要』 권2, 惠宗 2년.
4) 아래의 도표는 鄭容淑, 『高麗王室族內婚硏究』, 새문사, 1988, 42쪽 <표-4> 후비의 족외·족내혼 대비를 기초로 작성한 것이다.

格의 상승을 위해 왕실과의 혼인을 원했으며 왕실 역시 이들과의 통혼을 거부할 이유가 없었다. 이에 이성왕비들이 늘어나고 그들의 자식들이 왕위를 계승하게 되었다.

이와 아울러 동성근친혼에 대한 금제규정도 마련되었다. 제일 처음 보이는 것이 문종 때 대공친끼리 혼인해 낳은 자식은 관직에 나가는 것을 금지시킨다는 조항이다.[5] 그런데 이것은 중국과 매우 다른 규제 방식이었다. 당률에서는 가까운 친족간의 혼인은 '간통'으로 처벌하였고, 그 외의 친척 간의 혼인도 장을 치는 등 실제적인 처벌을 한 뒤 이혼시켰다.[6] 그러나 고려에서는 자손을 금고하는 간접적인 방법을 택

	태조	혜종	정종	광종	경종	성종	목종	현종	덕종	정종	문종
후비수	29	4	3	2	5	3	2	13	5	5	5
족외혼	29	4	3		1	2	1	10	3	5	4
족내혼				2	4	1	1	3	2		1
	순종	선종	숙종	예종	인종	의종	명종	신종	희종	강종	고종
후비수	3	3	1	4	4	2		1	1	2	1
족외혼	2	3		4	2			1		1	1
족내혼	1			2				1	1	1	1

	원종	충렬	충선	충숙	충혜	공민	공양	총계	
후비수	2	3	6	5	4	5	1	125	
족외혼	1	1	3	2	3	3		90	(72%)
족내혼	1	1	1			1		27	(22%)
몽고녀		1	2	3	1	1		8	(6%)

5) "是月判 嫁大功親所産 禁仕路"(『高麗史』권75, 志29 選擧3 銓注 限職 文宗 12년 5월).

6) "諸同姓爲婚者 各徒二年 總麻以上 以姦論. 若外姻有服屬 而尊卑共爲婚姻 及娶同母異父姉妹若妻前夫之女者 亦各以姦論. 其父母之姑舅 兩姨姉妹及 姨 若堂姨母之姑堂姑 己之堂姨 及再從姨 堂外甥女 女婿姉妹 並不得爲婚 姻 違者各杖一百並離之. 疏議曰……自同姓爲婚以下 雖會赦各離之."(『唐律疏議』권14, 戶婚 同姓爲婚) 및 "諸嘗爲祖免親之妻 而嫁娶者 各杖一百 總麻及舅甥妻 徒一年 小功以上 以姦論 妾各減二等 並離之."(上同, 爲祖免 妻嫁娶). 고려는 시기에 따라 당률 외에도 송이나 원률의 영향도 받았다. 그러나 『송형통』의 기사는 혼인관련 조항에 관한한 당률과 거의 차이가 없으며, 원률은 『원사』형법지를 통해 볼 때 고려율과 상당히 달라 법조문에서

했던 것이다. 더구나 아래의 사료들을 보면 이것조차 제대로 시행되지 못하였음을 알 수 있다.

> A-1. 6월에 이부상서 崔奭 등이 아뢰기를 "전년에 進士 魯準은 그 아비가 율을 범하여 大功服에 해당되는 친족에게 장가들어서 낳은 아들이니 종신토록 禁錮하기를 청합니다." 하였다. 왕이 이르기를 "사람을 가려 뽑아서 임용하는 데에는 常例에 구애하지 말 것이니 여러 진사와 함께 官秩을 주어서 朝籍에 통하게 함이 가하다." 하였다. 재상 문정 등이 논의하기를 "집을 잘 다스린 뒤에라야 나라를 다스리는 것인데 준의 아비는 혼인을 바로 하지 못하여 人倫을 더럽혔습니다. 그러나 방금 유학을 숭상하여 선비를 등용하기가 급하니 노준에게 階資를 낮추어서 관직을 제수하기를 청합니다."하니 좇았다(『高麗史』 권95, 列傳8 諸臣 文正).

노준의 아버지는 대공친과 혼인해 노준을 낳았다. 노준을 율에 따라 금고시켜야 한다는 신하들의 주장에 대해 왕은 방금 유학을 숭상하여 선비를 등용하기에 급하다는 주장을 따라 노준의 관직을 낮추어 제수하는 조처를 취하였다. 이것은 문종 35년(1081)의 일로[7] 동왕 12년(1058) 대공친 간의 혼인 소생에 대한 금고 조처가 마련되기는 했으나 잘 시행되지 못했음을 보여주는 것이다.

숙종 때에 이르면 자손금고가 아니라 직접 혼인을 금지시킨다는 조문이 나온다. 그리고 그 범위도 대공친뿐 아니라 소공친까지 포함하였다. 의종 때에는 당고모(5촌)·종자매(4촌)·당질녀(5촌)·형의 손녀(4촌) 간에 혼인하는 것을 금하였다.[8] 그러나 이러한 혼인금지 조치가

원의 영향은 크지 않았던 것으로 보인다. 이하 송이나 원률에 대해서는 특별히 당률과 다른 점이 있거나 언급해야할 필요가 있을 경우에만 이야기하도록 하겠다.

7) 『高麗史節要』 권5, 文宗 35년 6월.

8) "肅宗 元年 6월 禁功親婚嫁……毅宗即位 始禁堂姑從姉妹堂姪女兄孫女相

이를 어겼을 때 실제로 처벌하고 이혼시켜 혼인을 무효화하는 것이었
는지는 명확하지 않다. 사료에서 이혼 사례로 유일하게 보이는 것이
인종 때 李資謙(?~1126)의 두 딸이다. 이자겸은 권세를 빙자하여 세
딸을 예종과 인종에게 바쳤다.[9] 이 결과 두 딸은 조카와 혼인하는 결
과가 되었다. 이자겸이 패망한 뒤 諫官은 여러번 疏를 올려 '이자겸의
두 딸은 主上께 이모[10]가 되오니 주상과 배우자가 될 수 없읍니다.'라
하였고, 결국 왕은 이들을 내치고 殿中內給事 任元敱의 딸을 맞아들
여 왕비로 삼았다.[11] 그러나 이것은 이자겸이 패망했기 때문이고, 그
렇지 않았다면 그대로 용인되었을 것이다. 비슷한 시기에 같은 집안
사람인 李資諒은 형제인 李資仁의 딸[12]과 혼인했으나 이들은 이혼되
지 않았다.[13] 결국 혼인을 금지했다는 것도 실제로는 자손금고나 학
교입학 금지[14] 차원이었던 것이다.

그리고 자손을 금고해야 할 친족 간 혼인의 대상 범위도 들쑥날쑥
하며, 그 자손금고의 정도도 원천봉쇄가 아닌 한품서용이나 관직제한
으로 나타나기도 한다. 즉, 문종 때 대공친 간에 혼인한 자의 자식은
벼슬을 금한다는 규정이 있은 뒤 선종 2년(1085)에는 同父異母姉妹
간의 자식이, 숙종 원년(1096)에는 소공친 간의 자식이 규제되었다. 다
시 숙종 6년(1101)에는 대소공친 간의 자식에 대한 금고가 풀렸다가

婚"(『高麗史』 권84, 志38 刑法1 奸非).

9) 이자겸의 둘째 딸인 文敬太后 이씨는 예종의 비이고, 셋째와 넷째 딸은 그
   아들 인종의 비가 되었다(『高麗史』 권88, 列傳1 后妃1).
10) 이모는 대공친에 해당한다(『高麗史』 권64, 志18 禮6 凶禮 五服制).
11) 『高麗史節要』 권9, 仁宗 4년 6월.
12) 조카는 재최 1년복을 입는 매우 가까운 사이이다(『高麗史』 권64, 志18 禮6
    凶禮 五服制).
13) 『高麗史』 권95, 列傳8 李子淵 附 李資諒.
14) 대소공친간에 혼인한 자의 소생은 國子學·太學·四文學의 입학을 금지했
    다("……凡係雜路及工商樂名等賤事者 大小功親犯嫁者 家道不正者 犯惡
    役歸鄕者 賤鄕部曲人等子孫及身犯私罪者 不許入學……"(『高麗史』 권74,
    志28 選擧2 學校 仁宗)).

예종 때 다시 금했으며, 인종 12년(1134)에는 그간 대소공친 자식을 7품에 한정했으나 이제부터 금한다 하여 그동안의 조처가 한품서용이었음을 알게 한다. 의종 원년(1147)에는 대소공친이라도 4촌 이상만 금해왔는데 이제부터는 5·6촌 자식의 벼슬도 금하자는 규정이 보인다.15) 근친혼 규제는 오랜 습속 탓에 쉽지 않았던 것이다. 게다가 이처럼 자손을 중심으로 처벌하는 방식은 피지배층의 경우 근친혼 규제와 무관했음을 의미할 것이다. 관직에 나아간다거나 그 준비를 위한 학교에 입학한다는 것은 모두 지배계층에만 해당하는 이야기였기 때문이다.

그런데 하필 이 시기에 와서 근친혼 규제 법령을 만든 이유는 무엇일까. 문종대는 법제와 관료제, 녹봉과 전시과 제도 등 고려의 전반적인 제도가 완비된다. 그리고 관료제 발전을 위해 유학 교육과 과거제도도 강화하였다.16) 예종과 인종은 관학진흥책을 펴고 경연과 문한기구를 통해 국가적 차원에서 유교적 정치이념의 진흥에 힘썼다. 향교도 많이 설치하고 예제의 정비도 꾀하였다. 예종 때는 禮儀詳定所를 설치하여 예의와 격식들을 정비하게 하였고, 의종 때는 『詳定古今禮』가 편찬되기도 하였다.17) 동성근친혼 규제는 일차적으로 여타 제도 정비와 짝한 혼인제도 정비 및 유교윤리의 확산18)과 관련된다 하겠다. 그

---

15) "宣宗二年四月判 同父異母姉妹犯嫁所産 仕路禁錮. 肅宗元年二月判 嫁小功親所産 依大功親例 禁仕路. 六年十月判 嫁大小功親所産並許通. 睿宗十一年八月判 大小功親犯嫁者禁錮. 仁宗 十二年十二月判 嫁大小功親所産 曾限七品今後仕路一禁. 毅宗元年十二月判 大小功親內 只禁四寸以上 犯嫁五六寸親黨 不曾禁嫁 緣此多相昏嫁 遂成風俗 未易卒禁. 已前犯産人許通仕路 今後一皆禁錮"(『高麗史』 권75, 志29 選擧3 銓注 限職).

16) 채웅석, 「고려 문종대 관료의 사회적 위상과 정치운영」, 『역사와 현실』 27, 1998, 128~129쪽.

17) 채웅석, 「고려중기 사회변화와 정치동향」, 『한국사』 5, 한길사, 1994, 205~211쪽.

18) 김부식이 삼국사기에서 내물왕의 동성근친혼에 대해 '중국 풍속으로 보면 크게 잘못'이라고 언급한 것에서 근친혼금제가 중국풍속임을 알 수 있다.

리고 또 다른 이유는 왕실과 지배층의 상호 견제와 균형의 필요성[19]
에서도 찾을 수 있을 것이다. 현종 이후 고려의 중앙 정계를 주도하는
세력들 간의 밀집된 통혼이 이루어지고 그에 따라 그들 간에 서로를
중첩된 계보로 연결시키는 혈족관계망이 성립되었다.[20] 현종은 김은
부의 세 딸과 혼인했으며, 그 아들 덕종은 김은부의 딸이 낳은 공주 2
명과 혼인했다. 덕종의 형제로 왕위를 계승한 문종도 김은부 딸이 낳
은 공주 1명과 혼인했고, 또 김은부 집안과 혼인으로 연결된 이자연의
세 딸과 혼인했다. 이후에도 인주 이씨집안과 왕실의 혼인은 계속되어
문종이래 인종까지 이 집안에서 5대에 걸쳐 10명의 왕후를 배출했
다.[21] 또 인주 이씨는 당대의 명문인 경주 김씨, 안산 김씨, 해주 최씨,
청주 이씨, 강릉 김씨, 광양 김씨, 樹州 최씨, 남평 문씨, 정안 임씨, 水
州 최씨 등 여러 문벌과도 거듭되는 혼인을 하였다.[22] 이렇게 계급내
혼과 근친혼으로 얽힌 특정 가문의 세력 확대는 왕실과 지배층 모두
에게 상호 위협적인 것으로 인식되어 이에 대한 견제의 목소리가 대
두되고 공론화하면서 근친혼이 규제[23]되었다 할 수 있다.

"論曰 取妻不取同姓 以厚別也 是故 魯公之取於吳 晋侯之有四姬 陳司敗·
鄭子産深譏之 若新羅 則不止取同姓而 兄弟子姑姨從姉妹 皆聘爲妻 雖外
國各異俗 責之以中國之禮 則大悖矣 若匈奴之烝母報子 則又甚於此矣"
(『三國史記』 권3, 新羅本紀3 奈勿尼師今 元年).

19) 崔淑,「고려 혼인법의 개정과 그 의미 : 近親婚 禁制를 중심으로」,『한국사
론』 33(고려시대의 형법과 형정), 국사편찬위원회, 2002, 161쪽.

20) 盧明鎬,「高麗初期 王室出身의 '鄕吏'勢力」, 邊太燮 編,『高麗史의 諸問
題』, 三英社, 1986, 82쪽.

21) <표 2-1> 참조.

22) 그리고 특정 집안과 連姻한 사례도 많다. 해주 최씨와는 崔冲의 손자 최사
제와 최사추, 증손자 최륜 및 증손녀가 인주 이씨가와 혼인했다(朴龍雲,「고
려시대 海州崔氏와 坡平尹氏 家門 분석」,『高麗社會와 門閥貴族家門』, 景
仁文化社, 2003). 또 파평 윤씨도 "世與李氏通婚 又與資謙 厚善"(『高麗圖
經』 권8, 人物 接伴 正奉大夫 刑部尙書 柱國 賜紫金魚袋 尹彦植)에서 보
듯 대대로 이씨와 혼인했다.

23) 崔淑, 앞의 글, 2002, 161쪽.

<표 2-1> 현종에서 인종까지의 인주 이씨 집안 왕후

	부	모	처	처부	자	녀
현종	안종	獻貞王后 황보씨	元城태후 김씨(이자연 내종사촌)	김은부	德宗, 靖宗	仁平왕후, 景鬺공주
			元惠태후 김씨 (〃)	〃	文宗, 平壤公 基	孝思왕후
			元平왕후 김씨 (〃)	〃		孝敬공주
			元順淑妃 김씨 (이자연 처제)	金因渭		敬成왕후
덕종	현종	원성태후 김씨	敬成왕후 김씨 (이복남매 혼, 이자연 이질녀)	현종		
			孝思왕후 김씨 (이복남매 혼, 이자연내종질녀)	현종		
문종	현종	원혜태후 김씨	仁平왕후 김씨 (이복남매 혼, 이자연내종질녀)	김은부		
			仁睿順德태후 이씨	이자연	順宗,宣宗, 肅宗, 大覺國師 煦,常安公 琇, 普應僧統 規, 金官侯 丕,卞韓侯憳 樂浪侯忱,聰慧首座璟	積慶,保寧궁주
			仁敬賢妃	〃	朝鮮公燾, 扶餘公㳿, 辰韓公愉	
			仁節賢妃	〃		
순종	문종	인예태후 이씨	長慶宮主 이씨	李顥		
선종	〃	〃	貞信賢妃 이씨	李預		敬和왕후
			思肅태후 이씨	李碩	헌종	遂安宅主
			元信宮主 이씨	李頲	漢山侯 昀	
예종	숙종	明毅태후 유씨	敬和왕후 이씨 (외조 이예)	선종		
			文敬태후 이씨	이자겸	仁宗	承德,興慶궁주
인종	예종	문경태후 이씨	文貞왕후 왕씨 (이자연외증손)	辰韓侯 愉		
			폐비 이씨	이자겸		
			폐비 이씨	이자겸		

그리고 왕실의 족내혼에 대해서도 규제가 가해진다. 선종 때 同父異母姉妹 간의 혼인을 금한 것은 이를 겨냥한 것으로 보인다. 그 이유는 고려 특유의 왕족 규정 때문이었을 것으로 생각된다. 고려시대 왕족의 범위는 원칙적으로 2대에 한한다. 왕의 衆子 및 사위에게 公·候·伯의 작위를 주었고, 다시 그 자식들은 司徒와 司空으로 삼아 모두 諸王으로서 왕족의 범위 내에 있게 했다. 사도나 사공이 다시 왕의 자녀와 연결되어 妃父나 부마가 되면 봉작을 받게 되고, 그렇지 못하면 다음 대는 왕실 범주에서 탈락된다.[24] 따라서 사도나 사공이 된 자들은 왕족으로서의 지위를 계속 누리기 위해 비부나 부마가 되길 원했고, 그러자면 왕자나 공주의 혼인이 이복남매 간이 아니라 적어도 4촌 이상에서 이루어질 필요가 생긴다.

그런데, 당시의 상황을 보면, 왕실혼은 목종대까지 충주 유씨와 황주 황보씨가 거듭 혼인을 주고받으면서 왕비나 부마가 점차 이복남매에서 遠親化되었으나 현종 이후 다시 이복남매혼이 시작되었다.[25] 이는 종친들에게 결코 바람직한 상황이 아니었을 것이다. 게다가 종친의 수는 점점 늘어나고 있었다. 이에 결국 선종 때 동부이모 자식 간의 혼인이 금지되기에 이르렀던 것이다. 다음해 왕이 이를 무시하고 왕의 누이(문종의 딸) 積慶宮主를 왕의 아우 扶餘候 수에게 시집보내려 하자, 왕의 아우들인 金官候 비와 卞韓候 愔·辰韓候 愉 등이 同姓婚이라 간하고 있다.[26] 여기서 표현은 '동성혼'이라 했지만 진한후 유는 뒤에 자기 딸을 예종비로 보내고, 아들 둘은 숙종의 딸과 혼인시켜 모두 4촌간 혼인을 하고 있다는 점을 볼 때 남매간 근친혼에 대한 반대

---

24) 김기덕, 『高麗時代 封爵制 硏究』, 청년사, 1998, 268~269쪽.
25) 정용숙, 앞의 책, 1988, 148~149쪽.
26) 『高麗史節要』 권6, 宣宗 3년 2월. 적경궁주와 부여후는 문종의 자식들로 이복남매 간이다. 적경궁주의 어머니는 이자연의 딸인 인예순덕태후이고, 부여후 수의 어머니도 이자연의 딸인 인경현비이다(『高麗史』 권88, 列傳1 后妃 인예순덕태후 이씨 및 인경현비 참조).

74

였을 수도 있다.27) 그리고 실제로 이 사례를 끝으로 이후 왕실에서 이복남매 간의 혼인은 없어진다. 그러나 왕실 내 족내혼은 이후에도 계속되어 원 간섭기에 충선왕이 동성혼을 금지할 때까지 계속되고 있다.

2) 신분과 지위가 다른 사람과의 혼인에 대한 규정

서로 신분이나 지위가 다를 때도 혼인을 할 수 없었다. 대표적인 것이 양인과 천인 간의 혼인이었다. 형법지를 보면, 종이 양민의 여자에게 장가든 것을 주인이 알고도 버려두었으면 장형 1백이고 여자의 집안은 도형 1년에 처하였다. 종이 제멋대로 장가들면 도형 1년 반에 처하고, 양민이라 거짓으로 칭하면 도형 2년에 처하였다.28) 이처럼 양천혼인은 금지되었으나 실제로는 불법적으로 행해지기도 한 것 같다. 그 이유는 노비수를 늘리려는 노비주들의 욕구 때문이었다. 고려에서는 부나 모 어느 한쪽이 노비이면 그 자식은 노비가 된다. 이에 노비소유자들은 자기 재산인 노비수를 늘이기 위해 양천혼인을 원했고, 따라서 노비와 양인의 혼인을 주인이 알았을 때는 그 주인도 처벌한다는 법조항이 나오게 되었던 것이다.

양천 간은 아니지만29) 양인과 부곡인의 혼인도 규제되었다. 형법지

---

27) 정용숙, 앞의 책, 1988, 156~157쪽.
28) "奴娶良女主知情杖一百　女家徒一年　奴自娶一年半詐稱良人二年"(『高麗史』 권85, 志40 刑法2 奴婢).
29) 부곡인에 대해 천인으로 보는 견해와 양인으로 보는 두 가지 견해가 있으나, 최근에는 양인설이 대세를 이루고 있다. 부곡인의 신분을 양인으로 보는 연구는 다음과 같다. 李佑成, 「高麗末期 羅州牧 居平部曲에 대하여」, 『震檀學報』 29·30, 1966/『韓國中世社會硏究』, 一潮閣, 1991, 114~130쪽 ; 金龍德, 「部曲의 規模 및 部曲人의 身分에 대하여」(上), 『歷史學報』 88, 1980, 53~69쪽 ; 武田幸男, 「朝鮮의 律令制」, 『岩波講座 世界歷史』 6, 岩波書店, 1971, 77~78쪽 ; 朴宗基, 「高麗 部曲制의 構造와 性格 - 收取體制의 運營을 中心으로」, 『韓國史論』 10, 1984, 121쪽 ; 洪承基, 『한국사』 15, 국사편찬위원회, 1995, 54~63쪽 ; 金蘭玉, 『高麗時代 賤事·賤役良人硏究』, 신서원, 2000, 219~231쪽.

에는 군·현 사람이 진·역·부곡사람들과 혼인하여 출생한 자녀는
모두 진·역·부곡에 속하게 하고 진·역·부곡에서 雜尺들과 혼인
하여 출생한 자녀는 절반씩 나누되 남는 수는 어머니에게 종속시킨다
는 규정이 있다.[30] 이것은 노비와 양인의 경우처럼 양자가 혼인하는
것 자체를 직접 금한 것이 아니라 소생자를 진·역·부곡에 속하게
하여 간접적으로 규제한 것이다. 양자가 혼인한 사례는 보이지 않으나
첩으로 삼은 사례는 있다. 鄭倍傑의 처는 자신이 아들을 낳지 못하자
친척의 딸을 데려다 길러 남편의 첩으로 삼아 아들을 낳게 하였다. 그
아들 鄭文은 宣宗이 國原公으로 있을 때 그의 府錄事로 있다가 즉위
하자 直翰林院 兼國問助敎로 등용되었으며 右拾遺로 전직되었다. 이
에 대해 대간에서 논박해 아뢰기를 정문의 외조부는 處仁部曲 출신이
므로 간관이 될 수 없다하여 드디어 殿中內給事知制誥로 고쳐 임명
하였다.[31] 인종 때에는 부곡인 소생을 국학에 입학할 수 없게 하여[32]
금제가 보다 엄격해진다.

  그런데 여기서 문제가 되는 것은 천인남성이 양인여성과 결합한 경
우였다. 반대로 양인남성이, 그것도 권력과 지위가 있는 양인남성이
천인여성을 취하는 것은 허용되었다. 인종 때 裵景誠(1083~1146)은
창녀를 취했으므로 承宣 및 風憲職에 있지 못하였다.[33] 그러나 이는
창녀(천인)을 처로 취했기에 문제가 된 것이고, 첩으로 취하는 것은
상관이 없었다. 그러나 이들은 양인신분의 처에 비해 지위가 낮았고

---

30) "郡縣人與津驛部曲人 交嫁所生 皆屬津驛部曲 津驛部曲與雜尺人交嫁所産
    中分之 剩數從母"(『高麗史』 권84, 志38 刑法1 戶婚).
31) 『高麗史』 권95, 列傳8 諸臣 鄭文.
32) "……凡係雜路及工商樂名等賤事者 大小功親犯嫁者 家道不正者 犯惡役歸
    鄕者 賤鄕部曲人等子孫及身犯私罪者 不許入學……"(『高麗史』 권74, 志28
    選擧2 學校 仁宗).
33) "癸酉 以裵景誠 知吏部事 景誠爲承宣 取娼女爲妻 諫官言景誠 內行如此
    不可居喉舌之職 改除知御史臺事 諫官又言 風憲尤非所宜論執不已 故有是
    命"(『高麗史』 권17, 世家17 仁宗21年 9月 癸酉).

76

그들의 소생 역시 차별대우를 받았다. 심지어 왕실에서조차 小君이라는 존재가 있었다. 이들은 왕의 후궁출신 왕자로서 승려가 되도록 강요받는 등 천시되었다. 또 國壻라 하여 왕의 후궁 출신 딸과 혼인한 남자도 있었다. 이들 역시 그 자신이나 자식들의 관직 종류 및 승진에 제약이 있었다. 예컨대 선종 이래 예종 때까지 文武 양면에서 크게 활약한 金漢忠(1043~1120)은 처가 문종 비첩의 딸이라 높은 지위에까지 오르기는 했지만 대각에는 들어가지 못했다.[34] 최씨 집권 시 良吏로 명성이 높았던 庾碩의 증조모는 예종의 후궁 소생으로 平州 아전의 딸이었다. 그 역시 臺諫·政曹 등에는 임명되지 못하였다.[35]

　양천혼 규제와 관련해 한 가지 더 언급하고 싶은 것은 승려의 혼인 문제이다. 문종 때 승려의 아들은 금고하고 손자 대에야 벼슬을 허용했으며[36] 의종 때는 승려의 자손은 서반이나 남반에 7품 한으로 등용시킨다는 규정이 보인다.[37] 그런데 고려시대에 승려는 천인 출신만이 되는 게 아니었다. 왕자를 비롯해 귀족가문에서도 승려가 된 사람들이 많다. 그렇다면 승려 자손의 한품서용은 어떤 의미일까? 승려는 신분에 제한 없이 될 수 있었지만 승려의 혼인은 불법까지는 아니라도 수용되지 않는 일이었던 것으로 보인다.[38] 때문에 승려가 자손을 볼 수

---

34) 『高麗史』 권95, 列傳8 金漢忠.
35) 『高麗史』 권121, 列傳34 良吏 庾碩.
36) "(文宗) 十六年判 僧人之子 仕路禁錮 至孫方許通"(『高麗史』 권75, 志29 選舉3 詮注 限職).
37) "(毅宗 6년) 三月判 僧人子孫 限西南班七品"(『高麗史』 권75, 志29 選舉3 詮注 限職).
38) 이규보의 시 중에 「중이 행실이 나빠 형을 받았다는 말을 듣고」라는 시가 있다. "머리 위에 머리카락 있던 없던/ 사내치고 여자를 좋아하긴 매일반이지/ 석가여래의 도움이 없었던들/ 아난존자도 마등녀에게 빠져버렸으리/ 이 중놈이 눈치 없어 사람에게 잡혔구나/ 법으로야 하나하나 그 어찌 잡으랴/ 마음대로 아이낳아 기르게 하여/ 부지런히 농사짓고 살게함이 좋으리"(『리규보작품선집 1』, 국립문학예술서적출판사, 1958, 54쪽). 이를 보면 승려가 혼인을 하지 못했음을 알 수 있다. 또 "병진일에 처를 둔 중들을 징발하여 重

있는 것은 기녀나 노비 등과 혼인 외 관계를 통한 것이 대부분일 것이다. 그렇다면 그 소생자는 결국 어미의 신분을 따라 천인으로서 한품서용을 받을 수밖에 없다. 위의 규정은 여기서 나온 것이라 하겠다. 그리고 설사 양인과 혼인하여 낳은 아이라도 같은 적용을 받았을 것으로 생각된다. 승려는 불공을 이유로 부녀자와 접촉할 가능성이 높고, 이 때문에 간음 사건을 일으킬 소지도 많다. 따라서 국가에서는 승려의 간음죄를 엄격히 처벌했으며,[39] 부녀자들이 중과 접촉하는 것을 제한하기도 했다.[40] 위의 조항은 승려의 혼인에 대한 일종의 처벌 규정이라 생각된다.

이처럼 고려시대에는 신분이나 지위가 다른 사람과는 혼인할 수 없었는데 노비와의 혼인을 제외하고는 그 자신이나 자손의 관직 종류를 제한하거나 또는 한품서용하는 데 그쳤다는 점이 특징이다. 이는 고대에 골품이 다른 사람 간의 혼인 시 소생자를 신분이 낮은 쪽에 귀속시켰던 것과 관련지어 생각해 볼 수 있다. 신라에서는 골품에 따라 관등과 관직이 제한을 받았으나 고려에 들어와서는 골품제가 없어졌으므로 자손의 관직을 제한하는 방식을 취하게 되었던 것이다. 이 역시 동성근친혼에 대한 규제와 마찬가지로 중국의 처벌방식과 크게 다른 것이었다. 당률에서는 양천혼은 물론 부곡인과의 혼인도 당사자를 처벌

光寺 건축 공사의 노역에 충당하였다."(『高麗史』 권5, 世家5 顯宗 20년 6월)는 기사는 중의 혼인이 금지까지는 아니라도 규제되었음을 보여주는 것이라 하겠다.

39) "仁宗五年判 凡諸寺院僧奸女色有無職勿論依律處決充常戶"(『高麗史』 권84, 지38 刑法1 公式 奸非)라 하여 간통한 승려를 일반민호로 만든다거나 "凡人奸尼女冠和徒一年半强徒二年 尼女冠與和徒二年半强不坐"(위와 같음)에서 보듯 여승의 간음죄를 일반인 보다 2등급 가중시켜 처벌했다.

40) "(忠烈王 元年六月) 非父母忌齋禁往寺社"(『高麗史』 권85, 志29 刑法2 禁令) 및 "(恭愍王)八年四月重房言 自古緇流不得入闕門今崇信佛法出入無防 請禁之 從之. 十二月禁人擅爲僧尼. 十年御史臺禁僧入市街"(위와 같음), 또 "(恭讓王 三年七月) 復禁婦女往來佛宇"(위와 같음) 등이 그것이다.

하고 이혼시켰다.[41] 당의 부곡인은 고려와는 달리 천인이었기 때문이다. 또 창녀와의 혼인도 율이 보이지 않기는 하나, 창녀는 婢와 마찬가지로 천한 존재였다는 점에서 妻妾失序律을 적용하면 역시 같은 방식으로 규제되었음을 알 수 있다.[42]

3) 重婚에 대한 규정

다음으로 지적할 것은 重婚의 문제이다. 중혼이란 처가 있는 남자가, 혹은 남편이 있는 여자가 또 혼인을 할 수 있는가 하는 것이다. 우선 남편이 있는 여자의 경우부터 보도록 하겠다.

> A-2. 世傑의 妻 房氏는 評理 彦暉의 딸인 바 奇氏 가문이 멸망하자 金鏞이 방언휘를 협박유인하여 방씨를 간음했으나 방씨는 유부녀인 까닭에 김용도 감히 제 처로 삼지 못하고 그의 문객인 正言 崔守雌의 처로 주었다. 그 후 김용이 귀양가자 왕이 방언휘와 최수자를 순군에 가두고 곤장을 쳤다. 김용이 사형당하자 사람들이 방씨를 빼앗았으나 후에 세걸이 원나라로 데려갔다(『高麗史』 권131, 列傳44 叛逆5 奇轍).

위의 사료는 유부녀와 혼인했을 때 어떻게 처리되는지를 잘 보여주고 있다. 공민왕 때의 嬖臣이었던 김용은 기철(?~1356)세력의 몰락 뒤 기세걸의 처 방씨를 간음했다. 그러나 방씨가 유부녀라 감히 처로 삼지는 못하고 자기 문객 최수자에게 주었다. 김용이 興王寺의 變亂

---

41) "諸與奴娶良人女爲妻者 徒一年半 女家減一等離之 其奴自娶者亦如之 主知情者杖一百 因而上籍爲婢者 流三千里 卽妄以奴婢爲良人 而與良人爲夫妻者 徒二年 各還正之"(『唐律疏議』 권14, 戶婚 奴娶良人爲妻) ; "諸雜戶不得與良人爲婚 違者杖一百 官戶娶良人女者亦如之 良人娶官戶女者加二等"(『唐律疏議』 권14, 戶婚 雜戶不得娶良人).

42) "諸以妻爲妾 以婢爲妻者 徒二年 以妾及客女爲妻 以婢爲妾者 徒一年半 各還正之"(『唐律疏議』 권13, 戶婚 以妻爲妾).

과 관련되어 처형된 뒤[43] 왕은 최수자와 방씨의 아비 방언휘를 처벌
하였다. 최수자는 남편이 있는 여자를 처로 삼았으며 방언휘는 유부녀
인 딸을 다시 시집보냈기 때문이었다. 또, 우왕 때 祭酒 方旬이 三司
左尹 金鼎暉의 첩을 몰래 취하자 정휘가 관에 고소하려 했다. 그러나
순이 애걸하므로 그만두었다는 사례도 있다.[44] 관에 고소하면 당연히
불법적인 행위로서 처벌되었을 것이므로 타인 첩과의 혼인 역시 금지
되었음을 알 수 있다. 이처럼 타인의 처첩과는 혼인할 수 없었으므로
권세 있는 자들도 타인의 처를 원할 때는 이혼을 가장케 하거나 이를
강요하는 방식을 취하였다.[45] 비록 위에서 인용한 사료들이 후기의
것이긴 하나 전기에도 이 점은 마찬가지였으리라 생각한다. 유부녀가
또 혼인한다는 것은 일처다부제를 의미하는데, 고대 이래 우리 사회에
서는 이런 흔적을 찾기 어렵기 때문이다.

위의 사례들은 유부녀가 주혼자에 의해 혼인된 경우이나 이 외 유
부녀 스스로가 중혼을 하는 경우도 있었다. 즉 남편 몰래 도망해 혼인
하거나, 죄를 짓고 도망한 상태에서 혼인을 하는 수도 있었다. 형법지
에 의하면 "아내가 함부로 떠나가면 도형 2년이고 개가하면 유형 2천
리에 처하고 첩이 마음대로 떠나면 도형 1년 반이며 개가하면 2년 반
에 처하고 그 여자를 취한 자도 그 여자와 같은 죄로 처벌한다. 다만
본남편이 있는 줄 모르고 취한 자는 죄에 걸리지 않는다."[46]라 하여
유부녀임을 알고도 혼인했을 때는 처벌하였다. 또한 죄를 짓고 도망한
여자와 혼인했을 때 만일 남자가 그 사실을 알고 있었다면 남자도 그

---

43) 『高麗史』 권131, 列傳44 叛逆5 金鏞.
44) 『高麗史』 권111, 列傳24 諸臣 李子松.
45) "김흥경은 金就礪의 증손인데 공민왕 때 선발된 이래 왕의 총애가 각별했
   다. 그는 여러 불법적인 일을 행했으며 또 타인의 처를 빼앗으면서 겉으로는
   이혼을 가장케 했다"(『高麗史』 권124, 列傳37 嬖幸2 金興慶).
46) "妻擅去徒二年 改嫁流二千里 妾擅去徒一年半 改嫁二年半 娶者同罪 不知
   有夫不坐"(『高麗史』 권135, 志38 刑法1 戶婚).

80

녀와 같은 죄로 처벌하였다. 비록 후기의 사료지만 林惟仁의 처 蔡氏
는 시아버지 林衍(?~1270) 세력의 붕괴와 함께 죄인이 되었다. 그녀
는 원에 압송되어 가야할 처지였으나 도망해 譯人 출신 于琔과 재혼
했다. 원나라 중서성에서는 자기 나라 조정에서 전일에 임연·임유인
의 가속들을 원나라 서울로 보내라고 재촉하였는데 채씨가 조정의 명
령을 준수하지 않고 법망을 피해 나와 혼자 남아 있다가 우정에게 시
집간 것은 그 죄가 크다고 인정하는 글을 다루가치에게 보내서 우정
과 채씨를 죽이게 했다. 채씨의 아버지 추밀사 蔡仁規도 연좌되어 靈
興島로 귀양갔다.[47] 이처럼 유부녀라는 것을 알고도 혼인했을 때는
처벌되었다.[48]

　　그렇다면 유부남과의 혼인도 규제되었을까. 이것은 바꾸어 말하면
처가 있는 남자가 또 처를 취할 수 있는가 하는 것이다. 만일 이것이
허용된다면 그 사회는 일부다처제 사회라 할 수 있다. 중국에서는 有
妻娶妻를 처벌하였다.[49] 그러나 고려에서는 일부일처제였는지 일부

---

47) 『高麗史』 권130, 列傳43 叛逆4 于琔.
48) 이는 중국에서도 마찬가지였다. 조문은 다음과 같다.
　　"諸和娶人妻 及嫁之者 各徒二年 妾減二等 各離之 即夫自嫁者亦同"(『唐律
　　疏議』 권13, 戶婚 和娶人妻 ; "妻妾擅去者 徒二年 因而改嫁者 加二等"(『唐
　　律疏議』 권14, 戶婚 義絶離之) ; "周顯德伍年漆月漆日勅條 妻擅去者徒三
　　年 因而改嫁者流三千里 妾各減一等 娶者竝與同罪 如不知其有夫者不坐
　　娶而後知者 減一等 竝離之 父母主婚者 獨坐父母 妻妾唯得擅去之罪 周親
　　等主婚 分首從"(『宋刑統』 戶婚 和娶人妻條의 註) ; "諸娶逃亡婦女爲妻妾
　　知情者與同罪 至死者減一等 離之即無夫 會恩免罪者不離"(『唐律疏議』 권
　　14, 戶婚 娶逃亡婦女).
49) 당률에서는 처가 있는데 또 처를 취하면 도 1년, 만일 속여서 취했으면 도 1
　　년반에 처하고 이혼시켰다("諸有妻更娶妻者徒一年 女家減一等 若欺妄而
　　娶者 徒一年半 女家不坐 各離之", 『唐律疏議』 권13, 戶婚 有妻娶妻). 원에
　　서는 笞 47에 이혼시키고 관직에 있는 자는 해직했다("諸有妻妾 復娶妻妾
　　者 笞四十七 離之 在官者 解職記過 不追聘財", 『元史』 권103, 志51 刑法2
　　戶婚)는 기사가 보인다. 그러나 몽고족은 다처를 취했다는 점에서 이 조항이
　　한족에만 해당되는 것이었는지 아니면 중국법의 영향을 강하게 받아 현실과

다처제였는지 논란이 있다. 다처제설은 일제시대 이래 거의 정설이 되다시피 했던 것으로 그 근거는 『고려사』나 『절요』의 다처 사례 및 『고려도경』의 "부잣집에서는 처를 3~4인씩 맞아들이며 조금만 맞지 않으면 곧 이혼 한다"50)는 기사, 그리고 다수 왕후의 존재 및 조선초의 고려 왕조에 대한 다처 비난 기사51) 등이다.

　그런데, 許興植은 국보호적 및 호구단자 등을 분석한 결과 고려에는 일부일처 형태의 가족만 보이며 다처제는 여말 원의 다처제 영향을 받은 특수층에서만 약간 존재했다고 보아 일부일처제를 주장하고 있다.52) 張炳仁은 『고려사』·금석문·세계·호적자료 등 광범위한 사료를 이용, 기존의 다처제 논거로 제시된 자료들은 대부분 처가 죽은 뒤 새로 혼인한 것으로 다처제의 근거가 되지 못함을 밝혔다. 그리하여 고려시대의 다처병축은 고려시대 전 기간을 통해 법제적으로 공인되지 않았음은 물론 실제적으로 공공연히 행해진 것도 아니었으며, 오직 여말의 사회적 혼란기에 편승해 일시적으로 다처병축의 풍조가 나타난 데에 지나지 않는 것이었다53)고 한다. 이정란은 고려전기까지는 일부일처였는데, 원종조 삼별초 반란과정에서 일시적으로 생긴 다

무관하게 법적으로만 존재한 것이었는지 잘 알 수 없다.
50) 『高麗圖經』 雜俗1.
51) "前朝之季에 禮義와 교화가 행해지지 못하니 부부의 의리가 먼저 무너져 卿·大夫·士들이 오직 욕심만 좇고 情愛에 미혹되어 처가 있는데도 처를 취하는 자가 있고 첩으로 처를 삼는 자도 있어 마침내 오늘날 처첩이 서로 송사하는 단서가 되었다."(『太宗實錄』 권25, 太宗 13년 3월 己丑) ; "前朝之季에 禮制가 문란해지고 기강이 무너져서 大小人員이 京外에 두 처를 임의로 병축하였다."(『太宗實錄』 권27, 太宗 14년 6월 辛酉) ; "前朝之季에는 大小人員으로서 京外에 두 처를 병축하는 자가 있고, 다시 혼인하였다가 먼저 처와 도로 결합하는 자가 있으며, 먼저 첩을 취하고서 후에 처를 취하는 자가 있는가 하면, 먼저 처를 취하고 후에 첩을 취하는 자가 있고, 또 일시에 세 처를 병축한 자도 있었다."(『太宗實錄』 권33, 太宗 17년 2월 庚辰).
52) 許興植, 앞의 책, 1981.
53) 張炳仁, 앞의 책, 1997, 53쪽.

처 현상을 묵인한 법령이 이후 불법적 다처행위를 확산하는 계기를 마련했다고 본다. 이후 원 다처제의 영향으로 다처가 유행하고, 공양 왕대에는 次妻를 봉작해 원 간섭기 이래 고려 내부사회에서 진행되던 다처현상을 공식적으로 인정했다고 본다.[54]

고려의 다처제 여부는 우선 왕실과 사서인 층을 나누어 이야기해야 할 것이며, 시기에 따른 차이도 언급되어야 할 것이다. 왕실의 경우는 일부일처제였다고 보기 어렵다. 왕비가 여러 명이었으며 金殷傅나 李資謙(?~1126) 딸들의 예에서 보듯 자매가 함께 왕의 처가 되기도 하였다. 士庶人 층에서는 고려전기부터 다처의 사례가 거의 보이지 않는다. 『고려도경』의 다처 기사는 사실 처인지 첩인지 불분명하며, 이 책이 외국인에 의한 견문기라는 점을 고려할 때 그 내용을 그대로 믿기도 어렵다. 또, 최충헌(1149~1219)이 두 처를 취하고 모두 봉작을 받게 했다[55]는 것은 당시 그가 왕을 교체할 정도의 권력을 가지고 있었다는 점에서 예외적인 현상으로 볼 수도 있을 것이다. 고려의 혼인 형태에 대한 실상은 충렬왕 때 박유의 상소에서 잘 드러난다.

A-3. "……우리나라는 본래 남자는 적고 여자가 많은데 지금 尊卑가 모두 一妻에 그치고 자식이 없는 자도 역시 감히 첩을 두지 못하나 다른 나라에서 온 자들은 처를 취함에 정해진 한도가 없으니 인물이 앞으로 모두 북으로 흘러 들어갈까 두렵습니다. 청하건대 대소 신료에게 庶妻를 취하게 하되 그 品에 따라 처의 수를 줄여 나가게 하여 서인에 이르러서는 일처일첩을 취할 수 있도록 하고 그 서처가 낳은 자식들도 적자와 마찬가지로 벼슬을 할 수 있게 하소서. 이와 같이 한다면 怨曠이 해소되고 호구가 날로 증가하게 될 것입니다."라고 하였다. 부녀자들이 이 소식을 듣고 원망하고 두려워하

---

54) 이정란, 「高麗時代 婚姻形態에 대한 재검토」, 『史叢』 57, 2003, 23~24쪽.
55) "高宗 元年 封忠憲妻任氏爲綏成宅主 王氏爲靜和宅主"(『高麗史』권129, 列傳42 叛逆 崔忠憲).

지 않는 자가 없었다. 때마침 燈夕에 박유가 왕의 행차를 호위하고 따라 갔는데 어떤 노파가 있다가 박유를 손가락질하면서 "서처를 두도록 하자고 요청한 자가 바로 저 빌어먹을 놈의 늙은이란다!"라고 하였더니 듣는 사람들이 서로 손가락질을 하면서 가리키게 되어 거리와 골목에서 붉은 손가락이 무더기 묶음으로 되었다. 당시 재상들 가운데에는 그 처를 무서워하는 자가 있었기 때문에 그의 건의를 토의하지 못하게 하여 결국 실행되지 못하였다(『高麗史』 권106, 列傳 朴褕).56)

이 사료는 고려가 일부일처제였음을 주장하는 근거로 많이 인용된다. 박유는 충렬왕 원년에(1275)57) 원에 대한 공녀 문제를 해결하기 위한 대책으로 모든 사람이 품계에 따라 다처를 취할 것을 법제화하자는 주장을 하고 있다. 여기서 이때에야 庶妻制가 발의되었다는 점, 그리고 이에 대한 여성들의 반발은 고려에서 일처제 관행이 뿌리 깊은 것이었음을 말해주는 것이라 할 수 있다.58) 그리고 위의 기사를 보면 '서처(첩)59)가 낳은 아들도 적자와 마찬가지로 벼슬을 할 수 있게 하라'는 데서 이전에는 첩의 자식이 관직에 나가는 것도 허락되지 않았음을 알 수 있다. 여기서의 첩이란 존재에 대해 다음의 사료는 또 다른 실마리를 준다.

---

56) "朴褕忠烈朝拜大府卿嘗云 東方屬木木之生數三而成數八奇者陽偶者陰也 我國之人男寡女衆理數然也 遂上疏曰 我國本男少女多 今尊卑皆止一妻無子者亦不敢畜妾 異國人之來者則娶無定限恐人物皆將北流 請許大小臣僚娶庶妻隨品降殺以至庶人得娶一妻一妾 其庶妻所生子亦得比適子從仕如是則怨曠以消戶口以增矣 婦女聞之莫不怨懼會燈夕褕扈駕行有一嫗指之曰 請畜庶妻者彼老乞兒也 聞者傳相指之巷陌之閒紅指如束 時宰相有畏其室者寢其議不行".

57) 『高麗史節要』 권19, 忠烈王 원년 2월.

58) 張炳仁, 앞의 책, 1998, 32쪽.

59) 위 사료 중 "庶人得娶一妻一妾"이라는 구절에서 서처와 첩이 같이 쓰였음을 짐작할 수 있다. 그러나 굳이 첩이라 쓰지 않고 서처란 용어를 사용한 것을 보면 서처가 첩과 동일한 것은 아니었던 것으로 보인다.

A-4.……처음에 왕은 인구가 날로 줄어들기 때문에 선비와 백성들에게 모두 庶妻를 두도록 하였는데 庶妻는 곧 良家女라 그 자손에게 벼슬길을 허락하였다.……해당 관청에서 바야흐로 이 법을 시행하려고 의논하는 때인데 金琿이 禮를 범하자 마침내 그 법안이 폐기되었다(『高麗史』 권103, 列傳16 諸臣 金慶孫 附 琿).

이것은 앞의 박유의 서처제 건의 기사와 관련되는 사료이다. 그런데 여기서 '서처는 양가녀라 자손에게 벼슬을 허락했다'는 기록이 보인다. 이를 통해 이전에는 양인 여성이 첩으로 되는 경우가 거의 없었음을 짐작할 수 있다. 첩은 주로 천인 여성이었고 그녀는 천시되었으며, 그 자식은 관직에 나갈 수도 없었다고 여겨진다.[60]

그러나 이 사료를 근거로 고려전기 사회에서 중혼이 법적으로 금지되었다고 주장하기에는 미흡하다. 우선 이 기사의 내용이 과장되어 있다는 점이다. 과연 고려전기에 尊卑가 모두 一妻에 그치고 자식이 없는 자도 감히 첩을 두지 못했는가? 또 천첩만 있었는가? "鄭倍傑의 처는 자신이 아들을 낳지 못하자 친척의 딸을 데려다 길러 남편의 첩으로 삼아 아들을 낳게 하였다."[61]는 기사가 있다. 그녀는 천인이 아니었다.[62] 천인이 아닌 경우 첩의 자식은(적자가 아니면) 벼슬을 못했는가? 고려전기 사회가 그 정도로 적서관념이 강했다고 보기는 어려울 것이다. 이 기사에 여성들이 반발한 것도 이전에 반드시 일부일처제였다는 증거는 될 수 없다. 대부분이 일부일처였고 소수가 다처를 취하는 것과, 아예 법으로 서처의 수를 규정해 공식적이고 의무적으로 다처를 취하자는 것과는 다르기 때문이다.

이 외에도 중혼과 관련해 여러 가지 의문점이 있다. 첫째, 유처취처

---

60) 고려에서는 천인출신자의 과거응시가 금지되어 있었으며(『高麗史』 권73, 志27 選擧1 科目 靖宗 11년 4월判), 국자학·태학·사문학에의 입학도 금지되어 있었다(『高麗史』 권74, 志28 選擧2 學校 仁宗).

61) 『高麗史』 권95, 列傳8 諸臣 鄭文.

62) 金蘭玉, 『高麗時代 賤事·賤役良人 研究』, 신서원, 2000, 200~201쪽.

를 처벌하는 법규정이 없다는 점이다. 장병인은 2처를 취해 처벌받은
사례를 들고 있으나 사실 이 사료는 다르게 해석될 소지도 있다.[63] 둘
째, 묘지명의 1명 이상 처를 취한 사례들이 처가 죽어서인지 중혼인지
의심스러운 것들도 있다. 셋째, 왕실은 분명히 다처였는데 일반인은
엄격히 일부일처제를 지켰을까. 물론 왕실은 특수집단이라 혼인관행
도 일반인과 달랐을 수 있다. 그러나 왕족의 신성성 확보를 위한 족내
혼 문제라면 모를까 다처 여부까지 확연히 달랐을까. 전근대 부와 권
력을 가진 남성들은 여러 부인을 취할 수 있다. 다만 다처제는 1명의
정처를 인정하는가 여부일 뿐이다. 처첩제에 대한 관념이 과연 왕족과
일반인 간에 완전히 다를 수 있을지 의문이다.

넷째, 최충헌의 사례도 두 명의 처를 취할 수 있게 해준데 대해 감
사했다기보다 두 처에게 봉작을 준 이례적 조치에 대한 감사로 볼 수
도 있다.[64] 다섯째, 남귀여가 혼속이 존속하였다는 점도 일부일처의
근거로 든다.[65] 그러나 남귀여가혼이었다 해도 다처를 취할 수 없는
게 아니다. 모든 연구자들이 인정하듯 고려말에는 중혼사례들이 보이

---

63) "林貞杞元宗朝登第昧學術有吏能. 爲長興副使値其父允蕤大祥當至京恐失
職依內僚請在任行祭尋以娶盧進義之女爲貳妻坐免"(『高麗史』卷123, 列傳
36 嬖幸1 林貞杞)이란 기사에 대해 장병인은 임경기가 2처를 취해 처벌받았
다 본다. 그러나 혹 김방경 무고사건과 관련된 노진의의 죄에 연좌되어 처벌
되었을 수도 있고(權純馨, 「고려 혼인제 연구의 동향과 과제」, 『이화사학연
구』22, 1995, 62~63쪽), 이정란도 인정하듯 '尋'이란 단어를 볼 때 상중간통
으로 처벌받은 것으로 볼 수도 있다(이정란, 앞의 글, 2003, 10~11쪽). 그렇
다면 이 사료가 오히려 처를 병축했다는 근거가 될 수조차 있다.

64) "凡婦人須自室女爲人正妻者得封父無官嫡母無子而次妻之子有官者許封嫡
母其次妻雖不得因夫受封所生之子有官者當從母以子貴之例受封縣君"(『高
麗史』卷75, 志29 選擧3 銓注 封贈之制 恭讓王 3년 8월)에서 보듯 봉작은
고려 말까지 1명에게 주었던 것으로 보인다. 설사 다처제 사회였다해도 다처
간의 지위가 모두 동등했던 것은 아니며, 그런 면에서 1명에게만 봉작을 할
수도 있지 않았을까 여겨진다.

65) 허흥식, 「고려여성의 지위와 역할」, 『한국사시민강좌』15, 일조각, 1994, 81쪽
; 장병인, 앞의 책, 49쪽 ; 이정란, 앞의 글, 2003, 14쪽.

지만, 혼인풍속은 여전히 남귀여가였다. 특히 池奫(?~1377)의 경우는 이에 대한 시사점을 준다. 그는 첩이 30명이나 되고, 그 중 독립가호를 가진 자도 12명이나 되었다.[66] 즉 재력이 있는 여자들이 각기 친정에서 거주하거나 독립된 가호를 갖고 있고, 남자가 그 집을 왕래할 수도 있는 것이다. 여섯째, 문종 때 다음과 같은 규정이 있다. "처부모복에 대하여는 처의 선후를 논하지 말고 일률로 휴가를 주라".[67] 처가 죽어 계실을 구한 거라면 후처는 선처와 지위가 동등하다. 구태여 이 규정을 만들 필요가 있을까? 이처럼 여러 가지 의문이 남기 때문에 고려전기 사회도 일부일처였다고 단언하기가 쉽지 않다. 물론 고려전기에 대부분이 처를 한 명만 취한 것은 사실이다. 그리고 남귀여가 혼속이 처가와의 관계가 거의 '共助'[68]라 할 정도로 밀접했다는 점을 고려할 때 감히 다처를 취하기 어려운 면도 있다. 그러나 그럼에도 불구하고, 과연 중혼이 법적으로 금지되어 있었는지는 여전히 의문이 아닐 수 없다.

2. 혼인의 시기와 연령

혼인의 시기에 대해서도 규제가 행해졌다. 부모나 조부모가 죄를 짓고 옥에 갇혀 있는데 혼인을 하면 처벌되었다. 부모가 도형 죄를 짓고 갇혔는데 자식이 혼인했으면 곤장 100대를 쳤고, 죽을 죄로 갇혔는데 혼인했으면 도형 1년에 처하였다. 단, 조부모나 부모의 지시가 있었을 때에는 죄를 논하지 않았으며, 첩을 얻었을 때는 형을 세 등급 낮추었다.[69] 이것은 혼인의 主婚者가 부모임을 천명하는 것이며, 또

---

66) 『高麗史』 권125, 列傳38 姦臣1 池奫.
67) "文宗三年九月丙申制 妻父母服不論妻之先後並令給暇"(『高麗史』 권64, 志18 禮6 凶禮 五服制).
68) 이순구, 「올바른 혼인」, 국사편찬위원회 편, 『혼인과 연애의 풍속도』, 두산동아, 2005, 105~106쪽.

한 효도관념에서 비롯된 규정이라고도 생각된다. 혼인은 본래 그것을 결정하는 단계부터 예식을 치르는 전 과정에까지 부모에 의해 주관되므로 부모 부재 시에 혼사를 치른다는 것은 있을 수 없다. 뿐만 아니라 부모는 옥중에서 고통 받고 있는데 자식은 혼인같이 큰 일을 행한다는 것 역시 도리가 아니라고 생각했기 때문일 것이다. 고려 초부터 부모에 대한 효는 매우 강조되었다. 역대 왕들은 효자·順孫에 대해 표창하고 있을 뿐 아니라, 『高麗史』 열전의 효우전, 그리고 고려시대에 편찬된 『삼국유사』 『삼국사기』에 효에 대한 기사가 매우 많다. 이는 당시 고려사회의 반영이라 생각된다.

부모가 옥에 갇혔을 때 뿐 아니라 부모나 남편 喪中의 혼인 역시 불허되었다. 그런데 『고려사』 형법지에는 喪中에 놀이를 했다거나 상복을 벗었다거나 상을 숨겼다거나 했을 때의 처벌 규정만 보일 뿐[70] 상 중 혼인을 금지하는 조항은 없다. 그러나 비록 율문이 없어도 상중에 놀이를 하는 것만으로도 처벌되었다면 상 중 혼인은 말할 것도 없이 엄히 다스려졌을 것이다.[71] 그리고 실제 상 중 혼인으로 처벌된 사례가 나온다. 奇轍(?~1356)을 죽이는 데 공을 세웠고 왜구를 막는 데도 공로가 컸던 黃裳은 아버지의 忌日에 元氏와 혼인했으며 원씨

---

69) "祖父母父母 被囚而嫁娶者 徒罪杖一百 死罪徒一年 祖父母父母命者勿論 妾減三等"(『高麗史』 권85, 志39 刑法2 禁令).

70) "聞父母喪若夫之喪 忘哀作樂雜戱徒一年 釋服從吉徒三年 匿不擧哀流二千里 詐稱祖父母父母死 以求暇及有所避徒三年"(『高麗史』 권85, 志39 刑法2 禁令).

71) 형법에서 유추해석을 한다는 것은 상당히 위험한 일이므로 오늘날에는 금지되어 있다. 그러나 고려에서는 유추해석이 적용된 듯하다. 고려는 처음 율을 제정할 때 500여 조의 당률을 삭번취간하여 71개조의 형률을 만들었다. 이것은 당이 500여 조의 율이 필요한 사회였던 반면 고려는 71개조만 있으면 되는 사회라는 의미가 아니다. 간략히 하기 위해 유추가 가능한 율들은 생략을 했기 때문으로 보인다. 예컨대 간통에 대한 처벌규정을 보면 근친 간이나 奴主相姦 등의 율은 있는 반면 가장 기본적인 凡姦律은 보이지 않는다. 이는 범간을 처벌하지 않아서가 아니라 유추를 전제로 한 때문으로 여겨진다.

88

도 양갓집 딸로서 남편이 죽은 지 1년도 안되어 중매도 없이 상에게 시집왔다. 헌사가 이를 탄핵하여 곤장을 친 뒤 먼 곳으로 유배하기를 청하였으나 우왕은 듣지 않고 원씨만을 귀양 보냈다.[72] 즉, 喪中에 혼인하는 것 뿐 아니라 부모 기일에 혼인한 것조차 처벌 대상이었던 것이다. 비록 후기의 사료지만 효를 중시했던 것이 전후기 공통이며, 이 조항이 당률에도 있었다는 점을 볼 때 고려전기에도 처벌되었으리라 생각된다. 혹자는 고려가 불교국가로 화장을 하기도 하고 백일상이나 易月制가 행해지기도 하여 3년상제가 지배적이었다고 보기 어렵다는 견해를 제시하기도 한다.[73] 물론 이러한 가능성도 있기는 하나 고려의 상복제가 중국의 그것과는 달리 고려 친족구조의 특성을 반영하고 있고, 또 이에 입각해 관리의 휴가도 결정되었다는 점에서 3년상제는 국가의 공식적인 제도였다 하겠다. 그리고 설사 불교식 상·제례를 하는 경우에도 효를 중시했던 고려 사회임을 생각하면 적어도 상기 중에는 금혼되었을 것이라 생각된다.[74]

다음으로 혼인의 연령에 대해 알아보겠다. 혼인 사례를 보면 여성은 보통 15세에서 18세 사이에 혼인하나 24, 25세의 晩婚도 있었다. 남자도 평균 20세를 넘고 있으며, 32세에 혼인한 사례도 있다.[75] 이처

---

72) 『高麗史』 권114, 列傳27 諸臣 黃裳.
73) 高英津, 「15·16세기 朱子家禮의 施行과 그 意義」, 『韓國史論』 21, 1989.
74) 혼인의 시기에 대한 것은 중국도 마찬가지였다.
"諸祖父母父母 被囚禁而嫁娶者 死罪徒一年半 流罪減一等 徒罪杖一百(祖父母父母命者勿論). 疏議曰……若娶妾 及嫁爲妾者 卽準上文減三等……"(『唐律疏議』 권14, 戶婚 父母囚禁嫁娶) ; "諸居父母及夫喪 而嫁娶者 徒三年 妾減三等各離之 知而共爲婚姻者 各減五等 不知者不坐 若居期喪而嫁娶者 杖一百 卑幼減二等 妾不坐"(『唐律疏議』 권13, 戶婚 居父母夫喪嫁娶) ; "諸遭父母喪 忘哀拜靈成婚者 杖八十七 離之 有官者罷之 仍沒其聘財 婦人不坐 諸服內定婚 各減服內成婚罪二等 仍離之 聘財沒官"(『元史』 권103, 志51 刑法2 戶婚).
75) 김용선, 『고려 금석문 연구』, 일조각, 2004, 110~111쪽. *부분은 필자가 덧붙인 것이다.

럼 혼인연령이 높은 이유는 혼인을 같은 계층끼리 하였고, 세밀하게
문벌을 따졌기 때문이다. 즉 귀족 가문의 딸은 조건만 맞으면 10대에
혼인했지만 적합한 조건을 갖춘 상대를 찾지 못하면 20대를 훌쩍 넘
기는 일도 많았던 것 같다. 당나라 초에도 혼인 시 가문을 중시해, 명
문귀족들은 딸이 늙도록 시집가지 못해도 낮은 가문과 혼인시키려 하
지 않았다.76) 게다가 이 시기 승려 지망자가 많았다는 점도 배필을 구
하는 데 어려움으로 작용했을 수 있다. 묘지명을 보면 대부분의 귀족
가문에서 승려가 된 아들이 보이며, 승려였다가 환속해 혼인한 경우도
있다. 인종 때 관리였던 박소(?~1156)의 아들 넷은 모두 승려가 되었
으며,77) 최이 때 벼슬한 양택춘(?~1254)은 처음 내시 김수의 딸과 혼

<표 1> 고려전기 여성의 혼인연령

	이 름	시기	혼인연령	전거
1	최용 처 김씨	1092	24	집성101쪽
2	염덕방 처 심씨	1099	17	집성200쪽
3	윤언영 처 유씨	1103	24	집성46쪽
*4	예종비 문경태후 이씨	1108	15	동인지문사륙 순덕왕후애책
5	이보여 처 이씨	1114	16	집성158쪽
6	전기 처 고씨	1116	18	집성195쪽
7	공예태후 임씨	1120년대	15	고려사88
8	최루백 처 염경애	1124	25	집성93쪽
9	최윤의 처 김씨	1130	21	집성123쪽
10	김유신 처 이씨	1140	18	집성272쪽
11	유영재 처 조씨	1142	15	집성320

<표 2> 고려전기 남성의 혼인연령

	이 름	시기	혼인연령	전거
1	이영	938 이전	18	고려사92
2	정목	1071	32	집성34쪽
3	왕효	1115	23	집성185쪽
4	최윤의	1130	29	집성197쪽

76) 진동원,『중국, 여성 그리고 역사』, 박이정, 2005, 156~157쪽.
77)「朴翛墓誌銘」, 金龍善 編著,『高麗墓誌銘集成』(이하『집성』), 한림대학교

인하여 두 아들을 낳았는데 모두 승려가 되었다. 김씨가 죽자 다시 별
장 배씨의 딸에게 장가들어 세 아들을 낳았는데 큰 아들이 또 승려가
되었다.[78] 송씨는 출가했다가 '불효 중에서도 후손 없는 것이 가장 크
다'는 맹자의 구절에 느낀 바가 있어 불교를 버리고 관례를 올렸다.[79]
이처럼 승려 지망자가 많은 것은 혼인 대상 性比의 불균형을 가져왔
을 뿐 아니라 남성의 혼인연령을 높이는 역할도 했을 것이다.

한편 남성은 한미한 가문 출신으로서 귀족 가문에 편입되기도 하였
는데, 이 경우에도 혼인이 늦어졌다. 예컨대 鄭穆(?~1105)은 동래군
의 향리 집안 출신으로, 18세에 서울에 단신으로 유학해 과거에 급제
하여 이름이 나자 고위 관료였던 高益恭이 사위로 삼았다. 그 때 그의
나이 32세였다.[80] 이후 정목은 3품직까지 승진했고, 아들 4명 가운데
3명이 과거에 급제해 개경의 중앙 관료 집안으로 자리 잡았다. 그의
손자 대에 이르러 이 집안은 당대의 명문이던 강릉 왕씨, 정안 임씨,
철원 최씨 집안과 혼사를 하며 귀족 가문으로 발돋움한다.[81]

아울러 불교에서 혼인을 반드시 해야 한다고 강조하지 않았다는 점
과 순수한 부계 혈통으로 가문의 대를 이어야 한다는 관념이 희박했
던 점 등도 혼인연령을 늦추는 원인으로 작용했을 것이다. 불교에서는
혼인을 사적인 일로 간주해 신도들에게 혼인을 하라거나 독신으로 순
결한 생활을 하라는 등의 강요를 하지 않는다.[82] 또 불교에서는 출생
을 輪廻說이 바탕이 된 계층별 還生說로 설명한다.[83] 즉 전생의 업보
에 따라 현재의 신분별 존재가 생겼으며, 다시 현생의 업보로 내세의

아시아문화연구소, 1993, 153쪽.
78)「梁宅椿墓誌銘」,『집성』, 385~386쪽.
79)『牧隱文藁』권20,「宋氏傳」.
80)「鄭穆墓誌銘」,『집성』, 42쪽.
81) 朴龍雲,「고려시대 東萊鄭氏家門 분석」, 앞의 책, 2003, 374~383쪽.
82) 스리담마난다,「결혼·산아 제한에 대한 불교의 입장」, 한국여성불교연합회
    편,『불교의 여성론』, 불교시대사, 1993, 151쪽.
83) 許興植,「佛敎와 融合된 社會構造」,『高麗佛敎史硏究』, 一潮閣, 1996, 19쪽.

존재가 규정된다는 것이다. 그런데 업보는 개인 것이므로 불교는 기본적으로 가족주의적이 아니라 개인주의적이다.

이 때문에 심지어는 독신으로 살다 죽은 여성들조차 있었다. 숙종의 셋째 왕자 왕효의 외손녀인 왕재의 딸(?~1183)은 혼인을 하지 못하고 43세에 병으로 죽었다.[84] 인종의 외손녀인 왕영의 딸(?~1186) 역시 혼인하지 않고 아버지를 정성으로 섬기며 불교를 독실히 믿다가 36세에 병으로 죽었다.[85] 이들이 비교적 젊은 나이에 죽어 혹시 건강상 이유로 혼인하기 어려웠던 게 아닌가 하는 생각도 들지만, 왕족 여성이 주로 왕족 내에서 배우자를 구했다는 점을 상기하면, 선택의 범위가 좁았기 때문일 수도 있을 것이다. 그리고 혼인을 하지 않고 사는 삶도 인정했던 불교의 영향도 있었을 것이다. 남성 독신자도 있었는데 예종 때 관리 郭輿(1058~1130)가 대표적이다. 곽여의 생애를 간추리면 다음과 같다.

B-1. 곽여는 어렸을 때부터 맵고 냄새나는 채소를 먹지 않았고 여러 아이들과 같이 놀지도 않고 항상 자기 방에서 글공부에만 열중하였다. 과거에 급제해 벼슬하면서도 성 밖에 작은 암자를 짓고 틈만 나면 그곳에서 쉬었다. 예종이 태자 때부터 그를 알아, 즉위한 뒤 불러 궁궐에 머물게 했다. 뒤에 그가 은거할 것을 청하자 왕이 동편 교외 약두산 봉우리에 거처할 집을 꾸려 주었다. 그는 책을 많이 읽었고, 심지어는 도교, 불교, 의학, 약학, 음양설에 관한 서적까지 모두 독파했으며, 또 한 번 보기만 하면 암기하고 잊어버리지 않았다. 그뿐만 아니라 궁술, 기마, 음률, 바둑 등 해보지 않은 것이 없었다. 그는 72세에 죽었으나 평생 혼인하지 않았다. 그러나 부임지의 기생을 서울로 데려오기도 했고, 山齋에도 婢妾이 있어 여론이 좋지 않았다(『高麗史』 권96, 列傳10 郭尙 附 郭輿).

84) 「王梓女王氏墓誌銘」, 『집성』, 246~247쪽.
85) 「王瑛女王氏墓誌銘」, 『집성』, 252쪽.

즉 곽여는 어릴 때부터 마늘이나 파 같이 불교에서 금하는 五辛菜
를 먹지 않는 불교적 성향을 보였고, 이는 성인이 된 뒤에도 유지되었
다. 그는 평생 혼인하지 않고 자신이 하고 싶은 것을 하며 자유롭게
살았다. 이는 고려가 불교를 숭상했고, 부계 혈통으로 대를 이어야 한
다는 의식이 없던 시대였기에 가능했던 일이다. 곽여 같은 사례는 더
있었을 것이다. 이 외 과다한 혼인비용도 여성의 혼인을 어렵게 만드
는 원인이 되었을 것이다.[86]

3. 혼인의 主婚과 절차

고려의 혼인은 부모가 주도하는 중매혼이 일반적이었다. 즉, 부모나
가까운 친족 어른에 의해 혼인이 결정되었던 것이다. 따라서 부모의
지시 없이 혼인하는 것을 금했으며,[87] 양천혼 같이 불법적인 혼인을
하면 부모가 주혼자로서 처벌되었다. 뿐만 아니라 혼인 예를 갖출 것,
즉 일정한 혼인절차를 밟을 것이 요구되었다. 靖宗은 宮人 盧氏가 뛰
어난 姿色이 있다는 말을 듣고 비밀히 불러들여 총애하였다. 정종은
遺命으로 노씨에게 延昌宮을 주었으나 門下省과 御史臺에서 "노씨로
말하자면 先王께서도 禮로써 데려오지 않았는데 하물며 亂命이니 그
대로 하여서는 안됩니다."라며 駁奏하였다.[88] 문종이 이를 받아들이
지 않고 결국 노씨에게 연창궁을 주기는 했으나 이처럼 혼인 예를 갖
추지 않은 혼인은 혼인으로 인정되기 어려웠던 것이다. 그렇다면 고려
시대의 혼인 예는 구체적으로 어떤 것이었을까?

혼인의례에 대한 기록은 왕실을 제외하고는 찾기가 쉽지 않다.『고
려사』「예지」에는 왕태자[89]와 공주의 혼인의례[90]가 실려 있다. 왕태

자 혼례의 경우 納采·擇日·期日通知, 醮戒(초례식 전 훈계하는
예), 妃가 궁으로 들어감(親迎), 同牢, 사신 파견, 妃朝拜, 冊妃의 절차
를 밟는다. 공주의 혼례도 비슷하다. 왕비나 세자빈은 조선시대처럼
나라 전체에 금혼령을 내리고 대대적으로 간택하지 않고, 적당한 인물
을 물색해 결정한 것 같다. 일단 혼인 대상이 결정되면 신부 집에 혼
인을 청하고(납채), 혼인 날짜를 정해(택일) 사신을 보내 알린다. 태묘
에도 왕태자가 혼인하게 되었음을 고한다. 신부 집에서는 婚書를 받
은 뒤 사례하는 표를 올린다. 崔怡(?~1249)의 사위 金若先은 딸을 동
궁에 들일 때 혼서를 받고는 "奠雁하시리란 말씀을 처음 들을 때는
그 말이 잘못 전함인가 하였었고, 혼서를 봄에 꿈이요 사실이 아니라
의심하였었더니, 정녕 하신 말씀을 받잡고는 문득 황송한 마음만 더하
였나이다.……운운"[91]의 표문을 올리고 있다. 납채시 신랑측의 청혼서
가 가고, 신부측에서 혼인을 받아들일 때는 허혼서를 보내므로 이는
납채 절차가 행해졌음을 말해주는 것이다.

납채 뒤 신부 집에 혼인의 징표로 예물을 보내는 納幣도 있었던 것
으로 보인다. 왕실 납폐의 사례는 후기의 것만 보이는데,『고려도경』
에 "用聘幣"[92]라는 구절을 볼 때 전기부터 있었을 것으로 생각된다.
그 후 혼례식을 치르는데, 이를 위해 신랑이 신부 집으로 신부를 데리
러 가는 것이 親迎이다. 최충헌의 아들 珹은 熙宗의 딸과 혼인했는데
친영하는 날 모든 왕과 재추와 백관이 공복을 갖추고 좇았다는 기록
이 있다.[93] 친영하는 날 왕태자비의 임시 휴게소를 여정궁 합문 안에
정하고, 신하를 태자비의 집으로 보내 맞아오게 한다. 태자비가 궁으
로 들어오면 태자비와 태자는 서로 인사하고 침실로 들어간다. 태자와
비는 한 방에 들어 合歡酒를 나누는 同牢 의식을 치른다.

---

90)『高麗史』권67, 志21 禮9 嘉禮3 公主 下嫁儀.
91)『東文選』권37, 表箋 知奏事金若先謝東宮嘉禮表.
92)『高麗圖經』제22권, 雜俗1 雜俗.
93)『高麗史節要』권15, 高宗 6년 7월.

혼례한 뒤 3일째 되는 날 왕은 태자와 비가 머물고 있는 여정궁에 사신을 보내 표문을 내리고 여러 신하들이 태자와 비에게 인사하는 의식을 치른다. 태자비가 왕과 왕비를 뵙는 날 태자비는 일찍 일어나 盛裝하고, 왕궁의 내전과 왕후 앞으로 가서 배알하는데 이를 妃朝拜라고 한다. 이때 왕과 왕후가 비에게 단술[醴]을 주고, 이후 왕은 태자비를 책봉한다. 태자비를 들인다거나 왕자나 공주가 혼인할 때 왕은 예물을 하사했던 것으로 보인다. 문종 때 왕자 國原公 祁가 혼인하자 왕이 피륙, 화폐, 금그릇, 말안장 등 물품을 주었다.94) 예종의 흥경궁 공주가 安平公 璥에게 출가하니 왕은 衣帶·金銀器·匹段·布貨를 하사했다.95) 인종 때 왕씨를 태자비로 들이고 태자비에게 조서와 예물을 주었다.96) 여자 측에서도 시부모를 뵐 때 예물을 바쳤던 것으로 보인다. 후기 사료지만 우왕이 崔瑩(1316~1388)의 딸과 혼인할 때 최영에게 말을 주고, 최영은 왕에게 鞍馬와 衣帶를 바쳤다97)는 데서 이를 짐작할 수 있다.

이처럼 왕실에서는 중국식 혼인의례가 치러졌는데, 일반인은 어떠했을까? 사서인도 왕실처럼 납채와 납폐가 있었던 것으로 보인다. 『고려도경』에 "귀족이나 벼슬아치 집안에서는 혼인할 때 폐백을 쓰나(用聘幣) 서민들은 단지 술과 쌀을 서로 보낼 뿐"98)이라는 기사가 나와 지배층의 경우 납폐가 있었음을 짐작할 수 있다. 서민들의 경우도 술과 쌀을 보낼 뿐이라 했지만 이것이 납폐의 역할을 했던 것으로 보인다.99) 친영은 행하지 않았다. 고려의 혼인 풍속이 남귀여가로 처가에

---

94) 『高麗史節要』 권9, 文宗 31년 2월.
95) 『東人之文四六』, 「王女興慶宮公主嘉禮日降使敎書」.
96) 『高麗史節要』 권17, 仁宗 21년.
97) 『高麗史』 권113, 列傳26 崔瑩.
98) 『高麗圖經』 제22권, 雜俗2 雜俗.
99) 조선시대의 사료지만 다음의 기사는 참고가 될 수 있다. "혼인을 구하는 자는 반드시 술과 고기를 갖춘다. 납채를 하는 자도 그렇다. 혼인날 저녁에 사위가 술과 고기를 갖추어 신부의 부모를 뵙고 취한 뒤에야 방에 들어간다."

서 혼례식을 올리므로 친영 절차가 필요 없었기 때문이다. 『고려사』 예지에도 『송사』와는 달리 친영례가 왕실혼에만 국한되어 있으며, 고려말 정도전이 친영제 실시를 제기[100]하기 전까지는 이에 대한 언급조차 없다는 점을 생각할 때 고려시대에 친영은 보편적인 것이 아니었다 하겠다.

사서인들의 혼례식에 대해서는 고려시대 사료는 거의 없고, 조선시대의 자료를 참고할 수 있다. 조선시대에 들어와서도 남귀여가혼속이 계속되고 16세기에야 일부 사족층에 의해 친영의 의식을 일부 채용한 半親迎이 나타나기 때문이다.[101] 남귀여가혼은, 혼인날 저녁 사위가 처가에 도착해 별 의식을 치르지 않고 신부와 동침한다. 이 날 사위가 은으로 장식한 허리띠를 두르고 신방에 담요와 자리를 까는데 심지어 보랏빛 능단을 깔기도 하여 사치에 대한 규제가 마련되기도 하였다. 둘째날 처가의 친척들과 신랑 친구 및 기타 많은 하객에 대한 잔치를 벌인다. 셋째날 신랑과 신부를 위해 유밀과상을 차려 연향하는데 음식의 높이가 거의 方丈에 이르렀다. 신랑과 신부는 이때 비로소 상견지례를 하고 함께 합환주를 마시는 합근례 및 함께 음식을 드는 동뢰연을 베푼다. 신랑 신부가 연향을 마치고 남은 음식은 시가에 싸 보내며, 이후 신부는 시부모를 찾아뵙는다.[102]

고려시대 사료에서 이와 관련되는 것들을 찾아보자. 혼례식은 일단

(『新證東國輿地勝覽』 권38, 全羅道 濟州牧 風俗). 이 기사는 성종 때 만들어진 『동국여지승람』에 수록되어 있었고, 또 혼례에 술과 고기를 쓴다는 것은 삼국시대 풍속에서도 보이므로, 이를 고려시대에도 소급 적용할 수 있을 것 같다.

100) "又親迎禮廢 男歸女家 婦人無知 恃其父母之愛 未有不輕其夫者 驕妬之心 隨日以長 卒至反目 家道陵替 皆由始之不謹也 不有上之人制禮以齊之 何以一其風俗哉 臣稽聖經謹本始 作婚禮篇"(『三峯集』 권13, 朝鮮經國典 上 禮典 婚姻).

101) 장병인, 앞의 책, 1997, 144~145쪽.

102) 장병인, 위의 책, 1997, 139~142쪽.

96

저녁에 치러진 것으로 보인다. "공예태후 임씨(1109~1183)가 평장사 金仁揆의 아들 之孝와 약혼하였는데 혼례 날 밤에 김지효가 신부 집 대문에 이르니 妃가 갑자기 병이 나서 거의 죽을 것 같았다."103)는 데 서 이를 알 수 있다. 또 민가에서 비단 이부자리를 만들지 못하고 혼 수와 의복을 갖추지 못해 혼기를 놓쳤다거나,104) 곡식을 흙과 모래처 럼 쓰며, 기름과 꿀을 구정물같이 낭비해 油蜜果를 만들었다105)는 데 서도 앞서 언급한 조선시대 혼인례와의 관련성이 보인다. 시부모에 대 한 폐백도 있었던 것 같다. 이규보의 「밤」이란 시에 보면 "제사상에는 대추와 함께 오르고/ 신부의 폐백에는 가얌과 함께 따른다"106)고 하 여 폐백에 밤과 대추가 쓰였음을 짐작할 수 있다.

혼수품이나 혼인비용은 어떠했을까? 무신 집권기 최고 권력자 최충 헌의 동생 최충수는 자기 딸을 태자비로 삼기 위해 기존의 태자비를 강제로 이혼시켰다. 그러고는 혼인날을 잡고 공인을 데려다가 裝具를 크게 준비했다.107) 여기서 혼수에 가구 같은 것이 포함되었음을 짐작 할 수 있다. 또 의복이나 그릇[器皿], 노비도 필요했으며,108) 경대와 화장용구 등도 所用되었던 것으로 보인다.109)

제2절 혼인의 거주에 대한 규정

혼인한 부부는 어디서 거주하였는가? 고려의 혼인은 남귀여가혼이

---

103) 『高麗史』 권88, 열전1 후비1 공예태후 임씨.
104) 『高麗史』 권84, 志38 刑法2 禁令 恭讓王 3년 3월.
105) 『高麗史』 권84, 志38 刑法2 禁令 明宗 22년 5월.
106) 리규보, 『리규보작품선집』 1, 국립문학예술서적출판사, 1958, 250쪽.
107) 『高麗史』 권129, 列傳42 叛逆3 崔忠獻.
108) "我國之俗 男歸女第 其來已 若令女貴男第 則其奴婢衣服器皿 女家皆當備 之 以是憚其難也"(『世宗實錄』 권50, 世宗 12년 12월 戊子).
109) 『高麗史』 권129, 列傳42 叛逆3 崔忠獻 附 沆.

었다고 한다. 남귀여가혼이란 일반적으로 처가에서 혼례식을 올린 뒤 일정기간 머무르다 뒤에 남편집으로 돌아가는 것으로 알려져 있다. 이 는 親迎制라 하여 남자 집에서 혼례식을 올리고 신혼 첫날부터 거기 서 거주하는 중국의 혼인제와는 반대되는 제도라 할 수 있다.

그간 남귀여가혼에 대한 연구는 일제시대 손진태로부터 시작하여 현재까지 여러 분야의 학자들에 의해 계속되어 오고 있다.[110] 이 결과 남귀여가혼에 대한 여러 사실들이 밝혀지게 되었으며, 가족·친족 제·여성지위 등과의 관련성도 알려지게 되었다. 즉, 우리나라는 고구 려 壻屋制 이래 조선후기까지 남귀여가혼속이 지속되어 친족제도에 서 처계나 모계가 차지하는 비중이 크고, 상속 등에서도 여성이 차별 을 받지 않아 여성지위가 높았다는 것이다. 그런데, 이 남귀여가혼 문 제는 고려시대 전공자들에 의해서는 별로 주목되지 않았다. 이는 고려 혼인제에 대한 연구가 별로 활발하지 않다는 데도 원인이 있겠지만 남귀여가혼 자체가 고려시대에는 별로 논란의 여지가 없기 때문이다. 조선시대에 들어가서야 친영제 실시 논의가 일어나며 조선중기까지도 혼례절차상의 변개만을 시도한 반친영이 극히 일부 지역에서 간헐적 으로 시행된 수준이니,[111] 고려는 당연히 남귀여가혼이 되는 셈이다. 이에 고려시대 연구자들은 남귀여가혼을 기정사실로 전제한 위에서

110) 孫晉泰, 「朝鮮率壻婚制考」, 『開闢』 續刊 1-2, 1933/「朝鮮婚姻의 主要形態 인 率壻婚俗考」, 『朝鮮民族文化의 研究』, 乙酉文化社, 1948 ; 朴秉濠, 「우 리나라 率壻婚俗에 유래하는 親族과 禁婚範圍」, 『法學』 4-12, 1962 ; 金一 美, 「朝鮮의 婚俗變遷과 그 社會的 性格」, 『梨花史學研究』 4, 1969 ; 朴惠 仁, 『韓國의 傳統婚禮研究 - 壻留婦家婚을 中心으로』, 高麗大學校 民族文 化研究所, 1988 ; 崔在錫, 「韓國社會史研究와 社會脈絡的 視覺」, 『精神文 化研究』 25(85년 여름호), 1985 ; 李光奎, 『韓國家族의 史的研究』, 一志社, 1977 ; 張炳仁, 『朝鮮初期 婚姻制研究』, 서울大學校 國史學科 博士學位論 文, 1993 ; 盧明鎬, 「가족제도」, 『한국사』 15, 국사편찬위원회, 1995.
111) 장병인, 「조선중기 혼인제의 실상 - 반친영의 실체와 그 수용여부를 중심으 로 - 」, 『역사와 현실』 58, 2005, 290~291쪽.

가족이나 친족제 연구를 하였다. 따라서 그 실상은 제대로 밝혀져 있지 못하며, 고려 여성의 지위에 대해서도 남귀여가혼으로 인해 막연히 높았다고 가정되고 있는 실정이다. 이 글에서는 고려시대를 중심으로 남귀여가혼의 실상과 여성지위와의 관련성에 대해 살펴보고자 한다.

1. 남귀여가혼의 용어와 기원에 대한 고찰

남귀여가혼과 관련이 있는 용어로는 서류부가혼과 率婿制를 들 수 있다. 이 중 서류부가혼과 남귀여가혼이 같다는 것은 아래의 사료에서 잘 알 수 있다.

> A-1. 지금 국가 자녀의 혼인에 모두 親迎의 예를 행하나 사대부 家는 고루하여 婿留婦家한다. 고로 처를 취했다 하지않고 장가를 들었다 한다. 이는 陽이 陰에 따르는 것으로 크게 남녀의 義를 잃은 것이다(柳馨遠, 『磻溪隨錄』 권25, 昏禮申明親迎之禮).[112]

> A-2. 예조에서 啓하기를 前朝 舊俗에 혼인례는 男歸女家하여 자손을 낳으면 외가에서 자라므로, 外親의 은혜가 무거워 외조부모와 처부모의 服에는 모두 30일의 휴가를 주었다(『太宗實錄』 권29, 太宗15년 정월 甲寅).[113]

A-1은 우리의 혼속이 서류부가하여 처를 취했다 하지 않고 장가들었다 한다는 것이다. A-2는 고려의 풍속이 남귀여가로서 처부모 은혜가 중하므로 처부모나 외조부모 상에 친조부모처럼 30일의 휴가를 주었다는 것이다. 즉 서류부가나 남귀여가는 모두 중국의 혼인과 반대되

---

112) "今國家王子婚姻 皆行親迎之禮 而士大夫家 固陋苟簡 婿留婦家 故不曰娶妻 而曰入丈家 是反陽從陰 大失男女之義 宜明飭禮法 以正人倫之道".

113) "禮曹 上服制式 啓曰 前朝舊俗 婚姻之禮男歸女家 生子及孫長於外家 故以外親爲恩重 而外祖父母妻父母之服 俱給暇三十日……".

는 제도로서 처가에서 혼인생활이 이루어졌음을 말해주고 있다.

솔서제는 데릴사위제인데, 무엇을 데릴사위라 하는가가 연구자에
따라 다르다. 우선 솔서는 아들이 없을 경우에 행해진다고 보는 견해
가 있다. 아들이 없는 사람이 양자를 하지 않고 사위를 맞이하여 아들
의 역할을 담당하게 하거나,114) 같은 경우 同族에서 별도로 양자를 입
적시키고 사위를 맞이하여 그의 노동력으로 가사를 협조케 하는
것115)이라고 본다. 이 경우에 솔서제는 남귀여가혼과 다른 것이 된다.
반면 현지조사를 통해 평안도 등 북부지역에서는 아들이 있어도 데릴
사위가 행해졌음을 밝히고, 이는 조선중기까지 일반적이었던 남귀여
가 혼속이 지배층에서부터 반친영제로 바뀌어가서 1920년대 당시에는
북부지방 하층민에게만 남은 것으로 이해하는 견해가 있다.116) 이에
따르면 솔서제는 남귀여가혼과 같은 것이 된다. 그런데, 후자는 북부
지역 혼속을 실증적으로 검토하여 내린 결론이므로 부정하기가 쉽지
않다. 전자가 만일 이를 비판하려면 남부지역뿐 아니라 북부지역을 포
괄하여 각 지역의 혼속들을 연구해야 하고 그 역사적 연계성에 대해
서도 검토해야 할 것이다.117) 따라서 서류부가혼, 남귀여가혼, 솔서제
는 결국 같은 개념이라 하겠다. 그러나 당시 사료에는 '서류부가'보다
'남귀여가'라는 단어가 주로 보이며, 솔서제는 앞에서 언급했듯이 학
자에 따라 다른 개념으로도 쓰여 혼동을 일으킬 소지가 높다. 비록 남
귀여가의 '歸'라는 글자가 영구히 처가로 가는 것 같은 인상을 주긴
하지만, 대부분의 연구자들이 당대 사료에 보이는 '남귀여가' 용어를

114) 李光奎, 『韓國家族의 史的 研究』, 一志社, 1990, 147쪽 ; 朴惠仁, 앞의 책,
　　 1988, 147쪽.
115) 崔在錫, 「韓國家族制度史」, 『韓國文化史大系』Ⅳ, 高麗大出版部, 1970, 435
　　 쪽.
116) 孫晉泰, 앞의 글, 1933 ; 朴秉濠, 앞의 글, 1962 ; 金一美, 앞의 글, 1969 ; 盧
　　 明鎬, 앞의 글, 1995.
117) 盧明鎬, 앞의 글, 1995, 88쪽.

택하고 있다는 점에서, 필자 역시 이 단어를 사용하는 것으로 하겠다.

남귀여가혼의 기원에 대해서는 대부분의 연구자들이 고구려 壻屋制에서 연원하는 것으로 보고 있다. 서옥제의 내용을 보면, 고구려에서는 혼인할 때 미리 구두로 정하고 여자 측에서 자기들이 살고 있는 큰 집 뒤에 서옥이라는 조그만 집을 하나 만든다. 사윗감은 저물녘에 도착하여 문 밖에서 자기 이름을 아뢰고 무릎 꿇고 절하여 여자와 함께 자기를 구걸한다. 이렇게 재삼 간청하면 여자의 부모가 청을 들어 小屋에서 자도록 허락하고 곁에다 돈과 폐백을 놓아둔다. 그 후 자식을 낳아 자란 다음에라야 부인은 남편의 집으로 돌아가게 된다.[118] 서옥제의 성격에 대해 초기의 연구에서는 모계제의 遺制이며 奉仕婚의 일종이라고 규정하였다.[119] 그러나 서옥제는 일시적 妻處制라는 점에서 모계제로 볼 수 없으며,[120] 또 일본의 무꼬이리婚이나 중국의 不落家와 비교되는 訪問婚으로 사위가 처가에 거주하거나 봉사하는 것이 아니라는 견해도 있다.[121] 서옥제를 모계제의 유습으로 보는 것은 인류가 모계에서 부계로 발전해 왔다는 관념의 소산일 것이다. 그러나

118) "其俗作婚姻 言語已定 女家作小屋於大屋後 名壻屋 壻暮至女家戶外 自名跪拜 乞得就女宿 如是者再三 女父母乃廳 使就小屋中宿 傍頓錢帛 至生子已長大 乃將婦歸家"(『三國志』 권30, 魏書30 高句麗).

119) 張承斗는 서옥제를 솔서제로서 모권확립 시대의 한 遺風이라 한다(張承斗, 「朝鮮原始諸種族의 婚姻」, 『朝鮮』 281·289호, 1938). 孫晉泰는 奉仕婚으로서 모계씨족 사회의 遠俗이라고 본다(孫晉泰, 앞의 글, 1933). 이는 秋葉隆(秋葉隆, 『朝鮮民俗誌』, 東京 : 六三書院, 1954)과 金斗憲(金斗憲, 『朝鮮家族制度硏究』, 乙酉文化社, 1949)도 같다.

120) 李基東, 「新羅中古時代 血族集團의 特質에 관한 諸問題」, 『震檀學報』 40, 1975, 56쪽.

121) 李光奎, 앞의 책, 1990, 145~158쪽. 서옥제를 방문혼으로 보는 최근의 연구 성과로는 다음을 들 수 있다. 김선주, 「고구려 壻屋制의 婚姻形態」, 『高句麗硏究』 13, 고구려연구회, 2002 ; 박혜인, 「婚姻風俗 '壻屋'기록과 『三國史記』 초기 事例를 통해 본 高句麗의 婚姻 및 妻家訪問生活」, 『역사민속학』 18, 한국역사민속학회, 2004.

오늘날의 인류학에서는 이러한 단선적 진화는 부인되고 있기 때문에 서옥제를 모계제의 유풍으로 볼 수는 없을 것이다.

그런데, 남귀여가혼의 기원을 서옥제에서 찾는 이유는 고대의 혼인 풍속 중 처변거주 유형으로 사료에 등장하는 것이 서옥제 뿐이기 때문일 것이다. 그러나 서옥제에서는 혼인 초기를 지나면 남편 쪽으로 거주가 정해지는 반면 남귀여가혼에서는 婚初가 지난 후의 거주가 父處(夫處)制로 고정되지 않는 중대한 차이가 있다.[122] 과연 남귀여가혼이 서옥제에서 연유했는지 여부는 잘 알 수 없다. 그러나 적어도 고구려의 혼인풍속이 중국과 달리 처변거주 풍속이 있었다는 점만은 지적할 수 있을 것이다.

백제나 신라에서도 처변거주의 풍속이 있었을까. 서옥제 기사가 실려 있는 『삼국지』에, 동옥저에서는 여자가 신랑집에서 크고 성년이 된 뒤 일단 친정으로 갔다가 정식의 혼인절차를 밟아 남편집으로 돌아오게 된다는 또 다른 풍속이 실려 있다.[123] 이는 서옥제와 정반대라 하겠다. 뿐만 아니라 백제는 중국인들이 보기에도 혼례의식이 중국풍습과 대략 같았다 했으며,[124] 신라는 신혼 첫날 저녁에 신부가 제일 먼저 시부모에게 절하고 다음에 남편에게 절했다[125] 한다. 이는 중국의 혼인에서 혼인날 신랑신부가 교배례를 하고, 이튿날 시부모를 보는 예(舅姑之謁)를 행한 것을 연상시킨다. 이렇게 볼 때 혹 백제나 신라에서는 혼인 초 처변거주 풍속이 없었던 것이 아닌가라는 의심이 들기도 한다.

그런데 혼인 뒤 거처를 정하는 문제는 부부의 자유의사에만 달려있

---

122) 盧明鎬, 앞의 글, 1995, 90~91쪽.

123) 『三國志』 권30, 魏書30 東夷傳 東沃沮.

124) 『周書』 권49, 列傳41 異域 上 百濟 ;『隋書』 권81, 列傳46 東夷 百濟 ;『北史』 권94, 列傳82 百濟.

125) "新婚之夕 女先拜舅姑 次卽拜夫"(『隋書』 권81, 列傳46 東夷 新羅) ; "新婚之夕 女先拜舅姑 次卽拜大兄夫"(『北史』 권94, 列傳 82 新羅).

는 것이 아니고 경제적 조건이 고려되어야 할 것이다. 이는 부모로부터의 상속과 밀접한 관계가 있으며, 재산상속은 또한 出系律과 관련될 것이다. 다시 말하면 거주규정을 결정하는 것은 재산상속과 지위의 계승을 포함하는 출계율인 것이다.126) 예컨대 중국처럼 부계위주로 친족이 구성되고 상속도 이를 따른다면 자연히 혼인도 여자가 남자집으로 들어가는 형태를 취할 수밖에 없을 것이다. 그러나, 신라의 경우를 보면 왕위 계승이나 시조묘 제사에서 부계만 고집하지 않았으며 巨川의 계보127)에서 보듯 여자 쪽으로도 계보를 따질 수 있었다. 따라서 신라에서는 중국과 같은 혼인풍속보다는 처변거주적인 혼인이 행해졌을 가능성이 더 높았을 것으로 보인다. 최재석은 '사위와 외손이 처가와 외가에서 장기간 생활을 하는 것은 하나의 가족의 성원이 되지 않고서는 불가능하다. 모든 면에서 처부모도 부모 같고 사위도 아들 같고 외손도 친손과 같이 대접받는 사회에서만 가능하다'며 신라는 왕위계승이나 시조묘제사, 巨川·月光의 계보 등을 살펴보면 子와 女 또는 친손과 외손의 차별이 거의 없었다는 점에서 고구려와 같은 혼인풍속을 가지고 있었다 한다.128) 백제도 삼국의 문화가 전혀 이질적이지 않았다는 점을 고려하면 역시 그러했으리라 여겨진다.

이러한 풍습은 고려시대에 들어와서도 계속되었다. 고려가 남귀여가혼이었음은 앞의 사료 A-1, A-2 뿐 아니라 아래의 사례에서도 잘 알 수 있다.

A-3. 예전의 親迎은 부인이 남편집으로 시집오므로 처가에 의뢰하는 일이 거의 없었는데, 지금은 처를 취함에 남자가 여자집으로 가니 (男歸于女) 무릇 자기의 필요한 것을 다 처가에 의거하여 장인·장

---

126) 李光奎, 앞의 책, 1990, 145쪽.
127) "慶州戶長巨川母阿之女 女母明珠女 女母續利女之子 廣學大德 大緣三重 (古名善會)昆季二人"(『三國遺事』 권5, 神呪 제6 明郎神印).
128) 崔在錫, 앞의 글, 1985, 155~156쪽.

모의 은혜가 부모의 은혜와 같다(李奎報,『李相國集』권37,「祭外舅大府卿晋文公」).129)

A-4. 또 친영례가 폐하여 男歸女家하니 부인이 무지하여 그 부모의 사랑을 믿고 그 지아비를 가벼이 여기지 않는 자가 없어 교만하고 투기하는 마음이 날로 자라 마침내는 반목하는데 이르러 家道가 무너지니 모두 시작을 삼가지 않은데 있다(鄭道傳,『三峯集』권7, 婚姻).130)

A-3은 고려에서 친영이 실시되지 않고 남귀우녀하여 장인·장모의 은혜가 깊었음을 말해주고 있다. A-4 역시 고려에서 남귀여가하여 부인이 남편을 가벼이 여겨 家道가 무너졌음을 이야기하고 있다. 한편 고려에서는 이와는 달리 친영제가 실시됐다는 기록도 보인다.『高麗史』禮志에는 왕자와 공주의 친영례가 실려있으며, 사서에는 실제로 친영을 한 사례도 나타나고 있다. 즉, 최충헌(1149~1219)의 아들 珹이 熙宗의 딸과 혼인하는데 친영하는 날 모든 왕과 재추와 백관이 공복을 갖추고 좇았다 한다.131) 그러나『高麗史』禮志의 내용에 의하면 고려의 친영례는 중국과는 달리 왕실혼, 그것도 왕자와 공주의 혼례에만 국한되어 있었음을 알 수 있다. 또한 사료 A-4에서 보듯 고려말에 정도전이 친영제 실시를 제기하기 전까지는 이에 대한 언급이 전혀 기록에 보이지 않는다는 점에서 고려시대에는 친영제가 보편적인 것도, 지속적인 것도 아니었다 하겠다.

그런데, 이 점은 고려사회의 유교적인 발전을 생각할 때 잘 납득이 가지 않는 면이 있다. 고려는 이미 태조 때부터 학교를 세우는 등 유

---

129) "古者親迎婦 嬪于婿 其賴婦家 無有幾許 今則娶妻 男歸于女 凡己所須 婦是據 姑舅之恩 有同怙恃"
130) "又親迎禮廢 男歸女家 婦人無知 恃其父母之愛 未有不輕其夫者 驕妬之心 隨日以長 卒至反目 家道陵替 皆有始之不謹也"
131)『高麗史節要』高宗 6년 7월.

교를 중시하였고, 성종 때에는 圓丘·社稷·籍田·宗廟 등 祀典을
정비하였다. 예종 때에는 예제를 관장할 관청을 설치하였으며 의종 때
에는 崔允義가 『古今詳定禮』 50권을 편찬하였다. 이처럼 유교식 예
제가 갖추어지면서 혼인에 대한 의례도 정비되어 나갔을 것이다. 그런
데 왜 친영례는 단지 왕실혼에만 국한되고 사서인층은 여전히 남귀여
가혼을 행했던 것일까. 이 원인은 혼인 거주 규정이 출계율과 관련이
있음을 생각할 때, 결국 고려 친족제도 상의 특성에서 찾아야 할 것이
다. 고려는 중국과 달리 父系單系 사회가 아니었으며, 따라서 상속도
남녀균분이었다. 이러한 친족과 상속면에서의 특징이 남귀여가라는
고려 고유의 혼인제로 나타나게 되었다고 여겨진다. 또한 혼인이 '관
습'의 영역에 속해 쉽게 변하기 어렵다는 점도 또 하나의 원인이 되었
을 것이다. 고대 이래의 처변거주 전통 때문에 예제의 전반적인 발전
에도 불구하고 고려시대에는 남귀여가제도가 지속되었던 것으로 보인
다.

2. 남귀여가혼과 妻邊居住의 내용

남귀여가혼이 고려시대에 일반적인 혼인풍속이었다면 그 내용은
구체적으로 어떤 것이었는지가 궁금해진다. 어느 정도 기간 동안 처가
에 거주하였으며 대체적인 가족형태는 어떠했을까. 기존의 연구에서
는 주로 호적을 분석하여 혼인한 부부가 혼인 후 3년에서 24년 동안
친정생활을 한 뒤 남편 집으로 돌아간다고 보았다. 그리고 서류부가
기간은 경제적 여건이나 가족 구성에 의해 달라지지만 조선후기로 갈
수록 단축된다고 하였다.[132] 그런데 실제 고려시대의 여러 사료들을
보면 혼인거주 양식이 반드시 혼인 초 처가에서 거주하다가 나중에
夫家로 돌아가는 것만이 아니었음을 알 수 있다. 물론 그러한 유형도

---

132) 崔在錫, 『韓國家族制度史研究』, 一志社, 1983, 211쪽.

있지만 처가에 있다가 분가하기도 하고, 또는 夫家나 제3의 장소에서
살다가 나중에 처가 지역으로 이주하거나 장인장모를 부양하는 등 다
양한 형태가 보이고 있다.133) 그 사례들을 들어보면 다음과 같다.

  우선 사위와 동거한 예로 屎加大의 경우를 들 수 있다. 사료에 보
면 橫川 백성 屎加大는 8명의 아들과 1명의 사위가 있어 산골짜기 사
이에서 고기잡고 사냥하며 살고 있었다.134) 여기서 사위와 아들들이
분가하지 않고 함께 살기도 했음을 알 수 있다. 한편, 사위가 처가에
사는 것이 아니라 거꾸로 장모를 부양하는 경우도 보인다. 節婦 曹氏
는 隊尉 子玊의 딸로 13세에 역시 대위였던 韓甫에게 출가했다. 그러
나 시아버지가 麗元연합군의 일원으로서 일본원정에 참가했다가 전
사하고, 남편 역시 哈丹이 고려를 침공했을 때(충렬왕 28년, 1291) 사
망하였다. 딸 하나를 낳고 과부가 된 그녀는 언니에게 의탁하였는데,
딸이 출가하자 딸에게 의지하였고, 다시 딸이 아들 하나와 딸 하나를
낳고 일찍 죽자 손녀에게 의탁하였다.135) 즉, 조씨는 과부로서 딸부로서
및 손녀내외에게 부양되었던 것이다.

  또한 사위가 처가에서 살거나 처가 지역에 거주하는 것이 나중에
이루어지기도 하였다. 趙公卓은 고려 淳昌郡 사람인데, 뒤에 姻婭 관
계를 따라 水原府 龍城縣에 옮겨 살았다.136) 또 前監察持平 朴允文
은 선대가 密城郡에서 살았는데, 그 형 中郎將 允謙이 인척관계로 福
州에 살면서 대부인을 맞아들여 봉양하였다. 至元 무인년(1338, 충숙
왕 복위 7년) 8월에 대부인이 세상을 떠나자 그 곳에서 장사하였고,
持平이 묘소를 모시고 喪期를 마쳤다.137) 이는 처가 쪽에서 상속 등

133) 盧明鎬, 앞의 책, 1995, 90~91쪽.
134) 『高麗史節要』 권18, 元宗 5년 5월.
135) 『東文選』 권100, 傳 「節婦曹氏傳」.
136) 『東文選』 권71, 記 「大元贈奉訓大夫遼陽等處行中書省左右司郎中飛騎尉遼
      陽縣君趙公墓塋記」.
137) 『東文選』 권85, 書 「寄朴持平詩序」.

106

을 받아 뒤에 그 지역에 거주하게 된 예들이라 생각된다. 그리고 박윤 겸의 사례에서 보듯 거기에 자신의 어머니 묘소를 쓰기도 했던 것이 다.

이처럼 고려에서는 사위와 함께 사는 것이 여러 원인에 의해 이루 어졌는데, 동거하는 사위에 대해 贅婿 또는 畜婿라는 표현을 쓰고 있 다. 고종 때 과거에 급제, 여러 요직을 거쳤던 鄭可臣(?~1298)의 아 버지는 羅州 鄕貢進士였다. 정가신은 나면서부터 영특하여 일찍이 中 天琪를 따라 서울로 왔는데 가난하여 의지할 곳이 없었다. 천기가 그 를 가련히 여겨 부잣집에 贅婿로 보내려 했으나 구하지 못하다가 결 국 太府少卿 安弘祐의 집에 들어가게 되었다는 기록이 있다.[138] 여기 서 췌서는 처가에서 같이 사는 사위를 의미한다고 하겠다. 또 축서의 예로는 우왕의 사례를 들 수 있다. 李仁任(?~1388)이 자기 여종 鳳加 伊를 우왕에게 바치자 왕이 총애하여 자주 인임의 집에서 유숙하였 다. 우왕이 인임을 아버지라 칭하고 인임의 처 박씨를 어머니라 하였 으며 인임도 우왕을 畜婿처럼 대우하였다 한다.[139] 여기서 장인·장 모를 아버지·어머니라 칭했다는 점에서 축서 역시 처가에서 같이 사 는 사위를 의미한다 하겠다.

그리고 혼인 초 처가에서 살다가 분가를 한 사례도 보인다.

B-1. 불초한 제가 일찍 외람되게도 사위가 되어 밥 한끼와 물 한모금 을 다 外舅에게 의지하였읍니다만 조금도 보답을 못했는데 벌써 입에 숨玉을 하시다니. 제가 옛날, 아내와 함께 어린 자식들 데리고 살림할 적에 딸애는 제 무릎에 알랑거리고 사내애는 어미 허리에서 우는지라, 그 때 제가 웃으면서 아내에게 이르기를 "그대 빨리 자 식들 키우시오. 딸애가 장성하고 사내애 준수하거든 일년 사시 명 절 때마다 고기안주랑 술항아리로 그대 자식들 데리고 그대 부모님

---

138) 『高麗史』 권105, 列傳18 諸臣 鄭可臣.
139) 『高麗史』 권126, 列傳39 姦臣2 李仁任.

께 가서 절을 하되, 내가 소매걷고 꿇어앉아서 축수할 때 아들시켜
잔 받들고 내 손으로 술 부어 올릴테니, 그대와 딸 아이는 차례로
받아 올리시오. 한평생 이렇게 한다면 무슨 부귀를 부러워하겠소?"
하자 아내도 웃으면서 "이 말씀이야말로 제가 명심하리다" 했습니
다(『東國李相國集』 권37, 「祭李紫微諒文」).

B-2. 장인께서 나를 가객으로 허락하여 혼인을 맺으므로 倦戀하는 사
랑을 많이 받았습니다만 여러 해 동안 벼슬에 종사하기 때문에 돌
아가 모시지 못하였고 벼슬을 내놓은 만년에 정성껏 섬기려 하였습
니다(『東文選』 권111, 「代李和寧薦亡舅疎」).

B-1은 혼인 초 처가에서 거주하며 밥 한 술, 물 한모금까지 모두
의지하다가 뒤에 가족을 데리고 분가했음을 보여주고 있다. B-2 역시
사위가 되어 장인의 사랑을 받다가 벼슬 때문에 처가에서 나왔으나
처부모에 대한 효도의 생각이 깊었음을 잘 말해주고 있다.
한편 혼인 뒤 父家로 돌아간 사례도 나타난다. 梁元俊(1089~1158)
은 충주 사람인데, 서리에서 시작하여 監光州務가 되었다. 아내가 시
어머니를 잘 섬기지 않자 그를 내쫓았다. 처와 아들이 울면서 애걸하
였으나 끝내 허락하지 않고 처를 혼자 돌아가게 하니 사람들 중에는
그가 인자하지 못하다고 비난하는 자도 있었다[140] 한다. 또한 조선 초
사례라 시기가 다소 뒤지지만 "九皐林氏는 典醫副正 英順의 딸인데
그 고을의 사족이다. 현재 通禮門奉禮郎 朴愷군에게 시집와서 그 시
어머니 田氏를 섬기는데 며느리된 도리를 극진히 하였다. 建文 신사
년(조선 태종 원년, 1401년) 봄에 박군은 서울에 벼슬살이로 가 있고
林氏 혼자 태인헌에서 시어머니를 모시고 있있다.……"[141]는 데서도
혼인 뒤 父家에서 거주, 시부모를 모신 사례를 알 수 있다.

---

140) 『高麗史』 권99, 列傳12 諸臣 梁元俊.
141) 『東文選』 권93, 書 「賀義婦林氏詩序」.

108

　남귀여가혼에서는 이처럼 처가에서 혼례식을 올리고142) 잠시 머문 뒤143) 이후 다양한 거주 형태를 보이게 되는데, 사위가 처가에 머무는 기간은 양가의 경제력이나 관직 생활, 처가의 가족 구성 등 여러 요인에 의해 결정된다. 앞에서 보았던 鄭可臣의 경우는144) 시골 출신으로 서울에 혼자 올라왔으니 그가 처가에서 오래 거주했으리라는 것은 명백하다. 또 충렬왕조 이래 충혜왕대까지 크게 활약했던 金倫(1277~1348)은 14세에도 외가에서 거주하고 있었다.145) 이는 그의 어머니가 외동딸이었다는 점도 작용했다고 여겨진다.146) 이러한 여러 사실들을 종합해 볼 때 고려에서는 일단 처가에서 혼인한 뒤 그대로 처가에 머물기도 하고 夫家로 돌아가기도 했으며, 나중에 장인장모를 모시기도 하였음을 알 수 있다. 따라서 남귀여가혼은 단순히 혼인 초 처가에 거주하다 이후 夫家로 가는 것만을 의미하지 않았던 것이다. 그런데 고려나 조선시대 사료에서 고려의 혼속을 서류부가 또는 남귀여가라 부

---

142) 고려시대 士庶人家의 혼례식 장소에 대한 예로는 공예태후 임씨의 사례를 들 수 있다. 그녀는 15세에 平章事 金仁揆의 아들 之孝와 약혼하였는데 혼례식날 신랑이 신부집 대문에 이르자 妃가 갑자기 병이나 거의 죽을 것 같아 신랑을 돌려보냈다 한다(『高麗史』 권88, 列傳1 后妃 恭睿太后 任氏). 여기서 김지효가 신부집에 온 것이 親迎을 하기 위해 왔다고 보기는 어려울 것이다. 고려시대에 친영은 왕실혼에서만 있었기 때문이다. 따라서 이 사례를 통해서 볼 때 고려의 혼례식은 신부집에서 치뤄졌음을 알 수 있다.

143) 적어도 혼인의식이 끝나는 3일 이상이다. 남귀여가혼에서는 부부의 相見之禮 및 시부모에 대한 인사인 舅姑之謁을 혼례식 3일 뒤에 하였다. 이 기간 동안 사위는 처가에서 머물렀던 것이다. 참고로 친영제와 반친영제에서의 이 의례에 대해 소개하면, 친영제에서는 부부 상견지례를 혼례 당일에, 구고지알을 혼례 다음날에 하였다. 반친영에서도 이것은 같았지만 혼례식이 처가에서 이루어졌다는 것이 친영제와 다른 점이다(張炳仁, 앞의 책, 1997, 139~147쪽 참조).

144) 주 138) 참조.

145) "忠烈時 哈丹來寇 國人入江華避之 倫外舅許珙爲家宰殿其後 令倫挈家以先 倫年十四指畫如成人一族賴之"(『高麗史』 권110, 列傳23 諸臣 金倫).

146) "妣皇陽川郡大夫人許氏 僉議中贊修文殿大學士贈諡文敬公諱珙之一女"(「金倫墓誌銘」, 『집성』, 533쪽).

르며 처가에서 오래 거주하다가 뒤에 남편 집으로 가는 것으로만 서술하고 있는 것은 중국 혼인제와의 비교에서 비롯된 것이 아닌가 생각된다. 즉, 중국에서는 贅婿라 하여 사위가 처가에서 거주하는 형태도 있었지만 이는 특수한 것이었고,[147] 일반적으로는 친영이 행해져 신혼 초부터 부가에서 거주했던 것이다. 그런데 우리는 고대 이래 女家에서 혼인식을 올리고 그 곳에 잠시라도 머문 뒤 이후 거주를 결정했으며, 처가에서 장기간 사는 경우도 있었다. 이에 유교적인 관점에서 이를 바로잡아야 한다는 주장을 펴면서 우리의 혼속에 대해 언급한 것이므로 처가에 거주한다는 부분이 좀 더 강조되어 이야기된 것이 아닌가 여겨진다.

이러한 양측적인 거주규정은 고려 전시기를 통해서 볼 때 뚜렷한 변화가 보이지 않는다. 고려후기가 되면 預婿制가 성행했다 하는데, 이 역시 넓은 의미에서는 남귀여가혼의 범주에 든다고 할 수 있다. 예서란 나이가 어린 남자를 받아들여 처가에서 양육하여 성년이 되면 혼인시키는 것이다.[148] 당시 원에 대한 공녀문제로 혼인연령이 어려지자 남귀여가혼이 預婿制의 형태를 띠게 되었던 것이다. 이 시기 예서의 사례로는 金鍊 딸의 예를 들 수 있다. 원의 권신 脫朶兒가 아들

---

147) 췌서는 秦의 혼인풍속에서 보이는 것으로 신분이 낮은 빈곤한 사람이 처가에 거주하는 것을 의미하여 보편적인 것이 아니었다. 佐竹立靑彦은 『漢書』 賈誼傳의 '家貧者壯則出贅'에 근거하여 췌서는 壯男으로 된 노예에 가까운 婿人으로 보고 있다(佐竹立靑彦, 「秦國の家族と商鞅の分異令」, 『史林』 63-1, 1980, 8쪽). 그런데, 고려에서도 '췌서'라는 표현이 보인다. 앞에서 정가신의 사례가 그것이며, 이곡이 원에 대해 공녀 징발을 중지할 것을 요구하는 글을 올리면서 "彼風俗 寧使男異居 女則不出 若爲秦之贅婿"(『高麗史』 권109, 列傳 권22 李穀)라 하여 췌서라는 용어를 쓰고 있다. 이는 중국의 보편적인 혼인풍속이 친영제로서 우리의 남귀여가 혼속과는 달랐으므로, 우리의 혼속을 중국인들에게 이해시키기 위한 것으로 보인다. 고려후기에는 앞에서 보았듯 처가에서 같이 사는 사위에 대해 췌서 또는 畜婿라는 표현을 쓰기도 했던 것 같다.

148) 『高麗史』 권27, 世家 元宗 12년 2월.

을 위해 며느리를 구하는데 대신의 가문에서만 구하려 하였다. 그래서 딸을 가진 자들은 두려워하며 서로 앞 다투어 사위를 맞으려고 하였다. 국가에서는 대신의 집 두셋을 적어주어 탈타아 자신이 간택하게 하였는데, 탈타아가 얼굴이 고운 자를 가린 결과 김련의 딸을 받아들이려고 하였다. 그 집에서는 이미 預婿를 데리고 있었는데 그 사위는 두려워서 집을 나가버렸다[149] 한다. 그러나 예서제도 혼인시기가 앞당겨졌을 뿐 남귀여가혼 형태라는 점에서 본질적인 변화는 없었다 하겠다. 이후 남귀여가혼은 조선중기까지 보편적인 혼인관습으로 계속되며 조선후기에 가서도 수일간의 婦家 체류와 수년간의 婦家 왕복으로 그 유속을 남기고 있는 것이다.[150]

그리고 이것은 양반층뿐 아니라 일반 서민 계층에서도 행해졌다. 앞에서 든 사례들이 대부분 지배층의 혼인 실상을 보여주고 있기는 하나 백성 屎加大의 사례에서와 같이 평민층에서도 사위 및 아들과 함께 동거를 하고 있었던 사실을 알 수 있다. 이러한 경향은 국보호적의 '韓祐 戶'에서도 확인된다. 韓祐는 직역이 軍이며 호주 및 호처의 4조가 파악되지 않은 것 등에서 평민 이하임을 알 수 있는데, 딸 부부와 동거하고 있다.[151] 또 이곡의 원에 대한 공녀 폐지 상소문에서도 노후의 봉양이 딸 부부에 의한 것이 일반적이었다고 서술되고 있다.[152] 고려는 전 시기에 걸쳐 모든 계층에서 남귀여가 혼속이 존재했던 것이다. 그러나 물론 양반층과 서민층 사위의 존재 형태에는 차이가 있었을 것이다. 비록 함께 처가에서 거주하는 경우가 흔했다 해도 양반층에서는 처가에 寄食 讀書하면서 생활한 반면,[153] 서민층에서는

---

149) 위와 같음.
150) 孫晉泰, 앞의 글, 1933.
151) 盧明鎬, 앞의 책, 1995, 91~92쪽 참조.
152) "彼風俗 寧使男異居 女則不出 若爲秦之贅婿"(『高麗史』 권109, 列傳 권22 李穀).
153) 고려시대 사료로서는 예로 들 수 있는 것이 없고, 조선시대 사료로서 朴東亮

처가의 노동력으로 활용되었을 것이다. 일제시대 평안도나 함경도 지역에서 빈민계층의 경우 아들이 없어도 率婿를 취해 사위는 짧으면 5~6년, 길면 십수년간 처가에서 생활한다는 것은[154] 그 이전 남귀여가 혼속에서의 서민계층 사위의 원형을 보여주는 것이라고도 하겠다.

3. 남귀여가혼과 여성의 지위

남귀여가혼은 앞에서도 잠시 언급했듯이 친족·상속제와 밀접한 관련을 가지고 있다. 본 절에서는 고려의 친족·상속제의 특징을 살펴봄으로써 남귀여가혼과의 관계를 보다 명확히 하도록 하겠다.

일반적으로 고려의 친족제도는 '兩側的 親屬'[155]이라거나 '非單系的 父系優位社會'[156]라고 표현된다. 이는 남성을 통한 계보로만 구성되는 부계의 계보관계와는 근본적으로 다른 것이다. 즉, 고려시대의 本族·外族·妻族은 父의 부계친족집단·母의 부계친족집단·妻의 부계친족집단만을 의미하는 것이 아니었다. 8祖戶口式에서 보듯 8고조부모 범위의 父邊과 母邊의 모든 계보를 포괄하는 형태였던 것이다.[157] 이에 상속도 부변과 모변의 양측에서 이루어졌으며 남녀균분 상속으로 나타났다. 따라서 갓 혼인한 부부가 토지나 노비의 상속지분

(宣祖朝)의 문집에 文翼公 鄭光弼의 어릴 때 일을 전하는 글에 다음과 같은 기록이 있다. "公有一同贅生 見其婦姑之出 隨其轎後 東扶西舉 高聲檢飭 後日公亦隨其行 寂無一語 旣不轎 姑氏責其不如其 公亦無慍色 但唯唯而已"(『寄齋雜錄』). 시기가 많이 차이가 나기는 하나, 남귀여가혼속이 조선후기까지도 반친영제로밖에 정착하지 못했다는 점을 고려하면 지배층의 남귀여가혼속을 아는데 크게 무리는 없으리라 여겨진다.

154) 孫晉泰, 앞의 글, 1933.
155) 盧明鎬, 『高麗社會의 兩側的 親屬組織 硏究』, 서울大學校 國史學科 博士學位論文, 1988.
156) 崔在錫, 「高麗時代의 家族과 親族」, 『韓國家族制度史硏究』, 一志社, 1983, 359쪽.
157) 盧明鎬, 「高麗時代의 親族組織」, 『國史館論叢』 3, 1989.

112

을 따라 夫側이나 妻側에 거주하게 되는 것은 어쩌면 당연한 결과라 하겠다. 이에 가족의 구성도 처부나 처모, 女婿, 처의 前夫 자식 등을 포함하는 非부계적인 성격이 보이고 있다. 고려시대의 가족은 단혼적인 부부와 미혼 자녀로 이루어진 부부가족이 기본적인 단위가 되었는데, 때로는 夫妻의 노부모나 생활능력이 없는 가까운 미성년 친척 등을 부양가족으로 하기도 하였다.[158] 그런데 이 경우 양측적인 성격을 반영하여 부계만이 아니라 모계·처계 등 다양한 계보의 친척들이 포함되어 있는 사실을 볼 수가 있다. 어려서 고아가 되었을 때 어디에서 성장하는가는 이를 잘 보여주고 있다. 일찍 부모를 여윈 아이는 외가 쪽에서 자라기도 하고, 친가 쪽에서 크기도 하였다.

우선 외가나 누이 등과 거주한 사례를 보면 다음과 같다. 鄭道傳의 父 云敬(1305~1366)은 일찍이 어머니를 여의고 이모 집에서 자랐고, 뒤에는 외삼촌을 따라 개성에 들어가 학문하였다.[159] 閔頔은 나면서부터 외모가 출중하여 외조부가 후일 귀하게 되겠다고 하자 재상을 지낸 이모부가 자기 집에서 길렀다.[160] 李公遂(1308~1366)는 일찍이 어머니를 여의고 매부 全公義의 집에서 자라 전공의를 아버지처럼 섬기고 누님을 어머니처럼 섬겼다.[161] 이상의 기록들을 볼 때 특수한 상황 하에서는 외삼촌을 비롯하여 이모부 및 매부 집에서 거두어져 생장하는 등 다양한 사례가 나타남을 확인할 수 있다. 한편 친가 측에서 성장한 사례도 많다. 閔思平(1295~1359)은 5세에 어머니를 여의고 조부에게서 자랐으며[162] 尹澤(1289~1370)은 3세에 고아가 되어 조부

158) 盧明鎬, 앞의 책, 1995, 76쪽.
159)『東文選』권117, 行狀「高麗國奉翊大夫檢校密直提學上護軍榮祿大夫刑部尙書鄭先生行狀」.
160)『高麗史』권108, 列傳21 閔宗儒 附 頔.
161)『高麗史』권112, 列傳 25 李公遂.
162)『東文選』권125, 墓地「高麗故輸誠秉義協贊功臣重大匡都僉議贊成事商議會議都監事進賢館大提學知春秋館事上護軍贈諡文溫公閔公墓地銘」.

에게서 양육되고 좀 더 커서는 고모부 尹宣佐에게서 글을 배웠다.[163] 金方慶(1212~?)은 낳자마자 조부 집에서 자랐으며[164] 李仁復(130 8~1374) 역시 조부에게서 컸다.[165] 김방경과 이인복은 조실부모하지 않고 친가에서 성장한 사례이다. 이 밖에 친가와 외가를 겸한 예도 보인다. 廉悌臣(1304~1382)은 6세에 아버지를 여의고 內外侍中(친조부 廉承益과 외조부 趙仁規) 집에서 양육되었고, 11세에 고모부인 원나라 中書平章事 末吉에게 가서 수업하였다.[166] 이처럼 고려의 가족은 내외친속을 고루 포함하는 양측적 성격을 띠었던 것이다.

그리고 이러한 가족의 특징은 법제에도 그대로 반영되고 있다. 사심관제나 상복제, 상피제 등을 보면 처계나 모계가 부계 못지않게 존중되었음을 알 수 있다. 사심관제에서는 內鄕과 外鄕이 동등한 혈연적 연고지로 간주되었으며[167] 相避 범위도 본족과 외족, 처족이 거의 같았다.[168] 상복제에서도 당과는 달리 외척에 대한 상복이 중시되어 외조부와 조부가 다같이 재최복으로 취급되었다.[169] 음서면에서 외손과 사위 역시 아들과 마찬가지로 특권을 부여받았으며[170] 공음전도 아들이 없을 경우 사위가 받을 수 있게 했다.[171] 또 재산상속 면에서도 아들과 딸이 차이가 없었다. 이는 孫抃(?~1251)이 재판한 남매 간 소송 사건의 예가 잘 보여준다.[172]

---

163) 『高麗史』 권106, 列傳19 尹諧 附 澤.
164) 『高麗史』 권104, 列傳17 金方慶.
165) 『高麗史』 권112, 列傳25 李仁復.
166) 『東文選』 권119, 碑銘「高麗國忠誠守義同德論道輔理功臣壁上三韓三重大匡曲城府院君贈謚忠敬公廉公神道碑」.
167) 『高麗史』 권75, 志29 選舉3 仁宗 12년.
168) 『高麗史』 권84, 지38 刑法1 公式.
169) 『高麗史』 권64, 志18 禮6 凶禮 五服制.
170) 『高麗史』 권75, 志29 選舉3 詮注 蔭敍.
171) 『高麗史』 권78, 志32 食貨1 田制 功蔭田柴.
172) "……(손변은) 경상도안찰부사로 임명되었다. 당시에 어떤 사람이 남매 간에 서로 송사를 제소하였는데 남동생의 주장은 '다같이 한 태생인데 어째서 부

뿐만 아니라 본인의 공훈에 따라 외조부나 장인, 사위에게도 봉작
을 한다든지 관직을 상으로 주기도 했던 사실을 다음의 사례로 확인
할 수 있다. 인종이 李瑋(1049~1133)의 외손녀를 맞아들여 왕비로 삼
자 이위에게 中書令의 관작을 더해주고 鎭定功臣號를 내렸으며 식읍
2천 5백 호를 주었다.[173] 金殷傅의 경우도 세 딸이 왕비가 되자 왕은
김은부 및 그의 처, 부모에게 뿐 아니라 장인인 李許謙에게도 尙書左
僕射上柱國邵城縣開國候에 봉하고 식읍 1천 5백 호를 주었다.[174] 權
施는 崔怡의 기생첩이 낳은 딸에게 장가들어 僕射에 제수되었고, 아
들 守鈞은 장군에 임명되었으며 수균의 사위 文璜도 少卿에 제수되
었다.[175] 이처럼 처계나 모계친은 부계친과 마찬가지로 관직이나 봉
작의 대상이 되었을 뿐 아니라 형벌에 연좌되기도 하였다. 金景庸은
그의 딸이 이자겸의 아들 彦에게 시집갔으므로 자겸이 패하자 知春州

모의 유산을 누이 혼자서만 독차지하고 동생인 나에게는 분재하여 주지 않
는가'는 것이고 누이의 답변은 '아버지가 세상을 떠날 때에 가산 전부를 나
에게 주었으며 너의 몫은 검정 옷 한벌, 검정 갓 하나, 미투리 한 켤레, 兩紙
한 권 뿐이다. 증거서류가 구비되어 있으니 어찌할 수 있는가'라고 하여 서
로 송사한 지 몇 해를 지났으나 미결로 남아 있었다.……(손변이 두 남매를
불러 부모가 죽었을 때 각각의 나이를 묻고는)……타이르기를 '부모의 마음
은 어느 자식에게나 다 같은 법이다. 어찌 장성해 이미 출가한 딸에게만 후
하고 어미도 없는 총각의 아들에게는 박할리 있는가. 생각건대 아들의 의지
할 곳은 누이밖에 없으니 만약 재산을 나누어 준다면 혹 그 아이에 대한 누
이의 사랑과 양육이 부족하지 않을까 우려함이다. 그러나 아이가 커서 재산
분쟁이 있을 경우 검정옷을 입고 검정갓을 쓰고 미투리를 신고 관가에 가서
고소하면 이것을 잘 분간하여 줄 관원이 있을 것이므로 오직 이 네가지 물
건만 그 아이에게 남겨준 것이니 그 의도가 대개 이러하였을 것이다'라고 하
였다. 누이와 동생이 그의 말을 듣고 비로소 깨닫고 감동되어 서로 붙들고
울었다. 손변이 드디어 재산을 반분해 남매에게 나눠 주었다."(『高麗史』 권
102, 列傳15 孫抃).

173) 『高麗史』 권98, 列傳11 諸臣 李瓃 附 瑋.
174) 『高麗史』 권94, 列傳7 諸臣 金殷傅.
175) 『高麗史』 권130, 列傳43 叛逆4 金俊.

事로 강등되었다.176) 이영은 이자겸이 한안인(?~1122)을 죽일 때 한안인의 매부였기 때문에 연좌되어 진도로 유배되었다.177) 이상의 사실을 통하여 볼 때 딸·사위·외손은 출가외인이 아니고 같은 가족의 일원으로서 영욕을 함께 했다고 볼 수가 있다.

이러한 혼인·친족제도 하에서 여성의 지위는 어떠했는지 알아보도록 하겠다. 혼인한 뒤에도 딸이 사위나 외손과 함께 처가에서 거주하기도 했으니 '出嫁外人'이라는 관념은 크지 않았을 것이다. 이에 아들과 딸 간의 차별도 그리 심하지 않아 호적이 남녀구별 없이 출생 순으로 기재된다거나 장성한 아들이 있어도 여자가 호주가 되는 것이 가능했을 것이다. 상속은 남녀균분이었으며 자녀가 없는 부처의 재산은 각기 친가로 귀속되는 것이 원칙이었다. 그 뿐만 아니라 앞에 소개된 예에서와 같이 딸이 아들을 제치고 재산을 독점하여 소송에 이르는 사례까지 나타나는 것을 보면 가족 내에서의 딸의 위치가 어떠했었는지를 짐작할 수가 있다.

이러한 여러 사실들을 보면 여성의 지위가 높았다고 말할 수도 있을 것이다. 그러나 이것은 상속 면에서 남자 우대, 장남 우대가 행해지고 출가외인 사상이 강해지는 조선후기에 비해 그렇다는 것이고 절대적인 면에서 여성 지위가 높았다고는 말할 수 없을 것이다. 그 이유는 혼인이 가장에 의해 주도되었고 이것은 가문과 가문 간의 관계에서 맺어지는 경우가 많았기 때문이다. 따라서 여성은 자신의 의사에 상관없이 혼인하는 경우가 생기게 되며, 정치적인 이유로 남편과 강제로 이혼을 하게 될 수도 있었다.178) 뿐만 아니라 처가와의 밀접성을

---

176) 『高麗史』 권97, 列傳10 諸臣 金景庸.
177) 『高麗史』 권97, 列傳10 諸臣 李永.
178) 예컨대 다음의 사료는 정치적 이혼의 사례를 잘 보여준다.
　　"(왕)규는 平章事 李之茂의 사위인데 지무의 아들 世延은 金甫當의 매부로서 계사년의 난에 죽었다. 이의방이 왕규도 함께 죽이고자 하여 그의 아내를 가두고 수색하였으나 (왕규는) 정중부의 집에 숨어서 화를 면하였다. 그 때

이용, 좀 더 나은 처가의 부와 권력을 구하는 남성들에 의해 기처당할 위험성마저 있었다.[179)

　더구나 남귀여가혼은 여자집의 재력을 기본적으로 요구한 듯하다. 사료 B-1에서 "불초한 제가 외람되게도 일찍 사위가 되어 밥 한 술과 물 한 모금까지도 모두 장인에게 의지했습니다."[180]라고 한 것을 보더라도 어느 정도 짐작할 수 있을 것이다. 또, 세종이 김종서에게 친영례가 행해지기 어려운 이유를 물었을 때 "만일 친영을 하게 되면 그 노비·의복·器皿 등을 女家가 모두 당장에 마련해야 하고 남자의 집에서도 집이 만일 부유하다면 신부를 支待하기가 어렵지 않으나 가난한 경우라면 지대가 심히 어려워 남자의 집에서도 역시 이를 꺼린다"[181]고 한 사례로도 그 사실을 확인할 수 있다. 이것은 결국 여자의 집이 노비·의복·器皿 등 혼인 시 혼수는 물론 사위를 함께 거주시킬 만큼 경제적인 능력이 있어야 한다는 것을 의미하는 것이라 하겠다.

　혹자는 이 사료에서 친영제에서만 여성이 혼수를 준비하고 남귀여가혼에서는 남자가 혼수를 준비했다고 보기도 한다. 이러한 차이가 나타나는 이유는 사료의 해석 때문이다. 앞의 김종서의 말 "我國之俗

중부의 딸이 청상과부로 살다가 규를 보고 좋아하여 사통하니 규가 드디어 옛 아내를 버렸다."(『高麗史節要』 권12, 明宗 7년 3월).

179) "……이 때에 權貴의 자제로서 牽龍에 補하는데 守平이 隊正으로부터 견룡에 보함을 얻었으나 집이 가난하다는 이유로 사양하니 친구들이 말하기를 '이는 榮選이다. 그러므로 대체로 아내를 버리고 다시 장가들어 부자되기를 구하는 사람이 많은데 그대가 만약 다시 장가들려고 하면 부잣집에서 누가 사위로 삼지 않겠는가' 하였다. 대답하기를 '빈·부는 하늘에 달린 것인데 어찌 차마 20년이나 같이 살던 조강지처를 버리고 부잣집 딸을 구하겠는가' 하니 말한 자가 부끄러워 굴복하였다."(『高麗史節要』 권16, 高宗 37년 7월). 이것은 당시에 부귀를 위해 처를 버리는 일이 비일비재했음을 말해준다. 이혼에 대해서는 본서 제3장 제1절 참조.
180) 李奎報, 『東國李相國集』 권37, 「祭李紫微諒文」.
181) 『世宗實錄』 권50, 世宗 12년 12월 戊子.

男歸女第 其來已久 若令女歸男第 則其奴婢衣服器皿 女家皆當備之
以是憚其難也" 중에서 '女家皆當備之'를 '여자집에서 마땅히 마련한
다'고 해석하는 사람들은 친영제에서만 노비·의복·기명 등의 혼수
를 여자가 했다고 해석한다.[182] 그러나 이는 '여자집에서 당장 마련한
다',[183] '一時에 여가에서 준비한다'[184]고 해석하는 것이 타당하다고
여겨지므로 남귀여가제에서도 혼수는 여자가 한 것으로 보인다. 조선
시대에 혼기를 지났는데도 가난해 혼인을 못하는 사족녀들에게 官에
서 비용을 내 혼인시킨 사례는 있어도 남자에게 비용을 주어 혼인시
킨 경우는 없다는 것 역시 이를 반증하는 것이라 하겠다. 그리고 고대
에도 집이 가난했던 효녀 知恩의 경우 32살이 되도록 혼인을 하지 못
했다는 사실[185] 또한 남귀여가혼에서 여성의 경제적 부담이 컸음을
말해주는 것이라 하겠다.

이처럼 혼인 시 처가의 경제력이 중요한 관건이 되자 고려시대에는
가난해 혼인을 하지 못하고 비구니가 된 여자들의 사례도 보인다. 숙
종의 아들인 帶方公 俌의 증손자 王璿은 守司徒 벼슬과 柱國 훈위를
받았는데 위인이 물욕이 적었고 불교만 독실히 믿고 생업을 돌보지
않았다. 그는 고종 3년(1216)에 죽었는데 딸 둘이 있었으나 집안이 가
난하여 시집을 보내지 못하였다. 그리고 그의 장례조차 지내지 못하니
崔忠憲이 왕에게 보고하여 官費로서 장사를 치뤄주게 하였다.[186] 또
충선왕 때 僉議中贊致仕로 卒한[187] 金之淑(1237~1310)은 성품이 청
렴하고 강직하였으며 벼슬은 내직과 외직을 역임하였는데 어디서나
공적을 남기고 명성이 있었다. 딸 둘이 있었는데 역시 가세가 빈곤하

182) 朴秉濠, 앞의 글, 1962, 142~143쪽 ; 李光圭, 앞의 책, 1990, 151쪽 ; 朴惠仁,
　　앞의 책, 1988, 158쪽.
183) 張炳仁, 앞의 글, 1997, 122쪽.
184) 金一美, 앞의 글, 1969, 8쪽.
185) 『三國史記』 권48, 列傳 孝女 知恩.
186) 『高麗史』 권90, 列傳3 宗室.
187) 『高麗史節要』 권23, 忠宣王 2년 11월.

여 출가하지 못하고 여승이 되었다.[188] 반면에 남성은 鄭可臣의 예[189]에서 보듯 부잣집에 사위로 들어갈 수가 있었으니 비록 親家의 경제력이 처져도 혼인하는 데 별 무리가 없었다. 가난한 서민층의 경우도 손진태의 조사연구에서 보듯 남성은 처가의 노동력으로 편입됨으로써 처를 얻을 수 있었다.

이상에 검토한 사실들을 종합해 볼 때 남귀여가혼은 결코 여성의 지위를 보장해 주는 제도가 아니었다 하겠다. 親迎制와 관련시켜 볼 때 '출가외인' 관념이 약하다는 점 등 다소 유리한 면도 있었지만, 이를 가지고 고려 여성의 지위가 일반적으로 높았다고 보기는 어려운 것이다.

제3절 혼인제의 변화와 성격

1. 고려후기 혼인제의 변화

고려는 12세기 이후 이자겸란과 묘청란으로 대표되는 정치적 변란과 민의 유망 등 지배체제의 동요현상이 나타나기 시작한다. 이후 무신정권이 성립하고 몽고와의 30년에 걸친 전쟁 및 뒤이은 원 간섭기를 거치면서 지배집단과 지배체제가 크게 변화한다. 혼인제도 역시 이러한 제반 변화와 함께 달라진다.

고려후기 혼인제의 변화상으로 우선 지적할 수 있는 것은 근친혼 규제가 더욱 확대되었다는 점이다. 문종대 이후 유교윤리의 확산과, 왕·종친 및 귀족들 상호 간의 이해관계에 의해 규제되기 시작한 근친혼은 고려후기로 갈수록 점점 줄어들게 된다. 이는 일차적으로 지배집단의 변화와 관련이 있다. 무신란 이후 새로이 무인집정들이 권력을

---

188) 『高麗史』 권108, 列傳21 金之淑.
189) 주 138) 참조.

잡았고, 또 많은 무신들이 문신들과 서로 통혼하였다.190) 원 간섭기
이후에는 국왕 측근세력이나 통역, 응방 등 원과의 관계 속에서 권력
을 갖게 된 사람들이 새로 부상하면서 지배집단이 더욱 확대되었
다.191) 이로써 귀족들의 경우 이전에 비해 동성근친혼의 기회는 훨씬
줄어들게 되었다. 고려사회는 부계만이 아니라 모계나 처계도 중시되
어 이들을 통해서도 음서나 공음전 등 정치·경제적 특권을 얻을 수
있었다. 이 때문에 家格의 상승을 위해 세력 있는 집안과의 혼인은 매
우 중요한 문제였다. 전기처럼 혼인대상 범위가 극소수 문벌에 한정된
다면 족내혼을 하는 게 불가피하겠지만 대상 범위가 넓다면 구태여
족내혼을 할 이유가 없었다.192) 무신란과 원 간섭기 지배층의 변화는
전통적인 귀족층의 혼인 대상을 변화시켰던 것이다.

게다가 원 간섭기에 들어와 원은 강력하게 고려의 동성혼을 비판하
며 자신들과의 통혼을 요구했다.193) 이에 충선왕은 즉위하면서 왕실

190)『高麗史節要』권12, 明宗 3년 9월.
191) 김광철은 원 간섭기 초기에는 죽산 박씨, 언양 김씨, 무송 유씨, 문화 유씨,
    평강 채씨, 당성 홍씨, 황려 민씨, 횡천 조씨, 평양 조씨, 안동 김씨, 전주 최
    씨, 여산 송씨 등을 세족으로 들고 있으며(金光哲,『高麗後記世族層研究』,
    동아대학교출판부, 1991, 59~60쪽), 충선-충정왕대에는 원주 원씨, 청주 정
    씨, 청주 한씨, 청주 곽씨, 광주 김씨, 평양 조씨, 익산 이씨, 나주 나씨, 순창
    설씨, 진주 유씨, 해평 윤씨, 서원 염씨, 행주 기씨, 동복 오씨, 합천 이씨를
    (위의 책, 79쪽), 공민왕 이후에는 경주 이씨, 고성 이씨, 청주 경씨, 고흥 류
    씨, 순흥 안씨, 한산 이씨, 칠원 윤씨, 양성 이씨, 덕수 이씨, 성주 이씨, 단양
    우씨를 들고 있다(위의 책, 89쪽).
192) 법으로 근친혼을 금하고 있었을 뿐 아니라 이성혼이 바람직하다는 관념도
    가지고 있었다. "竊以娶妻須忌於同家 擇之必資於異姓"(『東文選』권37, 表
    箋 知奏事金若先謝東宮嘉禮表).
193)『高麗史』권28, 世家28 忠烈王 元年 10月 庚戌.
    김당택은 원이 고려에 족내혼을 금지하라고 요구한 이유는 고려 종실출신
    왕비가 원 공주의 지위를 위협할 수 있다고 판단했기 때문이라 한다(金塘澤,
    『元干涉下의 高麗政治史』, 一潮閣, 1998, 61쪽). 그러나 이보다는 원과 고려
    간의 통혼을 확대해 인력과 물자를 최대한 징발하겠다는 의도가 더 크지 않
    았나 생각된다. 몽고는 일찍부터 다른 부족과 정략적인 혼인관계를 통해 사

및 문무양반의 동성혼 금지를 선언했다.[194] 이제 근친금혼은 동성금
혼으로 확대되었다. 그러나 동성금혼이 그저 외적 강요 때문이라거나
단순한 표방에 그친 것은 아니었다. 예컨대 충목왕은 즉위하면서 왕의
이름자와 같은 字를 이름으로 쓰는 것을 금지하고 외가의 성을 따르
지 못하게 하였다.[195] 이는 예전에 왕의 이름과 자신의 성이 같을 경
우 외가의 성을 쓰게 했음[196]과 비교할 때 격세지감을 느끼게 한다.
이제는 어떤 경우라도 외가의 성을 쓰는 것이 금지되고 있었던 것이
다. 그리고 과전법 규정에서는 동성혼을 한 자에게 과전 수수 자격을
박탈해[197] 실제적인 처벌을 하고 있다. 이는 문종대 이후의 근친금혼
이 자리를 잡아온 결과라 할 것이다.

　동성혼 금제의 결과 고려후기 중앙관료집단에서는 동성혼을 찾기
어렵다. 혹 동성간에 혼인한 경우라도 본이 달랐다. 예컨대 "딸 하나
는 驪興君 閔思平에게 출가하였고, 하나는 宗簿令 金輝南에게 출가
하였으나 또한 먼저 사망하였다. 휘남은 化平 사람으로 공과 같은 김
씨가 아니다."[198]라거나 "비녀 꽂을 나이가 되자 韓山 李氏로 井邑監
務인 自成에게 시집갔는데 원래 두 집안은 다른 성씨로 같은 이씨가
아니다."[199]는 게 이를 말해준다. 그러나 왕실과 향리층에서는 여전히
동성혼이 보인다. 안축의 조상은 안동의 향리출신으로 아버지가 급제
했으나 벼슬은 하지 않았다. 어머니도 같은 郡 사람으로 안씨[200]라는

　　돈집의 병력과 인구를 원정군에 합류시켜 몽고의 세력을 확대시켜왔다(고병
　　익, 「원과의 관계의 변화」, 『한국사』 7, 국사편찬위원회, 1973, 423~424쪽).
194) 『高麗史』 권33, 世家33 忠宣王 즉위년 11月 辛未.
195) 『高麗史』 권37, 世家37 忠穆王 즉위 10月 庚申.
196) "己亥 有司請 避上嫌名 令諸姓卓者從外家姓 若內外姓同 則從內外祖母之
　　姓"(『高麗史』 권21, 世家21 神宗 원년 4월).
197) 『高麗史』 권90, 志32 食貨1, 田制 祿科田 恭讓王 3년 5월.
198) 「金倫墓誌銘」, 『집성』, 535쪽.
199) 「李自成妻李氏墓誌銘」, 『집성』, 547쪽.
200) 「安軸墓誌銘」, 『집성』, 537쪽.

점에서 동성혼을 한 것으로 보인다. 허홍식은 국보호적을 본석하여 고려말 동성동본혼이 급격히 줄어들고 있으나 향리는 동성동본혼이 있었다 한다.[201] 왕실도 원의 지배에서 벗어나자 역시 동성의 왕비를 들이고 있다.[202] "중세 이후에는 비록 종형제 사이의 혼인은 금하였으나 동성간의 혼인은 끝내 금하지 못하였다"[203]는 사신의 말도 이를 증명한다. 이렇게 볼 때 고려말 왕실이나 지방 향리층에서는 아직 동성혼이 근절되지 않았으나 중앙관료층에서는 동성혼이 거의 행해지지 않았던 것으로 보인다. 그리고 이때 이후 우리 사회에서 동성동본 금혼의 전통이 생성되고 있었다 하겠다.

그런데 고려후기 근친혼 규제 특징 중의 하나는 처가나 외가와의 혼인규제가 집중적으로 나온다는 점이다. 충렬왕 34년(1308)에는 외종형제(4촌) 간 통혼이 금지되며[204] 공민왕 16년(1367)에는 감찰사에서 처가 죽은 후 처의 자매에게 장가를 들거나 성씨가 다른 6촌자매에게 장가드는 것을 금하자고 청하였다.[205] 실제로 許珙(1233~1291)은 아내가 죽은 뒤 집에서 양육하던 처제의 딸과 혼인하여 감찰사의 탄핵을 받고 관직을 박탈당하였다.[206] 당률에서 처족이나 모족과의 혼인은 服이 있는 외·인척 존비 간에만 피했음을 볼 때[207] 고려가 훨씬

201) 許興植, 「國寶戶籍으로 본 高麗의 社會構造」,『高麗社會史硏究』, 亞細亞文化社, 1981, 114~115쪽.
202) 공민왕비 익비 한씨는 종실 덕풍군 義의 딸이다(『高麗史』권89, 列傳2 后妃2 益妃 韓氏). 또 공양왕의 딸 肅寧宮主는 順妃 盧씨의 소생이니 益川君 王緝에게 시집갔다(『高麗史』권91, 列傳4 公主).
203)『高麗史節要』권2, 惠宗 2년.
204)『高麗史節要』권23, 忠烈王 34年 윤11月.
205)『高麗史』권84, 志38 刑法1 奸非.
206)『高麗史節要』권19, 忠烈王 元年 3月 및『高麗史』권105, 列傳18 諸臣 許珙.
207) "若外姻有服屬 而尊卑共爲婚姻 及娶同母異父姊妹若妻前夫之女者 亦各以姦論. 疏議曰……論其外姻雖有服 非尊卑者爲婚不禁"(『唐律疏議』권14, 戶婚 同姓爲婚).

122

규제 범위가 넓었음을 알 수 있다. 이는 중국에 비해 부계 관념이 약하고 처계나 모계와 밀접한 고려 친족구조의 특성을 반영하는 것이라 하겠다. 고려후기에 들어 지배층의 동성동본 금혼이 자리 잡고, 고려 친족구조의 특성을 반영해 이성친과의 통혼금지도 규제되어, 우리의 독특한 근친 규제율이 마련되었다 하겠다.

고려후기 혼인제에서 또 하나의 변화는 양천혼이 증가한다는 점이다. 이는 당시의 경제발전과도 관련된다. 私奴 平亮은 본래 平章事 金永寬의 집 종으로 見州에 살면서 농사에 주력하여 부유하게 되자 요직에서 권력을 가진 고관에게 뇌물을 바쳐 천인의 신분을 면하고 양인이 되었으며 散員同正 벼슬까지 얻었다. 그의 처는 元之의 집 여종이었는데 원지는 가세가 빈한하여 가족을 데리고 여종에게로 가서 의탁하고 있었다. 평량은 후한 대우로서 원지를 위로하면서 서울로 돌아가라고 권유한 다음 비밀히 자기의 처남들인 仁茂·仁庇 등과 함께 도중에 기다리고 있다가 원지의 부처와 아이들을 살해하였다. 평량은 속으로 기뻐하기를 상전이 없어졌으니 영원히 양민으로 될 수 있다하여 자기 아들 禮圭는 隊正 벼슬을 얻어 주어 八關寶判官 朴柔進의 딸에게 장가를 보내고 또 처남 仁茂는 明經學諭 朴遇錫의 딸에게 장가를 보냈다. 내막을 아는 사람들은 누구나 다 분히 여겼는데 이 때에 이르러 어사대에서 그들을 체포하여 문초한 다음 평량은 귀양보내고 유진과 우석의 벼슬을 파면시켰다. 양천혼을 행한 主婚者였기 때문이다. 인무·인비·예규 등은 모두 도망쳐 숨어 버렸다.[208]

12세기 이후 산전이 개간되고 수리시설 확충과 종자개량, 시비기술 등이 이루어졌다. 또 개발된 진전 중에 경작을 할 수 없는 곳에는 수공업 관련 수목들을 심는 경향이 보이고, 이 무렵 선진적인 양잠기술도 보급된다. 또한 농민들은 이 시기 본관제가 해체되어가면서 활성화되는 유통경제에 참여할 수도 있었다.[209] 평량 역시 당시의 이러한 제

208) 『高麗史』 권20, 世家20 明宗18年 5月 癸丑.

반 경제변동으로 부를 축적해 양인으로 상승한 존재라 하겠다. 드물지만 평량처럼 당시의 사회경제적 변동에 편승해 양인과의 통혼을 꾀한 노비들도 있었을 것으로 보인다. 양천혼은 지배체제가 해이해지는 고려말로 갈수록 성행한다. 충렬왕 때는 양민이 세금이나 역을 피해 권세가에 투탁하였고 이에 奴妻나 婢夫가 된 자들도 보인다.[210] 원의 闊里吉思는 노비가 양인과 혼인하면 그 소생을 양인으로 하는 법을 추진하려 했으나 우리 조정의 반대로 실패하였다.[211] 이후에도 양천혼은 불법적으로 계속되어 공양왕 4년(1392)에 재차 금지조치가 나오고 있다. 특히 이때의 규정은 지금 이후 법을 어기고 양천혼을 하면 주인과 종을 다같이 논죄하고 소생자녀는 양인으로 만든다는 보다 엄격한 조치였다.[212]

한편 이 시기에는 양천혼 소생자에 대한 규제도 제대로 이루어지지 않는 경우가 많았다. 고려 왕실에서 서자라는 존재는 명종 때 처음으로 보인다. 명종은 잠저시 光靖王后가 일찍 薨한 뒤 다시 왕비를 세우지 않았으므로 왕위에 오른 뒤에 嬖姬에게서 난 庶子들이 세력을 부리고 뇌물을 받아 왕의 威權을 참람히 희롱하여 朝野가 실망했다 한다.[213] 嬖婢의 아들 善思는 의복과 등급이 嫡者와 다름없었으며 小君이라 일컬으면서 궐내에 드나들어 자못 세력을 부렸다. 다른 아들들 역시 모두 머리를 깎고 이름난 절을 골라 차지하고 권세를 부려 뇌

---

209) 채웅석, 「12·13세기 향촌사회의 변동과 민의 대응」, 『역사와 현실』 3, 1990, 51~55쪽.

210) "忠烈王 二十四年 正月 教曰……兩班奴婢 以其主役各別 自古未有公役雜歛 今良民盡入勢家 不供官役 反以兩班奴婢 代爲良民之役 今後一禁 乃至 奴妻婢夫 任許其主"(『高麗史』 권85, 志39 刑法2 奴婢).

211) 『高麗史』 권85, 志39 刑法2 奴婢 忠烈王 26년 10월.

212) "恭讓王四年 人物推辨都監定奴婢決訟法 一良賤相婚 自今依律禁斷 如有 洪武二十五年正月以後 違律相婚者 主奴論罪 所出之子 亦許爲良 其主不 知者不坐……"(『高麗史』 권85, 志39 刑法2 奴婢).

213) 『高麗史節要』 권13, 明宗 14년 12월.

물을 받아들였다.[214] 여기서 명종의 아들들이 서자로 불린 이유는 정식의 혼인절차를 밟지 않은 신분이 낮은 여자 소생이었기 때문인 듯하다. 이들은 의복이나 등급 면에서 적자와 차별이 있는 존재였고, 이 점은 앞서 보았듯 왕실의 서녀들 역시 마찬가지였다.

궁인자손을 취했을 때 처음에는 이렇게 궁인의 양·천에 상관없이 관직 종류만 제한한 것 같으나,[215] 이후 언제부터인가 양·천을 구분하여 처리하게 된 것 같다. 명종 때, 前例에 궁인이 천한 출신이면 그 자손은 7품까지만 오르게 하고 과거에 합격해도 5품까지만 허용했다는 기록이 보인다.[216] 한편 고종 때 孫抃(?~1251)은 아내가 왕실의 서족이라 臺省·政曹·學士·知制誥에 임명되지 못했다 한다.[217] 이 두 사례에서 천인출신 궁인의 자손은 한품서용하고 양인출신 궁인의 자손은 관직제한에 그쳤음을 추론할 수 있다. 그런데, 일반 관인들은 이렇게 제한을 받으면서 왜 왕실의 서녀들과 혼인했던 것일까? 아래의 사료는 이에 대한 답이 될 수도 있을 것 같다.

A-2. 기사일에 內侍中尙令 이당모 등에게 급제를 주었다. 합문 지후 李尙敦의 아들 化龍도 급제를 하였는데 왕의 총애하는 궁녀의 딸을 처로 주고 왕이 명령을 내려 玄德宮에서 洪牌를 받게 하였으며 內庫에 있는 銀과 피륙을 주었다(『高麗史節要』 권20, 明宗 18년 6월).

즉 자식을 사랑해 딸에게 좋은 신랑감을 구해주고 싶은 것은 임금

---

214) 『高麗史節要』 권13, 明宗 22년 10월.
215) 金漢忠은 처가 문종 비첩의 딸이라 높은 지위에까지 오르기는 했지만 대각에는 들어가지 못했다(『高麗史』 권95, 列傳8 金漢忠). 庾碩의 증조모는 예종의 후궁소생으로 平州 아전의 딸이었다. 그 역시 臺諫·政曹 등에는 임명되지 못하였다(『高麗史』 권121, 列傳34 良吏 庾碩).
216) 『高麗史節要』 권13, 明宗 15년 12월.
217) 『高麗史節要』 권17, 高宗 38년 하5월.

도 매한가지일 것이다. 國婿가 되면 제약도 있겠지만 한편 왕을 통해
권력에 근접할 수 있다는 이점도 있어 그녀들을 택한 것으로 보인다.
그렇다면 일반의 천첩 소생 자식들은 어떠했을까? 정상적인 경우라면
이들은 관직에 나갈 가능성이 거의 없을 것이다. 그러나 무신집권기나
원 간섭기가 되면 상황이 달라진다. 아래의 사료는 바뀐 시대상을 잘
보여주고 있다.

A-3. 고종 45년(1258) 2월에 최의가 자기 집 남자 종 李公柱를 郞將
으로 임명하였다. 이전 법에 노비는 비록 큰 공이 있어도 돈과 비
단으로 상을 주고 관작을 주지 않았다. 그런데 崔沆이 정권을 잡고
인심을 수습하기 위하여 자기 집의 시중군들을 관리로 등용하였는
바 이공주, 崔良伯, 金仁俊은 별장으로, 섭장수는 교위로, 金承俊
은 隊正으로 임명하였다. 이때에 와서 종들이 말하기를 "이공주는
몸소 3대를 섬겨 왔고 나이 많고 공이 있으니 바라건대 參上職에
올려 주십시오"라고 하였다. 노예로서 참상관에 임명된 것은 이로
부터 시작되었다(『高麗史』 권75 志29 選擧 限職).

A-4. 우리 나라 법에 內僚의 職은 남반 7품에 국한하는 것을 보통 법
식이라고 하며 만일 큰 공로와 특이한 기능이 있어도 다만 '물품을
상으로 주었을 뿐이요 5~6품관에 올린 자는 없었다. 그런데 元宗
때에 처음으로 그 길을 열어 주었으나 장군과 郞將에 임명한 것이
1~2명에 불과했다. 그러나 충렬왕이 임금이된 뒤에는 환자로서 공
로도 없는 자들이 훌륭한 벼슬과 높은 직위를 차지하여 허리에 황
색 가죽띠를 띠게 되었으며 자손 때에 와서는 臺省과 정부와 6조
에 임명된 사람이 상당히 많았고 別將과 散員 같은 것은 그 수를
셀 수 없이 되었다(『高麗史』 권75 志29 選擧 限職 忠烈王 2년 윤3
월).

최의는 자기 집 종 이공주를 낭장에 임명했고, 원종 이후 충렬왕대

에 들어와서는 내료로 높은 관직에 오른 자들이 많았다. 고려후기에는
무인집정가의 가노들 및 원 간섭기 통역이나 응방, 혹은 왕의 폐행으
로 출세한 천예 출신들이 많았다. 이들이 규정을 어기고 높은 관직에
등용되는 일이 늘어나다 보니 천첩 자식에 대한 규제도 제대로 이루
어지기 어려웠다. 예컨대 李俊昌의 어머니는 천인으로서 예종 궁인의
딸이었다. 이준창은 명종 때 3품에 임명되었으나 대간들이 감히 말하
지 못하였다.218) 원종때 康俊才는 가계가 미천하여 제한을 받아 7품
관에 있었으나 몽고말을 잘하므로 5품관에 올랐다.219) 이처럼 불법적
인 승진이 있기는 했으나 원종 조까지는 그래도 李義旼(?~1196) 등
과 같이 쿠데타의 주역이 아니면 대체로 3품 정도까지만 할 수 있었
던 것 같다.220) 그러나 고려말로 갈수록 이러한 제한은 유명무실해진
다. 이들은 한품규정 제한 없이 승진을 하고 있으며, 귀족 가문과 혼
사를 맺고 자식들의 출세에도 지장을 받지 않았다. 예컨대 충선·충숙
왕 때 크게 활동한 蔡洪哲(1262~1340)은 金方慶의 비첩 딸과 혼인했
으나 그 자신은 물론 자식들도 전혀 승진에 영향을 받지 않았다.221)
최안도 역시 어머니가 궁비 출신이나 자신과 자식들이 영향을 받지
않았다.222) 고려말로 갈수록 양천혼 규제는 제대로 지켜지지 못하고
있었던 것이다.

　고려후기 혼인제의 또 다른 변화라면 혼인연령이 낮아졌다는 점이
다. 혼인연령은 12세기 후반기 이후 남녀 모두 점점 낮아지고 있
다.223) 그 이유는 우선 귀족들의 경우 왕실 족내혼이 감소하고, 또 귀

218)『高麗史節要』권13, 明宗 15년 12월.
219)『高麗史』권75, 志29 選擧3 詮注 限職.
220) 예컨대 宋和는 반역자 宋義의 아들인데 어려서부터 기마와 격구에 능하였
　　다. 아비에 의해 원에 강제로 끌려갔다가 황제에게 청해 고려로 돌아왔다.
　　원종이 기뻐하며 中禁指諭를 주었으나 그의 어머니가 천인이어서 벼슬을 3
　　품까지 제한당했다(『高麗史』권124, 列傳37 嬖幸2 尹秀).
221)『高麗史』권108, 列傳21 諸臣 蔡洪哲 ; 권125, 列傳38 姦臣1 蔡河中.
222)『高麗史』권124, 列傳37 嬖倖2 崔安道.

족 가문의 수가 점차 확대되어 혼인 대상 가문이 전기에 비해 늘어났기 때문이 아닐까 생각된다. 또 귀족들의 특권을 유지할 수 있는 제도가 완비되고, 혼인이 특권 유지에 중요한 역할을 하면서 정략혼이 더욱 성행하게 된 것도 원인일 것 같다. 동서양을 막론하고 혼인이 정략적 성격을 띨수록 조혼이 흔하다. 예컨대 정략혼이 성행하던 서양 중세에는 10세 이전에 혼인한 경우가 많다. 이 시기 토지가 중요한 자산이었는데, 토지를 상속받을 수 있는 한 여성의 경우 4세 때 첫 번째 혼인을 했고, 2년 뒤 남편이 죽자 다시 혼인을 했고, 11세에 세 번째

223) 김용선의 연구에 의하면 남자의 평균 혼인연령은 25.5세(1100년대), 19.8세(1200년대), 18세(1300년대)이며, 여자는 20.4세(900~1100년대), 15.1세(1200년대), 13.9세(1300년대)로 점점 낮아지고 있다(김용선, 앞의 책, 2004, 110쪽). <표>에서 *은 필자가 덧붙임.

<표 1> 고려후기 여성의 혼인연령

	이 름	시기	혼인연령	전거
1	노관 처 정씨	1210년 이전	14	집성299
2	모씨	고종대	16	동문선 109
3	민지 처 신씨	1266	14	집성 497
4	김변 처 허씨	1268	14	집성445
5	최서 처 박씨	1271	23(계실)	집성436
6	한보 처 조씨	1277	13	동문선100
7	권부 처 유씨	1278	13	집성521
8	김태현 처 왕씨	1279	14	집성558
9	이자성 처 이씨	1282	15	집성547
10	김륜 처 최씨	1294	16	집성531
11	왕온 처 김씨	1294	14	집성482
12	박온 처 홍씨	1300	13	집성488
13	박거실 처 원씨	1300	13	집성481
14	이제현 처 권씨	1302	15	집성479
15	민사평 처 김씨	1314	13	집성 581
16	박전지 처 최씨	1316 이전	14	집성432
17	하윤인 처 강씨	1333	14	동문선121
18	이색 처 권씨	1341	11	양촌집39
19	이원기 처 김씨	1345	18	도은집5
*20	명덕태후		16세	가정문집1 잡저

128

남편과 혼인했다.[224] 진동원도 조혼의 풍습은 가문을 중시하는 것과
관련이 깊다고 보고 있다. 가문을 중시하여 시집 장가갈 때에 적령기
를 놓치기도 했지만 가문이 상당히 좋고 경제적으로도 곤란하지 않은
사람들은 서둘러 조혼하기도 했다. 예컨대 북위 헌문제가 양위할 때에
겨우 17세였으나 아들인 효문은 이미 5살이었다. 북제에서는 왕족인
고염을 처형했는데 그는 14세밖에 되지 않았지만 유복자가 5명이나
되었다. 뱃속의 아이의 혼사를 미리 정하는 것도 이때부터 시작되었
다.[225] 송나라 때도 자녀를 어린 나이에 약혼시키는 것을 좋아해 태어
나지도 않은 아이를 약혼시키기도 했다. 사돈을 앞으로의 친구나 동맹
자로 생각했기에, 어렸을 때 약혼시키는 것을 자랑스럽게 여겼으며 두
집안 간의 강한 유대감의 표시로 여겨졌다.[226]

조혼은 원 간섭기에도 계속되었다. "9월 계유일에 전왕이 도평의사
사에 명령하여 나이가 16세 미만 13세 이상 되는 처녀들을 자기 뜻대

<표 2> 고려 후기 남성의 혼인연령

	이 름	시기	혼인연령	전거
1	김훤	1258	25	집성417
2	민적	1267	19	집성458
3	김변	1268	21	집성411
4	권부	1278	17	집성529
5	윤신걸	1284	19	집성493
6	김륜	1294	18	집성533
7	박원	1300	27	집성518
8	이제현	1302	16	집성587
9	민사평	1314	20	집성560
10	하윤인	1333	13	동문선121
11	길재*	1383	31	연보
12	이색*	1341	20	양촌집40

224) 三好洋子,「イギリス中世における結婚・相續・勞動」, 女性史 總合研究會
編,『日本女性史』2(中世), 東京大學 出版會, 1982, 269쪽.
225) 진동원, 앞의 책, 2005, 111~112쪽.
226) P. B. 에브레이,『중국여성의 결혼과 생활』, 삼지원, 2000, 114~115쪽.

로 시집보내지 못하며 반드시 관청에 보고하여 전왕에게 품신한 후에
시집가는 것을 허락하게 하였으며 이에 위반하는 자는 처벌하게 하였
다."[227]는 기사에서 당시 13세에서 16세 미만이 대체적인 혼인연령이
었음을 알 수 있다. 게다가 공녀의 존재도 혼인연령을 낮추는데 기여
했을 것이다. "황제의 사신이 계집아이를 구하러 온다는 유언비어가
떠돌자 온 나라가 두려워하며 딸을 시집보내는 집의 燈燭이 서로 줄
을 이어 거리를 밝게 비추었으며, 예를 갖추지 않고 장가들고 시집가
는 사람의 수가 이루 헤아릴 수 없이 많았다"[228]는 것은 이를 잘 보여
준다. 조혼은 당시의 서류부가 풍속과 결합하여 預婿制가 늘어나는
결과를 가져왔다.[229]

원 간섭기 혼인제의 또 다른 특징은 多妻가 늘어난다는 점이다. 충
렬왕 때 박유는 공녀 징발로 나라 안의 인구가 줄어들 것을 걱정하며
다처를 취하게 하자는 상소[230]를 올린다. 비록 다처제가 법제화되지
는 않지만 공녀 문제 및 원나라 다처제의 영향 등으로 다처를 취하는
자들이 늘어났다. 이에 "前朝之季에는 大小人員으로서 京外에 두 처
를 병축하는 자가 있고, 다시 혼인하였다가 먼저 처와 도로 결합하는
자가 있으며, 먼저 첩을 취하고서 후에 처를 취하는 자가 있는가 하면,
먼저 처를 취하고 후에 첩을 취하는 자가 있고, 또 일시에 세 처를 병
축한 자도 있었다."[231]는 등 혼인형태가 문란해졌던 것이다.

이 시기의 다처 사례로는 다음과 같은 것들이 있다. 潘福海(?~
1388)는 林堅味(?~1388)의 딸을 취하고 또 典儀注簿 柳芬의 딸에게
장가들었다.[232] 康允忠(?~1359)은 처가 셋이나 있는데 또 남편 상 중

---

227) 『高麗史節要』 권33, 忠烈王 33년 9월.
228) 『高麗史』 권54, 志8 五行2 恭讓王 3년 11월.
229) 본서 제2장 제2절 혼인 거주 규정, 109~110쪽 참조.
230) 『高麗史』 권106, 列傳 朴褕.
231) 『太宗實錄』 권33, 太宗 17년 2월 庚辰.
232) 『高麗史』 권124, 列傳37 嬖幸2 潘福海.

130

에 있는 密直 趙石堅의 처에게 장가들었다.233) 吉再(1353~1419)의
아버지는 中正大夫知錦州事 元進으로 兔山의 士族이며 版圖判書로
追封된 金希迪의 딸에게 장가들었다. 멀리 송도에서 벼슬하고 있었는
데 다시 檢校軍器監 盧英의 딸에게 장가들었다.234) 이처럼 다처를 취
하는 것은 여러 가지 문제를 야기할 수 있다. 즉 처계나 모계를 통해
서 지위와 특권을 세습할 수 있는 상황에서 다처를 취하는 것은 다처
자에게 제반 기득권을 집중시키게 될 것이다. 또 재산 상속 등을 둘러
싼 가족 및 친족간의 爭訟도 빈발하게 만들 수 있을 것이다.235)

　뿐만 아니라 고려말에는 혼인의례 면에서 원의 풍속이 보이며, 혼
인사치도 더욱 심해지는 것이 특징이다. 이 시기에도 혼인은 여전히
부모나 친족 어른에 의해 이루어졌으며,236) 혼인율을 어겼을 때 처벌
도 주혼자가 받았다. 앞에서 본 私奴 平亮의 예에서 평량은 자기 자식
을 八關寶判官 朴柔進의 딸에게 장가보내고 처남도 明經學諭 朴遇
錫의 딸과 혼인시켰다. 평량의 죄상이 드러났을 때 평량과 함께 유진
과 우석도 주혼자로서 처벌되었다.237) 또 奇世傑의 처 房氏의 예에서
도 그녀를 처로 삼은 崔守雌와 방씨의 아비 房彦暉를 같이 처벌하고
있다.238) 그리고 혼인 시 폐백으로 말(馬)이 보이고 있다. 예컨대 충선
왕이 세자 시절 晉王의 딸 寶塔實憐公主와 혼인할 때 황제와 태후,
진왕에게 각각 백마 81필씩을 폐백으로 바쳤다.239) 우왕이 왕흥의 딸

233)『高麗史』권124, 列傳37 嬖幸2 康允忠.
234)『冶隱集』권上, 行狀.
235) 崔淑,「麗末鮮初 新興士大夫의 婚姻制度 改革論」,『하현강교수정년기념논
　　총-韓國史의 構造와 展開』, 혜안, 2000, 553쪽.
236) "충렬왕 2년에 安平公의 딸을 忻都의 아들에게 시집보내기로 하였는데, 왕
　　이 허락하지 않으려고 하니 공주는 慶昌宮主와 안평공의 妃를 청하여 혼도
　　의 처와 대면시켜 혼인을 약속하게 하였다. 경창궁주는 안평공의 이모였다"
　　(『高麗史』권89, 列傳2 后妃).
237) 본서 122~123쪽 참조.
238) 본서 78~79쪽 참조.
239)『高麗史節要』권21, 忠烈王 22년 11월.

과 혼인했을 때도 말 2필을 주었다.240) 이처럼 폐백으로 말을 쓴 것은
원의 영향으로 보인다.241)

　뿐만 아니라 혼인사치가 상당했던 듯하다. 혼인에 금은으로 만든
그릇, 비단 등을 사용하여 여러 차례 금지령이 내려졌다.242) 또 공양
왕 때에는 민가에서 비단 이부자리를 만들지 못하고 혼수와 의복을
갖추지 못해 혼기를 놓치는 일이 왕왕 있다며 오직 무명만 사용하고
외국 물건은 일절 금하자는 상소가 올라오기도 했다.243) 혼인 잔치도
화려하기 짝이 없어 대궐에서나 쓰는 붉고 큰 초[紅大燭]를 사용하고,
비단으로 꽃을 만들어 장식했다.244) 또 곡식과 기름, 꿀을 낭비해 유
밀과를 만들었다. 이에 국가에서는 유밀과 대신 과실을 쓰게 하고, 반
찬 가짓수도 줄이라245)고 조치하기도 했다. 따라서 혼인의식에는 적

---

240) 『高麗史』 권135, 列傳 叛逆 禑王 11년 2월 丙申.
241) "임신일에 탑라적이 왕을 위하여 연회를 열고 또 말 2필을 바치면서 혼인을
　　청하였으므로 내시 정부의 딸을 그에게 시집보냈다."(『高麗史』 권29, 世家
　　29 忠烈王 9년 9월 壬申). 반면에 "임인일에 원나라에서 蠻子媒聘使 肖郁을
　　파견하여 왔다. 중서성의 통첩에 이르기를 '南宋 襄陽府의 生券 군인들이
　　처를 구하기 때문에 委宣使 초옥에게 官絹 1,640段을 주어 고려로 가게 하
　　니 해당 기관에서 관리를 보내 그 娶妻하는 일을 돕도록 할 것이다."(『高麗
　　史』 권27, 世家 元宗 15년 3월) 및 "갑자일에 원나라에서 楊仲信을 파견하
　　여 幣帛을 가져왔는바 이것은 歸附軍 5백 명을 위하여 처를 얻어주려 함이
　　었다."(『高麗史』 권28, 世家 忠烈王 2년 3월)에서 보듯 남송인의 혼인에는
　　말이 보이지 않는다. 주자가례에서도 납폐로 幣帛을 사용했으며(朴惠仁,
　　『韓國의 傳統婚禮研究』, 高大民族文化研究所, 1988, 23~24쪽), 조선초기
　　납폐에서도 명주나 베를 썼다는 점(장병인, 앞의 책, 1997, 137쪽), 신라 신문
　　왕이 김흠운의 딸을 맞을 때 幣帛이 15수레(『三國史記』 권8, 新羅本紀8 神
　　文王 3年 2월)였다는 점을 볼 때, 이 기사가 우연이라 생각되지 않는다. 중
　　국인과 몽고인의 혼인예물 풍속이 달랐던 것으로 보이며, 고려에서도 "用聘
　　幣"라는 『고려도경』 기사에서 보듯 전기에는 명주나 베가 쓰이다가 원 간섭
　　기에 말로 바뀐 듯하다.
242) 『高麗史』 권84, 志38 刑法2 禁令 高宗 19년 5월 및 禑王 원년 2월.
243) 『高麗史』 권84, 志38 刑法2 禁令 恭讓王 3년 3월.
244) 『高麗史』 권84, 志38 刑法2 禁令 忠烈王 4년 11월.

지 않은 비용이 들었을 것으로 보인다. 특히 고려말에는 이러한 풍조가 심해져 "근래에는 혼인하는 집안이 남녀의 덕행이 어떠한가는 따지지 않고 일시의 빈부만을 가지고 취사를 하는가 하면 또 배필을 서로 구할 적에는 터놓고 하지 않으면 비밀로 하여 이 사람에게 중매하고 저 사람에게 혼인하기를 마치 장사꾼이 물건을 파는 것처럼 하여 타성끼리 혼인을 하고 구별을 두텁게 하는 뜻이 전혀 없다. 그리하여 더러는 獄訟을 일으키기도 하고 더러는 침해를 입히기도 한다."[246]는 비판이 나오기도 했다.

한편 이 시기에는 혼인에 대한 규제가 강화되어 처벌이 간접적인 데서 직접적인 것으로 변화한다는 점이 특징이다. 예컨대 충숙왕 때 승려 山㞠은 세도가 全英甫의 동생으로 그 형의 세력을 믿고 교만 방자하였다. 큰 절에 머물면서 여러 명의 아내를 두니 趙延壽(1278~1325)가 그 아내를 가두고 국문하였다.[247] 즉 이전에 단지 중의 자식을 금고하던 데서 벗어나 혼인 당사자를 직접 처벌하고 있다. 양천혼 규제도 '지금 이후 법을 어기고 양천혼을 하면 주인과 종을 다같이 논죄하고 소생자녀는 양인으로 만들겠다' 했으며,[248] 또 창녀와 혼인하는 것도 정몽주의 新定律에서는 樂人과 娼妓로 정실을 삼는 자는 형장 80대를 쳐서 이혼시키고 政曹 밖에서 관직을 주어 쓰도록 하고 있다.[249] 이처럼 혼인율이 강화되는 것은 법제와 신분제를 강화함으로써 여말의 혼란상을 바로잡고, 불법적으로 투탁된 예민을 양민으로 바꿔 국가의 기초를 든든히 하고자 하는 의도에서 나온 것으로 보인다.

---

245) 『高麗史』 권84, 志38 刑法2 禁令 明宗 22년 5월.

246) 『三峯集』 권13, 朝鮮經國典 上 禮典 婚姻.

247) 『高麗史』 권105, 列傳18 趙仁規 附 珝.

248) "恭讓王四年 人物推辨都監定奴婢決訟法 一良賤相婚 自今依律禁斷 如有 洪武二十五年正月以後 違律相婚者 主奴論罪 所出之子 亦許爲良 其主不 知者不坐……"(『高麗史』 권85, 志39 刑法2 奴婢).

249) 『高麗史』 권46, 世家46 恭讓王 4년 2월 甲寅.

아울러 처첩 간의 차별과 적서관념의 강화가 보인다. 고종 때 사람
인 鄭積은 처첩을 다투게 하는 등 집안을 다스리지 못해 처벌되었으
며,250) 李龜壽는 친구인 金元命(?~1370)의 집에 놀러갔다가 처첩이
동석하고 있는 것을 보고 꾸짖고 돌아왔다.251) 또 고려말이 되면 신분
이 낮지 않은 공식적인 왕비의 자식에게도 '서자'라는 칭호가 붙고 있
다. 즉, 충정왕은 충혜왕비인 禧妃 尹氏 소생이다. 그녀는 贊成事 尹
繼宗의 딸로 신분이 낮지 않았는데도 사료에는 충정왕을 '충혜왕의
서자'라 쓰고 있다.252) 창왕 때도 惠妃・愼妃・定妃・賢妃는 正嫡이
아니니 供上을 중지하고 錄만 주라는 기사가 나온다.253) 그녀들 역시
명문가의 딸로서 정식의 혼인절차를 밟았음에도 불구하고 이러한 대
우를 받게 되는 것이다. 공양왕 때는 종실의 적장자에게만 封君하자
는 주장254)과 함께 妃・嬪 등의 호칭도 正妻에 한하자는 결정이 내려
진다.255)

또한 고위관료 부인들의 재가금지256)도 논의되며, 정도전에 의해
친영제 실시257)가 주장되기도 한다. 그런데 이러한 변화는 성리학적
종법제와 관련이 있다. 여말 신흥사대부들이 성리학을 자신들의 이념
으로 받아들이면서 그 이념에 따른 가족제도 수용한 것이다. 송대의
이학자들이 이상으로 여겼던 가족제란 구체적으로 어떤 것이었을까.
북송 이후 개별 소농가정이 보편화하는데, 송은 당 중기 이래의 분열
과 혼란을 교훈삼아 중앙집권을 강화하려 했다. 그러나 당시의 농업경

250) "十二月 降授鄭積工部尙書 積性本貪鄙 占奪人田 又使妻妾爭競 不能正家
故也"(『高麗史節要』 권14, 高宗 2년 12월).
251) 『高麗史』 권125, 列傳38 姦臣1 金元命.
252) 『高麗史』 권37, 世家37 忠定王 卽位年 및 『高麗史節要』 권26, 忠定王.
253) 『高麗史』 권137, 列傳50 叛逆 辛禑 14년 12월.
254) 『高麗史節要』 권35, 恭讓王 3년 8월.
255) 『高麗史』 권75, 志29 選擧3 封贈.
256) 『高麗史』 권84, 志38 刑法1 戶婚 恭讓王 원년 9월.
257) 鄭道傳, 『三峯集』 권7, 婚姻.

영은 그 이전에 비해 더욱 개별화 영세화되었기에 소작관계 하에서
지주에 대한 농민의 예속정도는 이전에 비해 이완된 상태였다. 따라서
지주와 국가 측에서 이들 소농을 효과적으로 관리하기 위해 이들을
새로운 사회조직으로 편성할 필요가 있었다. 당시의 이학자들은 여기
에 이론을 제공했다. 張載와 程頤는 종법제의 회복을 주장했다. 이리
하여 혈연관계를 유대로 동일한 조상의 자손들을 한 곳에 모여 살게
하고, 조상제사를 위해 家廟를 세우며, 家法을 세울 것을 주장했다.
朱熹는 이들의 구상에 구체적인 방안을 제시했으며, 이론화하여 종법
제가 '天理의 自然'임을 논증했다. 이리하여 가족이라는 울타리 안에
서 소농은 토지에 발목이 묶인 상태에서 족장 또는 族紳으로 대표되
는 지주의 착취를 받게 되었다. 이학자들은 자손대대로 同居共財하는
대가정과 개별소가정이 한 곳에 모여 동족부락을 이루며 생활하는 가
족을 이상적 형태로 제시했다.[258]

신흥사대부들이 성리학을 수용한 이유는 여러 가지가 있겠으나 성
리학이 이들의 사회경제적 조건과 부합하는 측면도 있었기 때문이다.
고려말에는 농업기술이 발달하여 자영농 성장에 중요한 토대가 되었
으며, 지주전호제도 보다 더 안정된 형태로 전개가 가능해졌다. 중소
지주층이 대부분이었던 신흥사대부들은 전주와 전호를 相補的 관계
로 인식하는 성리학을 수용했다.[259] 이리하여 종법적 가족제 역시 받
아들이게 되었던 것이다. 그러나 양국의 생산력 수준에서 차이가 나
종법적 가족제가 우리 사회에서 구체적으로 논의되고 실현을 보게 되
는 것은 조선시대 이후에나 가능했다.[260]

258) 徐揚杰 著, 윤재석 옮김, 『중국가족제도사』, 아카넷, 2000, 498~508쪽.
259) 李泰鎭, 「高麗末・朝鮮初의 社會變化」, 『震檀學報』 55, 1973.
260) 종법제와 관련한 조선시대 혼인제의 전개는 이순구, 『朝鮮初期 宗法의 수용
     과 女性地位의 변화』, 한국정신문화연구원 한국학대학원 박사학위논문,
     1994 참조.

2. 혼인제의 시기별 특성 및 여성에의 영향

앞 장에서 연구된 것을 토대로 고려 혼인제의 시기별 특성을 살펴보고자 한다. 고려는 일반적으로 무신집권기를 분수령으로 전기와 후기로 나뉜다. 다시 고려전기는 제도가 완비되는 문종 이전과 이후로 구분할 수 있으며, 고려후기는 무신집권기와 원 간섭기로 나뉜다. 이에 본고에서는 태조에서 靖宗까지를 제1기, 문종에서 의종까지를 제2기, 명종에서 고종까지의 무신집권기를 제3기, 원종에서 공양왕까지의 원 간섭기를 제4기로 크게 4등분하여 그 특징을 설명하고자 한다.

<표 2-2> 혼인율의 제정 및 처벌 사례[261]

	시기	내용	주제	출전	
제2기	문종 12년 5월	대공친 소생 금고	동성근친혼법	選擧志 註注	1
	〃 16년	중의 아들 금고, 손자대에야 벼슬 허락	중 소생자 금고법	〃	2
	〃 35년	대공친간에 혼인해 낳은 소생인 노준의 관직 낮춤	동성근친혼규제사례	文正傳	3
	선종-예종	김한충의 처가 문종 비첩딸이므로 관직임명 제한	國婿 관직규제사례	金漢忠傳	4
	선종 2년 4월	同父異母 자매혼 소생 금고	동성근친혼법	選擧志 註注	5
	〃 3년 2월	선종의 아우들이 왕실의 동성혼을 간함	동성근친혼규제사례	節要 권6	6
	〃 때	鄭文의 외조부가 처인부곡 출신이라 관직제한	부곡인 소생 관직규제사례	鄭文傳	7
	숙종 원년 2월	소공친 소생 금고	동성근친혼법	選擧志 註注	8
	〃 원년 6월	대소공친 혼인금지	〃	刑法志 奸非	9
	〃 6년 10월	대소공친 소생 벼슬 허락	〃	〃	10
	예종 11년 8월	대소공친 소생 금고	〃	〃	11
	인종 4년 6월	왕의 이모였던 이자겸의 두 딸이 혼당함	동성근친혼규제사례	節要	12
	〃 12년 12월	대소공친 소생 완전 금고(←7품한직)	동성근친혼규제법	選擧志 註注	13

261) <표 2-2>에서 節要는 『고려사절요』를 의미하는데, 이 외의 모든 것은 『高麗史』의 기사이다.

	〃 21년 9월	裵慶成이 창녀를 처로 삼아 관직 제한	창녀처 규제 사례	節要	14
	〃 무렵	대소공친 소생학교 입학금지	동성근친혼법	選擧志 學校	15
	고종 때	庚碩의 증조모 예종후궁소생이라 관직제한	국서규제사례	庚碩傳	16
제2기	의종 원년	대소공친혼은 4촌만 금해 왔는데 이제부터는 5·6촌도 금지	동성근친혼법	選擧志 詮注	17
	의종 원년	당고모·종자매·당질녀·형 손녀와 혼인 금지	〃	刑法志 奸非	18
	〃 6년 2월	京市案에 오른 여자의 실행전 소생은 6품한, 실행후 소생은 금고 예종3년 간음녀 자녀안에 기록	恋女소생 규제법	選擧志 詮注	19
	〃 6년 3월	중 자손 서·남반 7품한	중자손 한품 서용법	選擧志 詮注	20
제3기	명종 15년12월	천인출신 궁인자손은 7품에 한하고 과거에 오른자만 5품까지 허용 해왔으나 이준창이 3품에 오름	國婿자손 규제사례	節要	21
	〃 18년 5월	사노 평량 자식들 양인과 혼인해 처벌	양천혼처벌사례	〃	22
	신종 6년 7월	차약송 기첩아들 국학에 들어감. 최충헌이 학적삭제	양천혼처벌	節要 권14	23
	고종 원년	최충헌 두 처 봉작받음	다처(불법)	崔忠憲傳	24
	〃 2년 12월	鄭積은 남의 토지를 빼앗고 처첩 을 다투게 해 강직됨	처첩실서사례	鄭世裕附 鄭淑瞻傳	25
	〃 38년 5월	손변처가 왕실서족이라 관직제한	국서자손규제 사례	節要	26
제4기	원종 원년 4월	康俊才 가계가 미천해 7품에 한해 야하나 몽고어를 잘해 5품 줌	천인자손규제 사례	選擧志 詮注	27
	〃 때	죄인 林惟仁의 처 도망해 재혼했 으므로 처벌	도망 유부녀 규제사례	叛逆傳 于琔	28
	원종 때	宋和母 천인이라 3품으로 제한	천인자손규제 사례	嬖幸傳 尹秀	29
	충렬왕 원년	許珙이 처제 딸과 혼인해 파직됨	동성근친혼 규제사례	許珙傳	30
	〃 원년 10월	원이 동성혼 금지요구	동성근친혼 규제	節要	31
	〃 4년 11월	혼인과 상사시 붉고 큰 초를 일반 인이 사용하는 것 금지	혼인사치 규 제법	刑法志 禁令	32

제4기	〃 7년 6월 계미	중들이 타락하여 뇌물을 받고 승직을 얻으며, 처를 얻고 가정생활을 하는 자가 많음	승려취처	世家	33
	〃 24년 정월	양인으로 노처·비부된자 규제	양천혼규제법	刑法志 奴婢	34
	충렬왕 34년 윤11월	외종형제와 통혼금지	동성근친혼규제법	節要	35
	충선왕 즉위 11월 신미	종친 및 문무양반의 동성혼 금지	동성근친혼규제	世家	36
	충숙왕 12년 10월	관사노비 양가녀와 혼인금지	양천혼 금지	刑法志 奴婢	37
	〃 때	중 산경이 다처 거느려 문초	다처	趙仁規附珝傳	38
	충혜왕 원년 8월	朴連이 어미 상중에 취처	상중취처	節要	39
	〃 4년 8월	본처를 소박하고 창녀집에 가있어 탄핵	처첩실서	節要	40
	〃 12년 4월	기세길처와 혼인한 자 처벌	유부녀 취함	節要	41
	〃 16년 5월	처제 및 이성6촌 자매와 혼인금지	동성근친혼	刑法志 奸非	42
	공민왕 때	처첩동석비난	처첩실서	金元命傳	43
	우왕 원년 2월	혼인 때 소주·비단·금옥으로 만든 그릇 사용 금함	혼인사치	刑法志 禁令	44
	〃 때	아비 기일 및 남편 상중에 혼인해 처벌	상중혼인	黃裳傳	45
	창왕 즉위 12월	혜비·신비·정비·현비는 본처가 아니므로 공상중지	적서분변	世家	46
	공양왕 3년 3월	혼인시 무명만 사용하고 외국물건 금지	혼인사치	刑法志 禁令	47
	〃 3년 8월	종실적장자에게만 봉군	적서	選擧志 詮注	48
	공양왕 3년 8월	내외명부 명칭, 봉작제 개정	적서	選擧志 詮注 封贈	49
	〃 4년 2월	신정율에서 악인 창기를 처로 삼는자 장80에 처하고 이혼시키도록 함	창녀처	世家	50
	공양왕 원년 9월	명부의 재가 금지시킴	재혼규제	刑法志 戶婚	51
	〃 4년	양천혼하면 처벌하고 소생자 양인으로 만듦	양천혼 규제	刑法志 奴婢	52
	〃 때	기공이상친, 동성혼, 재혼한 자 과전체수 못함	동성근친혼, 재혼규제	食貨志 田制	53

138

우선 제1기는 고려의 혼인법제가 처음으로 제정된 시기였다. 태조
는 건국을 했으나 후삼국을 통일해야 하는 상황이었고 10여 년 이상
을 싸워 통일을 이룩한 뒤에도 수많은 호족세력 속에서 왕권을 강화
하는 것이 쉽지 않았다. 이에 태조는 전국의 주요한 호족 딸들과 혼인
해 동맹관계를 맺어나갔고, 귀부한 호족들을 자신의 뜻에 맞게 혼인시
키기도 하였다. 예컨대 이총언은 신라말기 碧珍郡을 지키고 있었는데
태조가 사람을 보내어 협력할 것을 말하니 그가 아들 李永에게 군대
를 이끌고 태조를 따라 정벌에 참여하게 했다. 당시 이영은 18세였는
데 태조는 大匡 思道貴의 딸로서 처를 삼게 하였다.[262] 또, 태조는 왕
실 내 근친혼을 통하여 호족세력을 억제하고 왕권을 강화시키기도 하
였다. 태조는 자신의 아들과 딸을 이복남매끼리 혼인시켰으며 혜종은
자기 딸을 동생인 昭에게 시집보냈다. 경종은 경순왕의 딸인 獻肅王
后 김씨 외에는 모두 종실출신의 비를 맞고 있다.[263]
   이처럼 고려 초에는 왕권강화를 이유로 근친혼이나 정략혼 등 파행
적인 혼인이 행해졌다. 그러나 광종 때 노비안검법과 과거제 실시로
호족들의 세력이 일차 꺾이고 신진관료들이 등장하기 시작하였다. 성
종 때는 이러한 바탕 위에서 여러 제도가 마련되고 법제가 정비되었
다. 이때 제정된 고려율은 당률·신라율·고려 고유의 형법 등을 참작
하여 만든 것이었다.[264] 비록 사료 부족으로 그 구체적인 조항들을 알
아볼 수는 없으나 적어도 당률을 모법으로 한 것으로 보이는 형법지
의 혼인관련 과조적 기사들은 이때 제정되지 않았을까 여겨진다. 형법
지 서문에 보면 '고려는 당률을 삭번취간하여 71개조의 형률을 만들었
다' 하는데, 이는 체계적인 율령을 편찬하기 전인 고려 초창기의 상황

262) 『高麗史』 권92, 列傳5 王順式 附 李忩言.
263) 獻懿王后 劉氏는 종실 文元大王 貞의 딸이었고, 獻哀王太后 皇甫氏와 獻
    貞王后 皇甫氏는 戴宗의 딸이었으며, 大明宮夫人 柳氏는 종실 元莊 태자의
    딸이었다(『高麗史』 권88, 列傳1 后妃).
264) 尹熙勉, 「『高麗史』 刑法志 小考」, 『東亞研究』 6, 1985, 353~354쪽.

으로 보이기 때문이다.[265] 따라서 부모가 옥에 갇혔을 때 혼인을 하면 처벌한다거나 노비와 양인의 혼인을 금한다는 등의 조항들이 이 시기에 있었다고 생각된다.

이처럼 제1기는 고려 혼인율에 대한 일차적인 정비가 이루어졌는데, <표 2-2>에서 보듯 사료부족 때문에 혼인율을 어겨 처벌된 사례를 찾기 어렵다. 그러나, 이 시기의 혼인 실태를 보여주는 것으로는 다음의 예를 들 수 있다. 靖宗이 遺命으로 宮人 盧氏에게 延昌宮을 주었는데, 門下省과 御史臺에서 '노씨는 禮로써 데려오지 않았다'며 반대했다는 기사에서 당시 혼인례가 혼인 성립의 주요 요건이었음을 짐작할 수 있다. 노씨는 본래 정종이 그녀가 뛰어난 姿色이 있다는 말을 듣고 비밀히 불러들여 총애한 여자였다.[266] 또 태조와 여러 호족 딸들 간의 혼인에서 보듯 혼인은 家長에 의해 주도되었으며, 여성은 정략혼의 도구로 이용되기도 했음을 알 수 있다.

고려의 혼인규제는 제2기에 들어와 본격화된다. 이때는 제1기에 미처 규제되지 못했던 부분들에 대한 보완이 이루어지는 등 혼인규정 면에서 크게 발전한다. 그리고 실제 혼인율을 어겨 처벌된 사례들도 보인다. 이 시기에 들어와 가장 큰 특징은 비로소 근친혼에 대한 규제가 행해지기 시작했다는 점이다. 이미 통일신라에서도 동성혼을 피하려는 시도가 있기는 했으나 골품제로 시행되기 어려웠고, 고려에 들어와서도 대호족 대책 및 왕권 강화의 일환으로 왕실내 족내혼이 행해질 수밖에 없었다. 그러나 차츰 고려의 왕권이 강화되고, 과거를 통해 등장한 문신관료들이 부상하게 되면서 이들이 새로운 왕실혼의 대상자로 떠오르게 된다. 이들은 家格의 상승을 위해 왕실과의 통혼을 원했으며, 왕실 역시 이를 받아들이게 된다. 이에 문벌귀족 출신의 異姓 왕자가 왕위를 계승케 되며, 이로써 진골 내에서만 혼인대상자를 구해

---

265) 尹熙勉, 위의 글, 1985, 351쪽.
266) 『高麗史節要』 권4, 靖宗 12년 5월.

야 했던 족내혼체제는 붕괴를 보이기 시작하고 고려는 탈골품제 사회,
문벌귀족사회로서의 성격을 갖게 된다.

귀족들 간에는 이미 통일신라시대에도 6두품은 여러 성씨족이 있어
진골에 비해 족외혼을 하는 것이 가능했었지만, 고려에 들어와서도 친
족구조 면에서의 특징으로 이러한 경향이 계속된다. 즉, 고려의 친족
제는 양측적 친속제로 음서나 공음전 등의 특권이 부계 뿐 아니라 모
계나 처계를 통해서도 주어졌다. 이에 귀족들은 자신들의 지위와 특권
을 유지, 확대하기 위해 동성혼보다는 이성혼을 선호하게 되었다. 이
결과 문종 때가 되면 대공친 소생자를 금고하는 법제가 마련되며(1),
왕실에서조차 동성혼을 꺼리는 견해가 나타난다(6). 그리고 근친혼에
대한 처벌 규정은 문종이래 의종 때까지 계속 그 범위와 정도를 조정
하며 심화되어갔다(1·5·8·9·10·11·13·15·17·18). 그러나 의
종 초까지는 대체로 4촌 이내가 혼인하는 것만 금하였고(6), 그 처벌
도 인종대 중반까지는 소생자녀의 벼슬을 7품에 한정하는 정도로(13)
철저한 것이 아니었다. 그러나 이것이 여성사에서 갖는 의미는 크다고
할 수 있다. 근친혼의 경우 이성, 동성에 상관없이 사위는 결국 친족
내 사람이므로 처가와의 관계가 밀접할 수밖에 없다. 이에 사위도 자
식 같은 존재로서 처가의 제반사에 동참하고 더 나아가 사위의 가족
계승 또는 외손봉사를 가능케 할 수 있는 것이다.[267] 그런데 근친혼의
금지로 이러한 관계가 소원해지는 단서를 열게 되었다 하겠다.

또, 이 시기에는 신분과 지위가 다른 사람과의 혼인에 대한 규제 사
례도 나타난다. 예컨대 國婿(4·16)나 부곡인(7), 창녀(14) 등을 처로
삼은 자나 그 소생 자식의 경우 관직 종류를 제한하거나 한품서용하
는 처벌을 한 사례가 보인다. 그러나 이것이 이 시기에 비로소 규제된
것이라고는 보기 어렵다. 이미 고대에도 골품이 다른 사람 간에 혼인

267) 金銀坡, 「高麗時代 法制上 및 社會通念上에서의 女子의 地位」, 『全北史學』 3, 1979, 164쪽.

했을 때 소생자를 골품이 낮은 쪽에 귀속시키는 등 규제를 한 전례가
있었기 때문이다. 이는 고대 이래 계속되어온 것이나 다만 이 시기에
는 골품제가 무너진 상태에서 고려의 현실에 맞게 관직제한 내지 한
품서용이라는 새로운 규제방식을 만들어낸 것이라 하겠다. 또한 승려
의 자손에 대한 금고 내지 한품서용 규정이 보인다(3·20). 고려에서
는 승려의 간음을 엄히 처벌하였고[268] 또 부녀자가 비구니가 되는 것
도 금하려 하였다.[269] 이는 부녀자들이 불공 등을 이유로 절에 가서
중과 간음하거나 그 곳에서 남녀가 뒤섞여 있어 추문이 일어날 소지
가 많았기 때문이다. 또 간음녀 자손에 대한 규제도 했다(19).

  이처럼 제2기에는 동성근친혼이나 신분과 지위가 다른 사람과의 혼
인, 중 및 간음한 부녀자 자식에 대한 규제 등 여러 혼인규정이 갖추
어지게 되었다. 이는 고려의 지배체제 정비와 관련된다 하겠다. 고려
는 이 시기에 들어와 정치·경제·사회·문화 등 모든 제도가 완비
단계에 이른다. 또 관료제를 강화하기 위한 유학교육과 과거제도의 정
비, 왕실과 지배층의 상호 견제와 균형의 필요성 등도 대두되었다. 따
라서 혼인율도 보완될 필요가 있었으며, 그 방향은 신분제 및 가부장
적 사회로서의 고려의 특성에 부합하는 것이었다. 이에 신분과 지위가
다른 사람과의 혼인을 규제함으로써 신분제를 유지하고, 또 동성근친
혼에 대한 규제, 중 및 간음한 부녀자 자식에 대한 연좌를 통해 여성
정절의 강조와 가부장적 사회로의 지향을 명확히 하였다 하겠다.

  그러나 이 시기의 혼인에 대한 규제는 중국과 같이 혼인율을 어긴
당사자를 직접 처벌하고 이혼시키는 형태가 아니라 그 소생자의 仕路

---

268) 여승의 간음은 일반인보다 2등급이나 높게 처벌하였으며(『高麗史』 권84, 志
    38 刑法1 奸非), 남승의 경우도 간음하면 職의 有無를 막론하고 율에 의해
    일반 民戶에 충당케 하거나(『高麗史』 권89, 志 38 刑法1 奸非 仁宗 5년) 범
    간율에 3등을 가중시켜 처벌하는 등(『高麗史』 권40, 世家40 恭愍王 12년 2
    월 癸巳) 엄형에 처하였다.
269) 『高麗史』 권85, 志39 刑法2 禁令 顯宗 8년 정월.

禁錮나 한품서용 등 간접적인 처벌에 그쳤다는 한계가 있다. 이는 동성근친혼에 대한 처벌에서 보듯 일차적으로는 새로운 법의 적용으로 벌어질 수 있는 혼란을 최소화하자는 의도에서 비롯된 것으로 보인다. 법을 세우는 처음부터 잘못된 혼인을 모두 바로잡으려 들면 부작용이 크기 때문에 이미 이루어진 혼인은 일단 인정하고 앞으로 자손을 규제한다고 하여 차츰 그러한 혼인을 하지 못하게 막는 방식을 취했던 것이다. 그런데 이처럼 당사자를 처벌하는 것이 아니라 그 소생자식을 금고하거나 한품서용하는 것은 이 시기 혼인율의 규제 대상을 지배층에 한정시키는 결과를 가져오게 하였다. 혼인율을 어긴데 대한 처벌로서 그 자식의 학교 입학을 금지한다거나 과거에 응시할 수 없게 하는 것은 모두 피지배층과는 무관했기 때문이다. 이에 서민층에서는 이 시기에도 혼인에 대한 별다른 규제가 없었으리라 여겨진다. 여전히 동성근친혼이 행해졌으며 『고려도경』의 냇가에서 남녀가 같이 목욕했다는 기사처럼 내외관념도 없었고 여성의 정절에 대한 관념도 지배층에 비해서는 강하지 않았던 것으로 보인다.

제3기는 무신집권기이다. 이 시기에는 정치변동에 따라 이혼과 재혼이 성행했으며 양천혼 규제가 제대로 지켜지지 않는 경우가 많았다. 예컨대 李俊昌은 어머니가 천인출신인 예종 궁인의 딸이라 7품까지로 벼슬이 제한되어야 하나 3품에 임명되었다(21). 車若松은 기생첩을 두어 두 아들이 있었는데 맏이는 國學에 들어가 服膺齋 생도로 편입되고 둘째는 流品으로 들어갔다. 이에 崔忠憲(1149~1219)은 어사대를 사주하여 伶官으로 돌려 7품관 이하로 제한하게 했고, 맏아들의 학적을 삭제하게 했다는 기록도 있다(23). 또 최충헌은 처를 둘이나 들이고 모두 봉작을 받게 했는가 하면(24), 12세기 이래의 경제발전으로 부를 축적한 私奴 平亮이 혼란한 사회분위기 속에서 뇌물과 살인으로 양인이 되고 자식들을 양반녀와 혼인시키기도 하였다(22).

제4기는 원 간섭기이다. 이 시기도 무신집권기와 맞먹을 정도로 정

치 변동과 사회 혼란이 심했다. 원의 간섭으로 왕의 폐위와 복위가 거
듭되는가 하면 부원세력과 국왕 측근 세력과의 갈등도 심했다. 또, 새
롭게 지위를 차지한 부원세력들은 원의 세력을 등에 업고 여러 불법
적인 일을 자행하며 민에 대한 수탈을 마음대로 하였다. 이에 이 시기
에도 무신집권기와 마찬가지로 정치적인 이혼과 재혼이 성행하고 자
기 누이나 딸을 권세가에게 뇌물로 바치는 등 사회기강이 무너졌다.
이러한 시대적 상황 속에서 혼인율 역시 지켜지지 않았다. 康俊才는
가계가 미천하여 7품에 한정해야 하나 몽고어를 잘해 5품에 임명되었
으며(27), 朴連은 어미 喪中에 처를 얻었지만 왕이 허물하지 않았다
(39). 또 중이 처를 얻어 가정생활을 하는가 하면(33) 심지어 多妻를
거느리기까지 하였다(38). 또 金鏞(?~1363)과 奇世傑의 처 房氏의 예
에서 보았듯이 타인의 처를 취하는가 하면(41) 양인들이 역이나 세금
을 피해 권세가에 투탁, 양천혼이 성행하기도 하였다(34).

　그런데 이 시기는 혼인율이 잘 지켜지지 않았다거나 불법이 횡행했
던 것만이 아니라 혼인제도가 파행적으로 변화되었다는데 더 큰 문제
가 있다. 이러한 현상을 가져오게 된 가장 큰 원인은 공녀였다. 이미
고종 때부터 원의 공녀 요구는 시작됐지만 원과 강화하고 부마국이
되면서 더욱 본격화하였다. 이에 왕실의 여성으로부터 일반 서민의 여
성까지 공녀의 대상이 되지 않는 자가 없었다. 공녀선발은 충렬왕 초
부터 공민왕 초까지 약 80년간 정사에 기록된 것만도 50여 차례이며,
李穀(1298~1351)의 공녀폐지 상소에 보면 그 수효가 많을 때는 40~
50명에 이른다 하니 끌려간 부녀수가 2천명을 넘었을 것이다.270) 이에
고려에서는 딸을 낳으면 비밀에 붙여 이웃 사람도 볼 수 없었고, 공녀
로 선발되면 그 부모와 친척들이 한 곳에 모여 통곡하는 소리가 밤낮
으로 그치지 않았으며 그 중에는 분함을 이기지 못하여 우물에 빠져
죽는 자가 있는가 하면 피눈물을 쏟고 실명하는 자까지 있었다 한

270) 柳洪烈, 「高麗의 元에 對한 貢女」, 『震檀學報』 18, 1957, 34~37쪽.

144

다.271)

이러한 공녀 징발을 피하기 위해 다양한 노력이 행해졌다. 宋玢은 금혼령에도 불구하고 자기 딸을 몰래 혼인시켜 귀양 갔으며272) 洪奎 (?~1316)는 딸이 공녀 선발에 걸리자 권세 있고 지위 높은 자들에게 뇌물을 주어 빼려 하였다. 그러나 여의치 않자 딸의 머리카락을 잘라 버렸다. 그러나 결국 이것이 발각되어 그는 섬으로 귀양가고 딸은 원 나라 사신 阿古大에게 주어졌다.273) 이보다 좀더 안전한 방식은 預婿 를 얻는 것이었다. 예서란 나이가 어린 남자를 받아들여 자기 집에서 양육하여 성년이 되면 혼인시키는 것을 말한다.274) 공녀를 피하자니 혼인연령에 달하기 전에 딸을 혼인시켜야 했는데 너무 어린 나이라 혼인생활을 하는 것이 무리였으므로 예서제를 취하게 되었던 것이다.

한편 조정에서는 공녀에 대한 대책으로 심각하게 다처제가 논의되 었다. 박유는 다처제를 법제화할 것을 주장하는 상소를 올렸다.275) 비 록 이 법이 시행되지는 않았으나 시대 분위기상 다처가 제제되지 않 았다. 이에 고려후기에는 "前朝之季에는 大小人員으로서 京外에 두 처를 병축하는 자가 있고, 다시 혼인하였다가 먼저 처와 도로 결합하 는 자가 있으며, 먼저 첩을 취하고서 후에 처를 취하는 자가 있는가하 면, 먼저 처를 취하고 후에 첩을 취하는 자가 있고, 또 일시에 세 처를 병축한 자도 있었다"276)라는 기사에서 보듯 다처 사례가 빈번했던 것 이다. 이처럼 이 시기에는 외부적 영향 때문에 조혼이 성행하고 다처 가 행해지는 등 혼인제가 파행적으로 운영되었는데, 이것이 여성에게 불리했을 것임은 말할 것도 없다. 早婚일수록 가부장의 권한이 크게

271)『高麗史』권109, 列傳22 諸臣 李穀.
272)『高麗史』권125, 列傳38 姦臣1 宋玢.
273)『高麗史』권106, 列傳19 諸臣 洪奎.
274)『高麗史』권27, 世家27 元宗 12년 2월.
275)『高麗史節要』권19, 忠烈王 2년.
276)『太宗實錄』권33, 太宗 17년 2월 庚辰.

나타나며 多妻일 경우 一妻일 때에 비해 처의 지위가 훨씬 낮아지기 때문이다. 고려전기에는 왕실을 제외하고는 민간의 경우 대체로 일부일처였던 것으로 보인다. 그러나 이 시기 다처가 성행하면서 처의 지위는 전기보다도 더욱 하락하게 되었던 것이다.

또 하나 이 시기의 문제점은 혼인사치가 심했다는 것이다. 왕실이 원과 통혼할 때의 혼인비용이나 폐백물품을 보면 그 양이 엄청나다.[277] 원에서도 혼인식을 성대하게 하는 풍습이 있었던 것 같다.[278] 이는 고려의 일반 사서인에게까지 영향을 주어 민간에서도 혼인사치가 성행했다. 이에 혼인을 하지 못하는 사람이 나타나는 등 사회문제가 되자 이를 금하는 법령이 계속 나오고 있다. 충렬왕은 혼인과 喪事時 궁중에서 쓰는 붉고 큰 초를 일반인들이 사용하지 못하게 했으며(32) 우왕은 혼인할 때 소주·비단·금옥으로 만든 그릇의 사용을 금하고 명주와 모시 등만 사용, 검소하게 할 것을 규정하였다(44). 공양왕은 혼인할 때 무명만 사용하고 외국물건을 일절 금하게 하였다(46). 국가가 규제해야 할 정도의 혼인사치 역시 고려의 혼인제를 파행으로 몰고 갔던 것이다.

그러나 제4기에는 이 같은 불법과 파행 속에서도 한편으로 혼인율이 보다 정비되어 나갔다. 이는 당시의 혼란을 극복하고자 법제와 신분제를 강화하려는 의도가 있었기 때문이다. 또 성리학적 가족윤리를

---

277) "5월에 백관들로 하여금 은을 차등있게 내게 하여 세자의 혼인식 비용에 충당하게 하였다."(『高麗史』권79, 志33 食貨2 科斂 元宗) ; "세자가 白馬 81필을 황제에게 폐백으로 드리고, 晉王 甘麻剌의 딸 寶塔實憐公主를 아내로 맞아 예식을 거행하고……다음날에 또 세자가 백마 81필을 태후에게 바치니 태후가 양 7백마리와 술 5백독을 내어 세자에게 잔치를 베풀었으며 세자가 또 백마 81필을 진왕에게 바치고 술 3백독과 양 4백마리로 잔치를 베풀었다."(『高麗史節要』권21, 忠烈王 22년 동11월).

278) "諸嫁娶之家 飮食宴好 求足成禮 以華侈相尙 暮夜不休者 禁之"(『元史』권103, 志51 刑法2 戶婚). 원사 형법지에 위와 같은 혼인사치 규제조항이 있는 것으로 보아 그러한 사실을 짐작할 수 있다.

수용하여 부계 중심의 혼인제 개혁이 모색되었다. 우선 전기의 근친금 혼이 동성금혼으로 확대된다. 즉 충선왕 때 종친 및 문무양반의 동성 혼이 금지된다(36). 동성불혼제의 성립은 곧 부계적 관념의 강화를 의 미한다. 고려전기의 근친 금혼은 대공친 혹은 소공친 등 당시에 가까 운 친척이라고 여겨지는 일정한 친족 범위 밖의 사람과의 혼인이었다. 그러나 이것이 동성혼으로 확대되었다는 것은 '동성은 곧 근친'이라는 관념이 나타난 것으로서 부계 친족제로의 경사를 의미하는 것이라 하 겠다. 이것이 비부계적인 친족구조에서보다 여성에게 불리할 것임은 말할 것도 없다. 예컨대 서류부가혼이나 남녀균분 상속 등 혼인거주 규정 면이나 상속 면에서 아들 위주가 될 가능성이 높아지기 때문이 다. 그러나 이 시기에는 동성근친혼의 금제가 나타나면서도 중국과 달 리 처족이나 모족에 대해서 훨씬 넓게 금혼범위가 정해진다. 즉 충렬 왕 때는 외종형제와의 통혼이 금지되었고(35), 공민왕 때는 처제 및 이성 6촌자매와의 혼인이 금지되었다(42). 이는 친족구조가 비부계적 이라는 고려 당시의 사회현실을 반영한 것이다. 그러나 결과적으로 고 려는 이로써 동성혼을 하지 않게 되었고 부계관념이 보다 강화되었으 며, 처족이나 모족과는 중국보다도 더욱 금혼범위가 넓어 우리 사회에 독특한 혼인구조를 이룩하게 된다.

한편 이 시기에는 처첩, 적서관념도 보다 강화된다. 본처를 소박하 고 창녀집에 가 있어 탄핵을 받는가 하면 처첩이 동석했다 하여 비난 한 기사도 보인다. 찬성사 鄭天起는 告身이 아직 나오지도 않았는데 공공연히 정방에 들어가 인물을 평정하였으며, 본처를 소박하고 늘 창 녀의 집에 가 있어 탄핵되었다(40). 또, 李龜壽는 김원명의 집에 들러 술을 마시다가 김원명의 첩이 본처와 동석하고 있는 것을 보고는 꾸 짖고 돌아오기도 하였다(43). 처첩, 적서관념의 강화 추세는 고려말로 갈수록 한층 심해져 창왕 때에는 혜비 등이 본처가 아니라 하여 공상 을 중지하자는 논의가 나오며(46), 공양왕 때 들어와서는 봉작제를 개

선하여 先王의 親子의 후손으로서 正派의 적장자와 主上의 伯叔·親
弟와 親衆子에게만 封君하는 것을 허락하고 그 봉군의 후사에게는
장자로 하여금 작을 이어가게 하도록 건의하는 등 적장자 관념이 강
화되고 있다(48). 또 내외명부와 부녀봉작제의 개정 및 命婦의 재가금
지에 대해서도 결정된다. 이리하여 내외명부의 명칭을 바르게 하고 그
수여 대상을 처녀로서 남의 정처가 되었을 때로 한정하며(49), 명부로
서 재가를 했을 때는 봉작을 추탈하게 하였다(51). 그러나 이 시기에
는 아직 공녀 징발의 여파로 여전히 다처를 취하고 있는 실정이었으
므로 이에 대한 규제는 제대로 행해지지 못하였다. 위의 봉작규정에서
次妻의 경우 남편으로 인하여 봉작될 수는 없으나 아들이 봉작제의
해당 관인이 될 때는 봉작을 받게 했다는 기사 역시 이러한 현실을 잘
보여준다(49). 이후 조선에 들어가서야 중혼 및 처첩실서에 대해 본격
적인 처벌이 행해지게 된다.

이와 아울러 이 시기에는 혼인례와 혼인관련 규제도 더욱 강화된
다. 일정한 혼인예식을 갖추지 않은 남녀간의 결합은 간통으로 여겨져
처벌되고 있다.[279] 기존의 동성혼이나 양천혼 규제에 대해 동성혼을
하면 과전을 추탈하며(53), 양천혼을 하면 소생자를 양인으로 한다는
(52) 등 보다 강력한 조치가 취해진다. 또 樂人이나 창기와 혼인하면
곤장을 치고 이혼시키도록 하는 법이 新定律에서 제시되고 있다. 이
는 혼인율을 어겼을 때 혼인 당사자가 아니라 그 소생자를 규제하던
간접적인 처벌 방식에서 당사자를 직접 처벌하고 이혼시켜 바르지 않
은 혼인 자체를 무효화시키는 것으로 혼인법제가 변화되고 있었음을
보여준다.[280] 이는 혼인을 인륜의 시작이며 풍화의 근원이라 여긴[281]
성리학의 윤리에서 비롯되며, 성리학적 가족윤리를 고려에 적용시키

279)『高麗史』권103, 列傳16 諸臣 金慶孫 附 琿.
280)『高麗史』권46, 世家46 恭讓王 4년 2월.
281)『世祖實錄』권43, 世祖 13년 8월 乙未.

려 한 신흥사대부들의 열망에서 비롯된 것이라 하겠다. 이같이 제4기에는 공녀로 인한 조혼과 다처로 혼인제에서 가부장의 권한이 한층 강화되고, 성리학적 종법윤리 채용으로 부계관념 역시 확대되어 여성 측에 불리해지는 면이 있었다 하겠다.

149

제3장 이혼과 재혼

제1절 이혼

1. 離婚의 용어와 성립 요건

이혼이란 혼인한 남녀가 그들의 결합관계를 생존 시에 해소하는 것[1]이다. 이혼은 한 사회의 혼인제도나 이혼에 대한 의식과 태도, 가족·친족 관계 등과 연관되어 있어 시대마다 그 내용에 차이가 있다. 고려시대에는 어떤 경우에 이혼이 성립되었을까. 이에 대해 일차적인 지표를 제공해 줄 수 있는 것이 이혼에 대한 용어들이다. 고려시대에는 이혼을 의미하는 다양한 말들이 있었고 이들은 각각 쓰임새가 달랐다. 사례를 보면 다음과 같다.

A-1. 壽妃 權氏는 福州 사람으로 左常侍 衡의 딸이다. 처음에 密直商議 全信의 아들에게 시집갔다. 衡이 全家를 불초하게 여겨 離하려 하였으나 이루지 못하였다가 충숙왕 복위 4년에 內旨를 칭탁하여 絶하고 드디어 왕에게 바치니 수비로 책봉되었다(『高麗史』 권89, 列傳2 后妃2 壽妃權氏).

A-2. 梁元俊의 字는 用章이며 충주 사람이다. 서리에서 시작하여 監光州務가 되었다. 아내가 시어머니를 잘 섬기지 않자 그를 黜하였

---

1) 李兒榮, 『韓國離婚硏究』, 梨大出版部, 1968, 1쪽.

150

다. 처와 아들이 울면서 애걸하였으나 끝내 허락하지 않고 처를 혼
자 돌아가게 하니 사람들 중에는 그가 인자하지 못하다고 비난하는
자도 있었다(『高麗史』권99, 列傳12 諸臣 梁元俊).

A-3. (抃의) 처가 國庶이기 때문에 臺省·政曹·學士·典誥에 오를
수 없었다. 처가 변에게 말하기를 "공께서 저의 천함으로 말미암아
儒林의 淸宦과 중요한 관직을 밟지 못하시니 감히 청하옵건대 저
를 棄하시고 다시 世族에게 장가드십시오"라고 하였다. 변이 웃으
면서 말하기를 "자기의 벼슬길을 위하여 30년 동안의 조강지처를
棄한다는 것은 내가 차마 행할 일이 못되며 하물며 자식이 있는데
어찌 그렇게 하겠소"라고 하며 끝내 듣지 아니하였다. 아들 世貞
역시 과거에 나갈 수 없었다(『高麗史』권102, 列傳15 諸臣 孫抃).

A-4. 아내가 擅去하면 徒刑 2년이고 改嫁하면 流刑 2천 리에 처하고
첩이 함부로 떠나면 도형 1년반이며 개가하면 2년반에 처하며 그
여자를 취한 자도 그 여자와 같은 죄로 처벌한다. 다만 본남편이
있는 줄 모르고 취한 사람은 죄에 걸리지 않는다(『高麗史』권84,
志38 刑法1 戶婚).

A-1은 친정아비가 딸의 이혼을 원했으나 잘 되지 않아 왕의 뜻을
칭탁하여 이혼시켰다는 내용이다. 여기서 離와 絶은 혼인관계를 끊는
다는 일반적인 이혼의 의미였다. A-2는 남편이 시어머니를 잘 섬기지
못하는 아내를 내쫓았다는 기사이다. 여기서 黜은 처를 내친다는 의
미였다. 黜은 出[2] 또는 逐[3]으로도 쓴 사례가 보인다. A-3은 처의 신

<hr/>

2) "일찍이 그의 처를 내쳤는데(出) 원나라 사신 禿萬이 그의 집에 묵다가 그
연고를 물으니 牧이 자세히 말하였다. 독만이 말하기를 '여자들은 머리털은
길어도 생각은 부족한 것이니 어찌 허물 할 수 있는가. 속담에 '여자가 하늘
에 원한을 품으면 6월에도 서리가 내린다'하였으니 그대는 이것을 생각하시
오.'라고 하였다. 목이 그 말에 감동하여 마침내 전처럼 화목한 부부가 되었
다.……"(『高麗史』권105, 列傳18 諸臣 安珦 附 牧).

분이 문제가 되어 남편이 중요 관직에 오를 수 없자 처가 자기를 버릴
것을 요구하는 내용이다. 棄도 처를 버린다는 의미였던 것이다. 棄는
棄去,[4] 棄離[5]라고도 썼는데, 黜과 棄는 구별없이 쓰였다.[6] A-4는 처
첩이 함부로 남편 곁을 떠나가거나, 떠나서 재혼했을 때의 처벌 규정이
다. 즉 처첩이 일정한 이혼 절차를 밟지 않고 일방적으로 도망하여 혼
인 관계를 파기했을 때 去라는 용어를 썼다.

　이렇게 볼 때 고려시대에는 離나 絶로 표현되는 일반적인 의미의
이혼과 黜이나 棄로 나타나는 처를 내치는 것, 그리고 去로 표현되는
처가 도망하는 것의 세 가지 형태의 이혼이 있었다 하겠다. 그러나 여
기서 처의 도망은 이혼이라기보다 범죄에 해당하는 것이므로 실제 이
혼이라면 혼인 관계가 끊어지는 일반적인 이혼과 처를 내쫓는 것의
두 유형으로 구분된다. 그렇다면 어떤 경우에 혼인관계를 끊거나 처를
내쫓는 게 가능했을까. 『고려사』는 이에 대해 어떠한 해답도 주지 못
한다. 이를 해명하는 방법은 고려시대 사료에서 보이는 모든 이혼 사
례를 뽑아 유형화·계열화시켜 결론을 도출하는 것뿐일 것이다. 그러
나 이를 좀 더 효율적으로 하기 위해 唐律을 활용할 수 있을 것이다.
고려는 당률을 삭번취간하여 율을 제정하였다 하며,[7] 형법지의 제 기

---

3) "義旼의 죄악이 한도가 찼고 그 아내도 역시 사납고 투기하여 家婢를 죽이
　고 또 종과 관계하니 의민이 종을 죽이고 아내를 쫓고는(逐) 양가의 딸로 얼
　굴이 예쁜 자를 많이 끌어들여 혼인하였다가는 곧 다시 이를 버렸다."(『高
　麗史節要』 권13, 明宗 26년 夏4월).

4) "吳世材는……세 번 장가갔으나 번번히 棄去하여 자식이 없었고 송곳 꽂을
　만한 땅도 없어 끼니를 잇지 못하였다."(『破閑集』 권下).

5) "雲梯縣 祇弗驛에 사는 사람 車達의 삼형제는 함께 늙은 어미를 봉양하였
　는데 차달은 그의 아내에게 '시어머니를 모심이 근신하지 않다'고 하여 곧
　棄離하였고 두 동생도 장가들지 않고 마음을 같이하여 효성스럽게 봉양한다
　고 한다……"(『高麗史』 권3, 世家3 成宗 9년 9월 丙子).

6) 黜은 칠거지악으로 처를 내치는 경우, 棄는 이유없이 처를 버리는 경우에 쓰
　였다고 생각할 수도 있으나 사료 B-1처럼 七出의 경우에도 棄가 쓰인 사례
　가 있다.

사들은 대부분 당률을 모법으로 하고 있다. 물론 고려의 형률은 당률 이외에 송률이나 원률의 영향도 받았으므로 당률이 곧 고려율이라거 나 당률이 고려시대에 그대로 적용되었다고는 할 수 없을 것이다. 그러나 형법지 기사의 대부분이 당률에 근원함을 볼 때 일차적으로 당률은 누락된 고려율의 체계를 재구성하는 데 도움을 줄 수 있을 것이다. 일단 당률로서 이혼에 대한 틀을 구성하고, 고려 사회에의 적용 문제는 실제 사례들을 통해 재검토하는 것이 좋으리라 생각된다.

당률에 의하면 혼인관계를 끊을 수 있는 경우는 부부 중 한 쪽이 義絶을 범했을 때였다.[8] 의절이란 '의가 끊어지는 것'으로서 부부는 의로 합한 것인데 의가 끊어졌으니 헤어져야 한다는 것이다.[9] 의절해야 할 상황이란 남편이 처의 조부모·부모를 때렸다거나, 처의 외조부모·백숙부모·형제·고모·자매를 살해했다거나, 장모를 간통한 경우를 말한다. 또 처가 남편의 조부모·부모를 욕하고 때렸다거나, 남편의 외조부모·백숙부모·형제·고모·자매를 殺傷했다거나, 남편의 總麻이상 친족과 간통했다거나, 남편을 해하려 한 것도 이에 속했다. 그 외 남편이나 처가 자신의 조부모·부모·외조부모·백숙부모·형제·고모·자매를 죽였을 때 역시 의절에 해당했다.[10] 의절은 강제이혼 사안으로서 반드시 이혼해야 했고 그렇지 않으면 徒 1년에 처해졌다.[11]

이처럼 의절은 당사자간의 애정에 기반한 이혼이라기보다 자신이

---

7) 『高麗史』 권84, 志38 刑法1 序.

8) 당률에서는 의절 상황 외에도 혼인 당사자의 조건을 속였다거나 重婚이라거 나 부모나 남편 상 중인데 혼인했다거나 하는 등 혼인율을 어겼을 때도 이 혼시킨다는 규정이 보인다(『唐律疏議』 권13·14, 戶婚條 참조). 그런데 이 는 이혼이라기보다 혼인의 무효 내지 취소를 의미한다. 본서 제2장 제1절 '혼인의 조건과 절차' 참조.

9) "疏議曰 夫妻義合 義絶卽離……"(『唐律疏議』 권14, 戶婚 義絶離之 疏議).

10) 『唐律疏議』 권14, 戶婚 妻無七出 疏議.

11) "諸犯義絶者離之 違者徒一年……"(『唐律疏議』 권14, 戶婚 義絶離之).

나 상대방의 가족·친족에 대한 침해로 인한 것이었다. 그러나 여기서도 남편과 처 간에 차별이 존재한다. 남편은 처의 조부모·부모를 때려야 의절되지만 처는 남편의 조부모·부모에게 욕만 해도 의절되었다. 처가 남편을 해하려 한 것은 의절 사유인 반면 남편이 아내를 해하려 한 것은 의절 사유에 포함되지 않았다. 처가 남편에 비해 훨씬 이혼당하기 쉬웠던 것이다. 이 외 의절 상황이 아니라도 부부가 서로 편안히 해로하지 못해 양쪽이 헤어지기를 원할 때는 和離라 하여 이혼할 수 있었다.12) 즉, 합의에 의한 이혼도 인정되었던 것이다.

한편, 의절이 법적으로 공인된 이혼으로서 남편과 처 양측에 다 해당되는 사안이었음에 반해 처를 내치는 것은 남편 측에 의해 일방적으로 행해지는 이혼이었다. 처에게 無子·淫洪·不事舅姑·口舌·竊盜·妬忌·惡疾이라는 7가지 잘못이 있을 경우 처를 내칠 수 있었다.13) 이것은 모두 가부장적인 가족제도의 유지를 위해 처에게 일방적으로 강요되던 조건들이었다. 가부장적인 가족구조에서 대를 이을 자식을 낳지 못한다거나 음탕하여 낳은 자식에 대해 자기 가문의 혈통임을 보장할 수 없다거나 시부모를 잘 섬기지 못하는 것은 큰 죄에 해당했을 것이다. 또 말이 많아 친족간의 관계를 이간한다거나 도둑질을 하여 문제를 일으킨다거나, 질투를 하여 처첩제가 잘 운영될 수 없게 한다거나, 나쁜 병이 있어 주부로서의 역할을 다할 수 없는 것도 큰 허물이었을 것이다.

그러나 칠출에 해당해도 三不去가 있으면 내쫓지 않았다. 삼불거란 부모의 3년상을 같이 치뤘다거나, 빈천할 때 시집와 뒤에 귀하게 되었다거나, 쫓아내면 돌아갈 곳이 없다거나 하는 경우이다. 칠출이나 의절 사항이 없는데도 처를 내쫓으면 徒 1년반, 칠출이 있어도 삼불거가

---

12) "……若夫妻不相安諧 而和離者不坐. 疏議曰……若夫妻不相安諧 謂彼此情不相得 兩願離者不坐"(『唐律疏議』 권14, 戶婚 義絶離之).
13) 『唐律疏議』 권14, 戶婚 妻無七出 疏議.

있는데 내치면 악질과 간통을 제외하고는 杖 1백에 처한 뒤 다시 합하게 하였다.[14] 이것은 함부로 처를 버리는 것에 대한 제제로서 처를 보호하는 조항이라고도 하겠으나 칠출 자체가 여성에게만 적용되고 남성은 해당되지 않는다는 점에서 지극히 가부장적인 이혼 규정이었다 하겠다.

이유 없이 처를 버려 혼인 관계를 파기하는 것이 처벌받아야 할 남성의 죄였다면 함부로 도망하여 혼인 관계를 끊어지게 하는 것은 처첩의 죄였다. 일방적으로 혼인 관계를 계속하고 싶지 않을 때 남편은 칠출 등의 이유를 들어 처를 내쫓을 수 있었다. 그러나 처에게는 이러한 수단이 없었으므로 남편을 피해 도망하는 수밖에 없었다. 그런데 여기서도 역시 남녀차별이 보인다. 둘 다 범죄이지만 처벌률이 기처는 徒 1년, 1년 반에 그친 반면 擅去는 徒 2년 또는 流 2천으로 훨씬 무겁게 처벌되었기 때문이다.[15]

이처럼 당률을 통해 살펴본 이혼의 성립조건은 매우 남녀 차별적이고 가부장적인 성격의 것이었음을 알 수 있다. 합의이혼이나 의절도 있었지만, 칠출이라 하여 일방적으로 처를 내칠 수도 있었기 때문이다. 이러한 당률의 이혼규정이 고려사회에 얼마나 적용되었는지는 알 수 없다. 이는 구체적인 사례와 함께 고찰되어야 할 문제라 생각한다. 그러나 비록 당률은 아니지만 우리의 고대사회에도 이와 비슷한 가부장적 성격의 이혼이 행해지고 있었다.

백제에서는 간음한 여성을 남편집 종으로 삼았다 하며,[16] 경덕왕은

---

14) "諸妻無七出及義絶之狀 而出之者徒一年半 雖犯七出 有三不去而出之者杖一百 追還合 若犯惡疾及姦者 不用此律"(『唐律疏議』 권14, 戶婚 妻無七出).

15) 사료 A-4 참조. 당률에서는 "……卽妻妾擅去者徒二年 因而改嫁者加二等"(『唐律疏議』 권14, 義絶離之)이라 하여 徒 2년과 徒 3년에 각각 처하고 있다.

16) 『周書』 권49, 列傳 제41 異域 上 百濟.

아들이 없는 왕비를 폐해 沙梁夫人으로 봉하였다.[17] 神文王의 妃인 金欽突의 딸도 왕비가 된지 오래되었으나 아들이 없었고, 뒤에 아버지가 난을 일으키자 폐비되었다.[18] 간통죄를 범했다거나 아들을 낳지 못하는 것은 고대사회에서도 처를 내치는 사유였던 것이다. 반면 강수의 예에서 보듯 조강지처를 함부로 버려서는 안 된다는 관념도 있었다.[19] 그러나 이 외 뚜렷한 이혼 법제나 이혼 사례가 보이지 않아 구체적으로 어떤 경우에 이혼이 되었고 기처할 수 있었는지는 잘 알 수 없다. 그러나 남편 측 일방에 의한 출처가 흔히 행해지고 있었던 것 같다. 車得公 지방 순행 시의 이야기는 이를 뒷받침한다. 法敏의 庶弟 車得公이 촌락을 순행하니 州吏 安吉이 보고 異人인 줄 알고 자기 집으로 맞이하여 극진히 대접하였다. 밤에 처첩 3인을 불러 "오늘 밤에 居士 손님을 모시고 자면 나와 종신토록 해로하리라"하였다. 두 아내는 "차라리 당신과 같이 살지 못할지언정 어찌 다른 사람과 동침하겠습니까?"하였다. 다른 한 아내는 "만약 공과 죽을 때까지 같이 살 수 있다면 명령을 따르리다"하고 그대로 시행하였다.[20] 차득공의 말에서 당시에 부부가 종신토록 해로하는 것은 흔한 일이 아니었으며 그 여부를 결정하는 것은 오로지 남편의 의사에 달려 있었음을 알 수 있다.

이러한 상황은 고려에 들어와서도 별로 변하지 않은 듯하다. 『고려도경』에 의하면 "부자 집에서는 아내를 3~4인씩 맞아들이고 조금만 맞지 않으면 곧 이혼한다"[21]거나 "남자와 여자의 혼인에도 경솔히 합치고 헤어지기를 쉽게 하여 전례를 본받지 않으니 진실로 웃을 만한 일"[22]이라 하여 여전히 이혼 법제가 제대로 갖추어지지 않았음을 시

17) 『三國遺事』 권2, 紀異2 景德王·忠談師·表訓大德.
18) 『三國史記』 권8, 新羅本記8 神文王.
19) 『三國史記』 권46, 列傳6 强首.
20) 『三國遺事』 권2, 紀異2 文虎王 法敏.
21) 『高麗圖經』 권22, 雜俗1.

사한다. 그러나 고려는 고대사회에 비해 보다 이혼율이 정비되었으리라 여겨진다. 고려는 성종 때 당률 및 신라율 등을 참작, 고려율을 제정하였으며 이후 계속적인 보완을 행하고 있다. 이에 제2장에서 보았듯 혼인에 대한 여러 규제 사항들이 나오게 되었고, 이혼에 대해서도 마찬가지였다고 생각된다. 그러나 고려율이 현존하지 않고 형법지 역시 소략하여 그 내용을 잘 알 수 없다. 이는 실제 사례들을 통해서만 검증이 가능할 것이다. 이에 다음 장에서는 『고려사』에 나타난 이혼 사례들을 통해 고려시대 이혼의 실상 및 당률의 적용 문제를 살펴보도록 하겠다.

2. 이혼의 유형과 사례

1) 和離와 義絶

당률에 의하면 이혼에는 義絶과 棄妻, 和離의 세 가지가 있었다. 이러한 세 유형의 이혼이 실제 고려 사회에서 어떻게 나타나고 있는지 사례를 통해 살펴보도록 하겠다. 우선 화리의 예부터 보겠다. 이것은 당사자의 합의에 의해 이혼하는 것으로서 이 예가 사료에 실릴 가능성은 거의 희박하다. 사료에는 정상적이고 상식적인 것보다는 문제가 있어 처벌을 받았다거나 처벌이 제대로 이루어지지 않은 경우 등만 수록될 가능성이 높기 때문이다. 그러나 사례가 보이지 않는다하여 이러한 유형의 이혼이 없었다고는 할 수 없다. 앞 시대의 사료이긴 하나 『三國遺事』 調信의 꿈을 보면 가난에 시달리던 부부가 서로 협의하여 아이들을 나누어 맡아 헤어지는 사례가 보인다.

중 調信은 溟州 捺李郡에 있는 世逵寺 莊舍의 知莊이었다. 太守 金昕公의 딸을 좋아하여 누차 洛山 大悲前에 得幸하기를 기원하였으나 이루지 못하였다. 비탄 속에 잠든 조신은 꿈 속에서 그녀와 혼인,

---

22) 『高麗圖經』 권19, 民庶..

50여 년을 살면서 다섯 자녀를 두었다. 그러나 몹시 가난하였고, 나이
가 들수록 가난은 더욱 심해져 걸식으로 연명하기에 이르렀다. 유리걸
식 10년째에 15세된 맏이가 굶어죽기에 이르자 처는 조신에게 헤어질
것을 제의하고 조신 역시 이에 동의, 이혼하였다.[23] 비록 꿈으로 표현
되고 있지만 이는 당시의 현실 상황을 반영하고 있다고 생각되며, 고
려시대에도 사례는 보이지 않으나 이러한 유형의 이혼이 있었으리라
여겨진다.

화리가 혼인 당사자간의 자유로운 의사에 의해 이루어진 이혼인 반
면, 의절은 당사자의 의사와 무관하게 행해졌다. 당률에 의하면 의절
은 대표적인 이혼 성립 사안이나 실제로 의절 사유로 이혼되는 경우
는 많지 않았다. 의절의 요인 대부분이 사형죄에 해당했기 때문이다.
『고려사』 형법지에서 의절 사안에 대한 처벌 규정을 찾아보면 다음과
같다. 우선 남편이 처의 부모를 때렸을 때는 十惡罪 중 不睦罪로 처
결하였다.[24] 십악죄란 가장 극악한 죄 10가지를 규정한 것으로서 사
유를 만나도 죽음을 면하기 어려웠다. 또, 남편이 처의 외조부모·백
숙부모·형제·고모·자매를 살해한 것 역시 살인죄이니 비록 형법지
에 율문은 보이지 않으나 사형이었을 것이다. 처가 남편의 조부모·부
모를 때렸을 때는 교형, 상처를 냈을 때는 참형이었다.[25] 남편이나 처
가 자기 조부모·부모·외조부모·백숙부모·형제·고모·자매를 죽
였을 때 역시 참형에 처하였다.[26]

---

23) 『三國遺事』 권4, 塔像 洛山二大聖 觀音·正趣·調信.

24) "……毆妻父母 准十惡不睦論"(『高麗史』 권84, 志38 刑法1 大惡).

25) "妻妾詈夫之祖父母父母 徒二年 毆絞 傷斬 過失傷 徒二年半 過失殺 三
年"(『高麗史』 권84, 志38 刑法1 大惡); "諸妻妾 詈夫之祖父母父母者 徒三
年(須舅姑告乃坐) 毆者絞 傷者皆斬 過失殺者 徒三年 傷者 徒二年半……"
(『唐律疏議』 권22, 鬪訟 妻妾毆詈夫父母).

26) "謀殺周親尊長外祖父母夫婦之父母 雖未傷斬……"(『高麗史』 권84, 志38 刑
法1 大惡); "諸謀殺期親尊長外祖父母夫夫之祖父母父母者 皆斬……"(『唐
律疏議』 권17, 賊盜 謀殺期親尊長).

158

의절사항 중 사형에 해당하지 않는 것은 남편이 장모를 간통했을
때와 처가 남편의 조부모·부모를 욕했을 때 및 남편의 시마친과 간
통했을 때, 그리고 남편을 해하려 했을 때뿐이다. 처가 남편의 조부
모·부모를 욕하면 도 2년에 처하였다.[27] 처가 남편의 시마친과 간통
하면 『고려사』에는 형률이 보이지 않으나 당률에서 화간은 徒 3년, 강
간은 流 3천이었다.[28] 처모는 고려 오복제에서 小功親이었고 뒤에는
齊衰周年服을 입었는데,[29] 당에서 소공친 간의 화간은 流 2천이었
다.[30] 이 중 우선 사위와 장모간의 간통 사례를 보도록 하겠다. 前門
下舍人 朴啓陽은 妻母 洪氏를 간통한 것이 발각되자 도망하였다. 홍
씨를 신문하니 자백하므로, 곤장을 치고 籍沒하여 官婢로 삼았다.[31]
그리고 박계양도 뒤에 잡아서 먼 곳으로 유배하였다.[32] 유배되면 종
신토록 돌아오지 못하므로 사실상 처와는 이혼되었다 하겠다. 사위와
장모간의 간통은 이처럼 형법지에 의절시킨다고 명시되어 있지는 않
으나 처벌 면에서 볼 때 실제로는 이혼되었던 것이다. 그리고, 처벌
이전에도 인정상·도리상 혼인 관계가 계속되었으리라고는 생각하기
어렵다.

처가 남편의 시마친과 간통해 의절한 사례는 보이지 않으나 간음녀
는 자녀안에 올려 針工으로 삼았다는 사실을 상기하면 역시 혼인관계
가 끊어졌으리라 여겨진다. 처가 시부모에게 욕을 한 예도 나타나지
않으나 시부모를 잘 모시지 못하는 것은 기처의 사유였다는 점에서
공식적으로 의절하건 사적으로 기처하건 이혼되었을 것이다. 남편을
해하려 한 경우로는 남편을 죽이려 꾀했다가 유배당한 사례가 보인다.

27) 주 25) 참조.
28) 『唐律疏議』 권26, 雜律 姦緦麻及妻.
29) 『高麗史』 권64, 志18 禮6 五服制度 成宗 4년 및 明宗 14년 7월.
30) 『唐律疏議』 권26, 雜律 姦從祖母姑.
31) 『高麗史節要』 권29, 恭愍王 23년 3월.
32) 『高麗史節要』 권34, 恭讓王 원년 冬10월.

李需는 制誥로서 벼슬이 尙書禮部侍郎에 이르렀다. 문학으로 이름이 났으나 처가 죽자 服을 다 마치기도 전에 처조카의 아내와 간통하였다. 처조카의 아내는 자기의 남편을 죽이려고 계획하다가 일이 발각되었다. 이에 需와 처조카의 아내는 모두 섬으로 유배되었으며, 여자는 遊女籍에 올렸다.[33] 이 역시 사실상의 이혼이었던 것이다. 이러한 여러 사실로 미루어볼 때 고려에서도 당과 마찬가지로 의절은 이혼 사유였다 하겠다.

의절은 비록 그 내용이 대부분 사형에 처해지는 죄로서 사실상 적용될 수 있는 경우가 많지는 않았지만, 처가 남편에게 공식적으로 이혼을 요구할 수 있는 드문 기회였다. 그러나 의절 사안 중 처 측에서 이혼을 청구할 수 있는 기회는 남편이 장모와 간통하는 경우 외에는 없었다. 반면 처는 남편의 시마친과만 간통해도 이혼되었으며, 시부모에게 욕하는 것만으로도 의절되었다. 부부는 의로 맺은 관계이고 의가 끊어지면 이혼해야 한다는 의절조차 처가 남편에게 짊어져야 할 의리가 더 많은 불평등한 것이었다.

2) 棄妻

의절은 비록 처에게 불공평하게 적용되긴 했으나 그래도 남편과 처모두에게 해당되었다. 그러나 출처는 오직 남편에게만 허용되는 일방적인 것이었다. 고려에서 칠출이 적용되어 처를 버린 사례로는 A-2 및 아래의 사료를 들 수 있다.

B-1. 沆이 전에 大卿 崔昷의 딸에게 장가들었으나 병이 있다하여 棄하고 다시 左承宣 趙季珣의 딸에게 장가드니……(『高麗史』권129, 列傳42 叛逆3 崔忠獻 附 沆).

---

33) 『高麗史』권102, 列傳15 諸臣 李淳牧 附 李需.

B-2. ……과거에 康允忠이 재신 趙碩堅을 방문하여 함께 이야기하는데 석견의 처 장씨가 엿보고 그를 잘 생겼다고 여겼다. 석견이 죽은 뒤 여종을 시켜 윤충을 청하였으나 윤충이 응하지 않다가 종이 세번이나 오자 이에 가서 사통하였다. 뒤에 다시 추문이 있자 윤충은 장씨를 버렸다. 영검은 처음에 安珏의 딸에게 장가들어 두 아들을 낳았으며 다시 金子章의 딸에게 장가들어 아들 둘 딸 다섯을 낳았다. 마침 김씨가 죽자 장씨는 굳이 영검을 불러들여 사통하고 남편으로 삼았다. 영검이 柳濯등과 高郵를 정벌할 때 장씨가 또 행실이 좋지 못하여 영검이 돌아와 (관계를) 끊으니 장씨가 원망하였다.……(『高麗史』 권114, 列傳27 諸臣 具榮儉).

B-3. 雲海의 처 권씨는 성품이 질투가 심하고 사나왔다. 광주에 있을 때 투기를 하여 운해의 얼굴에 상처를 내고 옷을 찢었으며 良弓을 꺾어버리고 칼을 빼어 말을 찌르고 개를 쳐서 죽였다. 또 운해도 쫓아가서 치려고 하여 운해가 달아나 면하였다. 곧 그를 버렸으나 의가 채 끊어지지 않아 권씨가 永興君 環에게 시집갔으므로 門下府에서 헌사에게 통첩하여 국문하였다(『高麗史』 권114, 列傳27 諸臣 崔雲海).

앞 장의 사료 A-2는 시어머니를 잘 섬기지 못하는 처를 버린 사례이다. 양원준(1089~1158)은 처가 시어머니를 잘 모시지 못하자 아들과 처가 울며 애걸함에도 불구하고 처를 내쫓았다. 이러한 사례는 주5)에서도 보인다. 車達은 시어머니 모심이 근신하지 않다하여 처를 내치고 두 동생과 함께 어머니를 봉양하였다. 고려에서 효는 매우 중요한 덕목으로서 성종 이래 역대 왕들은 효자에 대한 표창을 계속하였다. 차달 역시 효자로 정표되었다.[34] 시부모에의 불효는 기처 사유였던 것이다. B-1은 처가 병이 있다하여 버리고 재혼한 기사이다. 병든 처를 버리고 재혼한다는 것은 오늘날의 관념에서는 도덕적으로 용납

---

34) 『高麗史』 권3, 世家3 成宗 9년 9월 丙子.

되기 어려우나, 당률에서 악질은 음란과 함께 삼불거 규정에도 들지 않는 기처 사유였다. 주부의 역할을 제대로 해낼 수 없다거나 대를 이을 건강한 아들을 낳을 수 없다는 점에서 취해진 조처로 보인다.

B-2는 행실이 좋지 않은 처를 내쫓은 예이다. 재신 조석견의 처 장씨는 남편 친구 강윤충(?~1359)에게 마음을 두고 있다가 남편이 죽자 불러들여 사통하였다. 뒤에 장씨가 다른 남자와 추문이 있자 윤충은 장씨를 버렸고, 장씨는 다시 구영검(?~1356)과 혼인하였다. 그러나 구영검 부재 시에 다시 음행을 하자 구영검도 장씨를 내치고 있다. 음일은 예외 없이 기처되었음을 잘 보여주고 있다. B-3은 질투가 심한 처를 버린 사례이다. 최운해의 처 권씨는 질투가 심해 남편 얼굴에 상처를 내고 옷을 찢는 등 횡포를 부려 기처되었다.

한편, 아들을 낳지 못해 기처당한 사례는 보이지 않는다. 고려는 중국과 달리 양측적 친속구조를 가지고 있어 아들이 없어도 대가 끊긴다는 개념이 없었다. 양자도 들이지 않았고, 사위나 외손이 봉양을 하거나 제사를 지내는 경우도 많았다. 게다가 당시 축첩이 허용됐다는 점도 무자를 이유로 기처하지 않은 이유가 될 것이다. 공민왕이 아들이 없자 재추들이 명문가의 딸로서 아들을 낳을만한 여자를 얻을 것을 청해 李齊賢(1287~1367)의 딸로서 惠妃로 봉했다는 예도 있다.[35] 당률에서도 축첩을 전제로, 처가 50세 이상이 되도록 아들이 없어야 쫓아낸다고 풀이하고 있다.[36] 물론 고려에서도 아들을 선호하고, 아들에 대해 강한 집착을 보이는 사례도 있다. 예컨대 鄭倍傑의 처 최씨는 賢妻였으나 자식을 낳지 못하자 일갓집 딸을 데려다 기르고, 그녀가 성년이 되자 남편에게 권하여 첩으로 삼게 하였다.[37] 남편에게 축첩

35) 『高麗史』 권39, 世家39 恭愍王 8년 4월 丙戌.
36) "問曰 妻無子者聽出 未知幾年無子 卽合出之 答曰 律云 妻年五十以上無子 聽立庶以長 卽是四十九以下無子 合未出之"(『唐律疏議』 권14, 戶婚 妻無七出).
37) 『高麗史』 권95, 列傳8 諸臣 鄭文.

을 권유해서라도 대를 이을 아들을 얻고자 한 경우도 있는 것이다. 그러나 이 사례에서도 역시 아내와 이혼하고 있지는 않다.

이 외 절도로 기처된 사례로는 시누이동생(娣) 집 재산을 훔친 예가 보인다. 都評議錄事 金溫의 처가 밤에 몰래 그 시누이동생의 집 재산을 훔치다가 붙잡혔다. 시누이동생의 남편은 趙仁規(1237~1308)와 인척간이었으므로 조인규가 김온의 처를 얽어매고 곤장을 쳤다. 사람들이 모두 조인규가 옳지 않다고들 하였다.[38] 기처 여부를 잘 알 수는 없으나 데려다 곤장까지 쳤다는 것을 보면 출처되었으리라 생각된다.

이렇게 볼 때 고려사회에서는 칠출이 거의 그대로 적용되었음을 알 수 있다. 그런데 칠출은 의절과 달리 법적인 강제력이 있는 것이 아니었다. 이러한 사안이 있을 때 쫓아내도 된다는 것이지 쫓아내지 않으면 처벌을 당했던 것은 아니다. 칠출에 해당하는 데도 처를 쫓아내지 않은 사례들이 보인다. 崔世延은 처가 사납고 질투가 심하자 스스로 거세하여 환관이 되었다.[39] 충렬왕은 齊國大長公主가 투기심이 강하자 사냥을 핑계로 궁에서 나와 첩을 가까이하였다.[40] 즉, 질투하는 처를 무조건 내쫓지 않고 이처럼 다른 방식으로 대응할 수도 있었던 것이다. 칠출 중 단지 간통의 경우만 형사처벌의 대상으로서 다른 것과 달리 처리하였다. 간통은 B-2처럼 처를 내치는 선에서 끝낼 수도 있지만 법적 처벌을 받게 할 수도 있었다. 그렇게 되면 간통녀는 恣女案에 올라 針工이 되어 자동적으로 이혼이 되었던 것이다.[41]

칠출은 아니나 범죄로 쫓겨난 예도 있다. 慶昌宮主 柳氏는 종실 新安公 佺의 딸인데 충렬왕 3년(1277) 저주한 일에 연좌되어 폐비되었다.[42] 궁주의 아들 琮이 평소에 병이 많았으므로 궁주가 눈 먼 중 終

38) 『高麗史』 권105, 列傳18 諸臣 趙仁規.
39) 『高麗史』 권122, 列傳35 諸臣 崔世延.
40) 『高麗史』 권31, 世家31 忠烈王 22년 2월 丙寅.
41) 『高麗史』 권84, 志38 刑法1 戶婚 睿宗 3년.

同을 불러 기도하고 음식을 땅에 묻었는데, 內竪 梁善·大守莊 등이 이것을 임금을 저주한다고 무고하여 폐위되었다.[43]

칠출이나 의절 사안이 없는데 처를 버리면 당률에서는 처벌되었다. 그러나 고려는 당의 규정이 적용되지 않은 듯 정당한 사유 없이 처를 버린 사례가 많이 보인다.

B-4. 宋有仁은……의종 말엽에 대장군이 되어 문관들과 교제를 많이 하니 무관들이 항상 그를 미워하였다. 이때 중부가 정권을 잡자 유인은 스스로 고립되어 위태로운 것을 깨닫고 화가 자기에게도 미칠까 염려하여 그 처를 섬으로 쫓아내고 중부의 딸을 처로 삼기를 구하였다(『高麗史』 권128, 列傳41 叛逆2 鄭仲夫 附 宋有仁).

B-5. 都房別抄는 말안장·의복·창 및 화살을 거란의 풍속에 따라 다투어 아름답게 하는 것으로써 자랑삼았다. 都下의 자제들도 역시 다투어 사치함을 일삼아 가난하기 때문에 버림받은 아내들이 많았다(『高麗史』 권129, 列傳42 叛逆 崔忠獻).

B-6. 이영주의 아비는 應公이다. 영주는 처음에 중이 되었다가 훗날 속세로 돌아와 양갓집 딸에게 장가들어 아들 하나를 낳고 管城縣 슈이 되었다. 충렬왕이 세자였을 때 鞋工 金准提의 처가 미인이라는 소리를 듣고 그녀를 맞아들이니 이때 임신 몇 개월이었다. 딸을 낳자 충렬왕은 그 아이를 기르면서 마치 자기의 딸처럼 여겼다. 영주가 자기 처를 버리고 그 딸에게 장가드니 당시에 國壻라 불렀다(『高麗史』 권123, 列傳36 嬖幸1 李英柱).

B-7. 護軍 宋千祐가 知門下 都吉逢의 딸에게 장가들었는데 일찍이 정조를 잃은 여자라고 드러내놓고 말은 하면서도 세력을 두려워하여 감히 버리지 못하였다(『高麗史』 권135, 列傳48 叛逆6 辛禑 11

---

42) 『高麗史』 권88, 列傳1 后妃1 元宗 慶昌宮主 柳氏.
43) 『高麗史』 권91, 列傳4 宗室2 順安公 琮.

년 1월).

B-4는 정치적 이유로 기처한 사례이다. 송유인(?~1179)은 평소 무신들과 사이가 좋지 않았다. 무신정권이 들어서자 그는 몸을 보전하기 위해 기처하고 새 정권의 실력자인 정중부 딸과의 재혼을 꾀하였다. B-5는 부귀를 구하기 위하여 처를 버린 예이다. 최이는 人家를 강점, 격구장을 만들고 매일 별초들을 모아 격구와 활쏘기 · 말달리기 · 창쓰기 등을 시켜 재능 있는 자에게 벼슬을 주었다. 이에 별초들은 의복이나 武具를 화려하게 꾸며 돋보이게 하였고, 이러한 풍조는 都下의 자제들에게까지 번져 비용을 댈 수 없는 가난한 처들이 많이 버림받았다.

B-6은 출세를 위하여 처를 버리고 재혼한 사례이다. 이영주는 왕의 힘을 빌기 위해 자신의 처를 버리고 충렬왕의 서녀 아닌 서녀, 鞋工 金准提의 딸에게 장가들었다. B-7은 혼전간음이 기처 사유가 됨을 말해준다. 우왕은 얼굴이 곱다는 이야기만 들으면 신하의 딸들을 가리지 않고 음행하였다. 도길봉의 딸 역시 마찬가지였고 송천우도 그 사실을 알고 있었으나 여자집의 세력이 두려워 버리지 못하였다. 이처럼 고려에서는 칠출이나 의절 사안이 아니라도 다양한 이유로, 주로 남편의 의사에 따라 일방적으로 기처가 행해졌다. 그렇다면 처도 필요에 따라 남편을 버릴 수 있었을까. 아래의 사료는 이에 대한 해답을 준다.

> B-8. 이때 判書 金世德의 처 윤씨가 수년 동안 과부로 지내면서 깨끗하지 못한 행실이 있었으므로 그의 어머니가 그를 전 洪州牧使 徐義에게 개가시킨지 겨우 수일 지난 후에 윤씨가 서의를 미워하여 쫓아냈다. 사헌부가 그를 추궁하는 한편 나졸을 보내어 그 집을 지키고 있을 때 李仁任 등은 윤씨에게서 후한 뇌물을 받고 그것을 그만두게 하려고 꾀한 끝에 '李豆蘭은 누차에 걸쳐 변경을 지키는 공로를 세운 사람이다'라고 말하고 윤씨를 그에게 시집보냈다(『高麗

史』권116, 列傳29 諸臣 李豆蘭).

　김세덕의 처 윤씨는 재혼한 남편이 싫어 남편을 쫓아냈다. 그러자
사헌부에서 사건을 추국함은 물론 군사들을 시켜 그 집을 지키게까지
하고 있다. 똑같이 배우자를 버린 행위나 처와 남편 간에 전혀 다른
가치 기준이 적용되었던 것이다. 그리고, 처의 도망 역시 처벌되었다.
처에게 적용되는 칠출도 남편에게는 적용되지 않았고, 기처는 허용되
면서 기부는 처벌되었다. 이러한 상황에서 처가 취할 수 있는 방법은
남편을 피해 도망가는 것뿐이었다. 그러나 이것은 범죄로서 앞에서 보
았듯 처가 도망하면 徒 2년, 도망해 개가하면 流 2천에 처하였다. 실
제로 典理摠郞 裵仲倫의 처는 친척인 중 云珪와 사통하여 연안부로
도망하였다. 이에 그들을 체포하여 국문한 뒤 중륜의 처는 매를 치고
적몰하여 노비로 삼았다. 운규는 옥중에서 죽었다.[44]

　반면, 남편들은 기처가 허용되었을 뿐 아니라 구태여 이혼까지 가
지 않아도 동거를 하지 않는다거나 소박하는 등 또 다른 형태로 혼인
생활을 계속하지 않을 수 있었다. 李義旼(?~1196)의 딸은 承宣 李賢
弼의 처였는데 음탕한 품이 어미와 같았으므로 이현필이 더러워서 동
거를 하지 않았다거나[45] 우왕이 淑妃에게 미혹되자 懿妃는 총애를
잃고 화원으로 쫓겨나갔다는[46] 기사 등을 볼 때 그러한 사실을 알 수
있다. 반면 처에게는 이러한 권리가 없었다. 아래의 사료는 이를 잘
보여주고 있다.

　　B-9. 왕의 사랑을 차지한 여성은 5명인데 특히 사랑하였던 사람은 오
　　　　로지 純珠와 明春 두 사람이었다. 작년 겨울부터 순주가 죽고 명춘
　　　　이 또 죽으니 후궁으로서 마음을 즐겁게 하여 줄 사람이 없게 되었

44) 『高麗史』 권135, 傳48 叛逆 辛禑.
45) 『高麗史』 권128, 列傳41 叛逆 李義旼.
46) 『高麗史』 권35, 列傳48 辛禑 10년 11월.

다. 이에 두 공주를 불러 내전으로 들어오게 하여 임금의 의복에 관한 일과 그 밖의 모든 일을 관장하게 하고 아침 저녁으로 곁을 떠나지 못하게 하였으며 때로는 한 잠자리에서 같이 잠을 자니 염려함이 있어도 말하지 못하였다. 왕의 사위 令公이 몇 달 동안 혼자 있게 되었으므로 분한 마음을 참지 못하여 마침내 이혼하려하니 왕이 이 말을 듣고 영공을 불러 수창궁의 동쪽에 있는 태후의 행궁에 거처하게 하고 매일 공주로 하여금 신분을 감추고 보통사람과 같은 옷을 입고 가서 위로하게 하더니 11월에 이르러 공주를 私家로 돌려보냈다(『高麗史』권20, 世家20 明宗 10년 6월 庚戌).

명종은 본래 성품이 잔약한 데다 무신란 이후 수차례의 정쟁을 겪으면서 자칫하면 놀라고 두려워하였다. 순주·명춘이라는 두 시녀에게 마음을 의지하고 있었는데 그녀들이 죽자 공주를 곁에 두고 위로받았다. 이에 공주가 오래 집을 비우게 되고, 여러 달을 혼자 있게 된 공주의 남편은 화가 나 이혼하려 하였다. 즉 처는 집을 오래 비우는 것만으로도 이혼사유가 되었던 것이다. 부부간에 권리와 의무의 차이가 매우 컸음을 보여준다 하겠다.

이같이 고려시대에는 이혼의 유형과 사례를 볼 때 매우 성차별적인 이혼율이 존재했음을 알 수 있다. 합의이혼이나 의절도 있었지만 기처가 대부분이었고, 그나마 당률에서 처벌로 규정된 의절이나 칠출사유가 없는 기처조차 허용되었다. 뿐만 아니라 남편에게는 소박 등 이혼과 다름없는 행위도 허용된 반면 처에게는 이러한 행위가 용납되지 않았고, 棄夫나 擅去도 율대로 처벌되었다. 『고려도경』의 '쉽게 헤어진다'는 것은 남편에게만 한정된 권리였던 것이다. 이혼의 유형과 사례 면에서 볼 때 고려는 매우 남성 중심적인 사회였다고 하겠다.

3. 이혼의 절차와 성격

고려시대에 이혼은 누구에 의해 행해졌을까. 전근대사회에서 혼인은 당사자 쌍방의 의사가 아니라 양 가문 主婚者의 의사가 중요했다. 그런 면에서 이혼 역시 당사자간의 감정문제보다도 양가의 의견이나 가장에 의해 처리되는 경우가 많았다. 예컨대 定妃 安氏는 죽주사람이니 竹城君 克仁의 딸로서 나이 열다섯에 뽑혀 들어와 정비에 봉해졌다. 안극인(?~1383)이 同知密直이 되어 시중 柳濯 등과 함께 상서하여 馬巖役을 간하니 왕이 크게 노하여 비를 내쫓아 집으로 돌려보내며 '너를 미워하는 것이 아니라 너의 아비를 미워함이다.'라고 하였다. 얼마 후에 비를 불러 환궁시켰다.[47] 사돈(안극인)이 노국공주의 능묘를 세우는 馬巖의 役事를 불가하다고 간하자 공민왕이 노하여 며느리를 내쫓았던 것이다.

이는 남자 측에서 이혼을 주도한 경우인데, 반대의 경우는 어떠하였을까. 앞의 사료 A-1처럼 內旨를 청탁해서야 이혼이 가능했던 것이다. 같은 主婚者라도 夫側과 妻側 간에 권리 면에서 큰 차이가 있었던 것이다. 이것은 혹 정비 안씨의 사례가 왕일 경우라 마음대로 이혼시킬 수 있었다고 생각할 수도 있겠으나, 남편에 의해 기처된 여러 사례들을 생각하면 그렇게 보기만도 어렵다. 남편들은 처가 시부모를 잘못 모신다거나 음탕하다거나하는 허물이 있을 때뿐 아니라 자신의 부귀나 출세를 위해서도 쉽게 처를 버렸다. 고려시대에 이혼은 남편이나 시가에 의해서 주로 행해졌고 여자 측에는 거의 권리가 없었던 것이다.

이 외 이혼은 왕이나 권세가 등 제3자에 의해 강요되기도 하였다. 환관 楊安吉이 황제의 측근에 있으면서 권세를 누리자 왕은 그에게 도움을 얻으려고 안길의 누이가 시집간 지 이미 오래되었으나 그의 남편을 내쫓고 자기 측근인 朴仁平에게 시집보냈다.[48] 또 林衍은 사

---

47) 『高麗史』 권89, 列傳1 后妃1 定妃安氏.

사로운 원한으로 나유의 장인 趙文柱를 죽이고 유에게 이혼하도록 위협하였다.[49] 이처럼 고려시대의 이혼은 가족의 요구나 정치적 필요에 의해 행해졌던 것이다. 그러나 어떤 경우에도 처 측의 이혼권이 약해 남성중심 사회로서의 성격을 잘 보여주고 있다.[50]

이같이 이혼의 청구가 남편 측에 유리했을 뿐 아니라 이혼의 유형도 대부분이 기처였다. 사료에 나타난 이혼의 여러 유형들을 도표화해 보면 명확하다.[51]

<표 3-1> 고려 이혼의 유형과 사례

1	성종	백성 車達이 불사구고로 기처	7출(불효)	節要 成宗 9년 9월
2	문종	문종이 며느리를 미워해 내쫓음		史 后妃傳 宣禧王后金氏
3	순종	궁노와 간통해 폐비	7출(음일)	史 后妃傳 長慶宮主李氏
4	숙종	李資義의 난으로 폐비	정치	史 后妃傳 元信宮主李氏
5	인종	이자겸의 난으로 폐비	정치	史 仁宗世家 4년 6월을묘
6	의종	梁元俊이 불사구고로 기처	7출(불효)	節要 毅宗 12년 11월
7	명종	宋有仁이 무신정권 성립뒤 기처하고 정중부 딸과 재혼	정치	史 叛逆傳 鄭仲夫 附 宋有仁
8		于學儒 무신정권 성립 뒤 李義方 누이와 혼인	정치	諸臣傳 于學儒
9		李義方 사후 딸 恩平王后李氏 폐빈	정치	節要 明宗 4년 12월
10		王珪가 金甫當亂에 연좌, 기처하고 정중부딸과 재혼	정치	節要 明宗 7년 3월
11		李義旼처 崔氏 종과 간통해 기처	7출(질투·음일)	史 叛逆傳 李義旼
12	고종	崔沆이 병으로 기처	7출(병)	史 叛逆傳崔忠憲附 沆
13		사치풍조로 가난한처 기처	부귀	史 叛逆傳崔忠憲附 怡
14	원종	삼별초란으로 점령당한 지역의 여성들 기처당함	정조	史 刑法志 戶婚 元宗 13년 정월

48) 『高麗史』 권131, 列傳44 叛逆 趙頔.
49) 『高麗史』 권104, 列傳17 諸臣 羅裕.
50) 처 측에서 이혼한 경우는 A-1의 사료와 주 48)의 기사뿐이다. 모두 왕의 명령에 의해야만 가능했던 것이다. 이런 점에서 처 측의 이혼은 매우 어려웠다 하겠다.
51) 도표의 史는 高麗史, 節要는 高麗史節要를 의미한다.

15	충렬왕	왕을 저주한 죄목으로 폐비	정치	史 后妃傳 慶昌宮主柳氏
16		기처하고 충렬왕 서녀와 혼인	출세	史 嬖幸傳 李英柱
17	충숙왕	아비가 딸을 이혼시켜 왕에게 바침	출세	史 后妃傳 壽妃權氏
18		왕이 환관 楊安吉누이의 남편을 내 쫓고 朴仁平과 재혼시킴	정치	史 叛逆傳 曹頔
19		前忠州牧使 金用卿 처가 의붓딸의 남편 王之祐와 간통	의절사유	史 忠肅王世家 16년 9월
20	충목왕	처를 버리고 창녀집에서 삶		節要 忠穆王 4년 8월
20	충목왕	처를 버리고 창녀집에서 삶		節要 忠穆王 4년 8월
21	공민왕	사돈(安克仁)이 馬巖役을 불가하다 고 간하자 며느리쫓음	정치	史 后妃傳 定妃安氏
22		朴啓陽과 장모 洪氏 간통	의절사유	節要 恭愍王 23년 3월
23		길재 누이 기처당함		冶隱集 吉再行狀
24		趙碩堅의 처 張氏는 康允忠과 재혼 뒤 음질로 기처당하고 具榮儉과 三婚뒤 다시 음질로 기처당함	7출(음일)	史 諸臣傳 具榮儉
25	우왕	崔雲海 처 질투로 기처	7출(질투)	史 諸臣傳 崔雲海
26		환관 金實이 기처하고 사족녀와 재혼	명예	史 叛逆傳 辛禑
27		尹氏 재혼한 남편을 내쫓음	기부	史 諸臣傳 李豆蘭
28		裵仲倫 처 간통하고 도망해 처벌	천거	史 叛逆傳 辛禑

<표 3-1>에 의하면 고려의 이혼은 기처가 압도적이었다. 기부는 단 1건이(27) 보일 뿐이며, 처가 도망해 처벌된 것(28) 역시 1건뿐이다. 의절로는 사위와 장모의 간통 사례가 보일 뿐이나(19·22) 이 역시 의절했다는 명문은 없다. 단지 처벌 상 이혼되었으리라 가정해 포함시켰을 뿐이다. 이처럼 고려의 이혼은 곧 기처라 할 만큼 기처가 대부분이었는데, 기처의 사유는 앞에서 보았듯이 처가 칠거지악을 범했을 때 및 그 외 남편의 요구에 의한 것이었다. 처가 칠거지악을 범해 이혼 당한 사례는 고려 전후기에 모두 나타나는데 고려전기에는 불효(1·6)와 음일(3·11·24), 투기(11·25)와 악질(12) 등이 보인다. 전후기에 모두 칠출 사례가 나타나는 것은 고려가 가부장적 사회로서 가

부장적 성격의 이혼이 일찍부터 자리 잡았음을 보여주는 것이라 하겠
다. 한편 전기에는 전쟁을 겪어도 점령지에서 정조를 이유로 처를 버
리는 사례가 나타나지 않는 반면, 후기에는 삼별초란으로 부득이 정조
를 잃었음에도 불구하고 기처하는 예가 보임을 생각할 때(14), 여성
정조에 대한 관념이 후기로 갈수록 점점 강화되고 있음을 알 수 있
다.52)

　칠출 이외의 기처 사유로는 정치적 요인이 압도적이다. 특히 이자
의나 이자겸란이 발생하던 시기(4·5) 및 무신란으로 정권이 바뀐 명
종 때는 정치적 이유로 기처한 사례가 집중되어 있다(7·8·9·10).
원신궁주 이씨는 平章事 頵의 딸인데 漢山候 昀을 낳았다. 오라비 資
義가 윤을 받들어 왕을 삼으려 하다가 일이 발각되어 죽임을 당했고
궁주와 윤도 경원군에 유배되었다(4). 이자겸의 두 딸 역시 이자겸의
패망과 함께 폐비되었다(5). 은평왕후 이씨 또한 이의방의 죽음과 함
께 쫓겨났다(9). 이들은 모두 권세와 반란을 통해 부당하게 왕비가 되
었다가 세력의 붕괴와 함께 이혼 당했던 사례이다.

　송유인이나(7) 우학유(8), 왕규는(10) 정권이 바뀌자 생명에 위협을
느껴 기처하고 재혼하였다.53) 우학유(?~1179)는 처음에 李高·李義
方 등이 난을 일으키려할 때 병사를 주관할 사람으로 추대되었으나
이를 거절하였다. 무신란 성공 뒤 생명의 위협을 느낀 그는 이의방의
누이와 혼인, 화를 면하였다. 왕규는 평장사 李之茂의 딸을 娶하였는
데 이지무의 아들 世延은 金甫當의 매부로서 정중부의 란에 죽었다.
이의방은 왕규마저 죽이려 하였으므로 왕규는 정중부의 집에 숨어서
목숨을 부지하였다. 여기서 그는 정중부의 과부 딸과 사통, 결국 본처
를 버렸다. 원 간섭기에 들어가서도 이러한 경향은 계속되어 충숙왕은
환관 양안길이 황제의 측근에 있으면서 권세를 누리자 그의 도움을

---

52) 주 56) 내용 참조.
53) 송유인은 사료 B-4 참조.

얻으려고 양안길 누이의 남편을 내쫓고 자기 측근인 박인평에게 시집 보냈다(18).

또한 무신집권기 및 원 간섭기에는 부귀나 출세 등 남편 편의에 의한 기처가 많았다(13·16·17·26). 도방별초의 사치풍조가 일반인에게까지 번져 가난한 처를 버리는 풍조가 만연하기도 했고(13), 자기 처를 버리고 왕의 서녀와 재혼하기도 했으며(16), 자기 딸을 이혼시켜 왕에게 바치기도 하였다(17). 이러한 현상은 모두 이 시기가 정치적으로 변동이 심하고 사회 기강이 문란했기 때문이라 생각된다.

지금까지 살펴본 바에 의하면 시기에 따라 조금씩 그 사유가 다르긴하나 고려의 이혼은 곧 기처라 할만큼 기처가 대부분이었다. 처들은 칠거지악을 범했을 때 뿐 아니라 정치적 요인으로, 또 부귀와 출세를 구하는 남편의 요구에 의해 이혼 당했던 것이다. 당시인들의 기처에 대한 인식은 아래의 사료에서 잘 나타난다.

C-1. 이때에 權貴의 자제로서 牽龍에 補하는데 守平이 隊正으로부터 견룡에 보함을 얻었으나 집이 가난하다는 이유로 사양하니 친구들이 말하기를 "이는 榮選이다. 그러므로 대체로 아내를 버리고 다시 장가들어 부자 되기를 구하는 사람이 많은데 그대가 만약 다시 장가들려고 하면 부잣집에서 누가 사위로 삼지 않겠는가"하였다. 대답하기를 "빈·부는 하늘에 달린 것인데 어찌 차마 20년이나 같이 살던 조강지처를 버리고 부잣집 딸을 구하겠는가"하니 말한 자가 부끄러워 굴복하였다(『高麗史節要』 권16, 高宗 37년 7월).

권수평(?~1250)은 견룡에 보해졌으나 가난하여 그 직을 포기하였다. 그러나 친구들의 말을 빌면 이 경우 대부분의 사람들은 아내를 버리고 다시 장가들어 부자 되기를 구하였고, 부잣집에서도 사위 삼기를 거절하지 않았음을 알 수 있다. 고려시대에 기처하고 재혼한다는 것은 보편적인 일로서 그다지 죄스러운 것이 아니었던 것이다. 그러나 권수

172

평은 20년이나 같이 살던 조강지처를 버릴 수 없다하여 말한 이가 부끄러워 굴복했다 한다. 즉 이 시기에도 처를 버리지 않는 것이 좋은 일이라는 관념이 있기는 했으나 그것은 단지 이상일 뿐이었고, 실제로는 기처에 대해 당연시했던 것이다. 심지어는 세 번 혼인해 세 번 다 기처한 사례도 보인다.[54]

기처에 대해 고려 정부에서는 어떠한 규제책을 가지고 있었을까. 형법지에 의하면 "부모와 의논하지 않고 까닭 없이 처를 버린 자는 벼슬을 빼앗고 부처하였다"[55] 한다. 그러나 이는 삼별초란으로 점령당한 지역에서 기처가 빈번해 사회문제가 되니 이를 무마하기 위한 조처였을 뿐이다. 당시 점령당한 지역의 관리들은 거의 재취하였고 적이 평정되어 처가 돌아와도 더럽혀졌으리라 생각해 받아들이지 않았다. 위의 조치는 이러한 특수한 상황에서 나온 것일 뿐이었던 것이다.[56] 더구나 이 조항을 뒤집어 생각하면 '부모와 의논하면 어떤 상황에서라도 처를 버릴 수 있다'고까지 해석할 수 있다. 고려 정부는 기처에 대해 별 대책을 세우지 않았다 하겠다.

이같이 고려에서 기처가 빈번히 행해지고, 국가에서도 별 제약을 가하지 않은 것은 무엇 때문이었을까. 첫째는 고려의 혼인제도가 신분적·계급내혼적 성격을 띠는 정략적인 것이었다는 점을 들 수 있다.

---

54) 주 4) 참조.
55)『高麗史』권84, 志38 刑法1 戶婚.
56) 이는 "원종 13년 정월에 어사대에서 제의하기를 '경오년의 변란 때에 정부관리들은 자기 가족이 적에게 함몰되었다 하여 거의 다 재취를 하였습니다. 이제 적이 평정되어 자기 본처가 돌아오기는 하였으나 몸을 더럽혔으리라고 의심하고 혹은 신혼에 정이 들어 마침내 본처를 버리고 돌보지 않음으로써 인륜을 훼손시키고 많은 원망을 일으키고 있으니 청컨대 이것을 금지하소서'라고 하니 왕이 이 말을 좇았다."(『高麗史』권84, 志38 刑法1 戶婚)라는 기사에 이어 나와 이에 대한 대책이었음을 알 수 있다. 그리고 앞 장의 기처 사례들이 원종 때뿐아니라 그 전이나 후 모두 계속되고 있었다는 점 역시 이를 뒷받침하는 것이라 생각된다.

혼인은 특권을 유지하거나 특권을 얻기 위한 수단이었으므로 정권이 바뀐다거나 하면 오히려 혼인관계가 파기될 가능성이 높았다. <표 3-1>에서 본 이자겸이나(5) 이의방 딸(9), 왕규(10) 및 송유인(7)의 경우처럼 정치적 이유로 기처하거나 재혼한 사례들이 많음이 이를 말해준다.

둘째는 고려가 처계나 모계와 상당히 밀접한 관계를 유지하는 사회라는 점도 들 수 있다. 고려의 혼속을 남귀여가혼이라 하고 친족제도를 '兩側的 親屬'[57]이라거나 '非單系的 父系優位社會'[58]라고 표현한다. 음서 면에서 외손과 사위는 특권을 부여받았으며[59] 공음전도 아들이 없을 경우 사위가 받을 수 있었다.[60] 또 재산상속 면에서도 아들과 딸이 차이가 없었다 한다. 羅裕(?~1292)는 어머니가 일찍이 재산을 나누어 줄 때 따로 노비 40구를 주니 "아들 하나가 딸 다섯 사이에 있는데 어찌 차마 구차하게 탐하여 어머니의 자식 사랑하는 마음에 누를 끼치겠습니까"라며 사양하고 있다.[61] 뿐만 아니라 외조부나 장인, 사위에게도 봉작을 한다든지 관직을 상으로 주기도 하였다. 인종이 李瑋(1049~1133)의 외손녀를 맞아들여 왕비로 삼자 이위에게 中書令의 관작을 더해주고 鎭定功臣號를 내렸으며 식읍 2천 5백 호를 주었다.[62] 김은부의 세 딸이 왕비가 되자 왕은 김은부 및 그의 처, 부모에게 뿐 아니라 장인인 李許謙에게도 尙書左僕射上柱國邵城縣開國候에 봉하고 식읍 1천 5백 호를 주었다.[63] 權施는 崔怡의 기생첩이 낳은 딸에게 장가들어 僕射에 제수되었고, 아들 守鈞은 장군에 임명

57) 盧明鎬, 『高麗社會의 兩側的 親屬組織 硏究』, 서울대 博士學位論文, 1988.
58) 崔在錫, 「高麗時代의 家族과 親族」, 『韓國家族制度史研究』, 一志社, 1983, 359쪽.
59) 『高麗史』 권75, 志29 選擧3 詮注 蔭敍.
60) 『高麗史』 권78, 志32 食貨1 田制 功蔭田柴.
61) 『高麗史』 권104, 列傳17 諸臣 羅裕.
62) 『高麗史』 권98, 列傳11 諸臣 李瑋 附 瑋.
63) 『高麗史』 권94, 列傳7 諸臣 金殷傳.

되었으며 수균의 사위 文璜도 少卿에 제수되었다.[64]

이처럼 처계나 모계친은 관직이나 봉작의 대상이 되었을 뿐 아니라 함께 형벌에 연좌되기도 하였다. 金景庸은 그의 딸이 이자겸의 아들 彦에게 시집갔으므로 자겸이 패하자 知春州事로 강등되었다.[65] 이영은 이자겸이 한안인(?~1122)을 죽일 때 한안인의 매부였기 때문에 연좌되어 진도로 유배되었다.[66] 이런 점에서 볼 때 딸·사위·외손은 출가외인이 아니고 같은 가족의 일원으로서 영욕을 함께 누렸다 하겠다. 그러므로 남자들은 출세나 정치적 이유로 보다 나은 여성과 결혼을 원했고 이것이 빈번한 기처로 나타날 수도 있었던 것이다. 가난해서 혼인을 못하고 여승이 된 사례는 이를 입증하는 것이다. 金之淑은 충선왕 2년(1310)에 73세로 죽었는데 성품이 청렴결백하고 강직하여 내외직을 두루 거치고 모두 명성과 공적이 있었다. 그러나 두 딸은 집이 가난하여 시집가지 못하고 여승이 되었다.[67] 또 종실인 王璹은 물욕이 적어 불교만 독신하고 생업을 돌보지 않았다. 고종 3년(1216) 죽었는데 딸이 둘 있었으나 집안이 가난해 시집보내지 못하였다.[68] 이것은 혼수비용이 과다하여 이를 마련하지 못해서라고 할 수도 있겠으나 처에게 경제적인 것, 즉 富를 요구했다는 점은 차이가 없는 것이다.

또 하나의 원인은 고려가 재혼이 금지된 사회가 아니었다는 점이다. 재가가 죄악시된다면 기처한 여성의 생활보장 문제 등으로 쉽게 처를 버리기 어려웠을 것이다. 그러나 고려는 재가가 가능한 사회였으므로 상대적으로 기처하는 데 부담이 덜했던 것이다. 이러한 여러 가지 이유로 고려에서는 기처가 성행했다. 그런데 이 요인들은 모두 기

---

64) 『高麗史』 권130, 列傳43 叛逆4 金俊.

65) 『高麗史』 권97, 列傳10 諸臣 金景庸.

66) 『高麗史』 권97, 列傳10 諸臣 李永.

67) 『高麗史』 권108, 列傳21 諸臣 金之淑.

68) 『高麗史』 권90, 列傳3 宗室1 帶方公 俌 附 璹.

존 연구에서 고려 여성의 지위가 높다고 주장할 때 근거로 들던 것들이다. 이러한 요소들이 역으로, 오히려 기처를 조장하는 요인으로 작용하기도 했던 것이다.

기처당한 여성들은 어떻게 되었을까. 길재(1353~1419) 집안의 이야기는 이에 대해 하나의 실마리를 제공해 준다. 길재의 막내 누이는 千戶 方思桂에게 시집갔다가 버림을 받았다. 갈 곳이 없자 선생이 집으로 맞이하여 함께 몇 년을 같이 지냈다. 사계가 다시 맞이하여 데리고 가고자 하니 선생이 '의리 없이 버리고서 또 무례하게 맞으려하니 돌아가도 반드시 또 버릴 것이다'라고 하며 보내지 않았다.[69] 여기서 기처당한 여성들은 일단 친정으로 돌아왔고, 드물지만 남편이 기처를 후회해 다시 데려가기도 하였음을 알 수 있다. 또 재혼이 금지된 사회가 아니었으므로 재혼을 하기도 하였다.[70] 그러나 기처당한 모든 여성이 재혼을 할 수는 없었을 것이다. 정치적 이유나 신분, 부귀 때문에 이혼 당했다면 다시 혼인하기 어려웠을 것이다. 혹은 재혼을 해도 격을 낮춰 혼인하게 되었을 가능성이 높다.

이혼 당한 여성에게는 친권이 없었던 것으로 보인다. 앞의 A-2 사례에서 양원준이 처를 쫓아내면서 아들을 두고 가게 한 데서 이를 알 수 있다. 또 이혼 시 재산에 대한 권리도 지켜졌는지 의심스럽다. 고려시대에는 남녀균분 상속이었다 하며 佛寺에 기증한 사례를 보면 여성의 재산이 독립적으로 존재했음을 알 수 있다.[71] 그러나 아래의 사료와 같이 재산을 얻기 위해 불법적으로 처를 취한 사례도 나타나고 있다.

C-2. 金倫·李齊賢·朴忠佐 등이 왕에게 상소하여 이르기를 "……

---

69) 『冶隱集』 권上, 行狀.
70) 사료 B-2 참조.
71) "또 시주한 田地 중 富平府·金浦縣·守安縣·童城縣에 있는 것은 공의 祖業이고, 김포·동성에 있는 것은 부인의 조업이다."(『牧隱集』, 報法寺記).

(강윤충은) 현재 본처가 있는데도 아직 상복도 벗지 못한 故密直 趙石堅의 처에게 장가들어 석견의 유산을 횡취하였읍니다.……"라 하였다(『高麗史』 권121, 列傳37 諸臣 康允忠).

C-3. (池奫은) 우왕 때에 門下贊成事로 임명되어 判版圖司事의 직무 를 겸하고 있었는데 姜乙成이란 자가 금을 판도사에 바치고 값을 받기 전에 범죄하고 사형을 당했으므로 池奫은 그의 처를 첩으로 삼고 금값으로 포목 1천 5백 필을 받았다. 또 宰臣 辛順이 사형 당 하자 지윤은 그의 아들 益謙을 신순의 딸에게 장가들여서 이미 몰 수당했던 신순의 집과 재산을 찾아내어 자기 아들에게 주었다.…… (지윤은) 크게 세도를 부리면서 거의 30명이나 되는 많은 첩을 거 느렸는데 오직 부자만 취하였고 색은 문제삼지 않았다(『高麗史』 권125, 列傳38 姦臣 池奫).

C-2에서 강윤충(?~1359)은 조석견의 재산을 빼앗으려 상 중에 있 는 조석견의 처와 혼인하였다. C-3을 보면 지윤(?~1377)은 강을성의 처를 취해 관청으로부터 금의 대금을 받았으며 아들을 신순의 딸과 혼인시켜 재산을 취하게 하였다. 이러한 사실에서 볼 때 여성에게 상 속권은 있었다고 보여지나 어느 정도의 재산관리 처분권이 있었는지 는 의문이다. 여성의 재산은 여성 사후 자손에게 상속되었다. 이혼 시 혹 합의이혼이라면 모르겠으나 기처당한 여성의 경우 그 재산을 찾아 갈 수 있었다고는 생각하기 어렵다. 더구나 간음의 경우는 형사처벌의 대상이었고 자녀안에 올라 침공이 되었음을 상기하면 더욱 그러하다. 그리고 실제로 재산을 몰수당한 사례도 보인다. 상장군 全普門의 처 宋氏는 남편의 族姪 曹復生과 간통하였으므로 옥에 가두고 문초하여 자백을 받아 각각 곤장 87대를 때렸다.[72] 그녀의 노비는 속공되었 다.[73]

---

72) 『高麗史節要』 권26, 恭愍王 원년 9월.
73) "……처음에 전보문의 처 송씨가 淫奔하다가 죄를 입게되니 그 노비가 모두

이처럼 여성은 이혼의 성립조건이나 이혼을 청구할 수 있는 권리, 그리고 이혼 뒤의 삶 등 그 어느 쪽도 불리했다. 기처는 처벌하지 않으면서 기부나 천거는 처벌했다. 조선에 비해 이혼과 재혼율은 당연히 높을 수밖에 없었으나 성적으로 자유로워서도 여성지위가 높아서도 아니다. 여성에게는 혼전간음 사실이 기처사유가 될 정도로 정조가 요구되면서도 남편이 의절을 범했을 때를 제외하고는 이혼을 청구할 수 없었다. 혼인제도가 지위를 유지 강화하기 위한 정략적 성격을 띠었다면 처 측에도 마찬가지의 권리가 있었어야하나 처 측은 가장이라 해도 왕이나 권세가를 통하지 않고서는 이혼을 청구할 수 없었다. 고려의 이혼은 철저히 남편 측 위주였고, 따라서 고려사회에서 이혼이 쉬웠다는 것은 여성의 입장에서는 그만큼 쉽게 버려짐을 의미함에 불과했던 것이다.

그러나 고려말로 갈수록 기처에 대한 관념과 정책이 달라져갔다. 기처에 대해 부끄럽다거나 바람직하지 못한 행위라는 생각은 이미 신라시대 강수의 예에서도 보인다. 고려에 들어와서도 A-3의 손변(?~1251)이나 C-1의 권수평(?~1250)의 사례를 보면 그러한 관념이 있었음을 알 수 있다. 그러나 여말에는 이러한 도덕적인 차원이 아니라 실제 기처로 처벌된 사례가 나온다.

C-4. 8월에 獻納 元松壽와 郭忠秀가 "찬성사 鄭天起는 告身이 아직 나오지도 않았는데 공공연히 정방에 들어가 인물을 평정하고 있으며 본처를 멀리하여 버리고 늘 창녀의 집에 가 있다."고 탄핵하였다. 왕이 노하여 송수와 충수를 행성에 내려보내어 국문하게 하고 그 관직을 파면하였으므로 재상과 대간이 대궐에 나아가 구제하려고 하였으나 이루지 못하였다(『高麗史節要』 권25, 忠穆王 4년 8월).

속공되었다.……"(『太宗實錄』 권8, 太宗 4년 8월 庚辰).

178

정천기는 고신이 나오기도 전에 정방에 들어가 인물을 평정하고, 본처를 소박해 버리고는 창녀 집에 가 있어 탄핵되었다. 여기서 정천기가 탄핵된 이유가 꼭 본처를 버린 것 때문만이라고는 할 수 없으나 기처행위가 공적인 탄핵의 한 요인이 되었다는 점에서 이전 시기와의 차이를 알 수 있다. 고려말의 이러한 기처에 대한 조치는 재혼에 대한 규제 및 수절 장려 정책과 짝하는 것이라 하겠다.74) 즉 이 시기에는 처를 함부로 버리지 않으면서 반면 이에 대한 반대급부로 정절과 재가금지를 요구하는 형태를 지향하고 있었던 것이다.

이는 성리학적 혼인관에서 비롯된 것이라 하겠다. 고려말 신흥사대부들은 당시 사회 문제를 극복할 논리로 성리학을 택했고, 혼인제 역시 이 영향을 받았다 할 수 있다. 성리학에서는 강상을 바로잡는 것을 으뜸으로 삼았고 부자·부부·군신 중 제일 우선되어야 할 것은 부부로 보았다. 부부가 있어야 부자가 있고, 부자가 있어야 군신이 있다고 본 것이다. 따라서 부부는 인륜의 근본이며 風化의 근원이라 여겼다.75) 이러한 관념 때문에 조선에서는 어느 시대보다도 혼인이나 부부관계에 대해 많은 관심을 기울였다. 그러나 그 부부관계는 하늘과 땅의 관계처럼 남편은 높고 처는 낮은 것이었으며 남편에 대해 정렬해야 하는 것이었다.76) 그리고 남편에 대한 정렬은 "부부는 인륜의 근본이기 때문에 부인은 삼종의 의리는 있어도 개가하는 도리는 없습니다.'77)라며 재가조차 금지하는 것이었다.

74) "공양왕 원년 9월에 도당에서 제의하기를 '散騎 이상 관리의 처로서 封爵을 받은 자는 재가를 하지 못하게 하며 判事이하 6품관원의 처는 남편이 죽은 후 3년 이내에는 재가를 하지 못하게 하되 위반하는 자는 절개를 잃은 것으로 논죄할 것이며 산기 이상 관원의 첩과 6품이상 관원의 처첩으로서 수절하기를 자원하는 자는 마을 거리에 旌門을 세워 그를 표창하는 동시에 상을 주게 하십시오'라고 하였다."(『高麗史』 권84, 志38 刑法1 戶婚 恭讓王 원년 9월).
75)『世祖實錄』 권43, 世祖 13년 8월 乙未.
76)『世宗實錄』 권56, 世宗 14년 6월 초9일 丙申.

이처럼 남편 생전 뿐 아니라 남편 사후에도 정절을 지키려면 남편
측도 기처를 자제할 수밖에 없었다. 기처당한 여성의 생존과 생계를
위해서였다. 이러한 이유로 고려말부터 기처행위가 규제되기 시작, 조
선시대에 들어가서는 한층 금제가 강화되었던 것이다. 조선시대에는
이유 없이 처를 버리면 사안을 조사, 처벌하고 다시 합치게 하였다.[78]
함부로 기처되지 않았다는 점에서 고려시대보다 여성의 처지가 나아
졌다고도 할 수 있으나, 또 한편으로는 이에 대한 반대급부로서 사상
유례가 없는 정절이데올로기에 매이는 결과가 되기도 하였던 것이다.

제2절 재혼

1. 재혼에 대한 관념

고려시대에는 여성의 재혼이 불법이 아니었다. 그러나 실제 사료를
보면 남성의 재혼 사례는 많은 반면 여성의 재혼 사례는 그다지 보이
지 않는다. 왜 그럴까. 고려시대에는 여성의 재혼에 대해 어떻게 생각
했을까. 아래의 사료를 보자.

> A-1. 공은 어려서 아버지를 여의었는데, 학문에 뜻을 둘 나이가 되자
> 義父가 집이 가난하다고 하여 공부를 시키려 하지 않고 그 아들과
> 함께 同業하도록 하였다. 그 어머니가 불가하다고 고집하며 말하기
> 를, "첩이 衣食 때문에 柏舟를 부끄럽게 하였습니다. 그러나 그 유
> 복자가 다행히 지금 자라나 학문에 뜻을 둘 나이가 되었으니, 이
> 아이의 아버지가 본래 속해있던 무리에 속하게 하여 그 뒤를 따르
> 게 하는 것이 마땅할 것입니다. 만일 그렇게 하지 못한다면 내가

---

77) 『太宗實錄』 권11, 太宗 6년 6월 丁卯.
78) 조선시대 기처나 이혼에 대해서는 장병인, 『조선전기 혼인제와 성차별』, 일
지사, 1997 참조.

무슨 얼굴로 지하에서 전 남편을 다시 보겠습니까."라고 하며, 드디어 그 뜻대로 용단을 내렸다(「李勝章墓誌銘」, 『집성』 274).

A-2. 김홍기는 상장군 趙廉卿의 딸과 혼인했는데 조염경이 김홍기가 죄 없이 죽은 것을 불쌍히 여기고 온 집안이 소찬을 먹고 지냈다. 하루는 최이가 兩府 관원과 장군들을 초대하여 연회를 베풀었는데 조염경에게 묻기를 "어째서 고기를 먹지 않는가?"라고 하니 조염경이 "온 집안이 소찬으로 지내는 까닭이다"라고 대답하였다. 최이가 이 말을 듣자 변색하며 말하기를 "내가 짐작하겠다. 만일 당신이 딴마음이 없거든 빨리 사위를 다시 맞이하라!"고 하였다. 조염경이 겁이 나서 딸을 郎將 尹周輔에게 시집을 보내려 한즉 딸이 울면서 말하기를 "남편이 죽은 지 며칠이 지나지 않았는데 갑자기 수절을 못하게 하느냐?"라고 하였으나 조염경이 듣지 않고 강요하였다 (『高麗史』 권103, 列傳, 金希磾).

A-3. 이때 판서 金世德의 처 윤씨가 수년 동안 과부로 지내면서 깨끗지 못한 행실이 있었으므로 그의 어머니가 그를 전 洪州 목사 徐義에게 개가시킨 지 겨우 수일 지난 후에 윤씨가 서의를 미워하여 쫓아냈다. 사헌부가 그를 추궁하는 한편 나졸을 보내 그 집을 지키고 있을 때 이인임 등은 윤씨에게서 후한 뇌물을 받고 그것을 그만두게 하려고 꾀한 끝에 '이두란은 누차에 걸쳐 변경 지키는 공로를 세운 사람이다'라고 말하고 윤씨를 그에게 시집 보냈다(『高麗史』 권116, 列傳29, 李豆蘭).

A-4. 지금까지 22년이 되도록 묘지명을 짓지 못하였는데, 아, 문정공의 자손이 없는 것이 더욱 슬픕니다. 부인 최씨는 자녀가 없으므로 따를 곳이 없고, 따를 곳이 없으므로 수절하기도 어려웠습니다(「安輔墓誌銘」, 『집성』 594).

A-1에서 이승장(1137~1191)의 어머니는 수절하는 게 좋은데, 생계

유지를 위해 재혼했음을 말하고 있다. A-2에서 조염경의 딸은 남편이 죽고 수절하려 했는데, 최이(?~1249)의 위협에 겁을 먹은 아버지가 강제로 재혼을 시켰다. A-3에서 윤씨의 어머니는 윤씨가 과부로서 행실이 깨끗하지 못하자 그녀를 재혼시켰다. 즉 그렇지 않았으면 재혼을 안 시킬 수도 있었다는 이야기이다. A-4에서는 여성이 자식이 없어 따를 곳이 없으므로 수절하지 못했다 한다. 이처럼 고려시대 사람들에게는 '재혼보다는 수절이 더 좋은 것'이라는 생각이 있었다. 이 생각은 어디서 비롯된 것일까?

고려시대의 상류층 여성들은 중국의 여성교훈서로 유교적 부덕을 익혔다. 그런데 모든 교훈서에서 남성의 재혼은 당연시한 반면 여성의 재혼은 긍정한 적이 없다. 『예기』에서는 "한번 혼례를 올렸으면 종신토록 바꿀 수 없다. 그러므로 남편이 죽더라도 다른 데로 다시 시집갈 수 없는 것이다."[79]고 하였다. 『시경』에는 과부였던 공강이 재혼하라는 부모의 압력에 저항한 백주라는 시가 나온다. 劉向(BC.77~BC.6)의 『列女傳』에는 貞順과 節義 항목이 있다. 班昭(45~115)의 『女誡』에는 "예에 남편이 다시 장가갈 수 있는 근거가 있지만, 부인이 두 번 시집갈 수 있다는 글귀는 없다. 그래서 남편은 하늘이다. 하늘을 근본적으로 어길 수 없듯이 남편을 절대로 떠날 수 없다고 하는 것이다."[80]라는 구절이 보인다.

『여논어』에는 여성이 마땅히 배워야 할 것으로 "첫째가 守節이고 둘째가 淸貞"[81]이라 한다. 그리하여 "부부가 혼인으로 맺어지면 그 의리는 천금보다 중요하다. 살다가 여의치 않게 불행이 닥쳐 남편이 먼저 세상을 뜨게 되면, 3년 동안 참최의 예를 행하고, 의지와 마음을 단단히 간수해야 한다. 가업을 유지하고 산소를 잘 돌보며 자식을 정

---

79) "壹與之齊 終身不改 故夫死不嫁"(『禮記』, 郊特牲).
80) "禮 夫有再娶之義 婦無二適之文 故曰 夫者 天也 天固不可違 夫故不可離
也……"(『女誡』專心章).
81) 『女論語』守節章 제12.

성스럽게 가르치면 산 사람과 죽은 사람 모두에게 영광이 될 것이다."[82) 라 했다. 고려의 여성들도 비록 소수지만 『예기』를 읽고,[83) 백주도 알고 있었다.[84) 또 제법 문자를 알아 의리에 밝았다[85)거나 자식을 직접 가르치기도 했다[86)는 데서, 여성들이 이들 교훈서들을 통해 재혼하지 않는 게 미덕이라는 관념도 습득했을 것으로 보인다.

그렇다면 국가에서는 여성의 재혼에 대해 어떤 방침을 가지고 있었을까. 국가에서는 일단 효자 순손 의부 절부를 표창하여 여성의 정절을 장려하고 있다. 그러나 이것이 삼종지도에 입각해 여성의 절대적 정절을 강조하는 차원에서 이루어진 것은 아니었던 듯하다. 예컨대 성종 때 慶州 延日縣에 사는 사람 鄭康俊의 딸 字伊와 京城 宋興坊에 사는 최씨의 딸은 일찍이 과부가 되었으나 개가하지 않고 시부모를 효성스럽게 섬기고 어린 자식을 길러 상을 받았다.[87) 이는 왕이 "나라를 다스리기 위해서는 근본에 힘써야 하며, 그러기 위해서는 효보다 으뜸가는 것이 없다"며 효를 강조한 것의 일환이다. 즉 표창의 명목이 정절에 대한 찬미보다 효도[88)와 민생 안정이라는 측면이 더 컸던 것이다.

같은 사실은 여성들의 묘지명에도 보인다. "60년을 홀로 살았는데, 친척에게 화목하고 僕妾에게 인자한 것이 마치 부군이 살아있을 때와 같이 하였다. 당시 두 아들이 모두 어렸으나 잘 가르치고 길러 어른이

82) 『女論語』守節章 제12.
83) "焚香靜坐讀內則"(「晏起行二首」,『牧隱詩藁』권9). 이 시 두 수는 이색과 부인의 자화상으로 보인다.
84) 사료 A-1 및 "可憐柏舟節 自誓死靡也"(『補閑集』권下, 動人紅彭原倡妓也).
85) 「崔婁伯妻廉瓊愛墓誌銘」,『집성』, 93쪽.
86) "先君三昆契 祖母金氏性嚴 親授以書史"(『櫟翁稗說後集』2).
87) 『高麗史』권3, 世家3 成宗 8년 12월.
88) 정세화·최숙경·이배용·장필화·김영미·박진숙,「한국여성사 정립을 위한 인물여성연구 - 고대에서 대한제국시기까지」,『여성학논집』5, 이화여대 한국여성연구소, 1988.

되게 하였으니",[89] "정읍부군이 세상을 떠난 다음 40년간 과부로 수절하였는데, 총명하고 자상하면서도 엄하여 두 아들이 공부를 열심히 하여 모두 학문으로 출세하도록 하였다."[90] 즉 묘지명에서도 수절 자체보다 집안을 잘 다스리고 자식을 잘 길렀다는 점을 주로 찬미하고 있는 것이다. 그런데 이를 조선 초 수절 기사와 비교해 보자.

A-5. 동북면 도순문사가 보고하기를 함주 백성의 딸 금진이 나이 23세에 상부하고 수절해서 72세가 되었으며,……임금이 각각 쌀 10석씩을 주고 복호하게 하였다(『太祖實錄』 권8, 太祖 4년 12월 辛丑).

A-6. 청주사람 별장 조덕린의 어미 김씨는 나이 19세에 남편이 죽었는데 부모가 그 뜻을 꺾으려 하매 머리를 자르고 좇지 않으며 60여년을 수절하였다. 목사 김자수가 아뢰니 그 마을을 정표하고 덕린의 군역을 면제하여 봉양하게 하였다(『太祖實錄』 권11, 太祖 5년 5월 乙卯).

즉 여기서는 부모에 대한 효도나 자식 기르기 등 모든 이야기들이 생략된 채 오직 수절 자체만 언급하고 있다. 이를 통해 수절에 대한 생각이 절대화되었음을 짐작할 수 있다. 이와 같은 차이는 무엇 때문일까? 학자들은 한당유학과 송학의 수절관념이 다르다고 보고 있다. 즉 불교나 한당유학에서 정절은 信과 같은 개념으로 남편 생전에 한한 것이었는데,[91] 송나라에 들어와 周敦頤나 張載 등이 남녀관계를 理로 규정하기 시작하고, 이들을 계승한 程顥·程頤 단계에서는 남녀관계가 더욱 경직된다고 본다. 그들에게 理는 곧 불변의 진리였으므로 여성 정절관 역시 '餓死事少 失節事大'로 강화된다는 것이다.[92] 따

---

89) 「金須妻高氏墓誌銘」, 『집성』, 463쪽.
90) 「李自成妻李氏墓誌銘」, 『집성』, 547쪽.
91) 본서 제5장 제1절 300쪽 참조.
92) 홍우흠, 「중국 여성들의 정절에 대한 사적 고찰 2」, 『여성문제연구』 9, 효성

184

라서 중국에서 여성의 수절이 강조된 것은 송대 이후이나 당시 사회에서 그 영향력은 여전히 미미했다. 사회는 옛 풍속을 따르기 마련이므로 실제로 송대에는 이혼과 재가가 여전히 쉽게 생각되었다. 정호와 정이 집안에도 재가한 부인이 있었다.[93] 여성의 정절강화는 원 이후 명과 청에 들어와서 극에 이르게 된다.[94] 고려에서도 송학의 영향은 미미하여 공양왕 때 가서야 고위 관료 부인들의 재가 금지 규정이 나오고 있다.[95]

따라서 고려시대에도 재혼이 자유롭게 행해졌다고 보겠는데, 그럼에도 불구하고 여성의 재혼은 많지 않았다. 그 이유는 법이나 이데올로기보다도 자식 등 현실적인 문제들 때문이었을 것이다. 재혼 시 전 남편의 자식을 데려 가는가 두고 가는가(혹은 친정에서 재혼한 남편과 사는 경우도 마찬가지이다),[96] 이 경우 아이의 친부와 양부 및 그 가족에 대한 친족관계, 재산상속 등 여러 가지 문제가 파생될 수 있다. 또 상대방 남자들도 생활이 아주 넉넉하지 않은 한 자식과 함께 들어올 아내를 반기기도 쉽지 않을 것이다. 또 시부모의 문제도 있다. 자식이 하나밖에 없는데 그 자식이 죽었고, 며느리까지 떠나버린다면 시

여대, 1980, 2~5쪽.
93) 진동원, 『중국, 여성 그리고 역사』, 박이정, 2005, 220쪽.
94) 홍우흠, 앞의 글, 1980, 5~9쪽.
95) 『高麗史』 권84, 志38 刑法1 公式 戶婚 恭讓王 원년 9월.
96) 이종서는 "남편을 잃은 여자는 전 남편과의 사이에서 낳은 자녀들을 데리고 자신의 집에 머물면서 다른 남자를 맞이하여 재혼하는 경우가 많았을 것"이며, "처를 잃은 남편이 재혼하려면 처가를 떠나야 했을 것"이라 한다(이종서, 「'전통적' 繼母觀의 형성과정과 그 의미」, 『역사와 현실』 51, 2004, 139쪽). 물론 사별하거나 이혼한 여성이 일단 친정으로 돌아오는 경우가 많기는 했지만 그 뒤 재혼을 한다면 그 때의 거주는 꼭 처가가 아니다. 고려시대 혼인 뒤 거주규정은 일률적이지 않기 때문이다. 그리고 경제력이 남성에게 있었던 사회에서, 과연 자기 아이는 옛 처가나 처가식구에게 맡겨 키우면서, 자기는 새 장가를 들어 다른 남자가 낳은 자식들을 키우는 남성이 현실적으로 얼마나 있었을지도 의문이다.

부모의 생계유지 문제도 있을 것이다. 이런 여러 가지 문제로 여성의 재혼은 이 시대에도 역시 쉽지 않았던 것으로 보인다. 그러나 어쨌든 고려시대에는 법적으로도 이데올로기적으로도 수절이 강요되지 않았고, 재혼도 금지되지 않았다. 그렇다면 과연 얼마나 많은 여성들이, 혹은 남성들이 재혼을 했을까. 그리고 재혼 뒤 그들의 삶은 어떠했을까. 이하 다음 장에서는 이에 대해 알아보도록 하겠다.

2. 재혼의 실상

<표 3-2>와 <표 3-3>는 고려시대의 재혼자를 나타낸 것이다.

<표 3-2> 남자의 재혼

	이름	초혼	재혼	연도	출전
1	裴景誠	양유소딸	娼妓	1143	배경성전 『집성』86
2	許載	廣評郡大君 이씨 (졸.1남1녀)	최씨(졸. 1남) 上黨郡夫人 김씨	1144이전	『집성』82
3	卓元光	왕씨	宣文道 딸(1남)	인종조 (~1146)	景濂亭集光 山卓氏世系
4	皇甫讓	?(1남1녀)	樂浪郡夫人 김씨(2남)	1149이전	『집성』105
5	劉邦儀	李仲衍 딸	李文絳 딸	1149 〃	『집성』106
6	林光(宋)	劉文志 딸	徐億 딸	1152 〃	『집성』132
7	金義元	李碩 딸(졸.1녀)	李資仁 딸(3남4녀)	1153 〃	『집성』135
8	劉碩	이씨	?	1155 〃	『집성』146
9	金存中	홍씨(1녀1남)	이씨(1남4녀)	1156 〃	『집성』151
10	朴景山	王濬 딸(졸.2남1녀)	王瓚 딸	1158 〃	『집성』164
11	梁元俊	朴卿 딸(졸.2남)	盧瑩 딸(1남1녀)	1158 〃	『집성』172
12	王冲	金代卿 딸(졸.1남1녀)	崔渡 딸(5남)	1159 〃	『집성』177
13	崔誠	金沽 딸 강릉군군 (1남1녀)	김고 형인 金仁存 딸 江陵郡夫人(3남1녀)	1160 〃	『집성』184~185
14	林景軾	康福興 딸(4남3녀)	崔子英 딸(2남2녀)	1161 〃	『집성』192
15	崔惟淸	李還 딸(졸.?남)	鄭沆 딸 東萊郡夫人(7남1녀)	1170 〃	『집성』225, 207

16	卓思正	延安 이씨	鄭光濡 딸	의종조 (~1173)	경렴정집 광 산탁씨세계
17	宋有仁	宋商 徐德彦 처	鄭仲夫 딸	1174이전	송유인전
18	王珪	李之茂 딸	정중부 딸	1177 〃	왕규전
19	鄭筠	?	金貽永 딸	1179 〃	정중부전
20	于學儒	?	李義方 누이	1179 〃	우학유전
21	李純	悦城郡夫人 이씨	이씨	1181 〃	『집성』238
22	咸有一	高子駒 딸(1남1녀)	申覲 딸 利川郡夫人 (2남1녀)	1185 〃	『집성』251
23	盧卓儒	潘思* 딸(1남)	戶部尙書 딸	1191 〃	『집성』272
24	崔敦義	?	金有臣 딸	1192 〃	『집성』273
25	朴康壽	咸陽郡大君 오씨(1남)	함양군대부인 오씨 (자녀 여럿)	1200 〃	『집성』287
26	崔誣	姜夷 딸(졸.1남2녀)	高陽堅 딸	1200 〃	『집성』289
27	吳世才	?	? ?	1200 〃	파한집
28	崔婁伯	廉瓊愛(졸.4남2녀)	柳氏(3남2녀)	1205 〃	『집성』294
29	崔忠獻	宋淸 딸	任溥 딸 康宗 庶女	1219 〃	『집성』333
30	李績	? (무자녀)	? (무자녀)	1225 〃	『집성』344
31	崔瑀	?	大集成 딸	1232	최충헌전
32	韓光衍	金公㝢 딸 上黨郡 (졸.1녀)	任沖 딸 定安郡(무자 녀)	1237 〃	『집성』367
33	吳闡猷	安彌 딸(졸.2남1녀)	金義光 딸(졸.1남2녀) 申惟甫 딸(무자녀)	1238 〃	『집성』370
34	李世華	許京 딸(졸)	薛씨(3남6녀)	1238 〃	『집성』372
35	崔沆	崔昷 딸(병. 기처)	趙季珦 딸	1250	최충헌전
36	梁宅椿	金脩 딸(졸.2남)	배씨(3남)	1254 〃	『집성』386
37	卓英	崔得璜 딸	成公弼 딸	고종조 (~1259)	경렴정집 광 산탁씨세계
38	金俊	?(3남)	?(3남)	1268이전	김준전
39	羅裕	閔漬 딸?(삼별초란 때 포로)	민지 딸?	1270 〃	나유전 『집성』524
40	金坵	박씨(졸.1녀)	최씨(3남1녀)	1278 〃	『집성』396
41	韓謝奇	高陽郡夫人 蔡씨 추봉	고양군 정씨 추봉	1285 〃	가정집 한영 행장
42	金周鼎	張得球 딸	金璉 딸	1290 〃	『집성』402
43	許珙	尹克敏 딸(졸.3남2녀)	崔澄 딸(처제의 딸. 2 남2녀)	1291 〃	『집성』405 허공전

44	金方慶	朴益旌 딸	손씨	1300 〃	『집성』408
45	李英柱	?	金准提 딸(충렬왕 서녀?)	1300 〃	이영주전
46	齊安公 淑	원종 딸 慶安宮主	충렬왕 딸 靖寧院妃	1300 〃	「종실전」
47	崔瑞	閔徽 딸	朴琈 딸	1305 〃	『집성』422
48	鄭仁卿	陳琇 딸(1남)	진수 둘째딸(4남2녀)	1306 〃	『집성』425
49	洪奎	?	金練 딸 光州郡大夫人 김씨(1남5녀)	1316 〃	『집성』435
50	元瓘	洪祿遵 딸(졸. 무자녀)	郭汝弼 딸(졸.1남1녀) 金信 딸(2남3녀)	1316 〃	『집성』641
51	趙延壽	金由祉 딸(1남1녀)	김도 딸(1녀)	1325 〃	『집성』451
52	崔雲	宋玢 딸(졸.무자녀)	任綏 딸 晉陽郡夫人(무자녀)	1325 〃	『집성』453
53	金開物	?	?	1327 〃	『집성』462
54	金承用	元瓘 딸(2남1녀)	朴永堅 딸(무자녀)	1329 〃	『집성』465
55	安于器	崔沖若 딸(졸.2남)	이씨(2남)	1329 〃	『집성』466
56	金台鉉	金儀 딸(졸.1남)	王旦 딸 開城郡大夫人(3남2녀)	1330 〃	『집성』475
57	김백안찰	포해군부인 손씨(졸)	윤씨	1331	가정집2 경사금손미타사기
58	吳潛	申頊 딸 利川郡夫人(2남)	漢人 엄씨(1남)	1336 〃	『집성』489~490
59	閔頔	金忻 딸(1남)	元觀 딸(3남3녀)	1336 〃	『집성』492~493
60	李彦冲	金禧 딸	洪綏 딸	1338 〃	『집성』500~501
61	金深	? (자결?)	鎭江郡夫人 노씨(2남) 永嘉郡夫人 김씨(1녀) 臨洮의 女(1남1녀)	1339 〃	『집성』503~504
62	全信	李昌祐 딸 上黨郡(졸)	金孝進 딸 咸昌郡(3남3녀)	1339 〃	『집성』505
64	崔瀣	潘永源 딸(1녀)	蔡興 딸(2녀)	1340 〃	『집성』515
65	朴遠	洪子藩 손녀	柳湜 딸	1341 〃	『집성』519
66	洪戎	羅裕 딸(3남)	黃元吉 딸(2남)	1344이전	홍규전
67	卓光茂	朴之衍 딸	金仁儉 딸	충혜왕(~1344)	경렴정집 광산탁씨세계
68	崔文度	김씨	羅益禧 딸	1345 〃	『집성』528

69	尹宣佐	尹諧 딸(3남1녀)	昇平郡夫人 박씨(2남) 林씨(무자녀)	1349 〃	『집성』542
70	洪彬	高克仁 딸 燉煌郡(1남)	王珦 딸 敬和翁主(무자녀)	1354 〃	『집성』553
71	朴童生	이제현 딸(3남1녀)	蔡滋 딸(1남)	1355 〃	『집성』557
72	具榮儉	安珪 딸(2남)	金子章 딸(졸.2남5녀) 趙碩堅 처 장씨	1356 〃	구영검전
73	康允忠	?	趙碩堅 처(유산)	1359	강윤충전
74	李子春	崔閑奇 딸 의비(1남1녀)	이씨(1남) 貞安翁主 김씨(1남)	1360 〃	양촌집36 환왕신도비명
76	尹澤	文富 딸(1자)	李長衍 딸(1남2녀) 奇璉 딸(1남1녀) 奇鼎輔 딸(1녀)	1370 〃	『집성』578~579
77	吉元進	金希迪 딸	盧英 딸	1370 〃	길재행장
78	유탁	타아적 딸(1남)	류기 딸 진혜택주(2남1녀)	1371 〃	양촌집39 유공신도비명
79	李仁復	姜居之 딸(졸.1남)	이씨(졸.1남) 하씨(무자녀)	1375 〃	『집성』586
80	이인복 손자	윤씨(졸.1녀)	李成林 딸	1375 〃	『집성』587
81	李齊賢	吉昌國夫人 권씨(2남3녀)	朴居實 딸 壽春國(1남3녀) 徐仲鱗 딸 瑞原郡(2녀) 측실(2녀)	1376 〃	『집성』590
82	李瑞種	洪侑 딸(1남2녀)	金松柱 딸(1남)	1376 〃	『집성』590~591
83	李彰路	韓公義 딸(1녀)	金昴 딸(2남1녀)	1376 〃	『집성』591
84	崔宰	辛蔵 딸 靈山郡(2남)	朴允鏐 딸 務安郡(1남2녀)	1378 〃	『집성』597
85	柳淑	양씨	오씨	1379 〃	『집성』600
86	鄭思道	裵玄甫 딸(2녀)	鄭誧 딸(1남)	1379 〃	『집성』605
87	尹紹宗	姜昌壽 딸(1녀)	朴瓊 딸(1남)	1381 〃	『집성』609
88	윤지표	趙延壽 딸 平壤郡(2남1녀)	李蒨 딸(무자녀)	1382 〃	『집성』611
89	廉悌臣	裵挺 딸 完山郡(졸)	權漢功 딸 辰韓國大夫人	1382 〃	牧隱集 神道碑

90	李達衷	趙文瑾 딸 靖和宅主	安祐 딸 趙千祐 딸	1385 〃	霽亭集 行狀
91	김실	?	사족의 딸	1385	신우전
92	潘福解	林堅味 딸	柳芬 딸	1388 〃	潘福解전
93	李成桂	韓卿 딸(6남2녀)	康允成 딸(2남1녀)	1392 〃	陽村集36 桓 王神道碑銘
94	白璘	奇輈 딸(1녀)	鄭氏(무자녀)	14세기	牧隱集 白氏 傳
95	鄭瑎	金坵 딸(2남)	洪奎 딸(2녀)	14세기	牧隱集 鄭氏 家傳
96	朴思齊	孫仲堅 딸(졸.1남)	李騭 딸	14세기	騎牛先生集 朴惇之墓誌
97	黃裳	?(졸)	원씨	14세기	황상전
98	韓祐	豆瑟(졸)	申珢 万金	14세기	고려 말 화녕 부호적단편

<표 3-2>에 의하면, 매우 많은 남자들이 재혼을 했음을 알 수 있다. 이 중 가장 일반적인 경우가 배우자가 죽었을 때이다. 남성들은 처가 죽었을 때 별 제약 없이 거의 재혼을 했던 것으로 보인다. 특수한 경우지만 부인이 적에게 끌려갔으므로 다시 혼인한 경우도 있다. 즉 삼별초가 반란을 일으키면서 조정관원의 처들을 많이 붙잡아 갔다. 이 때문에 새로 혼인한 자들이 많았고, 나유(39)도 그 중 하나였다.[97] 즉 남성의 재혼은 처의 부재 시에 행해졌던 것이다. 한편 특별한 경우지만 처가 있는데 또 혼인을 하게 된 경우도 있었다.

B-1. 오광척의 아버지 挺이 일찍이 郞將으로 있었는데 서경 반란에 인종이 오정에게 명령하여 조서를 가지고 은밀히 각 고을로 다니며 설복하라는 임무를 주어 파견했다. 오정이 왕의 조서를 옷 속에 간직하고 도보로 숨어 다니다가 적 측의 邏卒에게 체포되어 옥에 갇혔다. 그때에 얼굴이 추악한 어떤 여자가 그에게 밥을 먹여 주었으므로 오정이 고맙게 생각하고 부부가 될 것을 약속하였던바 그 여

97)『高麗史』권104, 列傳17 羅裕.

자가 오광척을 낳았다. 후에 오정의 벼슬이 尙書에 이르러 연로하여 치사하였는데 본처에게서 아들이 없으므로 오광척을 데려다가 후사를 삼았다(『高麗史』 권100, 列傳13 慶大升).[98]

오정은 서경 반란 시 임금의 명령을 수행하다 위기에 봉착했다. 이때 그를 도와 준 여성과 부부가 될 약속을 하고 아들을 낳았다. 오정이 이 여성과 본처를 동시에 두 처로 거느리는 않았을 것으로 보인다. 본처에게 아들이 없어 오광척(?~1179)을 데려다가 후사로 삼았다는 점이 그런 추측을 가능하게 한다. 고려전기에 과연 중혼이 허용되었는지 여부는 명확치 않다. 그러나 고려말이 되면 처가 있음에도 또 혼인을 하는 사례들이 여럿 보인다. 潘福海(?~1388)는 林堅味(?~1388)의 딸에게 장가들고, 후에 典儀注簿 柳芬의 딸에게 또 장가를 들었다.[99] 길재(1353~1419)의 아버지는 처음에 김희적의 딸과 혼인했고, 다시 노영의 딸과 혼인했다.[100] 이성계도 처음에 한씨를 취하고 다시 강씨를 취했다.[101]

재혼 시 대상이 된 여성들은 거의 동일 신분으로 대부분 초혼이었다. 재혼녀를 취한 사례로는 최우(31)와 강윤충(73) 및 구영검(72) 정도이다. 초혼녀가 많은 이유는 『高麗史』나 墓地銘에 등장하는 남성들이 대부분 높은 관직을 지낸 사람들이므로 선택의 폭이 넓었기 때문일 것이다. 여자집에서는 홀아비와 혼인해 계실이 되어도 선취 부인과 법적 지위가 동일했으므로 혼인을 꺼릴 이유가 별로 없었다. 나이 차이가 좀 날 수는 있겠으나 이는 남성의 지위와 경제력이 보상해 줄 수도 있는 부분이었기 때문이다.

---

98) "光陟父挺嘗爲郎將 西都之反仁宗命挺賚詔密諭諸城 挺藏詔衣中徒步間行 被邏卒執繫獄 有一醜女食之挺德之約爲夫婦遂生光陟. 後挺累官至尙書以 老致仕 妻無子乃召光陟爲嗣".

99) 『高麗史』 권124, 列傳37 嬖幸2 潘福海.

100) 『冶隱集』「吉再行狀」.

101) 『牧隱先生集』「李子春神道碑銘」.

그리고 재혼 시 첫 부인과 같은 성씨 집안, 나아가서는 가까운 친척 여성을 택하기도 하였다. 예컨대 최함(1094~1160)은 첫 부인으로 김고 딸 강릉군군을 취했고, 그녀가 죽자 다시 김고의 형인 김인준의 딸(전부인의 4촌자매)을 취했다(13). 신종 때 감문대장군으로 은퇴한 박강수는 친가와 외가가 모두 진주 함양군 호장 출신으로 부모가 동성혼을 했다. 그는 두 부인을 취했는데, 각기 함양군대군과 함양군 대부인으로 봉작됐음을 볼 때, 역시 같은 지역 같은 집안(오씨) 출신이었음을 알 수 있다(25). 충렬왕 때 侍中을 지낸 허공(1233~1291)은 윤극민의 딸과 혼인했는데 처가 죽자 집에서 기르던 처제의 딸과 혼인했다(43). 임연의 폐립음모를 분쇄하고 원종 복위에 공을 세운 정인경(1237~1305)은 처음에 禮賓尹 진수의 큰 딸과 혼인했는데, 처가 죽자 처제와 재혼했다(48).

처가친과의 재혼은 특정 집안과 깊은 유대를 갖겠다는 정치적 목적에서 나온 것일 수 있다. 초혼에서도 동성근친혼이나 특정 집안과의 형제간, 세대간 連婚이 흔히 보인다는 점에서 같은 맥락으로 볼 수 있다. 그리고 법적으로도 하자가 없었다.[102] 한편 처가친과의 재혼은 정치적 목적보다도 그저 남겨진 자식에 대한 배려였을 수도 있다. 예나 지금이나 남성이 재혼할 때 가장 걱정되는 부분은 후처와 전실 자식 간의 관계 문제였을 것이다. 전처와 가까운 사람이 아이의 어머니가 된다면 상대적으로 우려가 적을 수도 있었을 것이기 때문이다.

재혼녀를 취한 경우는 여성에게 미모나 재산, 집안 배경 등이 있는 경우이다. 예컨대 최우의 경우는 대집성의 딸이 자색이 있다는 말을 듣고 맞아들였다.[103] 또 비록 첩이지만 최항(?~1257)의 애첩 心鏡도 용모가 아름답고 영리했다. 최의가 일찍이 그녀와 사통했고, 최항이

102) 중국의 근친혼 규제 범위는 부계로는 동성혼도 못하지만 처가 쪽으로는 장인 장모 정도이고, 외가 쪽으로는 복을 입는 존비속만 피하면 된다. 고려에서 외가나 처가친과 혼인규제를 한 것은 고려말 공민왕 이후이다.
103) 『高麗史節要』 16, 高宗 19년 2월.

죽자 최의(?~1258)는 그 날로 그녀를 데려와 자기 첩으로 삼았다.[104] 강윤충(?~1359)과 구영검(?~1356)은 여자가 적극적으로 원하기도 했지만 무엇보다도 그녀의 재산과 친족의 지위가 큰 역할을 한 것 같다.[105] 또 비록 미수에 그쳤지만 아래의 사례도 그러하다.

> B-2. 밀직 許綱의 처 김씨는 上洛君 金永煦의 손녀인데 허강이 죽으니 신돈이 문벌을 탐내어 그 과부에게 장가들고자 했다. 김씨가 이 소문을 듣고 말하기를 "우리 주인이 평생에 남의 여자라고는 쳐다보지도 않았는데 내가 어찌 차마 그분을 배반할 수 있겠는가! 정히 나를 욕보이려고 한다면 나는 자결하고 말겠다"라고 하고 드디어 머리를 깎고 여승이 되었다. 신돈이 이 말을 듣고 단념하였다(『高麗史』 권132, 列傳45 叛逆6 辛旽).

> B-3. 우왕 2년에 찬성사 池奫이 왕중귀의 처 奇氏를 아내로 삼으려고 여러 번 중매자를 보냈으나 응하지 않았다. 어느 날 지윤이 자기의 졸도들을 데리고 그 집으로 갔다. 기씨의 종이 급히 달려 가 이르기를 "부인은 몸을 피하기 바랍니다."라고 하니 기씨가 말하기를 "내 구차하게 피신하지 않겠다."라고 하였으므로 종들은 아마 기씨가 따르려는 것이라고 여겼다. 기씨가 술상을 차려 지윤을 대접하니 지윤도 일이 잘 되려나보다고 여겼다. 이리하여 마침내 지윤이 내실로 들어가려 할 무렵에 기씨가 멱살을 들고 뺨을 후려갈기며 꾸짖기를 "소위 재상이라는 자가 이 같은 강폭한 행동을 하느냐? 내 차라리 죽을지언정 네 말을 들을 줄 아는가?"라고 하였다. 지윤은 부끄러워 물러가버렸다. 기씨가 최벽에게 가서 말하기를 "내가 좋은 가옥에서 살고 있으므로 지윤이 그것을 차지할 욕심이 나서 나에게 폭행을 한 것이다. 당신은 청백 정직하기로 알려졌기 때문에 찾아 와서 말한다."라 하고 곧 이사하였다. 세상 사람들이 그를 갸륵하게 여겼다(『高麗史』 권110, 列傳23 王煦).

---

104) 『高麗史』 권129, 列傳42 叛逆3 崔忠憲.
105) 본서 201쪽 참조.

즉 신돈(?~1371)은 문벌을 탐내 허강의 처와 재혼하고자 했고, 지윤(?~1377)은 좋은 집을 차지할 욕심으로 왕중귀의 처 기씨와 재혼하고자 했다. 그러나 여성들이 이를 거부해 성사되지 않았다. 지윤은 상당히 욕심이 많아 이 사례 외에도 많은 첩을 취한 게 보인다. 그가 우왕 때 門下贊成事로 判版圖司事의 직무를 겸하고 있을 때, 姜乙成이 금을 판도사에 바치고 값을 받기 전에 범죄를 저질러 사형 당했다. 지윤은 그의 처를 첩으로 삼고 금값으로 포목 1천 5백 필을 받았다. 지윤은 거의 30명이나 되는 첩을 거느리고 있었는데, 부자만을 취하였고 色은 문제 삼지 않았다. 그리고 그 중에서 독립 세대를 가진 자가 12명이나 되었다.106) 또한 권세를 위해 왕과 가까운 사람과 재혼한 경우도 있다. 환관 鄭諴은 인종 때 內侍西頭供奉官이 되었고, 의종의 유모를 처로 삼았다. 의종은 왕이 되자 좋은 집과 內殿崇班 벼슬을 정함에게 주었다. 정함이 초혼이었는지는 알 수 없으나 유모와 혼인했다는 데서 여자가 재혼녀였음을 알 수 있다.107) 이처럼 남자가 재혼녀를 혼인 상대로 택할 때는 그녀에게 기대되는 다른 요소가 있는 경우가 많았다.

또한 처와 이혼하고 재혼을 감행하는 사례도 보인다. 이 경우는 다양한 사유가 보인다. 첫째, 정치적 변동기에 생존을 위해 재혼하는 경우이다. 송유인(17)과 왕규(18), 우학유(20)의 사례가 그러하다. 宋有仁(?~1179)은 의종 말엽에 대장군이 되어 문관들과 교제를 많이 하니 무관들이 항상 그를 미워하였다. 이때 鄭仲夫(1106~1179)가 정권을 잡자 유인은 화가 자기에게도 미칠까 염려하여 그 처를 내쫓고 중부의 딸을 처로 삼고자 했다. 왕규(1142~1228)는 평장사 李之茂의 딸을 娶하였는데 이지무의 아들 世延은 金甫當의 매부로서 정중부의 난에 죽었다. 이의방(?~1174)은 왕규마저 죽이려 하였으므로 왕규는

106) 『高麗史』 권125, 列傳38 姦臣1 池奫.
107) 『高麗史』 권122, 列傳35 宦子 鄭諴.

정중부의 집에 숨어서 목숨을 부지하였다. 여기서 그는 정중부의 과부 딸과 사통, 결국 본처를 버렸다. 于學儒는 이의방, 이고 등이 난을 도모할 때 합류를 거절했다. 무신정권이 성립한 뒤 李義方 누이와 혼인해 무사했다. 둘째, 출세나 재산, 문벌을 탐내 재혼하는 경우이다. 충렬왕이 아직 세자로 있을 때 신 짓는 공인(제화공) 김준제의 처가 얼굴이 곱다는 소문을 듣고 궁내에 들여놓았는데 그때 벌써 임신 수개월이었다. 그 후 딸을 낳았는데 궁중에서 마치 친딸처럼 길렀다. 이영주는 본처를 버리고 그 딸에게 장가들었다(45). 우왕 때 내시 김실도 본처를 버리고 다시 어떤 士族의 딸에게 장가들었다(91).

한편 고려말에는 꼭 부인이 죽지 않아도 재혼을 하는 중혼 사례들이 보인다. 중혼은 남자의 정치적 위세와 경제력을 더 강화시켜 주었을 것이다. 예컨대 김심은 鎭江郡夫人 노씨(2남) 永嘉郡夫人 김씨(1녀) 臨洮의 女(1남1녀)를 취하였다. 이제현(1287~1367)도 길창국 권씨, 박거실 딸 수춘국, 서중린 딸 서원군을 취하였다. 이처럼 남성의 재혼은 처의 부재 시에 일상적으로 행해졌고, 고려말에는 처를 병축하기도 했다. 또 정치적 혹은 경제적 이유로 이혼하고 재혼하는 경우도 많았다. 즉 재혼에 있어서 남성은 아무런 제약 없이 자신의 의도대로 할 수 있었다. 다음으로 여성이 재혼한 사례를 보겠다.

<표 3-3>에서 우선 왕실 여성부터 보면, 제일 먼저 등장하는 것이 문덕왕후 유씨(1)의 사례이다. 문덕왕후 유씨는 광종의 딸로서 어머니는 대목왕후 황보씨이다.[108] 처음 종실 홍덕원군과 혼인했다가 뒤에 성종의 왕비가 되었다. 성종은 그녀와 혼인함으로써 태자가 아니었음에도 선위의 형식으로 왕위에 오를 수 있었다. 광종 이후 왕위는 태조의 많은 왕비 집단 중 유씨 및 황보씨 가계의 연속적 혼인관계로 나타나고, 왕위계승도 이 두 가계에서 교대 계승되고 있다. 왕위가 한 가계에서 타 가계로 이행될 때는 반드시 전왕 가계의 女婿로서의 지위

108) 『高麗史』 권91, 列傳4 公主 光宗三女.

<표 3-3> 여자의 재혼

	이름	초혼	재혼	연도	출전
1	文德王后 柳氏	弘德院君	成宗	960이전	후비전
2	의종 유모	?	鄭諴	1170 〃	정함전
3	김영부 딸	최효□	이세연	1172 〃	『집성』219
4	鄭仲夫 딸	?	王珪	1177 〃	왕규전
5	李勝章 모	권지감찰어사 이동민	?	1193 〃	『집성』274
6	임부 딸	孫洪胤	崔忠憲	1219	최충헌전
7	趙康卿 딸	김홍기	尹周輔	1227	김희제전
8	대집성 딸	?	崔瑀	1232	최충헌전
9	채씨	林惟柄	于琔	1273이전	우정전
10	淑昌院妃	進士 崔文	충렬왕 충선왕	1297 1308	후비전
11	順妃 許氏	평양공 王眩(3남4녀)	충선왕	1308	『집성』485 후비전
12	楊安吉 누이	?	박인평	1321	조적전
13	壽妃	全信의 아들	충숙왕	1335	후비전
14	장씨	趙碩堅(졸)	康允忠(기처) 具榮儉(기처)	1348 1356	강윤충전, 구영검전
15	최씨	安輔	?	1378이전	『집성』594
16	권씨	崔雲海	永興君 王環	1392 〃	최운해전
17	윤씨	金世德	徐義 李豆蘭	1392 〃	이두란전
18	원씨	?	黃裳	14세기	황상전

를 얻음으로써 가능[109]했다. 성종 사후 목종도 성종의 사위 자격으로
왕위를 계승했다.[110] 이혼녀가 왕비가 될 수 있었다는 것은 재혼이 악
덕 시 되지 않았음을 말해주는 것이다. 그리고 이는 고려시대의 정절
관념이 남편 사후까지 연결되는 것이 아니었음을 의미한다. 또한 고려
초 여성의 계보도 남성과 마찬가지로 중요한 비중을 차지했음을 말해

---

109) 鄭容淑, 『高麗王室族內婚 研究』, 새문사, 1988, 108~109쪽.
110) 목종은 홍덕원군 규의 딸인 선정왕후와 혼인했다. 홍덕원군은 성종의 부인
    인 문덕왕후 유씨의 첫 남편이므로, 선정왕후는 문덕왕후의 딸이라 하겠다.
    문덕왕후는 다시 성종과 재혼했으므로 선정왕후는 성종의 딸이기도 하다.

주는 것이다.

<표 3-4> 광종에서 목종까지 왕실계보표

	부	모	처
광종	태조	神明順成王太后 劉氏	大穆王后 皇甫氏 慶和宮夫人 林氏
경종	광종	대목왕후 황보씨	獻肅王后 金氏 獻懿王后 劉氏 獻哀王太后 皇甫氏 獻貞王后 皇甫氏 大明宮夫人 柳氏
성종	안종 (王郁)	헌정왕후 황보씨	文德王后 柳氏(광종 딸) 文和王后 金氏 延昌宮夫人 崔氏
목종	경종	헌애왕태후 황보씨	宣正王后 劉氏(성종 딸) 궁인 김씨

   그 다음 왕실의 사례로는 원 간섭기 숙창원비 김씨(10), 충선왕비 허씨(11), 수비 권씨(13)를 들 수 있다. 숙창원비 김씨는 尉衛尹으로 있다가 치사한 金良鑑의 딸로 용모가 아름다웠다. 일찍이 진사 최문에게 시집갔다가 청춘에 과부로 되었다. 제국공주가 죽자 세자로 있던 충선이 궁녀 無比가 충렬왕의 총애를 독차지하는 것을 밉게 보고 무비를 죽인 뒤, 충렬왕의 마음을 위안하기 위하여 김씨를 맞아들이게 하였다. 후에 숙창원비로 봉하였는데 충렬왕이 죽자 충선왕이 다시 처로 삼아 숙비로 봉하였다.[111] 순비 허씨는 공암현 사람이니 中贊 許珙의 딸이다. 처음에 평양공 왕현에게 시집가서 3남 4녀를 낳았는데, 왕현이 죽은 후 충렬왕 34년(1308)에 충선왕이 그를 맞아 들였으며 그가 왕위에 오르자 순비로 봉하였다.[112] 壽妃 권씨는 福州 사람이니 左常侍 衡의 딸이다. 처음에 密直商議 全信의 아들과 혼인했으나 권

---

111) 『高麗史』 권89, 列傳2 后妃2 淑昌院妃 金氏.
112) 『高麗史』 권89, 列傳2 后妃2 順妃 許氏.

형은 전씨의 집안이 불초한 까닭에 이혼시키려고 하다가 뜻을 이루지 못하였다. 충숙왕 후 4년(1335)에 內旨라는 구실로 이혼시키고 왕에게 바치자 왕이 壽妃로 봉하였다.[113]

이들이 재혼하는 데는 미모가 일차적인 역할을 한 것 같다. 숙창원비는 '밤낮으로 왕(충선왕)에게 백가지 자태로 아양을 부려 왕이 그에 미혹되어 정사도 친히 보살피려 하지 않았다'[114]고 할 만큼 매력적인 여성이었다. 순비도 자식을 일곱이나 낳은 여자가 왕과 재혼할 때는 그녀의 미모가 예사롭지 않았음을 짐작케 한다. 그녀의 용모는 '영특하고 깨끗하여 아름다운 바탕이 마치 선녀 같았다'고 묘사되고 있다.[115] 그녀와 숙비는 경쟁 관계에 있었으며, 연회 시 다섯 번씩이나 옷을 갈아입으며 서로 미모를 겨루기도 했다.[116] 수비 권씨 역시 충숙왕 사후 아들 충혜왕이 간음했다는 기사[117]를 볼 때 상당한 미모의 여성이었으리라 추측된다. 그러나 왕이 그녀들과 재혼한 이유가 단순히 미모 때문만은 아니었을 것이다. 왕으로서 나라 안에 아름다운 여성을 찾으려고만 들면, 구태여 재혼녀가 아니라도 얼마든지 찾을 수 있을 터였다. 이들과 충선왕의 재혼은 그녀들 친족 세력이 더 큰 원인이었을 것이다.

숙창원비는 언양 김씨로 증조부 김취려(?~1234)가 侍中으로서 고종 묘정에 배향되었으며, 이후 5대에 걸쳐 수상내지 재상의 지위에 오른 사람이 사위까지 합쳐 12명이나 된다.[118] 순비 허씨의 아버지는 許珙(1233~1291)으로 충렬왕 때 수상을 지냈고 충렬왕 묘정에 배향되었다. 그 자신은 물론 5남4녀의 자식들이 모두 고위관직을 역임하고

---

113) 『高麗史』 권89, 列傳2 后妃2 壽妃 權氏.
114) 『高麗史』 권89, 列傳2 后妃2 淑昌院妃 金氏.
115) 「忠宣王妃 順妃 許氏墓誌銘」, 『집성』, 237쪽.
116) 『高麗史』 권89, 列傳2 后妃2 順妃 許氏.
117) 『高麗史』 권89, 列傳2 后妃2 壽妃 權氏.
118) 朴龍雲, 『高麗時代史』, 一志社, 1987, 534쪽.

명문가와 혼사를 맺은 대단한 집안이었다.[119] 충선왕은 특히 명문가
의 딸들과 혼인해 이들의 지지를 끌어내고자 했다.[120] 이 때문에 숙창
원비와 순비는 재혼녀임에도 불구하고 왕비가 될 수 있었던 것이다.
수비 권씨는 동방 성리학의 주창자로 일컬어지는 權溥(1262~1346)의
증손녀이다. 권부의 아들 王煦는 충정왕 때 整治都監判事로 개혁을
주도했으며, 권부의 딸 둘은 종친과 혼인했고, 충혜왕의 和妃도 그의
외증손이다. 그의 손자 衡은 딸을 이혼시켜 충숙왕비로 들이고 있다.
가문의 성쇠가 혼인생활의 계속 여부에 영향을 미쳤던 것이다.[121]

  이후 그녀들의 친족들은 정계에서 더 높은 지위를 차지할 수 있었
다. 예컨대 숙창원비의 오라비 金文衍은 어려서 중이 되었다가 환속
했다. 나이 30이 넘도록 자기 힘으로 출세를 못하다가 누이 숙창원비
가 충렬왕의 총애를 받게 되자 그의 덕으로 벼슬자리에 나갔으며, 다
시 숙창원비가 충선왕의 총애를 받아 숙비로 책봉되자 크게 출세하고
彦陽君으로 봉해졌다.[122] 金琿은 敬順王后의 從弟로 충렬왕의 총애
를 받았으며, 淑妃와 連戚 관계가 있어 충선왕의 사랑도 받았다. 그는
숙비를 대단히 근실하게 섬겼는데, 그가 만년에 직위와 君에 봉해진
것은 모두 숙비의 주선으로 된 것이라 한다.[123] 충숙왕은 수비를 맞은

---

119) 朴龍雲, 「고려시대 定安任氏 鐵原崔氏 孔巖許氏 家門 분석」, 『高麗社會와
　　門閥貴族家門』, 景仁文化社, 2003, 256~268쪽.

120) 충선왕은 이미 세자시절 西原侯 瑛의 딸, 홍규 딸, 몽고녀 也速眞, 趙仁規
　　딸, 薊國大長公主 등을 자신의 주장으로 선택한 바 있다(金光哲, 「高麗 忠
　　宣王의 現實認識과 對元活動 - 忠烈王 24년 受禪以前을 중심으로」, 『釜山
　　史學』 11, 19쪽). 이는 충선왕이 왕비 집단을 자신의 주요한 지지 세력으로
　　생각했음을 말해주는 것이다. 숙비와 순비의 선택 역시 이런 의도에서 나왔
　　다 하겠다. 나아가 충선왕은 복위교서에서 자신의 왕비들 가문을 모두 재상
　　지종에 포함시켜 이들의 지위를 높이고 자신의 권위도 회복시키려 했다(金
　　塘澤, 「충선왕의 復位敎書에 보이는 宰相之宗에 대하여」, 『元干涉下의 高
　　麗政治史』, 一潮閣, 1998, 59~65쪽).

121) 정용숙, 『고려시대의 后妃』, 民音社, 1992, 303~305쪽.

122) 『高麗史』 권103, 列傳16 金就礪 附 金文衍.

뒤 아비 권렴을 玄福君으로 봉했다.[124]

　그런데, 중요한 것은 과연 이들 여성들이 왕과의 재혼을 원했는가 하는 점이다. 숙비나 순비는 과부였으니 혹 재혼을 원했을 수 있고, 이 경우 당대 제일의 남성인 왕과의 혼인은 흡족했을 수도 있다. 그러나 수비의 경우 유부녀였고, 그녀가 남편과 이혼을 원했던 기미도 없다. 아비가 자신의 뜻에 따라 이혼시키고 재혼시킨 것이다. 그녀는 전 남편을 사랑했을 수도 있으나 그녀의 의사는 무시되었다. 이처럼 왕비의 재혼은 친족과 관련된 정치적 이유가 가장 컸다. 충렬왕이 며느리 계국대장공주를 瑞興侯 琠에게 재혼시키려 했던 것도 역시 정치적 이유이다.[125]

　그런데 여기서 초혼녀가 아니라 재혼녀도 권력을 이용한 혼인의 대상이 되었다는 점은 다른 시대의 권력혼과 구별되는 고려사회의 특징이라 하겠다. 이는 고려사회에서 재가가 보편적으로 이루어졌고, 재가 자체를 어떠한 결함으로 인식하지 않았기 때문일 것이다.[126] 그렇지만 일반적으로 왕비의 재혼은 드문 일이었다. 대부분의 왕비들은 왕 사후 수절하였다. 딱히 수절을 아름답다고 여겨서도, 강요받아서도 아니었다. 다시 왕비가 될 수 없었기 때문이다. 문덕왕후나 숙비처럼, 혹은 계국대장공주처럼 후계 왕이 그녀의 친족적 지위를 특별하게 여겨 결합해야할 필요성을 느끼지 않는 한, 그녀들은 후계왕의 왕비가 될 수 없었다. 따라서 과부가 된 왕비들은 신하와 혼인해 일반 여성으로 강등되느니, 차라리 죽은 왕의 왕비 신분으로 살아가기를 택했던 것으로 보인다.

　반면 왕의 경우는 왕비가 죽은 뒤 재혼하는 것이 당연시되었다. 아

---

123) 『高麗史』 권103, 列傳16 金慶孫 附 金琿.

124) 『高麗史』 권107, 列傳20 權旺 附 權廉.

125) 『高麗史』 권89, 列妃2 后妃2 薊國大長公主.

126) 金現璟, 「高麗時代 再嫁硏究」, 仁荷大學校 敎育大學院 碩師學位論文, 2000, 23쪽.

니 재혼 정도가 아니라 다처를 취하고 있었으므로 왕비의 생존 여부가 별 문제로 되지 않았다. 재혼을 하지 않은 단 한 명의 왕이 있는데, 그가 명종이다. 명종은 즉위 전에 光靖왕후가 일찍 죽자 다시 왕후를 세우지 않았다.127) 그런데 명종은 무신란 뒤 무신들에 의해 옹립되었다. 그가 왕후를 다시 얻지 않았음은 죽은 왕비에 대한 사모의 정이 지극해서라고 할 수도 있겠으나 당시의 정국이 더 큰 관련이 있을 것이다. 명종은 나라일과 전쟁에 대한 기밀한 정무를 모두 무신들에게 견제 당하고 음악과 여색조차 마음대로 하지 못했다. 정중부가 죽고 나서야 여자들과 사랑에 빠졌으며, 그 중 純珠와 明春 두 후궁이 죽자 목을 놓아 통곡했다는 기사가 이를 말해준다.128) 즉 쿠데타를 일으킨 무신들 간에 서로 견제하느라 왕비를 들이지 못하게 했거나 왕 자신이 눈치를 보느라 왕비를 맞지 못한 것으로 보인다. 이는 특수한 경우라 하겠다.

왕실이 아닌 일반 여성들의 재혼 동기는 다양하다. 우선 별 이유 없이 남편 사후(3 · 15) 혹은 이혼 뒤 재혼(16)한 경우이다. 이승장의 어머니(5)처럼 생계를 위해 재혼한 경우도 있다. 이는 어느 시대에나 있을 수 있는 평범한 경우이다. 또 정치적 이유로 재혼한 경우도 있다. 예컨대 환관 楊安吉은 조적의 양자인데 당시 원나라 황제의 곁에서 권세를 부리고 있었다. 그의 누이(12)가 남에게 시집 간 지 이미 오래 되었는데, 왕은 양안길의 힘을 빌 일이 있어서 그 여자의 남편을 내쫓고 박인평에게로 시집보냈다.129) 조염경의 딸(7)은 남편 사후 수절하려 했는데 최이가 아버지를 협박해 재혼하게 되었다. 즉 양안길의 누이와 조염경의 딸은 자신의 의사와 무관하게, 혹은 의사에 반하여 정치적 이유로 재혼하게 되었던 것이다. 또한 생존을 위해 재혼한 경우

---

127) 『高麗史』 권20, 世家20 明宗 14년 12월 甲申.
128) 『高麗史』 明宗 10년 6월 庚戌.
129) 『高麗史』 권131, 列傳44 叛逆5 曹頔.

도 있다. 임유인의 처 채씨(9)는 남편이 죽은 후 다른 가속들과 함께 원나라로 잡혀갈 운명이었다. 그녀는 달아나 원나라에서 벼슬하다 고려로 돌아온 우정과 재혼했으나 끝내 잡혀 죽었다.[130]

여성의 재혼은 일반적으로 부모의 의사에 의한 것이지만 애정문제로 인한 여성 자신의 의사로 이루어지는 것도 있었다. 정중부 딸(4)이 집 안에 피신해 있는 왕규와 사통해 재혼한 것은 그녀의 애정이 일차적 이유였다 하겠다. 조석견의 처 장씨(14)의 경우도 같다. 그녀는 집에 온 강윤충을 보고 미남자로 여겼다. 그 후 남편이 죽자 그녀는 종을 서너 차례 보내 강윤충을 불러 그와 관계하였다. 뒤에 음란한 소문으로 강윤충에게 버림받자 그녀는 다시 억지로 구영검을 맞아들여 간통하고 결국 부부가 되었다.[131] 즉 장씨가 강윤충 및 구영검과 재혼한 것은 그녀의 애정이 일차적 원인이었다고 하겠다.

그러나 일방적으로 여자가 원한다고 재혼이 성립될 수 있겠는가? 혼인은 쌍방이 원해야 이루어질 수 있다. 재혼이 가능하기 위해서는 그녀들이 선택될 수 있는 또 다른 장점이 있어야 했을 것이다. 정중부 딸의 경우는 자기 아버지가 쿠데타의 주역이었다는 점이 주효했을 것이다. 왕규는 목숨을 구하자면 그녀와 재혼할 수밖에 없었다. 강윤충이 장씨와 혼인한 것은 경제력 때문으로 보인다. "현재 본처가 있는데도 아직 상복도 벗지 못한 故 밀직 趙石堅의 처에게 장가들어 조석견의 유산을 횡취하였습니다."[132]라는 강윤충에 대한 탄핵이 이를 말해 준다. 구영검이 장씨와 재혼한 것도 그녀의 경제력 및 집안이 대단했기 때문일 것이다.[133] 그렇지 않았다면 이미 두 번이나 혼인했고, 음

130) 『高麗史』 권130, 列傳43 叛逆4 于琔.
131) 『高麗史』 권114, 列傳27 具榮儉.
132) 『高麗史』 권124, 列傳37 嬖幸2 康允忠.
133) "구영검이 柳濯 등과 함께 중국 高郵로 출정한 후 장씨는 또 음란한 행동이 많았으므로 구영검이 돌아와서 관계를 끊었는데 장씨는 이것을 원망하였다. 奇轍 등이 처형된 후 元顥가 구영검은 左使 韓可貴와 함께 기철 등의 잔당

란해 기처까지 된 적이 있는 여성을 구태여 처로 취할 이유가 없을 것이다.

김세덕의 처 윤씨의 사례(17) 역시 같다. 윤씨는 전 홍주목사 서의와 재혼했는데 겨우 수일 지난 뒤 윤씨가 서의를 미워하여 쫓아냈다. 사헌부가 이를 추궁하자 그녀는 이인임 등에게 후한 뇌물을 주었다. 이인임 등은 '이두란은 누차에 걸쳐 변경 지키는 공로를 세운 사람이다'라며 윤씨를 그에게 시집보냈다. 즉 당대의 권력자 이인임(?~1388)을 움직일 수 있었던 그녀의 족적 배경 및 그가 만족할 만큼의 뇌물을 줄 수 있는 재력, 이것이 그녀로 하여금 남편을 내쫓고 재혼할 수 있게 한 배경이었던 것이다. 혹은 미모가 경쟁력이 된 경우도 있다. 최우가 대집성의 딸(8)과 재혼한 이유는 그녀의 미모 때문이다. 이 덕에 後軍의 陣主였던 대집성은 비록 패전해도 최우를 믿고 두려워하지 않았다. 대씨가 친정에 가 부모를 보려 하자 최이는 부하를 시켜 은병 20개를 징수케 했다.[134] 이처럼 여성의 미모나 친족 배경, 경제력이 그녀들의 힘이었고, 재혼 시에도 유리하게 작용할 수 있었다.

남성들이 정치적 목적이나 다른 필요에서 여성을 버리고 재혼한 것처럼 여성도 이혼하고 재혼을 할 수 있었다. 그러나 이때 주도자는 여성 자신이 아니라 양안길 누이의 경우처럼 왕이거나 혹은 수비처럼 아버지였다. 또 평범한 여성들이 남편 사후 재혼한 경우도 있지만 남성의 재혼만큼 일반적이지는 않았던 것으로 보인다. 재혼보다 수절이 더 좋다는 관념, 마땅한 상대를 찾기 어렵다는 점, 그리고 현실적으로 재혼해 사는 것의 어려움 등 여러 가지가 원인이 되었을 것이다. 과부

을 체포하지 않았다고 참소하였으므로 왕이 두 사람을 순군에 가두게 하였다. 장씨의 외삼촌인 판사 金成이 安祐, 申青 등과 함께 또 왕에게 고소하고 왕의 명령이라고 기만해 구영검을 처형하였다"(『高麗史』 권114, 列傳27 具榮儉). 즉 그녀는 친족세력을 통해 왕에게 영향을 미칠 만큼 대단한 집안 딸이었던 것이다.

134) 『高麗史』 권129, 列傳42 崔忠憲 附 崔怡.

들은 미모나 족적 배경, 경제력 등 남자들이 매력을 느낄만한 요소가 있을 경우에는 구혼 공세에 시달렸을 수도 있겠으나, 그렇지 않으면 지배층 여성들의 경우 대부분 혼자 살아야 했던 것 같다. 물론 전혀 이데올로기적인 제약을 받지 않고, 혼자서는 도저히 생계를 유지할 수 없었던 서민층 여성의 경우는 어떤 식으로든지 재혼을 하는 경우가 더 많았을 수도 있다. 남편의 죽음이나 이혼으로 혼자 남겨져 수절이나 재혼을 선택해야 했던 여성들의 삶은 어떠했을까. 이하 다음 장에서는 이에 대해 살펴보도록 하겠다.

3. 과부와 재혼녀의 삶

고려시대 묘지명에는 과부가 된 상류층 여성들의 이야기가 많이 나온다. 이들은 남편이 생존해 있을 때나 별반 다름없이 대부분 자식 교육에 힘쓰며 집안을 관리했다. 김태현의 어머니 고씨(?~1327)는 남편 사후 60년을 홀로 살면서 친척에게 화목하고 僕妾에게 인자하였으며 두 아들을 잘 길렀다.[135] 수녕옹주 김씨(?~1335)는 나이 29세에 혼자 되어 아들 셋과 딸 하나를 어릴 때부터 모두 가르치고 길러서 성인이 되게 하였으며 손자까지 보았다.[136] 황보양 처 김씨(1085~1149)는 남편이 죽고 홀로 된 지 거의 15년 동안 집안 식구를 인으로 어루만지고 만약 뜻대로 되지 않는 것이 있으면 반드시 의리로서 단정하게 하니 이러구 저러구 하는 말이 없었다[137]는 묘지명의 묘사들이 이를 말해준다.

한편 여성들은 과부가 된 뒤 승려가 되기도 했다. "절개 지키기를 죽음으로 맹세하며/ 손수 머리 깎았네/ 불교의 계를 지켜 인간 세상 잊었고 향을 올리며 부처의 세계 사모했네/ 평생을 적막하게 보내면

---

135) 「金須妻高氏墓誌銘」, 『집성』, 463쪽.
136) 「王昷妻壽寧翁主金氏墓誌銘」, 『집성』, 483쪽.
137) 「皇甫讓妻金氏墓誌銘」, 『집성』, 105쪽.

204

서/ 40년간 幽閑의 덕을 쌓았네"138)라는 문화군부인의 만장은 승려로
수절하는 여성의 모습을 잘 보여준다. 충선왕비 順妃의 언니였던 金
胐의 처 陽川郡夫人 허씨(?~1324)는 47세에 과부가 된 뒤 남편의 삼
년상을 마치고 충숙왕 2년(1315) 머리를 깎았다. 법명을 性曉라 하고
전국의 여러 곳을 여행하며 신앙생활을 했다. 충숙왕 11년(1324) 그녀
가 사망하자 나라에서는 卞韓國大夫人 眞慧大師를 추봉했다.139)

　그러나 묘지명을 보면, 승려가 된 여성들이 의외로 많지 않다. 그나
마 대부분이 죽기 직전에 부처에 귀의하고 있다.140) 그리고 "52세에
과부가 되어 30년 동안을 홀로 지냈으나 청렴 신중 정절로써 자신을
지켜 세속의 번거로움에 마음을 쓰지 않았고 새벽이면 일어나 불경을
읽고, 병이 나거나 특별한 일이 있지 않으면 집안사람들조차도 그의
게으른 모습을 볼 수 없었다."141)거나 "남편 이씨가 죽은 뒤 26년을
홀로 살면서 항상 선행을 닦는 것으로 일삼았다"142)는 등 세속 신자
로 지내는 사례가 더 많다. 그 이유는 불교에서 여성의 사회활동보다
가정생활을 더 강조했고,143) 이는 곧 여성의 종교적 성취에도 적용되
어 승려로서의 삶보다는 가족의 안녕을 기원하는 신자로서의 삶을 살
게 했기 때문으로 보인다. 과부의 경우 남편에 대해 수절한다는 명분
에서 승려가 되는 것을 막지는 않았지만, 바람직하게 여기지는 않았던
것이다.

　과부로 살아갈 때 상류층 여성들의 경우는 친정에서 받은 재산과
죽은 남편의 재산이 더해져 상대적으로 넉넉했을 수 있다. 그리고 이
때문에 좋은 재혼상대로 꼽히기도 했다. 그러나 대부분의 경우는 그렇

138)「文化君夫人挽章」,『惕若齋集』.
139)「金胐妻許氏墓誌銘」,『집성』, 445~447쪽.
140)「李德孫妻庾氏墓誌銘」,「崔瑞妻朴氏墓誌銘」,『집성』, 458쪽 및 437쪽.
141)「崔湧妻金氏墓誌銘」,『집성』, 102쪽.
142)「李德孫妻庾氏墓誌銘」,『집성』, 457쪽.
143) 본서 제5장 제1절 참조.

지 못했을 것이다. "홀로 사는 30여 년 동안 본래 가난하던 집안이 더욱 가난하여졌으나 조금도 흔들림 없이 태연하게 지켜나갔다"[144]거나, "남편을 여의고 과부로 살다보니 가문이 쇠퇴하려 하였으나 친정 동생 문하시중 문경공이 후하게 도와줌에 힘입어 가문의 형세가 떨어지지 않게 되었다"[145]는 데서 어려움도 있었음을 짐작할 수 있다. 살기 어려우면 과부들은 자식을 데리고 친정으로 돌아오기도 했다. 김태현의 어머니는 남편이 지영광군주사로 나갔다가 삼별초란으로 죽자 10세인 맏아들을 데리고 영광에서 서울로 올라왔다.[146]

과부는 자식이 있으면 남편의 과전을 이어 받았고, 자식이 없으면 구분전을 받았다.[147] 즉 문종 원년(1047) 2월에 왕명으로 결정하기를 6품 이하 7품 이상 관원으로서 대를 물려줄 자손이 없는 자의 처에게는 구분전 8결을 주며, 8품 이하 관원 및 전사한 군인으로서 대를 물려줄 자손이 없는 자의 처에게는 모두 구분전 5결을 주었다.[148] 그런데 문종 30년(1074) 전시과 규정을 보면 최하 등급 수혜인 18과 한인과 잡류도 田 17결을 받고 있다.[149] 이런 점에서 볼 때 과부에게 준 구분전은 생계를 위한 최소한의 토지였던 것으로 보인다. 공양왕 때도 구분전 규정이 다시 나오는데, 이때는 수절 조항이 삽입되어 있다.[150] 과연 고려시대에 자식이 없이 재혼한 여자도 구분전을 받을 수 있었는지는 잘 알 수 없다. 그런데 과전법 규정에서는 과부에 대한 규정이 달라진다.

144) 「金坵妻崔氏墓誌銘」, 『집성』, 426쪽.
145) 「柳英材妻趙氏墓誌銘」, 『집성』, 320쪽.
146) 「金須妻高氏 墓誌銘」, 『집성』, 776~777쪽.
147) 『高麗史』 권78, 志32 食貨1 田制.
148) 『高麗史』 권78, 志32 食貨1 田制 田柴科.
149) 『高麗史』 권78, 志32 食貨1 田制 田柴科 文宗 30년.
150) "(恭讓王三年)七月 大司憲趙浚等上書曰……一口分田在內諸君及自一品以至九品勿論時散隨品給之其受添設職者考其實職給之皆終其身其妻守節亦許終身"(『高麗史』 권78, 志32 食貨1 田制 祿科田).

206

C-1. 대체로 땅을 받은 자가 죽은 후에 그 아내에게 자식이 있고 守信을 한다면 남편의 과전 전부를 전해 받으며, 자식이 없이 수절하는 자는 절반을 전해 받는다. 본래부터 수절한 자가 아니라면 그는 이 조항에서 제외된다(『高麗史』 권78, 志32 田制 田柴科 恭讓王 3년 5월).

즉 수절과부라면 자식이 없어도 남편 과전의 1/2을 주었던 것이다. 과전법 규정에 의하면 7품은 25결(15과), 8품은 20결(16과), 9품은 15결(17과)을 받도록 되어 있다.[151] 이는 구분전 규정에 비해 상당히 많은 액수였음을 알 수 있다. 이것은 과부의 현실적인 호구책이 되어 여성이 재혼할 가능성을 줄이는 역할을 하지 않았을까? 즉 이전에는 과부가 구분전으로 최소 생계를 유지하는 것보다 차라리 재혼하는 게 나았을 수도 있다. 그러나 이제 남편 과전의 1/2을 받을 수 있다면 자식 없이도 수절이 가능했을 수 있다. 이는 과부가 수절해야 함을 천명하는 것이며, 또 현실적으로 수절을 강요할 수 있는 수단이 될 수 있었을 것이다. 또한 '본래부터 수절한 자가 아니라면'이라는 단서도 상당히 의미 있다. 즉 여자가 재혼을 하면, 재혼한 남편이 죽어도 과전을 받지 못한다는 이야기가 되는 것이다. 재혼했다가 남편이 죽어 과전도 못 받고 길에 나앉는 처지가 되느니 차라리 첫 번째 남편이 죽었을 때 그 과전 받고 수절하는 게 더 나은 상황이 될 수도 있는 것이다.
강화된 수절관념은 여성의 봉작 규정에서도 보인다.

C-2. 대체로 부인은 室女로서 남의 정처가 되었을 때에 봉작을 받을 수 있는데 아버지가 관직이 없는 嫡母가 아들이 없고 둘째 아내의 아들이 관직이 있을 때에는 그 적모에게 작위를 봉할 것이요, 둘째 아내는 비록 남편으로 인하여 봉작을 받지는 못하나 그의 낳은 아들이 관직이 있으면 어머니는 당연히 아들로 하여 귀하게 되는 예

151) 『高麗史』 권78, 志32 食貨1 田制 田柴科.

에 따라 현군의 작위를 받을 것입니다. 이상 命婦로서 남편이 죽고
다시 시집 간 사람에 대하여는 작위를 빼앗을 것이요, 30세 전에
과부로 되어 60세에 이르도록 절개를 지킨 사람에게는 그가 생존하
였거나 죽었거나를 막론하고 旌門을 세우고 세납과 부역을 면제시
킬 것입니다(『高麗史』 권75, 志29 選擧3 詮注 封贈 恭讓王 3년 8
월).

즉 여성이 봉작을 받을 수 있는 조건을 '室女로서 正妻가 되었을
때'로 못 박아 재혼녀는 아예 봉작의 대상이 될 수 없게 했다. 또 이미
봉작을 받았어도 다른 사람과 재혼하면 작위를 빼앗았다. 이는 이전에
재혼녀를 왕비로 삼기까지 했던 것과 비교할 때 재혼에 대한 생각이
상당히 달라졌음을 의미한다. 그러나 여전히 재혼금지의 적용을 받는
것은 고위층에 한했다. 즉 "散騎 이상 관리의 처로서 封爵을 받은 자
는 재가를 하지 못하게 하며, 判事 이하 6품 관원의 처는 남편이 죽은
후 3년 이내에는 재가를 하지 못하게 한다. 산기 이상 관원의 첩과 6
품 이상 관원의 처첩으로서 수절하기를 자원하는 자는 旌門을 세워
표창한다."[152]는 것이었다. 일반 서민 여성은 물론 7품 이하 관원의
처조차 수절 대상으로 규제할 생각조차 하지 않았던 것이다. 이는 고
려시대 내내 재혼에 대한 법적 규제가 없었음을 말해주는 것이다. 이
같은 사실은 공음전시 규정을 통해서도 알 수 있다. 규정에 의하면 토
지를 아들이 없을 경우 사위, 친조카, 養子, 義子에게 물려주도록 하
였다.[153] 즉 남편에게 다른 자식이 없을 경우 여자가 데리고 들어간
전 남편의 자식이 義父의 토지를 계승할 수도 있었던 것이다.
　이처럼 고려시대에는 재혼에 대한 규제가 없었다. 그러나 현실적으

---

152) "恭讓王元年9月 都堂啓 散騎以上妻爲命婦者 毋使再嫁 判事以下至六品妻
　　夫亡三年不許再嫁 違者坐以失節 散騎以上妾及六品以上妻妾自願守節者
　　旌表門閭 仍加賞賜"(『高麗史』 권84, 志38 刑法1 戶婚 恭讓王 원년 9월).
153) 『高麗史』 권78, 志32 食貨1 田制 功蔭田柴 文宗 27년 정월.

로 여성이 재혼하는 것이 그리 쉽지는 않았던 것으로 보인다. 특히 자식 딸린 여성의 경우 현재보다 더 낮은 계층의 남성과 재혼을 하기도 했던 것 같다. 예컨대 A-1의 이승장(1137~1191) 어머니의 경우 재혼한 남편이 집이 가난하다며 의자를 공부시키려 하지 않고 자신의 아들과 同業하도록 하였다는 데서 관료층이 아니었음을 추측할 수 있다. 그리고 재혼할 남자의 경제력이 신통치 않을 경우 재혼 시 아이를 데려가는 것이 부담스러워 아이를 버리기도 했던 것 같다. 이규보의 시에 다음과 같은 것이 있다.

C-3. 범이나 승냥이도 제 새끼는 아니 무는데
어떤 여자가 이렇게 아이를 길거리에 버렸나
올해는 흉년이 아니라 먹일 것도 아직은 있을텐데
혹 새로 시집을 가서 새 남편과 잘 살려고 이랬는지
……하략
(이규보, 「길가에 버린 아이를 두고」, 『리규보작품선집』, 52쪽)

재혼 시 아이를 버리기까지는 하지 않아도 여자의 재혼을 어렵게 만드는 가장 큰 이유가 아이였을 것이다. 과연 전실 자식들이 계모를 어머니로 잘 대우해 줄 것인가. 또 계모는 그들을 사랑할 것인가. 만일 계모가 전남편의 자식을 데려간다면 그와 전실 자식의 아이들은 잘 어울릴 것인가, 계부가 전 남편의 자식을 차별하지는 않을까 등등 아이와 관련된 문제는 여자로 하여금 재혼을 주저하게 만들었을 것이다. 이 때문인지 묘지명에는 여성들이 전실 자식과 잘 지냈다거나 계모에게 효도를 다했다는 이야기들이 자못 강조되고 있다. 황보양 처(?~1149)는 재혼했을 때 전처 소생의 1남1녀가 있었는데, 자기가 낳은 자식처럼 길렀다[154] 한다. 동래군부인 정씨(?~1170)는 최유청의 계실로 들어갔을 때 전실 자식이 1명 있었으나 부인은 친자식처럼 길

---

154) 「皇甫讓妻金氏墓誌銘」, 『집성』, 105쪽.

렀으며 아들도 친어머니처럼 섬겼다[155] 한다. 남편 사후에도 전실 자
식을 챙긴 예도 있다.

> C-4. 공의 이름은 문탁이고 자는 인성이며 상당 열성군 사람이다. 아
> 버지 순은 급제했으나 일찍 작고하여 도염승으로 추증되었고, 조부
> 주좌와 증조 한좌는 모두 縣長 벼슬을 하였다. 어머니 이씨는 열성
> 군부인으로 추증되었으나 아버지보다 먼저 사망하였고, 계모 이씨
> 는 원래부터 서울의 관리 자녀였다. 공은 일찍이 □母가 돌아가셨
> 으나 떠돌이가 되지 않고, 17세에 서울로 들어가 학문을 시작하였
> 다. 계모 이씨의 집에서 자라났는데, 어머니가 다른 □인 허정선사
> 담요와 우애가 깊었다(「이문탁묘지」, 『집성』 239쪽).

즉 이문탁의 계모는 남편이 죽은 뒤 자기 아이는 물론 전실 자식의
아이까지 같이 데려다 친정에서 길렀던 것이다. 이처럼 아름다운 사례
도 있지만 실제로는 분쟁이 적지 않았던 모양이다. 특히 남편이 권력
자인 경우는 더 했다. 최항은 繼母 大氏 및 그 전 남편의 아들인 吳承
績을 강물에 던져 죽였으며, 김경손도 오승적과 인척 관계라 하여 죽
였다.[156] 즉 계모와 전실 자식은 경쟁자일수도 있었던 것이다. 또 김
준은 두 번 혼인하여 아들이 6명이었는데, 이 중 김애, 金祺, 金靖이
후처 소생이었다. 김애의 모친은 항상 김준과 함께 김애를 후계자로
삼으려고 김애의 일이면 매사에 그 편을 들었다.[157] 여기서도 계모와
남편 및 전실 자식 간의 미묘한 관계를 엿볼 수 있다.

이 때문에 부인이 죽은 뒤 재혼하지 않고 혼자 산 남편도 있다. 원
천석(1330~?)의 시에 "내가 불행하여 일찍 아내를 잃었으나 어린 자
식이 불행하게 될 것을 염려하여 다시 아내를 얻지 않고 홀아비로 지

---

155) 「崔惟淸妻鄭氏墓誌銘」, 『집성』, 207쪽
156) 『高麗史』 권103, 列傳16 金慶孫.
157) 『高麗史』 권130, 列傳43 叛逆4 金俊.

낸 지가 21년이나 되었는데, 지금은 아들 딸들이 혼인하여 염려의 마음이 놓이므로 이 시 한 수를 지어 스스로에게 주노라"[158]라는 것이 있다.

또 이들 간에 재산 문제도 없었을 리 없다. 우왕 때 野城君 金寶一의 첩 박씨가 김보일의 손자 金孜와 토지를 가지고 다투었다. 첩은 김자가 그의 누이와 간통했다고 무고하였다. 사헌부에서는 박씨의 죄상을 밝히고 그를 목매어 죽였다.[159] 아마 김보일의 적손이 없어지면 재산이 첩에게 귀속되는 상황이었던 모양이다. 그러니 적손 둘 다를 죽이기 위해 무리하게 남매끼리 간통했다는 무고까지 했던 것이다. 또 숙종 6년(1101) 정월에 주부 李景澤의 아내 김씨가 남편의 계모를 죽이려고 몰래 종을 시켜 독약이 든 음식을 계모에게 권하였다. 계모가 이것을 알고 어사대에 고발해 김씨는 安山縣으로 귀양을 가고, 남편 경택은 옥중에서 죽은 일[160]도 있다. 사건의 동기를 잘 알 수는 없으나 아들과 며느리가 함께 계모를 살해할 이유가 재산 문제 말고 또 있겠는가. 선처와 후처, 그리고 그 자식들 간에는 항상 긴장이 내재해 있었던 것이다.

재혼한 어미에 대한 대우는 어떠했을까. 상복 규정을 보면, 어머니가 죽었을 때 아들은 3년 상복을 입고 100일의 휴가를 받는다. 그러나 개가한 어머니에 대해서는 1년복을 입으며 30일의 휴가를 받는다. 더욱이 그 아들이 부친의 후계자가 될 경우에는 재혼한 어머니에 대해 상복을 입지 않아도 됐다.[161] 또 계모에 대해서도 1년 상복에 불과했다. 그러나 문종 22년(1068) 개가한 어머니(嫁母)의 상사에 이전 법에는 복이 없었으나 사람의 자식된 도리에 어머니의 복을 입지 않는 것

---

158) 「余不幸早失主婦慮迷息失所索然守鰥治今二十一年矣即今婚嫁已畢稍弛念慮故作詩一首以自貽」, 『耘谷詩史』.
159) 『高麗史』 권133, 列傳46 叛逆 辛禑 3년 6월 乙酉.
160) 『高麗史』 권84, 志38 刑法1 大惡.
161) 『高麗史』 권64, 志18 禮6 五服制度.

은 나를 낳아준 수고와 슬하의 은혜를 망각하는 것이 된다며 100일간
의 복을 입게 했다.162) 선종 6년(1089)에는 다시 개가한 어머니를 구
별하여 대상제에 지방에 재직한 아들이 상경하는 것을 허락하지 말게
하였다.163) 대상 때 법으로 규정된 휴가는 7일이었다.164) 이렇게 볼
때 재혼한 어미에 대해 차별이 있었음을 알 수 있다.

　그런데, 이것은 어디까지나 법제의 규정이다. 고려시대에 여성들은
이승장 어머니의 사례에서 보듯 재혼 시 아이를 데려가기도 했다. 그
렇다면 이 아이는 어미의 상에 1년복을 입었겠는가? 혹은 죽은 아비
의 적자라며 100일복만 입었겠는가? 아이는 전혀 어머니와 인연이 끊
어지지 않았다. 아이는 절대적으로 부계 집단에 속해 아비가 죽고 어
미가 개가한 뒤 거기서 거두어진 것이 아니다. 아이는 어머니가 데리
고 시집을 갔고(혹은 친정에서 재혼한 남편과 거주하고), 거기서 어머
니가 죽을 때까지 함께 했던 것이다. 그렇다면 당연히 어머니를 위해
3년복을 입지 않았겠는가? 물론 여성이 계모가 됐을 때 전실 자식은
1년복만을 입었을지 모른다. 그러나 적어도 자신이 낳아 데려간 아이
는 3년복을 입었을 것이고,165) 이것이 고려시대에 보편적이었으리라
생각된다. 사별이나 이혼한 여성들이 자식을 데리고 친정으로 돌아가
는 모습들은 확실히 고려시대에 부계 중심의 친족구조가 아니었음을

---

162) "(文宗)二十二年十月制 嫁母之喪前式無服 然人子不服其喪似忘劬勞膝下
　　之恩 自今行百日服後以吉服正角出仕"(『高麗史』 권64, 志18 禮6 五服制
　　度). 이는 아버지를 계승한 아들에 한한 이야기인 것 같다.
163) "(宣宗) 六年十二月制 嫁母之服前則只給百日暇其餘心喪 嫁母自有區別其
　　大祥祭 外任之子勿許上京"(『高麗史』 권64, 志18 禮6 五服制度).
164) "(成宗) 十五年七月定朝官遭喪給暇式忌暇各三日每月朔望祭暇各一日大小
　　祥祭暇各七日大祥後經六十日行禫祭暇五日"(『高麗史』 권64, 志18 禮6 五
　　服制度) ; "顯宗九年五月制 文武官遭喪第十三月初忌日小祥齋給暇三日其月晦
　　日小祥祭給暇三日第二十五月二忌日大祥齋給暇七日其月晦日大祥祭給暇
　　七日自翼日計六十日至二十七月晦日禫祭給暇五日二十八月一日以吉服正
　　角出官行公"(『高麗史』 권64, 志18 禮6 五服制度).
165) 고려시대에 과연 3년상제가 일반적이었는가는 또 다른 문제일 것이다.

212

말해준다. 배우자를 잃은 남녀는 그것이 아버지이건 어머니이건 간에 자식에 대해 동등한 책임을 가졌던 것으로 보인다.

한편 고려말에는 부인이 죽지 않아도 재혼을 하는 남자들이 있었다. 이는 재혼이라기보다 중혼이다. 살아서 남편이 또 다른 처를 취하는 것을 보아야 하는 아내의 심정은 어떠했을까. 아래의 사료는 이를 잘 보여준다.

C-5. 아버지는 멀리 송도에서 벼슬하고 있었는데 다시 검교군기감 노영의 딸에게 장가들어 마침내 선생의 어머니와는 소식이 점점 뜸해졌다. 그로 인하여 어머니가 크게 원망하니 선생이 어머니를 설득하여 말하기를, "부인은 남편에게 자식은 부모에게 비록 의롭지 못한 것이 있더라도 조금이라도 상대를 비난하는 마음이 있어서는 안 됩니다. 인륜의 변화는 옛 성인들도 벗어날 수 없었으니 다만 처신을 바르게 하여서 하늘이 정하는 바를 기다릴 뿐입니다. 저는 어머님의 은혜를 입어 어른이 되었는데 지금 어머니께서 원망하심은 저에게 은혜가 되는 바가 아닙니다."라고 하였다. 김씨가 듣고 감동하여 다시는 원망하는 말을 하지 않았다(『冶隱集』, 「吉再行狀」).

길재의 어머니는 서울에 벼슬하러가 또 다른 여자를 부인으로 맞은 남편에 대해 대단히 원망하는 마음이 있었다. 이것은 인지상정 아니었겠는가. 고려말 중혼하는 사람들이 늘어나면서 선처와 후처 간, 자식들 간의 갈등과 다툼도 더욱 많아졌을 것으로 보인다.[166]

이처럼 고려시대의 재혼을 보면 여성들은 남편 사후 정절을 지킨 경우가 많은 반면 남성들은 처와 사별한 뒤 대부분 재혼했다. 뿐만 아니라 남성들은 자신들의 필요에 따라 기처하고 재혼하기도 하고, 고려말에는 다처를 취하기도 하는 등 성적인 자유를 누리고 있었다. 그러

───

166) 여말선초의 혼란상에 대해서는 다음의 논문을 참고할 수 있다. 崔淑, 「麗末鮮初 新興士大夫의 婚姻制度 改革論」, 『韓國史의 構造와 展開(河炫綱教授定年紀念論叢)』, 혜안, 2000.

나 한편 여성도 재혼이 금지되지 않았으며, 또 과부나 이혼녀라는 이유만으로 격이 떨어지는 재혼을 했던 것도 아니다. 그리고 과부나 유부녀도 정치적 재혼의 대상이 될 수 있었으며, 재혼 시 자식을 데리고 가기도 했다는 점 등을 볼 때, 여성의 재혼을 악덕시하고 실행으로까지 간주하던 조선시대와는 재혼에 대한 관념과 실상이 크게 달랐음을 알 수 있다.

제4장 성과 성차별

제1절 혼인 외 관계에 대한 규제

1. 奸非[1]의 개념과 범주

일반적으로 고려는 성적으로 자유로운 사회였다고 이야기된다. 그 근거로 드는 것이 남녀상열지사로 불린 고려가요이며, 『고려도경』의 남녀혼욕기사[2]이다. 그러나 한편 귀족부인들의 묘지명을 보면 "비록 형제간일지라도 문턱을 넘어 더불어 이야기하지 않았다"[3]거나 "큰 일이 아니면 문 밖 출입을 하지 않아 자매와 형제라도 얼굴을 잘 볼 수 없었다."[4]는 등 내외한 이야기가 나온다. 또한 고려말에는 열녀의 존재도 보인다. 과연 고려시대의 성은 어떠했을까? 우선 혼인 외 관계의 문제부터 보도록 하겠다.

간통이란 배우자가 있는 자가 자기의 배우자 이외의 이성과 성관계를 갖는 것[5]이라고 정의할 수 있다. 간통은 역사적으로 볼 때 일부일

---

1) 奸非 : 간통죄. 『高麗史』 형법지에는 고려시대 姦律이 '간비'라는 조목으로 실려 있다.
2) "舊史 載高麗 其俗皆潔淨 至今猶然 每笑中國人多垢膩 故晨起 必先沐浴而後出戶 夏月日再浴多在溪流中 男女無別 悉委衣冠於岸 而沿流褻露 不以爲怪."(『高麗圖經』 권23, 雜俗2 澣濯).
3) 「洪圭妻金氏墓誌」, 『집성』, 506쪽.
4) 「李輔予配李氏墓誌」, 『집성』, 159쪽.
5) 『법률학사전』, 법문사, 1981.

216

처제의 형성과 함께 규제되기 시작하였다. 일부일처제는 사유재산의 확보와 상속을 위해 확립되었는데,6) 그러기 위해서는 간통의 처벌이 필수적이었다. 간통은 혼외자녀를 수반하게 되어 자신의 혈통에 다른 남성의 피를 섞이게 할 위험성이 있었기 때문이다. 남성의 혈통을 보호하고 재산상속을 위한 적자의 확보를 위해 간통은 금지될 필요가 있었던 것이다.7)

간통은 적장자 승계라는 면에서도 규제되어야 할 것이었지만 또 한편으로는 가부장의 재산권 행사라는 점에서도 금지될 필요가 있었다. 혼인을 계기로 여성들은 다른 노예와 마찬가지로 남성의 재산으로 간주되었고, 여성의 신체 역시 남편 소유의 일부로 여겨졌다. 다른 남자의 처를 간통한다는 것은 그의 재산에 대한 침해 및 약탈을 의미해 처벌되지 않을 수 없었던 것이다.8)

우리나라에서 간통에 대한 법제가 처음 보이는 것은 고조선과 부여의 법속에서 부터이다. 고조선의 팔조범금에는 "부인은 몸가짐이 깨끗하였다"9)라고 하며, 부여에서는 "남녀가 음란하거나 부인이 투기를 하면 모두 죽였다. 투기하는 것을 더욱 미워하여 죽이고 나서 그 시체를 나라의 남산 위에 버려서 썩게 한다. 친정집에서 그 시체를 가져가려면 소와 말을 바쳐야 내어준다."10)라 하여 간통에 대한 처벌 사실을 알려주고 있다. 간통에 대한 규제는 이처럼 매우 오랜 연원을 가지고 있으나 각 시대의 간통이 같은 성격의 것이었다고는 할 수 없다. 시대마다 성에 대한 관념이나 혼인제도 등에 차이가 있어 간통의 기준과

---

6) 엥겔스, 김대웅 옮김, 『가족·사유재산·국가의 기원』, 아침, 1987.
7) 에두아르트 폭스, 박종만 옮김, 『풍속의 역사I : 풍속과 사회』, 까치, 1988, 14~15쪽.
8) Annete Lawson, 『Adultery : An Analysis of Love and Betrayal』, New York : Basic Books Inc., Publisher, 1989, 41~43쪽 ; 한국형사정책연구원, 『간통의 실태 및 의식에 관한 연구』(연구보고서 90-07), 1991, 40~41쪽.
9) 『漢書』 권28 하, 地理志 제8 하.
10) 『三國志』 권30, 魏書 東夷傳 30 夫餘.

내용, 처벌 등이 달라져 왔기 때문이다. 그렇다면 고려시대에는 어떤 관계를 간통이라 보았을까. 이에 대해 일차적인 답을 주는 것이 형법지 간비 條의 기사이다.

A-1. 監臨主守가 監守內에서 간통을 범하면 和奸은 徒刑 2년에 처하되 남편이 있는 여자를 간통했으면 2년반에 처하고 强奸은 3년에 처하며 화간한 부녀자는 죄 1등급을 감한다(『高麗史』 권84, 志38 刑法1 奸非).[11]

이것은 관리가 관할지 여성을 간통했을 때의 처벌규정이다. 이에 의하면 남편이 있는 여성은 물론 남편이 없는 여성도 간통죄의 처벌대상이 되었다. 간통이란 유부녀와 그 상간자 뿐 아니라 유부남과 그 상대녀도 포함되었던 것이다. 즉 간통이란 유부녀나 유부남이 배우자 이외의 사람과 성관계를 가지는 것이며, 그 당사자 및 상간자는 간통죄로 처벌되었다고 정의할 수 있겠다. 그런데 다음의 사료는 간통죄의 대상을 달리 보게 한다.

A-2. (金琿은) 충렬왕 때 大將軍이 되어 上將軍 金文庇와 친하게 지냈다. 하루는 그의 집에 가서 바둑을 두는데 문비의 처 朴氏가 문틈으로 몰래 엿보고 혼의 아름다움과 장대함에 감탄하였다. 혼이 그 소리를 듣고 마침내 뜻을 두었다. 얼마되지 않아 문비가 죽고 혼의 처도 죽었다. 박씨가 사람을 보내어 청하기를 "첩은 아이가 없으니 그대의 아들 한 명을 얻어 기르기를 원하옵니다."하고 또 말하기를 "직접 면대하여 할 말이 있으니 한 번 오시기를 바랍니다."라 하였다. 혼이 마침내 가서 간통하니 監察·重房이 글을 올려 끝까지 캐어 논하였다. 왕은 先后의 친척이라 하여 그를 용서하려 하였으나 부득이하여 섬으로 유배시키고 박씨는 竹山의 친정으

로 돌려보냈다. 처음에 왕은 인구가 날로 줄어들기 때문에 선비와 백성들에게 모두 첩을 두도록 하였는데 첩들은 바로 양가집 딸들이라 그 자손에게 벼슬길을 허락하였다. 만약 신의를 생각하지 아니하고 옛 부인을 버리고 새 부인을 따르는 자가 있으면 즉시 벌하게 하였다. 해당 관청에서 바야흐로 이 법을 시행하려고 의논하는 때인데 혼이 禮를 범하자 마침내 그 법안이 폐기되었다(『高麗史』 권103, 列傳16 諸臣 金慶孫 附 琿).

A-2에 의하면 배우자가 있는 사람 뿐 아니라 과부와 홀아비같이 배우자가 없는 경우도 간통죄로 규제되었다. 김혼과 박씨부인의 처벌 이유는 사료에 나타나 있듯이 '예를 범'하였기 때문이다. 예란 곧 혼인예를 의미할 것이다. 정식의 혼인절차를 밟지 않았기 때문에 피차 배우자가 없음에도 불구하고 간통으로 처벌되었던 것이다. 이렇게 보면 고려시대의 간통이란 유부녀나 유부남의 배우자 이외 사람과의 성관계 뿐 아니라 혼인절차를 밟지 않은 남녀간의 관계도 의미한다 하겠다. 그렇다면 미혼자 간의 관계도 간통에 포함될 것인가. 미혼자 간의 관계를 처벌한 사례는 보이지 않는다. 그러나 과부와 홀아비 간의 관계가 혼인례의 측면에서 규제되었다면 미혼자 간의 관계 역시 같은 맥락에서 처리되었으리라 여겨진다.

그런데 여기서 주목되는 것은 두 사람의 태도이다. 박씨부인은 자신의 남편이 죽고 김혼의 처도 죽고 나서야 진작부터 호감을 갖고 있던 김혼에게 접근한다. 김혼 역시 부인이 죽은 상태에서 그녀의 유혹에 응하고 있다. 고려시대에는 이 외에도 남편 사후 간통을 꾀하는 여성들의 사례가 여럿 보인다. 이는 당시 사람들에게 정절은 배우자 생전에 한한 것이라는 생각이 있었음을 보여주는 것이다. 이를 잘 보여주는 것이 아래의 사료이다.

A-3. 어사대에서 黃裳·楊伯淵이 判密直 辛貴의 처 姜氏와 간통한

사실을 탄핵하니 경복흥이 말하기를 "강씨가 절개를 잃은 것은 지아비가 유배되어 한가함을 막지 못한 때문입니다. 병신년(공민왕 5년, 1356) 이후 유배되고 귀양 간 자가 실로 많아 안사람들이 원망하여 절개를 잃은 경우가 많습니다. 그들을 모두 석방하여 고향으로 돌아가도록 하시기 바랍니다."라 하니 그의 말을 따랐다(『高麗史』 권111, 列傳24 諸臣 慶復興).

이 이야기의 골자는 공민왕대 奇轍 일당이 제거되는 등(병신년) 정치적 격변 속에서 처벌된 자에게 관용을 베풀어 정치적 통합을 이루자는 것이다. 그러나 여기서 한편으로는 고려시대의 정조에 대한 관념도 엿볼 수 있다. 부인들이 절개를 잃은 이유는 '지아비가 유배되어 한가함을 막지 못해서'라는 것이다. 남편이 없는 여자의 간통에 대한 당시 사람들의 생각을 잘 보여준다 하겠다. 그러나 비록 이러한 관념이 있었다 해도 어디까지나 남녀관계는 혼인이라는 형식을 통해서만 합법화될 수 있는 것이었다. 왕규의 사례는 이를 잘 보여준다. 王珪는 平章事 李之茂의 딸에게 장가들었는데 지무의 아들 世延이 金甫當의 막내사위라는 이유로 김보당의 난에 죽었다. 이의방은 규도 함께 해치고자 하여 그를 수색하니 규는 중부의 집에 숨어 화를 면하였다. 이때 과부가 된 중부의 딸이 규를 보고는 기뻐하여 간통하였다. 규는 마침내 옛 아내를 버렸다.[12] 즉 왕규와 정중부 딸은 과부와 유부남의 신분으로 처음에는 불륜이었으나 남자가 자신의 아내를 버림으로써 관계를 합법화할 수 있었다.

남편 생전에 한해 정조를 지키면 된다는 의식은 고대 이래 지속되어 온 것이며,[13] 당시의 불교 및 유교 이데올로기로서도 뒷받침된

---

12) 『高麗史』 권101, 列傳14 諸臣 王珪.
13) 고대 사회의 정절 관념은 도화녀 및 도미부인의 사례가 잘 보여준다. 도화녀는 자신을 유혹하는 왕에게 남편이 있으니 두 남편을 섬길 수 없다며 거절한다. 왕이 남편이 없으면 되겠냐고 묻자 가능하다고 대답한다(『三國遺事』 권1, 紀異1 桃花女鼻荊郎). 삼국시대의 열녀로 꼽히는 도미부인 역시 왕이

220

다.14) 그러나 법제는 이보다 훨씬 앞서 나가 배우자가 없는 경우도 정식의 혼인 관계가 아니면 간통으로 규정해 처벌했던 것이다. 위의 사례들이 모두 고려후기 것이라는 점에서 혹 고려전기에는 그렇지 않았던 것이 아닐까라는 생각을 할 수도 있다. 그러나 고려전기에도 이미 배우자가 없는 경우의 성관계를 간통으로 처벌한 사례가 보인다. 예컨대 경종의 왕비였던 獻貞王后 皇甫氏는 戴宗(태조의 아들이며 성종의 아버지)의 딸로서 경종이 죽자 대궐에서 나와 왕륜사 남쪽의 집에서 살고 있었다. 당시 安宗(태조의 아들)의 집과 왕후의 집이 서로 가까워 자주 왕래하다 간통해 임신했으나 사람들이 감히 발설하지 못했다. 성종 11년(992) 7월 왕후가 안종의 집에서 자고 있을 때 그 집 종들이 나무를 뜰에 쌓고 불을 지르니 화재가 난 듯하여 백관들이 달려와 불을 껐다. 왕도 급히 위문하러 오자 종들이 이 사실을 고했다. 왕은 안종을 귀양 보냈고, 만삭의 왕후는 그 날 아이를 낳고 죽었다.15) 이 이야기에서 주목되는 것은 안종의 집 종들의 태도이다. 감히 주인과 왕후의 불륜을 고발할 수는 없지만, 묵과할 수도 없어 일부러 불을 질러 왕이 집으로 오게 한 뒤 왕에게 사실을 고하고 있는 것이다. 이를 통해서 볼 때 당시에도 간통죄는 제대로 규제되고 있었던 것으로 보인다. 또 金致陽은 경종비 獻哀王太后 皇甫氏의 외족이었는데 일찍이 머리를 깎고 거짓 중이 되어 천추궁에 출입하면서 추한 소문이 자자했다. 성종이 이를 알고 곤장을 쳐서 먼 곳으로 유배 보냈다16)는 사례도 있다.

이처럼 고려시대의 간통은 배우자 여부와 상관없이 혼인 외 관계를 의미했으나 고려후기까지도 정조에 관한 관념은 배우자 생전에 한하

도미가 이미 죽었다 하자 왕의 뜻을 따르겠다고 말하고 있다(『三國史記』권 49, 列傳9 都彌). 본서 제4장 제2절 259~261쪽 참조.
14) 본서 제5장 제1절 참조.
15) 『高麗史』권88, 列傳1 后妃1 獻貞王后 皇甫氏.
16) 『高麗史』권127, 列傳40 叛逆1 金致陽.

고 있었다. 그러나 고려말에는 성리학 윤리를 수용하여 命婦들의 재혼 금지가 주장되었다.[17] 이로써 정절은 남편 사후에까지 지켜야 할 의무가 되었다. 남편이 죽었다하여 재가한다는 것은 곧 절개를 잃는 행위로 여겨졌던 것이다. 바야흐로 재가녀와 간음녀가 동일하게 인식되어 그들의 자손을 금고시켰던[18] 조선조의 극심한 성적 억압의 단초가 여기서 보이는 것이다.

2. 간비의 유형과 사례

1) 凡奸

간통의 유형으로 우선 들 수 있는 것은 凡奸이다. 범간이란 친척이나 主奴 등 특수한 관계의 사람들이 아닌 동일 신분, 타인 간의 간통을 말한다. 『高麗史』형법지에는 이 조항이 없으나 이는 누락된 것으로 보아야 할 것이다.[19] 간통 중 가장 보편적이며 많은 수를 점하는

---

17) "공양왕 원년 9월 都堂에서 啓하기를 '散騎이상 관리의 처로서 命婦가 된 자는 재가를 하지 못하게 하며, 判事이하 6품관원의 처는 남편이 죽은 후 3년 이내에는 재가를 하지 못하게 하되 위반하는 자는 절개를 잃은 것으로 논죄할 것이며, 散騎 이상 관원의 첩과 6품 이상 관원의 처첩으로서 수절하기를 자원하는 자는 마을 거리에 旌門을 세워 표창하는 동시에 상을 주게하십시오'라 하였다"(『高麗史』권84, 志38 刑法1 戶婚 恭讓王 원년 9월).

18) "贓吏의 아들 및 손자에게는 議政府・六曹・漢城府・司憲府・開城府・承政院・掌隷院・司諫院・經筵・世子侍講院・春秋館・知制教・宗簿寺・觀察使・都事・首領의 職을 주지 못하고, 실행부녀 및 再嫁한 부녀의 소생은 동반직과 서반직에 서용하지 못하되 증손대에 이르러서는 위에서 든 각 관사 이외의 관직에 서용하는 것을 허락한다."(『經國大典』권1, 吏典 京官職). "죄를 범하여 영구히 임용할 수 없게 된 자, 贓吏의 아들, 재가하거나 실행한 부녀의 아들 및 손자, 서얼자손은 문과・생원・진사시에 응시하지 못한다."(『經國大典』권3, 禮典 諸科).

19) 『高麗史』형법지 간비조에 실린 것이 고려시대 간율의 전부라고 할 수 없다. 『高麗史』형법지는 고려시대에 사용된 형률의 전부를 수록한 것이 아니고 '史籍에 나타난 것으로써 그 大綱을 기록'(『高麗史』권84, 志38 刑法1 序)한

222

것이 이것이기 때문이다. 고려의 범간율을 유추하는 데는 당률의 도움을 받을 수 있다. 고려의 형률은 당률을 時宜에 맞도록 참작해 사용했다 하며[20] 간비조 역시 당률에 근원하고 있기 때문이다.[21] 따라서 고려의 범간율도 이에 준했으리라 생각된다. 당률의 범간율은 아래와 같다.

B-1. 간통을 하면 도형 1년 반에 처하되 남편이 있는 자를 간통하면 도형 2년에 처한다. 부곡·잡호·관호가 양인을 간통하면 1등을 가중하여 처벌하고 (양인이) 官·私婢를 간통하면 장 90에 처한다. 奴가 婢를 간통한 것도 또한 같다. (양인이) 타인 부곡의 처·雜戶·官戶 부녀를 간통하면 장 1백에 처하고 강간하면 1등을 가중 처벌한다. 折傷者는 鬪折傷 죄에 1등을 가중해 처벌한다(『唐律疏議』 권26, 雜律 姦徒一年半).[22]

───────────────

것에 불과하기 때문이다.
20) 『高麗史』 권84, 志38 刑法1 序.
　고려의 형법은 당 뿐 아니라 송·원의 영향도 받았다. 折杖法 같은 것이 송의 영향을 받은 대표적인 것이다(『高麗史』 권84, 刑法1 名例). 또 『高麗史』 형법지의 체제는 『원사』 형법지를 모방한 것이다. 그러나 『高麗史』 형법지와 『唐律疏議』·『宋刑統』·『元史』 刑法志의 간통관계 기사를 서로 비교해 보면 『송형통』은 당률과 모든 조항이 완전히 동일하며, 『高麗史』 형법지는 누락된 것도 있고 표현이 좀 다른 면도 있지만 처벌내용은 당률과 거의 같다. 원률은 처벌 방식이나 체제가 당률과 다르며, 실제로 고려시대 간통의 처벌사례나 『高麗史』 형법지의 내용 등을 살펴볼 때 그 영향을 거의 찾아볼 수 없다. 공민왕 무렵 장77, 87 등 원의 영향을 받은 杖刑이 몇 차례 보일 뿐이다. 따라서 고려의 형률은 당률의 영향을 가장 크게 받았다 하겠으며 본고의 분석도 당률과의 비교를 주로 하겠다. 송률이나 원률은 특별히 관련되어 언급할 필요가 있을 때만 이야기하도록 하겠다.
21) 이하 제 유형을 분석할 때 간비조의 규정과 당률를 비교한 것을 보면 알 수 있다.
22) "諸姦者徒一年半 有夫者徒二年 部曲雜戶官戶姦良人者各加一等 即姦官私婢者杖九十(奴姦婢亦同). 姦他人剖曲妻雜戶官戶婦女者杖一百 強者各加一等 折傷者各加鬪折傷罪一等".

사료 B-1에 의하면 당률에서는 간통자가 良人 간인가 良賤 간인가, 방식이 和姦인가 强姦인가에 따라 처벌이 달랐다. 우선 양인 간의 화간을 보면 남녀 모두 도형 1년 반, 남편이 있는 여자를 간통했을 때는 도형 2년이었으며, 처첩은 죄가 같았다.[23) 양천 간일 때는 이와 달리 처벌되었다. 部曲・雜戶・官戶가 양인 여성을 간통했을 때는 양인 相姦罪에 1등을 가중하였다. 양인 남성이 타인 부곡의 처・잡호・관호 부녀자를 간통하면 杖 1백이었고 官・私婢를 간통하면 杖 90이었다. 奴와 婢가 간통한 경우에는 杖 90으로 양인 화간율에 비해 낮게 처벌되었다. 강간은 어느 경우에나 1등이 가중되었다. 奴가 양인여성과 간통하면 도형 2년 반, 강간하면 流刑, 折傷者는 絞刑이었다.[24) 간통 당사자 간에는 남녀가 같은 죄로 처리되었다.[25) 즉 奴가 양인을 간통한 것이 도형 2년 반이라면 奴와 간통한 상대 양인여성 역시 도형 2년 반에 처해졌다.

이를 좀 더 풀어서 설명하면, 당률에서는 양인-부곡인-노비의 순으로 신분에 따라 간통죄 처벌 시 차이가 있었다. 또 양인 남성과 천인 여성이 간통했는가, 양인 여성이 천인 남성과 간통했는가에 따라서도 처벌이 달라졌다. 즉 부곡인과 양인 여성이 간통하면 일반 양인 상간율에 1등을 가중했고(徒 2년), 奴와 양인 여성이 간통하면 2등을 가중하였다(徒 2년 반). 반면 양인 남성과 부곡 여성이 간통하면 減2등(杖 1백)하였고, 양인 남성과 婢가 간통하면 감 3등(杖 90)하였다. 천인 남

---

23) "疏議曰 和姦者徒一年半 有夫者徒二年 妻妾罪等……"(『唐律疏議』 권26, 雜律 姦徒一年半 疏議).

24) "諸奴奸良人者徒二年半 强者流 折傷者絞 其部曲及奴 奸主及主人之期親 若期親之妻者絞 婦女減一等 强者斬 即奸主之緦麻以上親 及緦麻以上親之 妻者流 强者絞"(『唐律疏議』 권26, 雜律 奴奸良人).

25) "諸和奸本條無婦女罪名者 與男子同 强者婦女不坐 其媒合奸通 減奸者罪 一等(罪名不同者從重減) 疏議曰 和奸謂彼此和同者 本條無婦女罪名 與男 子同 謂上條奴奸良人者徒二年半 此即和奸 不立婦女罪名 良人婦女亦徒二 年半之類 竝與男子同……"(『唐律疏議』 권26, 雜律 和奸無婦女罪名).

성과 양인 여성이 간통한 것보다 양인 남성과 천인 여성이 간통한 것을 더 가볍게 처벌하였던 것이다.

이는 자기 부곡처나 객녀는 간통해도 죄를 주지 않는다거나[26] 監臨主守가 監守내에서 간통했을 때 가중 처벌하는 것은 양인을 간통한 경우에 한한다거나[27] 奴가 주인의 처를 간통했을 때의 규정은 있어도 주인이 婢를 간통했을 때의 규정은 없다는 점 등과 아울러 볼 때 천인 여성은 주인의 합법적인 성적 대상물이었음을 알 수 있다. 또 노비간의 간통이 양인간의 화간율에 비해 가볍게 처벌된 것은 천인은 예의를 알지 못한다거나 지키지 않아도 무방하다는 생각에서 나온 규정일 것이다. 전근대사회에서 상민들 간의 간통은 일반적으로 너그럽게 처리되었기 때문이다.[28]

그렇다면 이제 고려에서는 범간 시 어떻게 처리되었는지를 구체적인 사례와 함께 살펴보도록 하겠다. 고려에서는 화간 시 여자는 도형, 남자는 유형에 처해진 것 같다. 아래의 사료는 이 예를 보여준다.

---

26) 사료 B-1에서는 타인부곡처및 잡호관호부녀를 간통했을 때의 처벌만 규정하고 자기 부곡처를 간통했을 때의 처벌은 규정하고 있지 않다. 이는 "疏議 日 姦他人部曲妻 明姦己家部曲妻及客女各不坐……"(『唐律疏議』권26, 雜律 姦徒一年半 疏議)라 하여 자기부곡처 및 객녀를 간통한 것은 죄를 주지 않는다는 의미라 한다.

27) "諸監臨主守 於所監守內姦者(謂犯良人) 加奸罪一等"(『唐律疏議』권26, 雜律 監主於監守內姦).

28) 고려사나 조선초 실록을 볼 때 천인간의 범간 사례는 보이지 않는다. 근친간이나 主從간 등 극형에 처할 사항에서만 처벌 사례가 보이고 있다. 이는 전근대의 역사 자료가 기본적으로 지배층 중심으로 서술되어 있기 때문이기도 하겠으나 한편으로 常人들의 경우 일상적으로 내외가 엄격하지 않아 용서할만하다는 의식도 있었기 때문인 듯하다. 예컨대 비록 조선시대의 예이긴 하나 성종 10년 양인녀 仲今이 雇工과 간통한 사건이 발생하자 조정 신하들은 '율로는 마땅히 사형이나 常人은 본래 家格이 없으니 사대부에 비할 바가 아니다' '명분에는 비록 고공·가장의 分이 있다 하지만 본래 등급이 같은 사람이며 또 내외를 엄격히 함도 없다'며 처벌을 감하고 있다(장병인, 『조선전기 혼인제와 성차별』, 일지사, 1997, 330~332쪽).

B-2. (李成瑞의) 처 朴氏는 전에 辛旽과 간통하였으므로 도역에 配하
였다. 성서가 죽은 뒤 또 鄭天鳳과 음란하므로 헌사가 국문하여 귀
양을 보냈으나 끝내 고치지 않고 방자하게 행동하며 거리낌이 없었
다(『高麗史』 권114, 列傳27 諸臣 李成瑞).

B-3. 希磾의 사위 鄭相은 判樞密 通輔의 아들인데 세력을 믿고 교만
하고 방자하였다. 일찍이 대장군 池允深의 처와 간통하여 남쪽으
로 유배당하였다(『高麗史』 권103, 列傳16 諸臣 金希磾).

B-2에서 이성서의 처 박씨는 처음 간통을 범하자 도형에 배하였
고[29] 다시 범하자 유형에 처하였다. B-3의 鄭相은 고종 때 타인의 처
를 간음하여 남쪽으로 유배되었는데,『고려사』를 보면 이 외에도 간통
을 범한 남자의 대부분이 유형에 처해지고 있다. 고려에서 여성을 일
차적으로 유형에 처하지 않은 이유는 간통 시 여성이 남성보다 죄가
가볍다고 생각해서는 아니었을 것이다. 여성은 신체 조건 등을 고려하
여 유형을 잘 실시하지 않는 게 당시의 법속이었기 때문이다.[30] 이는
여성을 보호하는 조항이었다고도 하겠으나, 화간율 자체가 성차별적
이다. 사료 B-1에 의하면 남편이 있는 여성은 남편이 없는 여성보다
1등급 무겁게 처벌된 반면, 남자는 처가 있고 없고가 처벌에 영향을
미치지 않았다. 처는 남편의 종속물이라는 관념을 보여주는 것이라 하
겠다.

---

29) 『高麗史節要』 권29, 恭愍王 20년 8월에도 같은 기사가 보인다. 이 외에도 죄
목은 잘 알 수 없지만 「제위보」에 보면 여자가 죄를 지어 도역하는 사례가
보인다. "婦人以罪 徒役濟危寶……"(『高麗史』 권71, 志24 樂2 濟危寶).
30) 당률의 규정은 이에 대한 하나의 시사가 될 수 있다. 당률에서는 "其婦人犯
流者 亦留住 (造畜蠱毒應流者 配流如法) 疏議曰 婦人之法 例不獨流 故犯
流不配 留住決杖居作 造畜蠱毒 所在不容 擯之荒服 絕其根本……"(『唐律
疏議』 권3, 名例 工樂雜戶)라 하여 부인은 유형죄를 범해도 유배시키지 않
고 머무르게 하여 장을 치고 노역을 시켰다. 그러나 고독을 제조·양성한 경
우는 용서할 수 없으므로 국외에 추방해 근본을 단절하였다.

이처럼 화간 시 남자는 유형, 여자는 도형으로 처리되었는데, 그렇다면 강간은 어떠하였을까. 강간은 오늘날의 관점에서 보면 간통이라 할 수 없다. 당사자 간의 합의에 의한 것이 아니라 일방적이고 강제적인 관계이기 때문이다. 그러나 이 시기의 간통을 오늘날의 관념으로 생각할 수는 없다. 미혼자 간이나 과부·홀아비 간 같이 오늘날에는 부도덕한(?) 관계에 불과한 것이 이 시기에는 간통으로 규정되기도 했기 때문이다. 따라서 강간 역시 혼인 외의 관계라는 점에서 간통에 포괄시켜 보기로 하겠다.

강간은 B-1의 조항에 의하면 화간보다 1등이 높았다.[31] 화간이 도형 1년 반이었으므로 강간은 도형 2년이었을 것이다. 그런데 실제로는 화간이 규정 이상으로 流刑에 처해진 것처럼 강간 역시 유형에 처해졌다. 예컨대 萬戸 金贊은 李包恭의 처를 강간하여 곤장을 맞고 귀양 갔다.[32] 호군 姜允忠도 낭장 白儒의 아내를 강간하여 곤장을 맞고 섬으로 귀양 갔다. 그런데 한편 강간은 사형에 처해지기도 하였다. 불량배 鳳骨 등이 大家라 사칭하고 밤에 注簿 孔甫의 집에 들어가서 그 아내를 강간하자 行省에서 그들을 잡아 죽였다.[33] 충혜왕 때는 왕이 강간범 3명을 돌로 눌러 죽였다는 예도 보인다.[34]

『元史』 형법지에 의하면 남편 없는 여자를 강간하면 범간율에 3등을 가중하여 杖 107, 남편 있는 여자를 강간하면 사형이었다.[35] 그러나 고려에서는 강간도 화간처럼 流刑을 적용하는 것이 일반적이었던 것 같다. 그러나 죄질이 나쁠 때는 사형시키고, 돌로 눌러 죽이는 등

---

31) "疏議曰……自姦良人以下 强者各加一等"(『唐律疏議』 권26, 雜律 姦徒一年半 疏議).
32) 『高麗史』 권36, 世家36 忠惠王 후4년 7월 戊子.
33) 『高麗史節要』 권24, 忠烈王 12월.
34) 『高麗史』 권36, 世家 忠惠王 후4년 10월 己亥.
35) "强姦有夫女者死 無夫者杖一百七 未成者減一等 夫人不坐"(『元史』 권104, 志52 刑法3 姦非).

극단적인 처형방식도 허용되었던 것 같다. 강간 시 여성은 처벌하지 않았다.

그런데, 위의 화간과 강간은 양인 간일 경우였다. 사료 B-1에 의하면 양천 간의 간통은 이와 달리 처리되었는데,『고려사』에는 양천간의 화간 사례가 보이지 않아 처벌내용을 잘 알 수 없다. 다만 강간 사례만 보이는데, 다음과 같다. 廉敦紹는 奇轍의 매부였는데 그 집 노비들이 세력을 믿고 위세를 부렸다. 노비 일당 5·6명이 남의 부인을 빼앗을 모의를 하고 왕의 명이라 속이고 강제로 데리고 왔다. 사흘이 지난 뒤에야 비로소 남편 집에서 알고 소송하였다. 왕이 노하여 그들을 巡軍에 가두고 심문하자 모두 자복하는지라 매를 쳐서 먼 섬으로 유배하였다.[36]

본래 유형에는 流 2천리·2천 5백리·3천리의 3등급이 있는데 고려는 영토가 좁아 이 거리를 그대로 적용할 수 없었다. 그래서 고려에서는 거리를 고려하여 州縣-有人島-無人島의 순으로 유배하였다. 위에서 먼 섬으로 유배했다는 것은 유형 중에서 가장 무거운 형벌이었던 것이다. 이는 강간이라도 양천 간이었다는 점이 고려되었을 것이다. 이로 미루어볼 때 비록 사례가 보이지는 않지만 양천간의 화간 역시 양인간의 화간보다 무겁게 처벌되었으리라 생각된다.

지금까지 凡奸으로서 양인 간 및 양천 간의 화간과 강간에 대해 살펴보았다. 다음으로 특수한 관계의 사람들 간의 간통에 대해 알아보도록 하겠다.

2) 非凡奸

우선 관리와 관할지 민과의 간통이 있다. 사료 A-1에 의하면 관리는 범간율에 1등을 가중하고, 상대 여성은 범간율로 처리하였다. 이는 당률과 조문은 조금 다르나 처벌 면에서는 동일하다.[37] 여기서 여자

---

36)『高麗史』권131, 列傳44 叛逆5 奇轍.

228

를 관리보다 1등급 낮게 처벌한 것은 여성의 죄가 가볍다고 여겨서가 아니라 관리의 도덕성이나 책임성 때문에 취해진 조치로 보인다. 이 사례로는 江陵道元帥 李乙珍의 예를 들 수 있다. 그는 楊口縣人 楊富의 딸을 간음하려고 병졸 10여 명에게 그 집을 포위하게 했으나 찾지 못하였다. 그러자 楊富의 처를 강간했는데, 양부가 죽은 지 1백일도 되지 않은 때였다. 헌부에서 그를 탄핵하여 폐하여 庶人으로 만들고 곤장 1백대를 쳐서 懷德縣으로 귀양 보냈다.[38] 이 경우는 관할지민인데다가 상 중의 과부를 강간한 경우라 더욱 엄히 처벌되었다. 유형 외에도 장 1백에 처하고 서인을 만들어 관리의 자격을 박탈했다. 이로써 관리의 도덕성을 제고하고 목민관으로서의 사명을 다하게 하려 하였던 것이다.

다음으로 奴와 주인 간의 간통에 대해 살펴보도록 하겠다.

B-4. 부곡인 및 奴가 주인 또는 주인의 周親尊長을 간하면 화간은 교형에, 강간은 참형에 각각 처하고 화간한 여자는 남자보다 1등급을 감하며, 주인의 시마복 이상에 해당한 친척을 간통하였을 때는 1등급을 감한다(『高麗史』권84, 志38 刑法1 奸非).[39]

위의 사료에서 奴와 주인 간의 간통은 중형으로 다스려졌으며, 주인과의 친소관계에 따라 처벌이 달랐음을 알 수 있다. 당률에서도 마

---

37) 당률에서는 "諸監臨主守 於所監守內奸者(謂犯良人) 加奸罪一等 即居父母及夫喪 若道士女冠奸者 各又加一等 婦女以凡奸論"(『唐律疏議』권26, 雜律 監主於監守內奸)라 하여 관리는 범간율에 1등을 가하고 상대여성은 범간으로 다스리게 되어 있다. 당률에서의 범간은 도형 1년반, 남편이 있으면 도형 2년이므로 결국 관리는 도형 2년, 상대녀는 도형 1년반, 상대가 유부녀일 경우는 각각 1등 가중되어 관리는 도형 2년 반, 상대녀는 도형 2년임을 알 수 있다. 이것은 『高麗史』의 조항과 내용상 동일하다.
38) 『高麗史』권136, 列傳49 叛逆6 辛禑 13년 9월.
39) "部曲人及奴 奸主及主之周親尊長 和絞强斬 和者婦女減一等 奸主緦麻以上親減一等".

찬가지 조항이 보이나,⁴⁰⁾ 부곡인의 경우는 고려에서 과연 이렇게 규제되었는지 의문이다. 당의 부곡은 私家에 예속되어 있는 상급 천인임에 비해, 고려의 부곡인은 양인이었기 때문이다.⁴¹⁾ 이 조항은 奴와 주인 간의 관계만 규정된 것으로 보아야 할 것이다.

奴主相姦의 예로는 순종비였던 長慶宮主 李氏를 들 수 있다. 그녀는 순종 사후 궁노와 간통, 폐위되었다. 그녀의 오라비인 李資謙도 연좌되어 파면되었다.⁴²⁾ 장경궁주 이씨에게 적용될 율은 사형에서 1등을 감한 杖 1백 流 3천이다. 그러나 그녀가 폐위되어 귀양을 갔는지는 확인할 수 없다. 노주상간으로 처벌된 사례를 찾기는 어려우나 이의민의 처가 종과 간통했을 때 이의민이 종을 죽이고 처를 내쫓은 사례를 볼 때 노주상간은 율대로 사형에 처해지지 않았을까 생각된다.⁴³⁾ 양인과 부곡인이 간통한 사례나, 奴가 주인의 시마 이상 친척과 간통한 기록은 보이지 않는다. 다만, 계집종의 사위와 간통한 예가 있는데⁴⁴⁾ 구체적인 처벌 내용을 알 수는 없으나 직접적인 주종관계가 아니므로 처벌이 감등되지 않았을까 여겨진다. 노주강간을 극형으로 처리한 것은 주종간의 상하존비귀천 관계를 강화하여 신분제 사회를 강고히 유지하려는 조치였다고 하겠다. 또한 노주상간은 극형으로 처리되었음에 반해 婢와 주인과의 간통은 처벌 대상이 아니었다는 점에서⁴⁵⁾ 남녀차별을 엿볼 수도 있다.

---

40) "諸奴奸良人者徒二年半 强者流 折傷者絞 其部曲及奴 奸主及主人之期親 若期親之妻者絞 婦女減一等 强者斬 卽奸主之緦麻以上親 及緦麻以上親之妻者流 强者絞"(『唐律疏議』 권26, 雜律 奴奸良人).
41) 본서 제2장 제1절 74쪽, 주 29) 참조.
42) 『高麗史』 권88, 列傳40 叛逆1 李資謙 ;『高麗史』 권88, 列傳1 后妃1 長慶宮主 李氏 ;『高麗史節要』 권7, 睿宗 3년 정월.
43) 『高麗史』 권128, 列傳41 叛逆2 李義旼.
44) "前判事 安中夏의 딸은 계집종의 사위와 간음하여 헌부에서 신문하고 죄를 주었다"(『高麗史』 권46, 世家46 恭讓王 3년 9월 辛亥).
45) 사료 B-5에서 '아버지나 할아버지가 사랑하는 비'라는 표현도 간통을 전제로 하는 것이라 하겠다.

230

다음으로 친족 간의 간통을 보면, 간통자 간의 친소관계에 따라 처벌이 달랐음을 알 수 있다.

B-5. 아버지나 할아버지의 첩, 백모·숙모·姑母·姉妹·며느리나
　　　손자며느리·형제의 딸을 간통하였을 때는 화간은 교형에 처하고
　　　아버지나 할아버지의 사랑하는 여종과 간통하였을 때는 2등급을
　　　감한다(『高麗史』 권84, 志38 刑法1 奸非).46)

B-5는 매우 가까운 친족간의 간통으로서 극형에 처해질 사항들이 있었는데 당률에서도 같은 조항이 보인다.47) 당률에서는 이외에 보다 넓은 친족의 간통을 엄히 규제하고 있으며48) 근친혼조차도 간통으로 간주하고 있다.49) 그러나 고려에서는 근친혼이 고려후기까지 계속되었다는 점에서 이를 간통으로 처리하기는 어려웠다.50) 친족의 범위도

---

46) "奸父祖妾伯叔母姑姉妹子孫之婦兄弟女和絞　奸父祖幸婢減二等".
47) "諸姦父祖妾 (謂曾經有父祖子者) 伯叔母姑姉妹子孫之婦兄弟之婦兄弟之女者絞 即姦父祖所幸婢減二等"(『唐律疏議』 권26, 雜律 姦父祖妾).
48) "諸姦緦麻以上親 及緦麻以上親之妻 若妻前夫之女及同母異父姉妹者徒三年 强者流三千里 折傷者絞 妾減一等(餘條姦妾準此)"(『唐律疏議』 권26, 雜律 姦緦麻及妻) ; "諸姦從祖祖母姑 從祖伯叔母姑 從父姉妹 從母及兄弟妻兄弟子妻者 流二千里 强者絞"(『唐律疏議』 권26, 雜律 姦從祖母姑).
49) 『唐律疏議』 권14, 戶婚 同姓爲婚 및 爲祖免妻嫁娶.
50) 고려에서도 형제 딸과의 혼인을 간통으로 규정한 사례가 있다. 그러나 당률과 달리 당사자의 혼인을 무효화시키는 것도 아니고, 그 소생자의 벼슬을 규제하는 간접적인 것이었다. 그나마 공신 자손이라는 명목으로 강등시켜 벼슬에 나아가게 하고 있다. "5월에 制하기를, '工部尙書 庾逵의 아들 仲卿을 강등하여 陰職에 제수하라'하니 문하시중 李子淵이 논박하기를 '중경의 어미는 평장사 이공이 형의 딸을 간음하여 낳은 소생이니 중경을 조정의 반열에 둠이 마땅치 못합니다.'하니 평장사 김원정 등이 의논하기를 '이것은 이공의 허물이고 중경의 父子가 범한 것이 아니며 또 공신 黔弼의 후손이니 벼슬길을 막음은 마땅치 못합니다. 앞서 내린 명대로 강등시켜 음직에 제수하기를 청합니다.' 하므로 왕이 원정 등의 논의를 좇았다."(『高麗史節要』 권5, 文宗 12년 5월).

고려는 비부계적이었다 하는데 과연 친족 간의 간통 시 처벌 면에서 중국과 차이가 있었는지 알아보도록 하겠다.

우선 아비 첩을 간통한 사례를 보면 율대로 교형에 처하고 있다. 司宰副令 文允慶이 그 아비의 첩을 간음하고 또 관아의 물품을 도적질하니 法司에서 탄핵하여 윤경과 그 아비의 첩을 목매어 죽였다.[51] 또, 백숙모와의 간통 역시 사형에 처하였다. 장군 周瑄은 숙부 周永賚의 처 大氏와 정을 통하였다. 일이 드러나 어사대가 대씨를 잡아 신문하니 옥 중에서 죽었으며, 宣은 참형에 처해졌다.[52] 고모나 자손의 처, 형제 딸과 간통한 경우는 사례가 보이지 않아 형벌의 적용을 잘 알 수 없다.

친형제끼리 간통한 경우는 극형에 처해졌다. 尹諧(1231~1307)가 尙州司錄이었을 때 누이를 간음한 자가 있어 돌로 쳐 죽였다.[53] 또 校書郎 趙晉成의 처 조씨는 正郎 칭의 딸인데, 자기 형 之列과 정을 통하므로 어미가 알고 금지시키자 之列이 어미를 구타하고 누이를 숨기므로 그 어미가 관에 고발하였다.[54] 처의 전남편의 딸을 간음한 경우도 목을 베었으나 이는 임연이 정권을 잡은 뒤 반대자를 숙청한 것으로도 볼 수 있어 율대로 처리되었는지는 잘 알 수 없다.[55]

이 외 당률과의 차이를 극명하게 보여주는 것이 양모나 서모를 간음한 경우이다. 중국에서는 아버지나 할아버지의 첩과 간통하는 것만

---

51) 『高麗史節要』 권34, 恭讓王 원년 4월.

52) 『高麗史』 권26, 世家26 元宗 9년 2월 丙午.

53) 『高麗史』 권106, 列傳19 尹諧.

54) 『高麗史』 권33, 世家33 忠宣王1 忠烈王 24년 2월 丁丑.

55) "다음날 밤에는 衍이 전장군 權守鈞, 大卿 李敉, 장군 金信祐를 가두고 차례로 그들의 죄를 헤아리기를 '수균은 천한 신분으로서 외람되이 큰 직책을 받았고 서는 자기 처의 전남편의 딸을 간음하였으며 신우는 아비의 첩과 간통하였다.'라고 하면서 드디어 목을 베어 민심을 두렵게 하였다."(『高麗史』 권130, 列傳43 叛逆4 林衍). 이 경우 당률에서도 화간시 徒 3년 강간시 流 3천으로 사형이 아니었다(주 48) 참조).

232

으로도 극형에 처해질 사안이었으니 양모나 서모와의 간통은 더 말할 필요도 없다. 그러나 몽고족의 경우에는 형사취수가 풍속이었고, 여기에는 형수 뿐 아니라 서모도 해당했다. 고려도 원 간섭기에 들어 원의 풍속이 전래되면서 이러한 사례가 보인다. 충선왕은 아비의 후궁인 숙창원비를 간음하였으며,[56] 충혜왕은 양모 경화공주, 서모 수비 권씨를 간하였다.[57] 왕의 경우라 물론 처벌은 되지 않았으나 이질적인 습속[58]에 대한 분노 내지는 중국적 문화와 반하는 행위에 대해 도끼를 들고 들어가 극간하는 신하의 모습도 보인다.[59]

또 고려적인 특색이 보이는 처벌이 사위와 장모, 형부와 처제의 관계이다.

B-6. 癸酉에 前門下舍人 朴啓陽이 장모 洪氏를 범하였는데 일이 밝혀지자 도망하였다. 그 장모를 신문하니 자복하였다. 장을 치고 적몰하여 관비로 삼았다(『高麗史』 권44, 世家44 恭愍王 23년 3월 癸酉).

B-7. 承老가 일찍이 처제와 사통하여 아들을 낳았는데 버려진 아이라고 거짓말하고 길렀다. 승로의 처는 일이 드러나면 가문이 더럽혀질까 염려하여 말과 얼굴빛으로 나타내지 않은 것이 20여 년이나 되어 비록 친척이라도 알지 못하였다. 監察大夫 金漢貴가 승로의 처와 동생을 잡아 심문하니 모두 자복하였으므로 승로는 中牟로 귀양가고 그 집은 적몰하였다. 처제는 승로에게 강제로 당한 것이

---

56) 『高麗史』 권89, 列傳2 后妃2 淑昌院妃.
57) 『高麗史』 권89, 列傳2 后妃2 慶華公主 및 壽妃權氏.
58) 『삼국사기』에는 고구려 고국천왕의 처 우씨가 시동생 연우와 혼인한 기사가 보이나 이는 형사취수혼이 끝나가던 무렵의 것으로 본다(노태돈, 「高句麗 初期의 娶嫂婚에 관한 일고찰」, 『金哲俊博士華甲紀念論叢』, 1983, 85~86쪽). 따라서 이 시기에는 형사취수혼은 이미 이질적인 습속이 되었다고 하겠다.
59) 『高麗史』 권109, 列傳22 禹倬.

므로 용서하였다(『高麗史』 권114, 列傳27 諸臣 李承老).

B-6은 장모와 사위, B-7은 형부와 처제의 간통 사례이다. 중국의 상복제에서 장모는 시마친이었으나 고려에서는 처음에는 小功親, 뒤에는 期親이었다.[60] 이처럼 고려는 처부모의 복제가 중하므로 그에 따라 사위와 장모 간의 간통 사실도 엄벌에 처해졌던 것이다. 또, 형부와 처제는 본래 五服制에서 有服親이 아니니 범간으로 다스려져야 할 것이나 B-7을 보면 杖을 치고 유배하며, 가족을 적몰하는 엄형에 처하고 있다. 이는 양측적 친속제란 고려의 친족구조 상의 특징에서 비롯된 것이라 하겠다. 고려는 중국과 달리 비부계적인 친족구조를 가져 상복제 면에서도 부계뿐 아니라 처계나 모계도 중시되었던 것이다. 또 고려에서는 사위와 장모 간의 간통이 빈번한데,[61] 이는 남귀여가 혼속으로 둘 간의 관계가 밀접하기 때문일 것이다.

그 외의 친족을 간통한 경우로는 獻哀王后 黃甫氏와 獻貞皇后 黃甫氏를 들 수 있다. 헌애왕후는 외족인 김치양과 간통, 김치양은 장을 맞고 유배되었다.[62] 헌정왕후 황보씨는 安宗과 왕래, 간통해 임신하였다. 안종은 泗水縣으로 유배되었다.[63] 종친 역시 친족 간의 간통은 엄히 다스려졌던 것이다. 이처럼 친족간의 간통은 친소관계에 따라 처벌이 무거웠고 특히 처족과의 간통이 엄히 규제되었다는 점에서 중국과 다른 특성을 엿볼 수 있다.

끝으로 일반인과 승려와의 간통을 보겠다.

---

60) 『高麗史』 권63, 志17 禮6 五服制度.
61) <표 4-1> 간통에 대한 규제 사례 참조.
62) 『高麗史』 권127, 列傳40 叛逆1 金致陽 ; 『高麗史』 권88, 列傳1 后妃1 獻哀 王后 皇甫氏 ; 『高麗史』 권3, 世家3 穆宗 6년.
63) 『高麗史』 권88, 列傳1 后妃1 憲貞王后 皇甫氏 ; 『高麗史節要』 권2, 成宗 11 년 7월.

B-8. 일반사람이 여승이나 여도사를 간통하였을 때는 화간은 도형 1
　　년 반에, 강간은 도형 2년에 각각 처하고 여승이나 여도사는 화간
　　이면 도형 2년 반에 처하되 강간을 당하였으면 죄에 연좌되지 않는
　　다(『高麗史』 권84, 志38 刑法1 奸非).[64]

　위의 사료에 의하면 여승이 일반인보다 2등급이나 높게 처벌되고
있다. 당률에서도 같은 조항이 보인다.[65] 남승의 경우도 간음하면 職
의 有無를 막론하고 율에 의해 일반 民戶에 충당케 하거나[66] 범간율
에 3등을 가중시켜 처벌하는 등[67] 엄형에 처하였다. 이처럼 승려들의
간통을 엄히 처벌한 이유는 이들이 佛事 등을 이유로 일반 부녀자들
과 접촉할 기회가 많아 부녀자들을 음행에 빠지게 할 소지가 높다고
생각했기 때문이다. 그리고 실제로 승려와 일반인 간의 간통 사실도
여럿 보이나, 왕이나 권력자들과 밀착된 자들도 있어 처벌이 잘 이루
어지지 않기도 했다. 예컨대 禪近은 內願堂의 중으로 평소 왕에게 총
애를 받았는데 士人의 처와 정을 통하다가 헌부에서 신문받게 되었으
나 왕이 그를 석방하라고 명하였다.[68] 중들의 황음과 문란은 고려 일
대를 통하여 끊임없이 문제로 제기되었으며 국가는 이를 제재하려 노
력하였다. 위와 같이 승려의 간통에 대한 처벌률을 강화하기도 하고,
淨業院을 설치한다든지[69] 婦女上寺나[70] 萬佛會 등의 香徒 모임[71]을

---

64) "凡人奸尼女冠 和徒一年半 强徒二年 尼女冠與和徒二年半强不坐".

65) "諸監臨主守 於所監守內姦者(謂犯良人) 加奸罪一等 即居父母及夫喪 若道
　　士女冠奸者 各又加一等 婦女以凡奸論 疏議曰……若道士女冠 僧尼同 姦
　　者各又加監臨姦一等 即加凡奸罪一等 故云 各又加一等"(『唐律疏議』 권26,
　　雜律 監主於監守內姦).

66) 『高麗史』 권89, 志38 刑法1 奸非 仁宗 5년.

67) "判事 李績의 아내가 중과 간통하였으므로 중은 장 107대에 처하고 적의 아
　　내는 77대에 처하였다."(『高麗史』 권40, 世家40 恭愍王 12년 2월 癸巳).

68) 『高麗史』 世家 恭愍王 4년 6월 乙丑.

69) "이 달에 朴暄의 집을 淨業院으로 삼아 성 안에 있는 비구니와 중을 모아
　　살게 하고 밖에 담장을 쌓게 하여 출입을 금하게 하였다. 이에 앞서 중과 비

금지하는 등 다양한 방법을 통하여 이들과 일반여성들이 간음할 기회를 봉쇄하였다.

중 뿐 아니라 무당이나 박수 등의 간통에 대해서도 엄히 규제하였다. 당시 무당들은 사대부집에 출입하면서 은밀히 부녀자들에게 음란한 짓을 하였는데 그 더럽힘을 당한 자는 그것을 수치로 여겨 남에게 말하지 못하였고 이 때문에 이르는 곳마다 음란하고 못된 짓을 함부로 했다 한다. 심지어는 여장을 하고 남편까지 둔 남자무당도 있었다.[72] 이에 정부에서는 "무당과 박수의 무리가 요사한 말로 뭇사람을 현혹하여 사대부 집까지 가서 노래하고 춤추며 신에게 제사지내니 그 오염이 매우 심하다. 옛 제도에는 무당과 박수는 성 안에 살지 못하게 하였으니 각 부에서는 모조리 찾아내어 성밖으로 쫓아내라"[73]며 무당의 무리가 성안에 거주하지 못하게 하였다. 이규보(1168~1241)도 자신의 문집에서 "우리집 동쪽에 늙은 무당이 이웃하여 살았는데 매일 사녀들이 모여서 음란한 노래와 괴이한 말들을 하였다. 나는 이를 듣고 매우 불쾌하여 몰아내려 하였으나 명분이 없었는데 마침 나라에서 명령을 내려 모든 무당들을 멀리 보내어 서울에 접근하지 못하도록 하였다. 나는 내 집 동쪽의 음란하고 요괴스러운 것이 깨끗이 없어진 것만을 기뻐하는 것이 아니라 또 서울의 경내에서 다시 음란하고 요괴스러운 일이 없어져서 세상과 백성들이 순박하게 되어 태고의 풍속

구니가 민간인 가운데 섞여살아 품행이 바르지 못하다는 소문이 있었던 것이다."(『高麗史』 권24, 世家24 高宗 38년 6월).

70) 『高麗史』 권38, 世家38 恭愍王 3년 7월.

71) 『高麗史』 권85, 지39 禁令 肅宗 6년 6월, 仁宗 9년 6월, 忠肅王 12년 2월 교서에서 보인다. 예를 들어 다음과 같다. "성안부녀들이 상하노소를 가리지 않고 향도를 맺어가지고 齋를 올리고 불을 켜며 절간으로 몰려가서 중들에게 간통을 당하는 일도 간혹 있으니 평민은 그 아들에게 죄를 주고 양반의 집은 그 남편에게 죄를 줄것이다."(忠肅王 12년 2월 敎書).

72) 『高麗史』 권99, 列傳12 諸臣 玄德秀.

73) 『高麗史』 권85, 志39 刑法2 禁令 忠肅王 後8년 5월.

236

으로 되돌아가게 된 것을 기뻐함이다.……"74) 라고 쓰고 있다. 고려는 이처럼 간음의 원인이 되는 불사나 음사를 규제하였다. 그러나 불교와 무속이 당시의 지배적인 종교였고, 개인의 신앙을 국가가 일률적으로 통제하기도 어렵기 때문에 그다지 실효는 없었을 것으로 보인다.

지금까지의 논의를 통하여 고려시대의 간통은 신분이나 직역, 간통 자 간의 관계 등에 따라 달리 처벌되었음을 알게 되었다. 그러나 내용 면에서 奴主相姦은 있어도 婢主相姦은 없다거나, 有夫無夫에 따른 처벌의 차이 등에서 남녀차별적인 성격을 엿볼 수 있다. 또 대체로 처 벌이 당률의 체제를 따랐으나 근친혼 및 친척 간의 간통 부분에서 중 국과의 차이가 엿보인다. 이는 고려의 근친혼 습속과 非부계적인 친 족구조에서 기인하는 것이다. 그리고 원 간섭기에는 원풍속의 영향으 로 서모나 양모를 간음한 사례도 보인다.

3. 간비의 처벌과 특징

간통은 어떤 절차를 거쳐 처벌되었으며, 다른 범죄에 비해 처벌의 수준은 어느 정도였을까. 우선 간통이 처벌되는 절차를 보면 간통이란 사적이고 은밀히 이루어지는 것이므로 그 사실이 알려져 처벌받기란 쉽지 않았다. 간통이 범죄로서 처벌받으려면 우선 간통 사실이 관에 고발되거나 알려져야 했다. 이때 단순한 풍문은 죄를 묻지 않았고75) 현장을 잡아 고발했다거나 사안이 명백할 때만 처벌이 이루어졌던 것 같다.

C-1. 아들 世忠은 벼슬이 安南副使에까지 이르렀으며 그의 처는 中 贊 趙仁規의 딸이었는데 늙은 종 배삼이란 자와 간통하여 추문이

---

74) 『東國李相國集』 권2, 古律詩 老巫編에도 같은 기사가 보인다.
75) 元史에서는 '諸持姦不坐'라 하여 간통이라 지적한 것은 죄를 주지 않았다 (『元史』 권104, 志52 刑法3 姦非).

널리 퍼졌다(『高麗史』 권123, 列傳36 嬖幸1 廉承益).

C-2. 그의 처가 일찍이 族父 李臣桂와 사통하자 靑은 두 사람의 귀를 베고 監察司에 고하여 국문하게 하였다(『高麗史』 권124, 列傳37 嬖幸2 申靑).

C-1은 풍문이라 추핵되지 않은 것이며, C-2는 현장을 잡아 고발한 예이다. 그리고 앞 장의 사료 B-7은 사안이 명백하여 20년이나 지난 뒤 추국된 예이다. 간통사실의 고발자로서는 남편이 가장 많고,[76] 이외 시어머니나[77] 친어미가 고소한 사례가 보인다.[78] 강간의 경우는 아비나[79] 시동생[80] 등이 고소한 예가 있다.

이렇게 고소나 고발이 있으면 피의자를 소환, 조사한다. 여성도 감옥에 가두었으며 고문도 행해 옥사하기도 하였다.[81] 피의자의 심문, 자복[82]에 따라 형벌이 결정되었다. 그러나 법대로 처리되지 않은 예

---

76) 사료 C-2 및 다음의 사료를 예로 들 수 있다. "副令 張演의 처는 典工判書 金克恭의 막내딸인데 護軍 金璋과 사통하였다. 연이 장을 잡아 헌사에 고하므로 처가 도망하여 인임의 집에 들어가니 인임은 헌사에게 불문에 붙이라고 하였다."(『高麗史』 권126, 列傳39 奸臣2 李仁任).

77) "辛貴가 강등되어 外職에 있었는데 처 康氏가 혼자 있으면서 음란한 짓을 거침없이 하니 대신들이 많이 그녀와 사통하였고 鏞 역시 사통하였다. 귀의 어머니가 어사대에 고하여 이를 국문하였으나 용은 사랑받는 신하였으므로 혼자만 면하였다."(『高麗史』 권131, 列傳44 叛逆5 金鏞).

78) 주 54)의 내용 참조.

79) "高峯縣吏 愁萬이 延壽의 세력을 믿고 吏役을 피하고 연수의 집 노비 등과 成均生 周覬의 딸을 강간하니 기가 순군에 고하여 장을 쳐 죽였다."(『高麗史』 권105, 列傳18 諸臣 趙仁規 附 延壽).

80) "과거에 宰臣 趙芬의 처 馬氏가 갓 과부가 되어 상복을 벗기도 전에 濡가 강제로 간음하였다. 분의 아우로 환관이던 院使 伯彦不花가 원나라에 있다가 이 소식을 듣고 中正院에 호소하니 황제가 怯薛 旦驪女 등을 보내 심문하게 하였는데 (유는) 富豪였기 때문에 (중벌은) 면하고 매 50대를 맞는데 그쳤다."(『高麗史』 권131, 列傳44 叛逆3 崔濡).

81) 주 52) 내용 참조.

도 있었다. 그 경우로는 우선 사면을 들 수 있다. 郎將 周彦英은 料物庫副使 李中明의 처와 간통하였고 郎將 鄭元은 將軍 李元立의 처와 간통하였다. 어사대가 이것을 탄핵하였으나 때마침 大赦가 있었으므로 다 그 죄를 용서받았다. 그런데 元은 잘못을 뉘우쳐 고치지 않으므로 어사대에서 장을 쳐서 죽였다.[83] 그 외 왕은 어떤 경우에도 처벌받지 않았으며, 왕비의 경우도 궁노와 간통한 장경궁주 이씨의 예를 볼 때[84] 율대로 처벌되지 않았음을 알 수 있다. 이 외 왕의 가까운 신하라거나[85] 외척일 경우,[86] 권세가의 자제,[87] 富豪[88] 또는 당시 정계 실력자의 비호[89] 등에 의해 처벌되지 않은 사례도 보인다.

---

82) "前忠州牧使 金用卿이 藩王을 따라 원나라에 머물렀었는데 그 부인이 의붓 딸의 남편인 別將 王之祐와 간통하였다. 감찰사가 문초하니 함께 자복하였다."(『高麗史』 권35, 世家35 忠肅王 16년 9월).

83) 『高麗史』 권30, 世家30 恭愍王 10년 4월 丙申.

84) 주 42) 내용 참조.

85) 주 77) 내용 참조.

86) "(金)元命의 딸이 郎將 朴東朝의 처가 되었는데 동조가 죽자 典校令 申仁甫와 사통하였다. 신우 때에 헌사가 탄핵하기를 '인보는 외람되이 3품관이라 칭하였고 또 동조의 처와 간통하였으니 그를 죄주소서'하였다. 인보는 평소에 권력있는 사람들에게 아부하였고 또 원명의 딸이 공민왕의 외척이기 때문에 그 일은 거론되지 않았고 인보는 다만 직책을 외람되이 칭한 죄에 걸려 매를 쳐서 長巖戍에 유배하였다."(『高麗史』 권125, 列傳38 姦臣1 金元命).

87) "홍복원의 서자 明理和尙은 포악하고 교만하였는데 그의 누이가 원나라의 총애받는 신하 赤刺赤에게 시집갔으므로 명리화상이 그녀를 따라 갔다가 드디어 역자적에게 사랑받게 되었다. 일찍이 御香을 받들고 왔는데 評理 洪順의 딸을 강간하였다. 그녀의 사촌오빠 洪承衍이 면전에서 욕을 하였다. 명리화상이 정동행성에 고소하여 승연을 가두었다."(『高麗史』 권130, 列傳43 叛逆4 洪福源).

88) 주 80) 참조.

89) "林孝侯라는 사람이 있어 衍의 처와 간통하니 연이 그것을 알고 효후의 처를 유인하여 간통하였다. 효후가 유사에게 고하여 유사가 연의 죄를 다스리려 하였으나 김준이 그의 사람됨을 장하게 여겨 애써 구하여 면하게 하였고 천거하여 郎將으로 삼았으므로 연은 항상 준을 아버지라고 불렀다."(『高麗

  간통죄는 위와 같이 공식적으로 처벌될 수도 있었으나 사적으로 처
리되는 것도 가능했다. 처가 간통을 범했을 때 남편은 간부를 죽이고
간통한 처를 내쫓는다거나 아니면 간음한 아내와 동거하지 않는 등
개인적으로 처리할 수도 있었다. 예컨대 李義旼(?~1196)의 처 최씨
는 계집종을 질투하여 때려 죽였고, 또 종과 사통하였다. 그러자 이의
민이 종을 죽이고 처를 내쫓았다.[90] 또한 이의민의 딸은 승선 이현필
의 처였는데 음탕한 것이 그 어미와 마찬가지였으므로 현필이 더럽게
여겨 같이 살지 않았다는 기사도 있다.[91] 그러나 사적으로 처벌하건
공적으로 처벌하건 남편에게는 간통한 아내와 그 간부에 대한 생살여
탈권이 있었다. 예컨대 許猷는 성품이 참혹하고 난폭하여 첩이 집안
노비와 간통하니 첩의 두 귀를 베고 두 눈을 상하게 하였으며 또 그
노비의 두 눈을 도려내고 귀를 베고 코를 베고 발꿈치를 베는 형벌을
가하였다. 또 그의 勢를 베어 첩에게 먹게 하니 듣는 사람들이 몸서리
를 쳤다 한다.[92]

  반면 여성은 남편이 간통했을 때 이렇게 할 권리가 없었다. 현장에
서 남편과 간부를 처단하기는커녕 간통한 남편을 고소할 수조차 없었
다. 남편은 집안 존장과 같이 고발할 수 있는 대상이 아니었던 것이
다.[93] 남편의 간통에 대해 처첩은 고소가 불가능했을 뿐 아니라 그 사

___

  史』권130, 列傳43 叛逆4 林衍).
90) 『高麗史』권128, 列傳41 叛逆2 李義旼.
91) 위와 같음.
92) 『高麗史』권105, 列傳18 諸臣 許珙 附 猷.
93) "告周親尊長外祖父母夫婦之祖父母 雖得實 徒二年 流罪徒三年 死罪流三
  千里 誣告加所誣罪二等 告周親卑幼罪杖六十"(『高麗史』권84, 志 38 刑法1
  大惡). 이 조항은 당률에는 '周親尊長外祖父母夫夫之祖父母'로 되어있다
  (『唐律疏議』권44, 鬪訟 告期親尊長). 『高麗史』의 '夫婦之祖父母'를 어떻게
  해석할 것인가. 夫와 婦의 '조부모'인가 아니면 夫의 조부모와 婦의 조부모
  인가. 夫의 조부모는 주친존장 범위에 포함되므로 '夫와 婦의 조부모'라 생
  각된다. 형법지가 당률을 기본으로 했으나 매우 간략하고 효율적으로 표기
  하고 있음은 여러 곳에서 보인다.

240

실에 질투하는 것 자체도 기처의 사유가 되었다. 최운해의 처 권씨는
성품이 투기가 심하고 사나웠다. 광주에 있을 때 투기하여 운해의 얼
굴에 상처를 내고 옷을 찢었으며 양궁을 꺾어버리고 칼을 빼어 말을
찌르고 개를 쳐서 죽였다. 또 운해도 쫓아가서 치려 하였으나 운해가
달아나 면하였다. 곧 아내를 버렸으나 아직 이혼되기도 전에 永興君
環에게 시집갔으므로 문하부에서 헌사에 통첩해 국문하였다.[94]

간통한 남편이나 간부를 처벌할 방법이 없었던 부인들은 질투 끝에
남편을 살해하기도 하고, 남편에게 남편의 간부를 무고하기도 하였다.
前開城尹 洪壽老의 처는 투기 때문에 木板으로 남편을 구타하여 남
편이 허리가 부러져 죽었다. 典法司에서 그 처를 잡아다 국문하니 옥
중에서 죽었다.[95] 龍德은 일명 加也只인데 通濟院의 종으로 書雲正
崔天儉의 첩의 소생이었다. 과거 懿妃의 궁인으로 사랑을 받았는데
총애가 의비보다 더 하였다. 우왕이 鳳加伊를 총애하여 이인임의 집
에 자주 가니 용덕이 투기하여 '評理 都吉敷가 일찍이 봉가이와 사통
하였다.'라고 참소하니 우왕은 도길부를 외방으로 내보내 西北面都體
察使로 삼았다.[96]

또 여성들은 자신이 간통을 하기 위하여 목숨을 걸어야 했다. 유부
녀의 간통은 殺夫를 동반하기 쉬웠다. 남편 생존 시 남편의 눈을 피해
간통을 한다는 것은 사실상 어려웠고 발각될 경우 현장에서 잡혀 죽
을 수도 있었다. 남편이 축첩을 하듯 간부와의 관계를 공식화할 수도
없었다. 남편이 없어야 간부와 재혼이라도 할 수 있었던 것이다. 남편
을 살해하면 미수에 그쳐도 참형이었다.[97] 그럼에도 불구하고 사료에

---

94) 『高麗史』 권114, 列傳27 諸臣 崔雲海.
95) 『高麗史』 권135, 列傳48 叛逆6 辛禑 10년 4월.
96) 『高麗史』 권135, 列傳48 叛逆6 辛禑 10년 윤10월.
97) "謀殺周親尊長外祖父母夫婦之父母 雖未傷斬……"(『高麗史』 권84, 志38 刑
    法1 大惡). 여기서 비록 남편이 빠졌지만 주친존장의 살해 미수가 참형이니
    남편도 역시 참형이었다고 유추할 수 있다.

는 남편을 죽인 예들이 보인다. 黃州牧使 李緝의 처 潘氏는 尙書 永源의 딸인데 즙이 일찍이 관직에 있을 때 호위병 金南俊과 간통하고 즙을 죽였다. 讞部에서 治罪하여 극형에 처하려 하는데 반씨의 친척인 승려 宏敏이 충선왕의 총애를 받고 있으므로 여러 번 명령을 내려 저지하였다. 얼마가지 않아 사면이 있어 형을 면하니 나라 사람들이 모두 이를 갈았다.[98] 이것은 세력에 기대어 극형을 면한 예외적인 경우이나 율대로라면 사형이었을 것이다.

부인들은 남편을 十惡罪 등 重罪로 무고해 죽이려 들기도 하였다. 고려에서는 앞에서 보았듯이 처가 남편을 고발하면 처벌되었고 무고는 더 무거운 형벌에 처해졌다.[99] 그럼에도 불구하고 남편을 무고, 살해한 사례들이 보인다. 최이(?~1249)의 딸은 종과 간통하다가 남편 김약선이 그것을 알게 되자 남편을 다른 사건으로 怡에게 참소하였다. 怡가 약선을 죽였는데, 오랜 뒤에 무고인 것을 알았다. 최이는 딸과 간통한 종을 죽이고, 그 딸을 죽을 때까지 보지 않았다.[100]

이 외 처가 이혼절차를 밟지 않고 남편을 떠나가는 방식을 취하기도 하였다. 여자에게는 의절 상황을 제외하고는 이혼이 허용되지 않았기 때문에 도망하여 남편에게서 벗어나길 꾀한 것이다. 처가 남편을 피해 도망하면 도형 2년, 도망해 개가하면 유형 2천 리에 처하였다.[101] 典理摠郎 裵仲倫의 처가 친척인 중 云珪와 사통하여 연안부로 도망가니 그들을 체포하여 국문한 뒤 중륜의 처는 매를 치고 적몰하여 노비로 삼고 운규는 옥중에서 죽었다.[102] 관비로 삼는 것은 중형이므로 거의 유 2천에 상응한다 하겠다. 이 조항 역시 '남편이 아내를 함

---

98) 『高麗史』 권105, 列傳18 諸臣 趙仁規 附 延壽.

99) 주 93) 참조.

100) 『高麗史』 권101, 列傳14 諸臣 金台瑞 附 若先.

101) "妻擅去徒二年 改嫁流二千里 妾擅去徒一年半 改嫁二年半 娶者同罪 不知有夫不坐"(『高麗史』 권135, 志38 刑法1 戶婚).

102) 『高麗史』 권135, 列傳48 叛逆 辛禑.

242

부로 떠나가면……'이라는 법조항이 없음은 물론 남편에게는 칠거지악 등을 이유로 기처가 허용되었음을 생각할 때 명백한 남녀차별이 엿보이는 조항이라고 하겠다.

이같이 여성들은 남성이 蓄妾 등을 통해 합법적으로 다른 여성과 관계할 수 있었던 데 비해 남편 이외의 남성과 교제할 수 있는 수단이 없었으며, 또 남편의 간통에 대해서 어떠한 제제도 할 수 없었기 때문에 불법적인 수단을 사용할 수밖에 없었다. 그런데 이 수단들은 殺夫나 무고, 擅去 그 어떤 것도 여성들에게 중벌을 가져다주는 것이었다. 중형을 무릅쓰지 않으면 다른 남성과 관계할 수도, 간통하는 남편을 제제할 수도 없었다는 점에서 고려사회의 성차별적인 성격을 알 수 있다.

게다가 간통죄의 형벌 뒤에 여성은 恣女案에 올랐다.103) 이것은 遊女籍 혹은 京市案이라고도 하며 경시안에 오른 恣女의 경우 실행전 소산은 6품관까지, 실행후의 소산은 금고하였다.104) 자녀안에 오른 예로는 다음을 들 수 있다. 李需는 처가 죽자 服을 다 마치기도 전에 처조카의 아내와 간통하였다. 처조카의 아내가 자기의 남편을 죽이려고 계획하다가 일이 발각되어 수와 처조카의 아내는 모두 섬으로 유배되었다. 또 그 여인을 遊女籍에 등록하였다.105) 여성이 죄를 범한 경우는 이처럼 자녀안에 실려 후손에게 영향을 미쳤을 뿐 아니라 당시 관직에 있던 남편이나 아들, 동생 등에게도 연좌가 미쳤다. 예컨대 王璞은 의종의 딸 安貞宮主에게 장가들어 守司徒에 加資되고 咸寧伯에 봉해졌다. 궁주가 伶人을 불러 거문고를 배우다가 드디어 그와 간통하니 명종은 박이 집안을 다스리지 못했다하여 조서를 내려 삭직하였다가 2년 뒤에 다시 복직시켰다.106) 工曹摠郎 朴全義는 그 어머니와

103) "睿宗3年判 有夫女淫 錄恣女案 針工定屬"(『高麗史』 권84, 志38 刑法1 戶婚 睿宗 3년).
104) 『高麗史』 권95, 志29 選擧3 毅宗 6년 2월.
105) 『高麗史』 권102, 列傳15 諸臣 李淳牧 附 需.

중이 몰래 정을 통하는 것을 막지 못하였다고 탄핵되었으나 왕이 특별히 용서하라고 명령하였다.[107] 이자겸의 여동생은 순종의 비였는데 순종 사후 궁노와 간통해 자겸도 연좌되어 파면되었다.[108] 이 역시 여성들의 간음이 남성들에 비해 차별적으로 처리되었음을 보여주는 좋은 예이다.

다음으로 간통의 사례들은 시기적으로 어떠한 변화를 보이는지 도표를 통하여 알아보도록 하겠다.

<표 4-1> 간통에 대한 규제사례

번호	시기	내용	분류	출전
1	성종11년7월	獻貞王后 皇甫氏와 戴宗旭 간통	친척 간	후비전, 절요
2	목종6년	獻哀王太后 皇甫氏가 외족 金致陽과 간통	친척 간	후비전, 세가
3	현종8년 정월	부녀자가 비구니 되는 것 금지	법령	형법지 금령조
4	문종12년5월	李顗이 형의 딸을 간음(혼인)해 낳은 딸의 소생자 庾仲卿을 강등해 蔭職에 제수	친척 간	절요
5	예종3년 정월	順宗妃 長慶宮主 李氏가 宮奴와 간통해 폐위됨. 남동생 李資謙도 연좌돼 파면	奴主相姦, 남동생연좌	절요, 이자겸전, 후비전
6	〃3년	간음녀를 자녀안에 올려 針工으로 삼음	법령	형법지 호혼조
7	의종6년	京市案 恣女소생 금고	법령	선거지 음서조
8	〃17년8월	白善淵과 왕의 애첩 無比간통했으나 처벌 안됨	시녀와 간, 불법	절요, 백선연전
9	〃때	인종딸 德寧宮主가 결혼 뒤 의종과 추문	친척간	공주전
10	명종 때	李義方이 태후의 여동생을 위협해 간음했으나 처벌안됨	강간, 불법	이의방전

106) 『高麗史』 권90, 列傳3 宗室1 平壤公基 附 璪.
107) 『高麗史』 권46, 世家46 恭讓王 3년 9월 甲午.
108) 『高麗史』 권127, 列傳40 叛逆1 李資謙.

244

11	명종 때	王珪가 鄭仲夫의 딸과 사통하고 재혼	불법	왕규전
12	〃	의종 딸 安貞宮主가 伶人(殿前) 加榮과 간통하자 왕이 가영은 해도에 유배하고 남편 王璞은 削職	노주상간, 남편연좌	종실전 平壤公基附 咸寧伯璞, 공주전
13	〃 10년6월	중 冲曦가 궁녀 및 공주를 간음해 崔詵이 왕에게 간해 절로 보냄	중의 간음	종실전 元敬國師冲曦, 절요
14	〃 26년4월	崔斐가 태자의 愛婢를 간음했으나 李義旼 때문에 처벌안됨. 崔忠憲이 유배보냄.	시녀 간통	절요, 崔世輔傳
15	〃 때	李義旼의 처가 종과 간통해 의민이 종을 죽이고 처를 내쫓음	노주상간	이의민전
16	〃	이의민의 딸이 음탕해 소박당함	사적처벌	〃
17	〃	崔忠憲 여종 桐花가 마을사람들 및 최충헌과 사통	화간, 불법	최충헌전
18	〃	全州의 중 日嚴이 개경에 와 天壽寺에 거주하자 남녀가 밤낮으로 섞여 추한 소문이 널리 퍼짐	불교와 여성간음	林民庇傳
19	〃	淫祀를 미워하여 安南都護副使가 되자 무당을 그 구역에 못오게함	음사배격	玄德秀傳
20	〃	무당들이 양반가에 출입하면서 부녀 음행하는 경우 많음. 또 남편이 있는 여장 무녀도 잡아냄	무당의 간음	절요 고종2년5월, 현덕수전
21	고종때	무당들 서울거주 금지법	〃	東國李相國集 老巫編
22	〃 이전	崔忠憲이 孫洪胤을 살해하고 처 임씨를 사통해 고종 원년 宅主로 삼음	화간, 상중간통, 불법	최충헌전
23	〃 때	金希磾의 사위 鄭相이 池允深의 처 간통해 유배됨	화간	김희제전
24	〃 때	金若先이 장인 崔怡의 府 안의 소녀들을 간음하자 최이가 소녀들 유배보냄	친척간	金台瑞 附 若先傳
25	〃 때	김약선의 처가 종과 간통하다 발각되자 남편을 무고해 죽임	노주상간, 살부	金台瑞 附 若先傳
26	〃 30년12월	李需가 처 상중에 처조카의 아내와 간음. 그녀는 殺夫를 꾀해 둘다 섬에 유배됨	친척간, 상중간, 살부	절요, 李淳牧 附 李需傳
27	〃 36년11월	최항이 이틀만에 상복벗고 아비 장례가 끝나자 아비의 첩들을 간음	친척간, 불법	崔忠憲 附 沆傳, 절요

28	고종때	최이의 아들인 萬宗과 萬全의 문도들이 강간 자행	중의 간음, 불법	崔忠憲 附 怡傳
29	〃38년6월	중과 비구니가 민간에 섞여 살면서 추문이 있자 淨業院 세워 격리	중의 간음	세가
30	〃때	崔竩가 아비 崔沆의 애첩 心鏡을 간통하고 아비가 죽자 첩으로 들임	친척간, 불법	崔忠憲 附 竩傳
31	〃45년3월	林孝候가 林衍의 처를 간음하자 임연도 그의 처를 간했으나 김준이 처벌을 막음	화간, 불법	절요, 임연전
32	〃때	金俊이 崔怡의 애첩을 간음해 유배됨	화간	김준전
33	원종4년4월	낭장 鄭子卿의 처 손씨는 家奴 良守·徐均과 간통, 獄死	노주상간	세가
34	〃9년2월	李舒가 大氏 및 그 두 딸을 간통해 섬으로 귀양감	화간	세가, 절요
35	〃	장군 周瑄이 숙부 周永賫의 처 大氏와 간음해 참형	친척간	세가, 절요
36	원종 때?	기철의 매부 康允紹 집 노비들이 타인의 처 강간해 유배	강간	기철전
37	충렬왕때	尹諧가 尙州司錄이었을 때 누이를 간음한죄인을 돌로 쳐죽임	친척간	尹諧傳
38	〃6년정월	중 益藏이 살인하고 기생과 정을 통해 섬에 유배함	중의 간음	세가
39	〃6년6월	金琿가 친구 金文庇 처를 간통해 유배됨	화간	절요, 金慶孫附琿傳
40	〃18년6월	中郎將 王惟紹가 禿魯花로 원에 들어가자 內僚 別將 金呂가 그의 처를 간음하고 왕에게 바침	화간, 불법	절요, 王惟紹傳
41	〃때	무당이 孔允丘와 간통해 국문	무당의 간	沈言易傳
42	〃21년6월	낭장 李琨이 궁인 無比와 간통했으나 장인 張舜龍 덕에 귀양만 감	시녀와 간통	절요
43	〃23년12월	환관 金元呂가 궁인 柴巨 간통해 사형	〃	절요
44	〃때	權宜가 경상도안렴사로서 진주사람 鄭延의 기첩을 뺏고 그를 죽임	관할 지 민, 불법	권의전
45	〃24년2월	趙晉成 처 조씨가 오빠와 간통	친척간	절요, 세가
46	〃5년5월	郞將 沈淑公의 처가 사위와 간음하고 남편 독살	친척간, 살부	절요, 세가
47	충선왕 5년6월	충선왕이 故大護軍 鄭子羽의 처를 간음	왕의 음행 (신하처)	세가

48	충선왕 5년6월	왕이 충렬왕의 비인 淑昌院妃 김씨를 간음하고 淑妃로 삼음	친척간	후비전
49	〃	薊國大長公主가 內僚들과 간음	왕비의 음행	후비전
50	〃?	廉世忠 처(조인규딸) 종과 간통해 추문	노주상간	廉承益傳
51	?	중 金戩이 노비 樹伊의 처와 간통해 딸을 낳음. 그 딸의 딸의 아들이 정도전	중의 간통	鄭道傳傳
52	충숙왕?	洪茶丘 숙부의 아들 詵의 서자 明理和尙이 評理 洪順의 딸을 강간	강간, 불법	洪福源傳
53	〃 때	高峯縣吏 愁萬이 趙延壽의 세력을 믿고 成均生 周覬의 딸을 강간해 覬官에 고하고 수만을 때려죽임	강간	趙仁規 附珝傳
54	〃 11년2월	延德大君 塤이 衛士 金永長의 처를 간음	화간	절요, 종실전
55	충숙왕 16년9월	전충주목사 金用卿의 처가 의붓딸의 남편 王之祐와 간통	친척간	세가, 절요
56	〃17년12월	강윤충이 金南寶의 처 및 낭장 白儒의 처를 강간하여 매를 쳐 섬으로 유배	강간	절요, 康允忠傳
57	〃 3년5월	黃州牧使 李緝의 처 潘氏가 衛身 金南俊과 간통하고 살부, 珝가 정업원에 넣음	화간, 살부, 불법	절요, 趙仁規 附 珝傳
58	충혜왕 2년5월	왕이 환관 劉成의 처 印氏 간음	신하 처	절요
59	〃	왕이 장인의 후처 황씨, 庶母 壽妃 권씨, 환관 劉成의 처, 慶華公主를 간음	왕의 음행(친척, 신하 처)	후비전, 세가, 절요, 洪奎傳
60	〃 2년8월	왕이 先王이 간통했던 여자 南氏를 간음한 뒤 신하 盧英瑞의 처로 삼아줌	왕의 음행 (친척간)	세가
61	〃 후2년3월	왕이 權漢功의 측실을 간음하려고 護軍 朴伊刺赤에게 궁으로 데려오게 했으나 그가 먼저 간음하자 모두 때려죽임	왕의 음행 (신하의 처)	절요, 세가
62	〃후2년11월	내시 田子由의 집에 가 그 처를 강간	신하 처	세가, 기철전
63	〃후4년3월	왕이 裵佺의 집에 행차해 그의 처와 처제 간음	왕의 음행 (신하의 처)	裵佺傳, 절요, 세가

64	충혜왕 4월	崔濡가 趙芬의 처를 상중에 강간했으나 가볍게 처벌	상중간, 불법	절요, 최유전
65	〃 후4년4월	崔遠이 백성의 딸을 아름답다고 하자 행차했으나 여자 못찾자 모두 죽임	왕의 음행	세가
66	〃 5월	왕이 尹桓의 처 柳氏를 간음	왕의 음행 (신하 처)	절요, 세가
67	〃 7월	萬戶 金贊이 李包恭의 처를 강간해 장을 치고 귀양보냄	강간	세가
68	〃 9월	불량배가 大家라 속이고 유부녀 간음해 사형.	강간	세가, 절요
69	〃 10월	강간범 3명을 돌로 쳐죽임	강간	세가
70	〃 때	崔安道와 金之鏡이 충숙왕이 사랑한 여자 南氏를 간통	시녀간, 불법	최안도전
71	충숙왕 후8년5월	무당 박수를 성밖으로 내침. 부녀자 香徒會 금지하고 법 어기면 자식과 남편 연좌	법제	형법지 금령
72	충목왕	중의 처를 간음하려고 중 살해		鄭云敬傳
73	〃 3년9월	尙書高信이 益興君의 처를 간통했으나 奇轍의 비호로 처벌안됨	화간, 불법	절요
74	충정왕 원년정월	益興君의 처 박씨가 高信과 간통죄로 갇혔는데 옥에서 다시 중과 간통하니 新倉館 恣女로 삼음	화간, 중의 간통	절요
75	〃 원년10월	典理判書 尹仁貴가 廉孝臣의 첩을 뺏음. 鄭都伊가 江寧大君의 처를 간통해 국문	화간	절요
76	공민왕 원년9월	上將軍 全普門의 처 송씨가 남편의 族姪 曹復生과 간통해 곤장 침	친척간	세가, 절요
77	〃 4년6월	중 禪近이 士人의 처와 간음했으나 석방. 중 英旭은 환관 金不花의 처와 간통	중의 간통, 불법	세가
78	〃7년10월	내시 李邦貴가 玄德宮婢와 간음	시녀간	세가
79	〃 10년4월	낭장 朱彦英 및 鄭元이 타인의 처와 간통. 전자는 사면, 후자는 뉘우치지 않아 곤장쳐 죽임	화간	세가
80	〃 11년8월	왕 지방 행차시 관료들이 민간의 여자들을 간음	불법	세가
81	〃 12년2월	判事 李績의 처가 중과 간음해 장 침	중의 간	세가
82	〃 12년4월	奇世傑의 처 방씨를 金鏞이 간음하고 자기 문객 崔守雌에게 처로 줌	강간, 불법	절요

83	공민왕 13년11월	領都僉議 金逸逢의 사위 判圖總郎 李林伯이 양가집딸 강간	강간	세가
84	〃 15년4월	상장군 趙蘭이 궁녀와 간음. 조린은 사면, 궁녀는 내침	궁녀간	세가
85	〃 12월	신돈이 부녀자 간음, 신돈이 李云牧의 시집간 딸을 간음	중의 간	절요, 辛旽傳, 李承老傳
86	〃 16년3월	정당문학 李承老가 처제를 간통. 20년 뒤에 심문해 적몰,귀양	친척간	절요, 이승로전
87	〃 18년6월	상장군 盧璹이 환관의 처를 간통하자 쳐죽임	불법	절요, 세가
88	〃 20년8월	贊成事 李成瑞의 처가 신돈과 간통해 도역에 처함	화간	절요
89	〃 21년10월	공민왕이 子弟衛의 부하들 洪倫·韓安 등을 시켜 후궁들을 간음케 함	왕의 음행 (부하시킴)	세가
90	〃 22년8월	尹可觀에게 益妃를 간음케했으나 죽음으로써 거절하자 매질하고 庶人으로 만듦	〃 (부하시킴)	절요, 윤가관전
91	〃 때	대호군 宋芬이 죽자 그 상중의 처를 강간해 첩으로 삼음	상중 간, 불법	金鉉傳
92	〃 때	上護軍 金用輝가 高家奴의 처를 간음했으나 김홍경이 구해 사면	화간, 불법	金興慶傳
93	〃	李成林이 金興慶의 기첩을 간음	화간	김흥경전
94	〃 23년3월	前門下舍人 朴啓陽이 장모를 간통. 장모를 곤장치고 적몰하여 官婢로 함	친척간	절요, 세가
95	〃 때	權謙의 집 종이 忽只 朴元柱의 처와 李佛臣의 딸을 강간	강간	권겸전
96	〃 때	趙碩堅의 처 장씨가 康允忠과 간통해 버리자 다시 具榮儉과 재혼. 또 음행해 棄妻되자 구영검을 무고해 살해. 다시 李仇祝과 사통해 국문	화간, 살부	구영검전
97	〃	辛貴가 강등되어 外職에 있자 처 강씨가 대신들과 음탕. 金鏞도 간통	화간, 불법	김용전
98	〃	判閣門事 楊伯淵이 密直 辛貴의 처 강씨를 간통해 파직, 금고	화간	양백연전
99	우왕때	황상이 신귀의 처와 간통했으나 공이 있어 관직만 파직함	화간	황상전
100	〃	李成瑞가 원의 翰林學士承旨 奇田龍의 첩을 사통하니 탄핵해 파면	화간	이성서전
101	〃	신돈이 과부된 奇顯의 후처와 간통	간통	신돈전

102	우왕때	이성서의 처가 신돈과 간통해 도역에 처함. 鄭天鳳과 다시 음란하자 국문해 귀양보냈으나 다시 음행	화간	이성서전
103	〃	判事 趙思謙이 장인 첩과 간통하고 신돈에게 붙어 뇌물받아 유배, 폐서인	친척간	신돈전
104	〃	許猷의 첩이 노비와 간통하자 私刑	노주상간	許珙傳附 猷
105	〃	金文鉉이 형 君鼎의 첩, 친구 署令 朴瑀의 처, 재상 金鉉의 첩을 간음	친척간, 화간	김문현전
106	〃 2년7월	典校副令 申仁保가 죽은 낭장 朴東朝의 처(김원명 딸)를 간통했으나 처벌 안됨	불법, 화간	절요, 金元命傳
107	〃 5년7월	楊伯淵이 처제를 간통하고 前判事 李仁壽와 죽은 密直 成大鏞의 첩을 간음해 삭탈하고 귀양보냄	친척간	절요
108	〃6년정월	왕이 밀직사 柳遂의 집에 가 그 딸을 간음하려함	왕의 음행(신하 딸)	우왕전
109	〃12월	왕이 민가에서 미녀간음. 왕이 밀직 李種德의 기첩을 뺏아 민가에서 간음	왕의 음행(민간여성, 신하 기첩)	〃
110	〃7년 12월	왕이 謹妃의 궁인 釋婢를 총애해 毅妃로 삼음	왕의 음행(왕비궁인)	〃
111	〃 8월	鄭賡이 定妃宮의 시녀와 사통해 장치고 유배	시녀와 간	〃
112	〃9년3월	典理摠郎 裵仲倫의 처가 친척인 중 云珪와 간음해 도망. 장형, 적몰, 노비	친척간, 도망	〃
113	〃 9월	왕이 典工判書 王興의 딸을 간음하려고 혼인막음	왕의 음행(신하 딸)	〃
114	〃9년12월	왕이 盧賮의 처를 간음	왕의 음행(신하 처)	〃
115	〃10년6월	왕이 李仁任 종의 사위 趙英吉의 딸 鳳加伊를 간음.	왕의 음행(신하 노비)	〃
116	〃 12월	노영수의 집 종 新月 간음	〃	〃
117	〃 12월	중 覺然이 추문있자 곤장치고 유배	중의 간음	〃
118	〃11년정월	왕이 前判三司 姜仁裕의 혼인 앞 둔 딸 간음	왕의 음행(신하 딸)	〃
119	〃11년정월	호군 宋千祐 처인 知門下 都吉逢의 딸도 왕에게 정조잃음	〃	〃
120	〃 2월	萬戶 金乙寶가 金千玉의 처를 강간	강간	〃

121	우왕11년11월	전 부령 張演의 처가 호군 金璋과 간통하고는 李仁任 집으로 도망해 처벌 못함	화간, 불법	이인임전
122	〃13년9월	강릉도원수 李乙珍이 楊口縣人 楊富 딸을 강간하려다 夫喪중인 양부의 처를 강간	관할지민	우왕전
123	〃11월	安淑老딸을 먼저 간음하고 嘉禮 치름	왕의 음행	〃
124	〃	定妃 安氏가 조카딸을 왕에게 바치자 賢妃로 삼음. 정비와 왕의 간음 숨기려.	왕의 음행	〃
125	〃12월	왕이 崔時霽집에 가 딸에게 음행	왕의 음행 (신하 딸)	〃
126	〃14년정월	徐規의 처가 남편을 잡으러 온 李安生과 간통해 남편을 죽임. 안생 참형, 서규 처는 典客寺 종으로 삼음	살부, 화간	절요
127	〃9월	柳曼殊가 죽은 소윤 崔秀瞻의 처녀딸을 강간	강간	柳璥 附曼殊傳, 절요
128	〃	池奫은 우왕의 유모간음했으나 처벌 못함	불법	지윤전
129	〃 때	檜山府院君 黃裳의 애첩과 사통	화간	이수산전
130	창왕원년7월	文允慶이 아비첩을 간음	친척간	절요, 신창전
131	〃	전판사 金一貴의 처가 典獄鎖匠 金都赤과 간통	화간	절요, 신창전
132	공양왕 3년9월	전 판사 安中夏의 딸이 계집종의 사위와 간음해 처벌	노주상간	세가
133	〃	工曹摠郎 朴全義는 어미와 중의 간음을 못막아 탄핵되었으나 특별히 용서	연좌, 중의 간음	박전의전, 세가

<표 4-1>은 고려시대 간통의 사례를 연대순으로 도표화한 것이다. 이 표에 의하면 우선 간통 사례가 후기로 갈수록 많아짐을 알 수 있다. 이는 『高麗史』의 기록이 후기에 집중되어 있다는 것과도 관련이 있겠으나 『고려사』 편찬자들의 고려사회에 대한 인식에 기인하기도 한다. 즉 고려 초기는 건국 후의 강건한 기상과 함께 건전한 시기로 묘사되고 있지만 후기로 갈수록 조선왕조의 정통성과 관련하여 사회 모순이 강조되어 나타나고 있는 것이다.109) 위의 표를 무신란 이전과

무신집권기, 그리고 원 간섭기의 세 시기로 나누어 각각의 특징을 살펴보도록 하겠다.

우선 무신란 이전을 보면 대부분의 사례가 왕실내에 집중되어 있음을 알 수,있다. 왕실 친척 간에 간통을 했다거나(1·2) 궁주가 노비와 간통했다거나(5) 환관과 궁녀가 간통한 것(8)이 그것이다. 이렇게 볼 때 일반인의 간통에 대해서는 별로 규제를 하지 않은 것이 아닌가 하는 생각을 할 수도 있으나 연좌 규정 및 사례를 볼 때 그렇게 보기는 어렵다. 예종 때 간음한 여자를 자녀안에 올려 침공으로 한다는 규정(6)이 나왔으며, 의종 때에는 恣女의 실행 전 소산과 실행 후 소산을 구분하여 전자는 6품까지, 후자는 금고하는 법으로 정비되고 있다(7). 또한 간음녀의 관직에 있는 남동생까지 연좌한 사례(5)가 보이고, 부녀자가 비구니가 되는 것을 금하는 법령도(3) 나옴을 볼 때 이미 간통에 대해서는 상당한 규제가 행해지고 있었다 하겠다. 따라서 이 시기 일반인의 간통 사례가 잘 보이지 않는 것은 "규제조항이 고려전기부터 마련되었지만 실제로 시행되는 것은 성리학이 정착되는 고려후기"[110]기 때문이 아니고, 사료가 누락된 때문으로 보아야 할 것이다. 이 시기는 고려율의 제정과 개수 등 법제가 정비되고 간통에 대한 규제도 실제로 행해지고 있었던 것이다.

무신집권기에는 전 시기에 비해 보다 많은 간통 사례와 함께 유형면에서도 和姦, 强姦은 물론 奴主相姦, 친척 간의 간통 등 다양한 사례가 나타나고 있다. 그런데 이 시기의 가장 큰 특징이라 하면 무신집권자들에 의해 자행된 여러 불법적인 사례들이다. 이들은 태후의 여동생을 위협해 간음하는가 하면(10) 政敵을 죽이고 그 처와 관계하기도 하고(22), 그 문도들 역시 만행을 저질렀다(28). 뿐만 아니라 이들은

109) 邊太燮, 『高麗史의 硏究』, 三英社, 1982, 140~143쪽.
110) 정세화·최숙경·이배용·장필화·김영미·박진숙, 「한국 여성사 정립을 위한 인물 유형 연구 - 고대에서 대한제국 시기까지」, 『여성학논집』 5, 이화여대 한국여성연구소, 1988, 84쪽.

막강한 권력으로 자기 세력권 내의 사람들이 간통죄로 처벌받는 것을 막기도 했다(14·31).

그러나 그렇다고 하여 이 시기에 전기의 법이 폐해지고 간통죄가 처벌되지 않았던 것은 아니다. 단지 이들은 쿠데타의 주역들로서 권력을 휘두른 예외적 사례에 불과할 뿐이다. 예컨대 (12)나 (23), (25)의 사례들, 그리고 (31)에서 임연(?~1270)이 임효후의 처를 간음해 유사가 그 죄를 다스리려 하자 김준(?~1268)이 임연의 사람됨을 장하게 여겨 애써 구하여 면하게 하고, 이에 임연은 김준을 아버지처럼 여겼다는 기사 등은 이 시기에 간통죄 처벌이 대부분 법대로 이루어지고 있었음을 보여주는 것이다. 그리고 (12)에서 보듯 간음한 여성의 남편에 대한 연좌 사례도 나타나 전 시기의 처벌 관행이 계속되었음도 알수 있게 한다.

또한 이 시기에도 중이나 무당에 의한 음행(18·20·29)을 배격하여 무당이 도성이나 지방관 관할지역에 들어오는 것을 금하거나(19·21) 정업원을 세워 아예 민간인과 격리시키기도 하였다(29). 이처럼 무신집권기 역시 전기의 법제가 계속 이어지고 중이나 무당에 대한 대책에서 보듯 이를 더욱 진전시켜 나가기도 하였던 것이다. 다만 무신란의 주역들에 의해 예외적인 불법 사례들이 간혹 나타나기도 하였으며, 『고려사』에 특히 이러한 사례가 많이 보이는 것은 무신란은 반역이며 이것으로 고려의 제도가 무너지게 되었다는 『고려사』 찬자들의 고려시대관에서 사료가 취사선택된 면도 있었기 때문으로 여겨진다.

원 간섭기에는 현존하는 사료의 분량이 전기에 비해 많은 데다가 후기 사회의 모순을 강조하여 조선 건국을 합리화시키려는 『고려사』 찬자들의 의도도 작용하여 간통의 사례가 더욱 많이 보인다. 이 시기 간통의 유형은 물론 화간이 가장 많지만 부원세력이나 국왕 측근 세력들 및 그들의 노비 등에 의해 강간도 많이 행해졌다. 또한 궁인과의 간통이나 중 또는 무당과의 간통, 노주상간, 관리와 관할지 민, 친척 간의 간통 등 다양한 유형이 보이고 있다. 이 중 특기할 것은 친척 간의 간통으로 장모와 사위(46·55·94·132), 처제와 형부(86·107), 사위와 장인의 첩(103) 등 처가식구와의 간통이 특히 많이 보이며, 그 처벌이 매우 엄하였다는 것이다. 이는 고려후기에도 역시 남귀여가 혼속으로 처가와의 관계가 밀접한 데서 연유하는 것이라 하겠다.

또한 이 시기의 특징 중의 하나는 이전과 달리 왕의 음행에 대한 기록이 많다는 점이다. 신하의 처나 딸(47·61·62·66·108·109·113·114·118·119·123·125), 신하의 노비(115·116), 先王의 妃나 장인의 처(48·59·60), 왕비궁 시녀(110·124), 민간의 백성(65·109)과 간통한 것 등 다양한 사례가 보인다. 이는 충선왕 이래 우왕까지 계속되는데, 충선왕이 3건, 충혜왕이 8건, 우왕이 12건으로 후대로 갈수록 많아지고 있다. 특히 우왕대에 이러한 사실이 많고, 그 전왕인 공민왕 때에는 부하들을 시켜 妃嬪을 간음시킨 사례(89·90)가 보인다는 점에서 이는 사료의 진실성에 의심이 가기도 한다. 즉, 공민왕이나 우왕이 실제로 그러한 행위를 했을 수도 있으나 한편으로 생각하면 이는 이성계 일파가 우·창왕의 출자를 문제 삼아 그들을 폐한 사실을 합리화하려는 『고려사』 찬자들의 의도에 의한 것이 아닐까 생각되기도 한다.

그리고 이 시기에는 부원세력이나 국왕의 측근 세력들이 위세를 이용해 간통을 행하고도 처벌되지 않거나(52·73·77·82·91·92·97·99·106·121·128) 가볍게 처리되는(42·57·64) 등 불법적인 사례들이 보인다. 또한 법 규정에 의하지 않고 왕이 즉흥적으로 형벌을 하는 사례가(87) 나타나기도 한다. 그러나 한편으로 이 시기에는 혼인례를 어겨서 간통죄로 처벌되는 등(39) 혼인규제가 보다 강화된 측면도 보인다. 이 시기는 성리학의 수용으로 인한 여성 정절의 강조라는 측면과 세도가들의 불법적인 간통 행위의 성행이라는 양면적인 성격

254

을 갖고 있었던 것이다.

이처럼 고려시대 간통에 대한 규제는 고려전기에 일차로 완비되나 이후에도 꾸준히 보완이 행해지는 등 후기로 갈수록 정비되어 갔다. 다만 무신집권기나 원 간섭기에 들어 여러 불법적인 사례가 보이는데, 이는『고려사』찬자들에 의해 의도적으로 강조된 측면도 있었다 하겠다. 또한 간통의 고발, 처벌, 부가형 등 모든 면에서 여성이 남성에 비해 불리했으며, 여성은 천거나 살부 등 극단적인 방식이 아니면 자신의 성적 욕망을 추구하는 것이 불가능했다는 점에서 고려사회의 성차별적인 성격을 잘 알 수 있다.

제2절 고려의 수절의식과 烈女

열녀111)는 남편에 대해 정절을 지킨 여성을 말한다. 남편이 죽은 뒤 수절을 한다거나, 따라 죽는다거나, 외간 남자의 정조 유린 위협에 죽음을 무릅쓰고 대항해 정절을 지킨 여성들이다. 그런데 이런 행위는 자연적인 감정의 발로일 수도 있다. 남편 혹은 약혼자에 대한 지극한 사랑이 여성으로 하여금 위와 같은 행동을 하게 만들 수도 있다. 그러나 이 글에서 문제로 삼고자 하는 것은 이런 여성들이 아니라 사회적으로 형성된 열녀이다. 즉 특정한 역사적 시기에 어떤 필요에 의해 누군가가 그녀들에게 열녀란 이름을 붙여주고, 그들의 행위를 아름다운 일로 규정해 상을 주는 등 제도화하고, 남들에게도 따라하도록 강요했다는 사실이다. 이런 사회적 의미의 열녀는 과연 언제부터 생겼고, 시대에 따라 어떻게 변화해 왔을까.

---

111) 본고에서는 열녀와 절부라는 단어를 쓰고 있는데, 둘은 구별되는 개념이다. 그러나 우리의 경우 조선시대 이래 양자를 명확히 구분하지 않고, 열녀라는 말로 통칭해왔다(본 논문 3장 참조). 이에 본고에서도 두 단어를 구분해 설명하는 경우를 제외하고는 열녀라는 단어를 일반적으로 사용하도록 하겠다.

우리는 '열녀' 하면 조선시대를 연상하게 된다. 여성들에게 재혼이
금지된 것도 조선시대고, 『삼강행실도』 열녀도 등을 통해 열녀 이데올
로기가 크게 중시된 것도 조선시대이기 때문이다. 그렇지만 『삼강행
실도』 등을 보면, 고대에도 열녀가 있었다. 과연 고대와 고려, 조선시
대 열녀의 차이는 무엇일까.

열녀에 대한 기존 연구를 보면 거의 조선시대에 치중되어 있고,[112]
고려에 대해서는 연구가 전무하다. 박주가 『조선시대의 효와 여성』에
서 보론으로 「고려시대 旌閭에 대한 일고찰」을 하고 있으나 이는 고
려의 정려정책 전체를 다루면서 부수적으로 간략히 열녀를 언급하고
있을 뿐이다. 또 국문학 쪽의 연구[113]가 있으나 역시 초점은 조선시대

---

[112] 조선시대 열녀에 대해서는 박주의 연구가 대표적이다. 많은 논문이 있지만
아래의 두 책에 포괄되므로 따로 논문들을 언급하지는 않겠다. 박주, 『조선
시대의 정표정책』, 일조각, 1990 ; 박주, 『조선시대의 효와 여성』, 국학자료
원, 2000.
또 『삼강행실도』에 대한 연구가 있다. 1997년 11월 제25회 한국고전연구 심
포지엄에서 '『삼강행실도』의 종합적 검토'가 이루어졌고, 이 성과가 『진단학
보』 85호에 실려 있다. 홍윤표, 「삼강행실도의 서지 및 국어사적 의의」, 『진
단학보』 85, 1998 ; 김항수, 「삼강행실도 편찬의 추이」, 위의 책 ; 김훈식, 「삼
강행실도 보급의 사회사적 고찰」, 위의 책 ; 이혜순, 「열녀상의 전통과 변모
-삼강행실도에서 조선 후기 열녀까지」, 위의 책 ; 정병모, 「삼강행실도 판화
에 대한 고찰」, 위의 책.
동양사 분야의 연구로는 다음의 것이 대표적이다. 전여강, 『공자의 이름으로
죽은 여인들』, 예문서원, 1999 ; 홍우흠, 「중국 여성들의 정절에 대한 사적 고
찰 1」, 『여성문제연구』 8, 효성여대, 1979 ; 홍우흠, 「중국 여성들의 정절에
대한 사적 고찰 2」, 『여성문제연구』 9, 효성여대, 1980 ; 陳靑鳳 「淸朝の婦女
旌表制度について-節婦・烈女を中心に」, 『東洋史論集』 16, 九州大學,
1988.
[113] 강진옥, 「열녀전승의 인물형상화 방식과 서술시각을 통해 본 여성적 대응 양
상」, 『유교문화의 전통과 변형 속의 여성』, 94년도 서남재단 학술지원 보고
서, 1994/『여성학논집』 12, 이화여대 한국여성연구원, 1995 ; 이혜순, 「김부식
의 여성관과 유교주의-『삼국사기』 여성 열전의 분석적 고찰-」, 『고전문학
연구』 11, 한국고전문학회, 1996 ; 이혜순, 「조선조 열녀전 연구」, 『성곡논총』

이고, 역사적 사실 구명에도 미흡하다. 이에 본 연구에서는 고려시대 열녀에 대한 고찰을 통하여 고려시대 열녀의 특징을 밝히고, 고대에서 조선에로의 열녀 변화 추이도 짚어보고자 한다.

1. 열녀의 발생

열녀는 언제부터 시작되었을까. 열녀를 남편에 대해 정절을 지킨 여성이라 할 때, 남편에 대한 정절은 가부장제의 시작과 함께 요구되었다 할 수 있다. 동서를 막론하고 남편에게 정절을 지키지 않은 행위(간통)는 까마득한 옛날부터 처벌의 대상이었다.[114] 그렇지만 그것은 남편이 살아있을 때 이야기이고, 남편이 죽은 뒤에도 정절을 지키라고 했던 것은 아니다. 그리고 정조를 유린당할 위기에 처했을 때 목숨을 버려 정절을 지킨 행위에 상을 준 것도 후대의 일이다.

중국에서 수절을 도덕적 행위로 규정한 것은 『예기』에서부터 보인다. 『예기』는 先秦에서 漢初에 이르는 儒者의 글을 모아 실었는데, 여기서 부인은 한번 결혼했으면 신의를 지켜 남편이 죽어도 시집갈 수 없다고 한다.[115] 이는 漢初의 이념을 반영하는 것으로서, 한나라 시대에는 부부중심의 소가족이 가족의 일반적인 형태로 자리잡는다. 가족

30, 성곡학술문화재단, 1999.

이 외에도 국문학 분야의 열녀에 대한 연구성과는 무수히 많다. 그러나 위의 것 외에는 대체로 조선시대를 다루고 있으므로 언급하지 않기로 한다.

114) 우리나라에서도 이미 고조선과 부여 시절 법제가 보인다. 고조선에서는 "부인은 몸가짐이 깨끗하였다"(『漢書』 권28 하, 地理志 제8 하)고 하며, 부여에서는 "남녀가 음란하거나 부인이 투기를 하면 모두 죽였다. 투기하는 것을 더욱 미워하여 죽이고 나서 그 시체를 나라의 남산 위에 버려서 썩게 한다. 친정집에서 그 시체를 가져가려면 소와 말을 바쳐야 내어준다."(『三國志』 권30, 魏書 東夷傳 30 夫餘)라 하여 간통에 대한 처벌 사실을 알려주고 있다.

115) "……信事人也 信婦德也 壹與之齊 終身不改 故夫死不嫁"(『禮記』, 「郊特牲」).

은 사회관계의 기층단위이므로 가족의 안정은 정책적으로 지지되었다. 당시의 통치계급은 상하등급의 확실한 구분에서 사회질서가 유지되는 것으로 보았기 때문에 가족 내에서는 父의 권한을, 국가에서는 君의 권한을 강화하였다. 가족 내 가장의 권한이 확대되어 君의 권한 강화로, 가장에 대한 孝가 君에 대한 忠으로 된다는 전제 아래 가족윤리 특히 자식과 부인의 절대복종이 정치적으로 이념화되었다. 이런 정책을 지지하는 이념 중의 하나가 정절이데올로기이며, 이는 이후 유교적 사회 2천여 년의 여성관 형성의 밑바탕이 되었다.116)

이에 漢代에는 여성의 정절을 강조하기 위해 포상제도가 마련되고, 정절을 강조하는 여성 교육서들이 만들어졌다. 한무제는 BC58년 처음으로 貞婦順女들에게 명주를 상으로 내렸으며,117) 後漢 安帝 원년(107) 및 6년(112)에도 정절을 지킨 여성들에게 명주나 곡식을 주고 정려하였다.118) 劉向(BC77~BC6)은 『列女傳』을 짓고 그 속에 貞順과 節義 항목을 두어 여성들에게 수절을 장려했다. 班昭는 『女誡』에서 『예기』의 윗 구절을 가져와 '남편은 두 번 장가들 수 있으나 아내는 두 번 시집갈 수 없다'며, 남편은 '그 뜻을 어겨서도 안되고 벗어나서도 안 되는 하늘'임을 강조하고 있다.119)

여성의 정절에 대한 강조는 이후 다른 왕조에서도 계속되었다. 수나라 때는 관료부인들의 재혼을 규제했다.120) 당나라 때는 『女則』,

---

116) 이숙인, 「여성윤리관 형성의 연원에 관한 연구」, 『유교사상연구』 6, 1993, 311~314쪽.

117) "(神爵4年) 夏4月……潁川吏民有行義者爵 人二級力田一級 貞婦順女帛" (『漢書』 권8, 宣帝本紀).

118) "元初元年春正月……鰥寡孤獨篤 不能自存者 穀人三斛 貞婦帛人一匹" (『後漢書』 권5, 安帝本紀) ; "(元初 6년) 乙卯詔曰……賜貧窮賑乏絶 省婦使 表貞女 所以順陽氣崇生長也 其賜人尤貧困孤弱單獨 穀人三斛 貞婦有節義 十斛 甄表門閭旌表厥行"(위의 책, 元初 6년 2월).

119) "禮 夫有再娶之義 婦無二適之文 故曰 夫者 天也 天固不可違 夫故不可離 也……"(『女誡』專心章).

『여효경』,『여논어』 등 더 많은 여성 교훈서가 만들어지고 수절도 계속 장려되었다. 또 수·당대에는 정표와 함께 課役이 면제되는 은전도 입게 되었다.[121] 그렇지만 재혼은 여전히 비교적 자유롭게 이루어졌다.[122] 이는 송나라에 들어와서도 마찬가지였으나 周敦頤나 張載 등에 이르러서는 남녀관계가 理로 규정되기 시작하며, 이들을 계승한 程顥·程頤 단계에서는 남녀관계가 더욱 경직된다. 그들에게 理는 곧 불변의 진리였으므로 여성 정절관 역시 '餓死事少 失節事大'로 강화된다.[123] 뒤이어 나라를 세운 원은 이 논리를 그대로 받아들이고, 명과 청에 들어와 여성의 정절 강화는 극에 이르게 된다.[124] 明初부터 이미 많은 교훈서들이 여성에게 영향을 끼치고, 수절녀의 집에는 면세라는 포상이 따랐다.[125] 이에 여성의 수절은 가족에 의해서도 장려되어 수많은 열녀들이 나오게 되었다. 열녀의 역대 발생 수를 비교하면 명청시대가 압도적이다.[126]

---

120) 隋文帝 開皇 16년 9품이상 관원이 사망하면 그 처가, 5품이상 관원이 사망하면 그 처첩이 모두 개가하지 못하게 했다(홍우흠, 앞의 글, 1979, 11쪽).
121) 진청봉, 앞의 글, 110쪽.
122) 홍우흠, 앞의 글, 1979, 14쪽.
123) 홍우흠, 앞의 글, 1980, 2~5쪽.
124) 홍우흠, 앞의 글, 1980, 5~9쪽.
125) "民間寡婦 三十以前夫亡守制 五十以後不改節者 旌表門閭 除免本家差役"(『大明會典』권79, 旌表 洪武 元年) ; 진청봉, 앞의 글, 110쪽.
126) 아래의 표는 전여강,『공자의 이름으로 죽은 여인들』, 예문서원, 1999, 66쪽에 의함.

<표 1>『고금도서집성』에 기록된 수절한 여인의 수

서주	진	한	위진남북조	수당	오대	송	원	명	청
6	1	22	29	32	2	152	359	27,141	9,482

<표 2>『고금도서집성』에 기록된 자살 또는 타살된 여성의 수

서주	진	한	위진남북조	수당	오대	송	원	명	청
7	19	35	29	5	122	28	383	8,688	2,841

명청대에 이처럼 정절이 강화된 이유에 대해 중국의 학자 田汝康은
여러 요인을 들고 있다. 첫째 영아 살해에 따른 남녀성비 불균형으로
과부들에게 재혼을 강요하게 되고 이에 대한 저항으로 자살하는 경우
가 많다. 둘째 명청대는 경제적으로 발달했는데, 당시 과부는 남편의
재산을 가지는 등 가족 재산의 잠정적인 보호자였다. 그런데 그녀가
재혼하면 이 재산은 물론 결혼 시 지참금까지 두고 가야 했으므로 재
혼시키려는 시집의 압력에 맞서 수절을 주장하게 된다. 셋째 자살을
금지한 불교가 쇠퇴하고 민간신앙이 성행하면서 여성 자결이 많아지
기도 하였다. 넷째 과거에 불합격하는 등 남성 지식인들의 좌절이 계
속되면서 이들이 여성자살을 통해 도덕성을 대리 경험하려 했다. 즉
고난을 겪으면서도 보편적인 도덕규범에 충실한 여성들을 찬양함으로
써 남성들은 자신도 도덕적 의무를 완성했다고 생각했으며, 이런 도덕
성을 자신들에게 이전함으로써 자신들도 도덕적이라고 생각했다.127)
이처럼 여성들의 정절이 강화된 데는 세금 면제 등 국가의 정책, 종교
나 이데올로기, 재산 상속 같은 사회경제적인 요인 등 다양한 원인이
작용함을 알 수 있다. 그리고 중국에서 여성의 정절은 한대 이후 명・
청대로 올수록 엄히 규제되었다 하겠다.

　그렇다면 우리의 경우는 어떨까.『삼국사기』에는 都彌 부인과 薛氏
女가 정절이 굳은 여성으로 올라있다. 도미부인 이야기를 보면, 백제
개루왕(재위 128~166)128)은 도미부인이 아름답고 정절이 굳다는 이
야기를 듣고 음행하려다가 여의치 않자 도미에게 애매한 죄를 씌워
양쪽 눈을 빼고 작은 배에 실어 띄워 보냈다. 부인을 강제로 욕보이려
하자 부인이 "지금 남편을 잃고 혼자가 되었으니 절개를 지키지 못하
게 되었읍니다. 하물며 왕을 모시는 일인데 어찌 감히 어기겠읍니까?"

---

127) 전여강, 앞의 책, 15쪽.
128) 이병도는 개루왕 때는 고구려와 백제 사이에 대낙랑군이 존재하고 있을 때
　　 이므로 이야기와 맞지 않는다며 20대 개로왕(455~475) 때가 아닐까 추측한
　　 다(이병도 역주,『삼국사기 하』, 을유문화사, 1983, 389쪽).

라 하고 있다. 그러면서 그녀는 꾀를 써서 임금을 따돌리고 도망쳐 남편과 해로하였다.[129]

또 설씨녀는 栗里 民家의 여자였는데, 진평왕(재위 579~632) 때에 그 아버지가 나이 늙게 正谷에서 防秋하는 番을 들게 되었다. 그녀는 아버지가 노쇠하고 병들었으므로 차마 멀리 떠나 보낼 수 없고, 또 여자의 몸이라 대신 갈 수도 없어 근심하였다. 이때 沙梁部의 소년 嘉實이 설씨녀에게 아비 대신 군역을 지겠다고 했다. 그러자 설씨녀의 아비는 감사하며 그에게 딸과 혼인시키겠다고 약속했다. 그러나 3년을 기약하고 간 사람이 6년이 지나도 돌아오지 않자 아버지는 설씨녀를 다른 곳으로 시집보내려 했다. 그녀는 저항했으나 뜻을 이루지 못했다. 그렇지만 혼인날 가실이 돌아왔고, 그녀는 가실과 혼인하게 되었다.[130] 도미부인 이야기는『삼강행실도』에, 설씨녀 이야기는『삼강행실도』(효자도) 및『동국신속삼강행실도』에도 실려 있다.

이 두 이야기에서 고대에도 남편(혹은 약혼자)에 대한 정절이 중요했음을 짐작할 수 있다. 그러나 여기서 주목되는 것은 남편이 살아있는 한에서의 정절이었다는 점이다. "지금 남편을 잃고 혼자가 되었으니 절개를 지키지 못하게 되었습니다. 하물며 왕을 모시는 일인데 어찌 감히 어기겠읍니까?"라는 도미부인의 말에서 이를 잘 알 수 있다. 설씨녀 역시 가실에 대한 신의를 지키려 했다는 것이지 다른 남자와 결혼하는 것을 거부하여 자결을 했다거나 하는 차원이 아니다.『동국신속삼강행실도』에는 또 하나의 열녀로 지리산녀가 나온다.[131] 그녀는 구례현인으로 자색이 있었고, 집이 가난했지만 婦道를 다하였다.

---

129)『三國史記』권49, 列傳9 都彌.

130)『三國史記』권48, 列傳8 薛氏.

131)『동국신속삼강행실도』에는 신라편에 지리산녀, 가실 처 설씨, 호수 처 유씨, 현문혁 처의 4명이 수록되어 있다. 그러나 이 중 호수 처와 현문혁 처는 고려의 열녀로서 명백히 잘못 들어간 것이다. 지리산녀 이야기는『高麗史』권71, 志25 樂2 三國俗樂 百濟 智異山에도 실려있다.

백제왕이 그녀가 아름답다는 소문을 듣고 궁중에 들이려 했지만 여자
는 죽기를 맹세하고 따르지 않았다. 그녀 역시 혼자됐다는 이야기 없
이 '부도를 다했다'는 구절만 있어 도미부인처럼 남편이 생존해 있는
여성이 아니었을까 추측된다. 이처럼 후대까지 회자되는 고대사회의
열녀는 '현재 살아있는 남편이나 약혼자'에 대해 신의를 지킨 여성들
이었던 것이다.132)

　이 외에 언급할 만한 여자로 朴堤上 처와 昔于老 처를 들 수 있다.
박제상은 눌지왕(재위 417~458) 때 고구려와 일본에 인질로 가 있는
왕의 동생들을 구해내고 죽임을 당했다. 그 처는 남편이 죽은 뒤 사모
하는 마음을 오래도록 이기지 못해 결국 치술령에 올라가 왜국을 바
라보고 통곡하다 죽고 말았다. 사람들은 그녀를 鵄述神母로서 제사지
냈다.133) 그런데 박제상 처처럼 남편 사후 따라 죽은 여성도 당시에는
열녀라 불리지 않았으며, 국가에서도 그녀를 기리지 않았다. 단지 일
반인들이 그녀를 산신으로 제사지냈을 뿐이다. 무속신앙에서 인간이
신앙의 대상이 되는 경우는 주로 쌓은 업적만큼 대우를 못 받고 이승
을 하직함으로써 깊은 한을 지니고 살아가는 원혼이다.134) 이로써 그
녀가 산신으로 추앙된 이유를 짐작케 된다. 신라인들은 그녀의 남편에
대한 사랑을 애틋해 했고, 그녀를 가엾게는 여겼지만 귀감으로 삼아야
할 대상으로 여기지는 않았던 것이다.

　그녀의 이야기를 수록한 『삼국유사』의 저자 일연은 고려후기의 인

---

132) 『삼국사절요』에 있는 白雲과 際厚의 이야기도 약혼자간에 신의를 지킨 이
　　 야기이다(이화여대 한국여성연구소 편, 『한국여성관계자료집』(고대편), 1977,
　　 208~209쪽).
133) 『三國遺事』 권1, 紀異1 奈勿王과 金(朴)堤上.
134) 굿거리에 자주 나타나는 최영장군을 비롯한 남이·장보고 등은 바로 그러한
　　 예이다. 이들은 한결같이 자기 명대로 살지 못하고 모함을 받거나 억울하게
　　 죽은 사람들이다. 민중들은 바로 이러한 이들을 신앙의 대상으로 삼음으로
　　 써 불행한 자신의 원한을 정화시킨다(윤광봉, 「무속신앙」, 민속학회, 『한국
　　 민속학의 이해』, 문학아카데미, 1994, 133쪽).

식을 보여준다고 할 수 있다. 그러나 일연 역시 그녀를 열녀로 칭송하고 있지 않다. 이는 불교가 자살을 반대했다는 것[135]과도 관련되겠으나 그보다는 당시에도 이런 것이 열녀로 여겨지지 않았던 사회적 관념이 더 큰 원인이라 생각된다. 『삼국사기』의 찬자는 더 나아가 박제상의 충성만 강조할 뿐 아예 그녀의 죽음에 대해서는 언급조차 하지 않고 있다. 즉 신라는 물론 고려 12~13세기까지도[136] 남편을 따라 죽는 행위는 결코 바람직하게 생각되지 않았던 것이다.

석우로는 점해왕 7년(253) 왜국사신이 신라에 왔을 때 왜국왕과 왕비를 모욕하는 말을 했고, 이에 노한 일본이 신라로 쳐들어왔다. 석우로는 자신의 탓이라며 왜군진영으로 갔고, 왜군은 그를 태워 죽인 뒤돌아갔다. 미추왕(재위 262~284) 때 왜국사신이 신라에 오자 석우로처는 왕에게 사신을 자신의 집에서 사사로이 대접하겠다고 청했다. 그녀는 사신에게 술을 먹여 그가 취해 쓰러지자 마당에 끌어내 불 태워죽였다.[137] 그녀는 남편 사후 적어도 10년 이상 수절하며 남편의 원수를 갚고 있다. 석우로 처에 대해 『삼국사기』의 史臣은 "그 아내가 능히 원한을 갚았으나 역시 變則이요 正道는 아니었다. 그렇지 않았다면 그 功業 또한 기록할 만하였다"[138]라고 史論을 쓰고 있다. 즉 아내로서 남편의 원수를 갚는 것은 기록할 만한 훌륭한 일이지만 정상적인 방법으로 복수를 하지 않았다는 점에서 그녀를 열전에 수록하지 않았다는 것이다. 이는 부모나 형제의 원수에 대해서는 철저히 복수해

---

135) 초기 불교에서 자살을 반대했다는 증거들을 볼 수 있으며, 부처 자신이 승려들의 자살을 금지하는 계율을 정했다. 또 西晉의 마지막 황제 恭帝는 사약을 먹고 자살하도록 강요받았을 때 자살한 불교신자는 인간 세계에 다시 태어날 수 없다고 말하면서 준비된 사약을 마시지 않아 강탈자에게 살해되었다(전여강, 앞의 책, 156~157쪽).

136) 『삼국사기』는 인종 23년(1145)에 편찬되고, 『삼국유사』는 충렬왕 8년 전후(1281~1283)에 간행된 것으로 추정된다.

137) 『三國史記』 권45, 列傳5 昔于老.

138) 『三國史記』 권45, 列傳5 昔于老.

야 한다는 유교적 가족윤리139)에서 비롯된 것이라 할 수 있다. 조선시
대에도 남편의 원수를 갚아 열녀가 된 여성이 보인다.140) 그러나 석우
로 처 역시 남편을 따라죽지는 않았다.

통일신라 시기가 되면 수절녀가 보인다. 金庾信(595~673) 처 智炤
夫人은 남편이 죽은 뒤 승려가 되고 있고,141) 金昕(?~849)의 처 역시
마찬가지이다.142) 이들은 승려로서의 행적이 보이지 않는다는 점에서
승려가 된 것이 불법에 귀의하기 위해서라기보다 수절의 방편이었을
수도 있다.143) 좀 뒤의 일이지만 태조 왕건(877~943)의 부인 神惠王
后 柳氏, 大·小西院夫人 金氏 등도 왕건의 侍寢을 든 뒤 왕건이 다
시 찾지 않자 승려가 되어 수절하고 있다.144)

이처럼 통일 뒤 여성의 수절이 보이는 것은 통일 이전에 비해 상황
이 달라졌기 때문이라 할 수 있다. 삼국시대는 전쟁이 매우 극심한 시
기였다. 삼국이 팽창하여 국경을 마주하고, 특히 고구려가 평양으로
천도해 적극적으로 남하정책을 편 5세기 이후 신라가 삼국을 통일할
때까지 삼국은 전쟁 때문에 하루도 편안한 날이 없었다. 고구려에서
혼인할 때 수의를 만드는 풍습145)이 있다는 것도 이런 전시 상황과
관련이 있을 것이다. 이렇게 전쟁이 빈번한 시대에 평생 한 남자만을
그리며 수절을 한다거나, 남편이 죽은 뒤 따라죽는 행위를 할 수 있을

---

139) "父之讎 弗與共戴天 兄弟之讎 不反兵 交遊之讎 不同國"(『禮記』,「曲禮
上」).
140) 羅繼門의 처 윤씨는 남편이 재상 洪允成의 家奴에게 죽음을 당하자 왕에게
억울함을 호소했다. 세조는 노비를 벌하고 그녀에게 쌀을 주고 復戶했다
(『동국신속삼강행실도』,「尹氏訴冤」).
141) 『三國史記』 권43, 列傳3 金庾信 下.
142) 『三國史記』 권44, 列傳4 金陽 附 昕.
143) 김영미,「신라불교사에 나타난 여성의 신앙생활과 승려들의 여성관」,『여성
신학논집』1, 1995, 128쪽.
144) 『高麗史』 권88, 列傳1 后妃1 神惠王后 柳氏 및 大西院夫人 金氏·小西院
夫人 金氏.
145) 『南史』 권79, 列傳69 夷貊 下 高句麗.

264

까. 국가가 그것을 장려할 수 있을까. 있을 수 없는 이야기이다. 이 시대 여성에게 요구된 것은 남편 부재 시에도 굳건히 가정을 유지하는 것이었고, 다른 남성과 혼인을 해서라도 자신과 아이들이 생존하는 것이었다. 수절이나 殉節은 이 시대에는 사치였던 것이다.

통일 이후가 되면 일단 전시 상태는 벗어나게 된다. 국가에서는 넓어진 영토와 인구를 다스리기 위해 적극적으로 唐制를 수용하며 국왕을 중심으로 한 중앙집권적 관료체제를 강화해 나갔다. 통치이념으로는 유교가 중요한 역할을 했고, 6두품 유학자들과 왕실은 진골세력의 억제와 왕권강화라는 점에서 이해관계가 일치하여 왕권을 강화해 나갔다.146) 이에 충과 효가 강조되고 유교윤리는 사회뿐 아니라 극히 일부 계층에 한하지만 가족윤리에도 영향을 미치게 된다. 김유신 처가 三從之道 운운한 것147)도 이와 관련될 것이며,148) 남편 사후 승려가 되어 수절하는 여성들이 보이는 것도 이런 배경에서 나온 것이라 여겨진다. 그러나 수절하는 여성들은 극소수였고, 결코 이 시대의 보편적인 현상이었다고는 말할 수 없다. 유교의 영향은 극히 제한적이었고, 국가에서도 수절을 장려해야할 이유가 별로 없었기 때문이다.

이처럼 삼국시대에는 수절이나 순절같은 후대의 열녀 행위도 없었고, 열녀라는 단어도 없었다. 단지 생존 남편에게 신의를 지킨 여성이 사회적으로 칭찬받는 정도였다. 통일신라시대에 들어와서는 수절녀가 보이긴 하나 극히 일부에 한정된 현상이었다. 이는 끊임없이 정복 전쟁이 계속되었다는 시대적 조건과 함께 부부 쌍방에 정절을 요구한 불교 신앙149)의 성행 및 여성에게 특히 정절을 강요한 유교적 가족윤

146) 김영하, 「삼국과 남북국 사회의 성격」, 『한국사』 3, 한길사, 1994.
147) 『三國史記』 권43, 列傳3 金庾信 下.
148) 김영미는 불교경전에서도 삼종지도가 설해지고 있다는 점을 들어 지소부인의 삼종설이 유교적 소양인지 불교적 소양인지 확정할 수 없다고 한다(김영미, 앞의 글, 1995, 128쪽).
149) 김영미, 「불교의 수용과 여성의 삶·의식세계의 변화 : 고려시대 여성의 가

리의 수용 미비 등이 그 원인이었다 하겠다.[150]

2. 유교정치와 절부 포상

그렇다면 고려시대에는 어떠했을까. 우선 『고려사』 열전에는 열녀
편이 있다. 그런데 여기 수록된 열녀는 거의가 고려말 사람이다. 그렇
다면 고려전기나 중기에는 열녀가 없었을까. 한편 『고려사』 세가 등에
는 節婦가 보이고 있다. 효자·순손·의부·절부를 표창했다는 기사
속의 절부가 그들이다. 열녀와 절부는 같은 존재일까 아니면 서로 다
를까. 그 답을 찾기 위해 우선 절부의 표창 사례부터 보도록 하겠다.

<표 4-2> 고려시대의 절부 포상

	시기	내 용	출 전
1	성종8년 9월 갑오	혜성이 나타나 왕이 근신하며 사면, 환과고독 구휼, 효자절부 포상 등을 행함	천문지 달과 오성의 침범 및 별들의 변이현상
2	성종9년 9월 병자 교서	효도강조하며 사절을 6도에 파견해 환과고독, 효순의절 조사 구휼, 포상(자이와 최씨녀)	세가 성종
3	성종16년 8월 을미	왕이 동경에 가서 효순의절에 정문, 물품 사함	세가
4	목종9년 6월 무술	궁중에 벼락이 떨어지자 근신하며 사면, 효순의절에 상 줌. 명산대천에 훈호. 관리 승진	세가
5	현종5년 12월 정사	사면, 효순의절 물품 사함(김훈·최질의 난 뒤)	세가
6	현종22년 정월 을해	왕이 적전 갈고 원구 방택에 제례집행한 관리, 효순의절, 노인, 폐질자에 물품을 차등있게 줌	세가
7	문종즉위년 기해	80이상 노인, 효순의절, 환과고독, 폐질자에게 음식 먹이고 물품 차등있게 줌	세가
8	문종3년 3월 경자	〃	세가

정생활을 중심으로」, 『역사교육』 62, 1997.
150) 불교와 유교의 여성관에 대해서는 본서 제5장 제1절 참조.

9	문종5년 8월 신축	80이상 노인1343명, 폐질자653명, 효순절부 14명 음식먹이고 물품 차등있게 줌	세가
10	문종7년 10월 갑진	서경에 가서 효순의절, 환과고독에 음식, 물품	세가
11	문종11년 7월 갑오	노인, 효순의절, 환과고독, 폐질자에 음식, 물품	세가
12	문종13년 8월 계유	노인, 폐질자, 효순의절 등1280명에게 연회, 서경 및 제주군도 마찬가지.	세가
13	숙종즉위 11월 계묘	사면, 노인,폐질자, 환과고독, 의절효순에 음식, 물품	세가
14	예종원년 9월 경자	노인,폐질자, 환과고독, 의절효순에 음식, 물품	세가
15	예종3년 2월 신묘	사면, 명산대천 신호, 노인,폐질자, 환과고독, 의절효순에 음식, 물품, 관리승진	세가
16	예종5년 10월임자	노인,폐질자, 환과고독, 의절효순에 음식, 물품	세가
17	예종6년 정월 병인	사면, 노인,폐질자, 환과고독, 의절효순에 음식, 물품	세가
18	예종6년 3월 계미	노인, 효순의절 음식	세가
19	예종8년 4월 기해	노인,폐질자, 환과고독, 의절효순에 음식, 물품	세가
20	예종11년 4월 신묘	서경갔다 와 사면, 산천 신호, 노인, 폐질자, 환과고독, 의절효순에 물품, 관리승진	세가
21	인종즉위 11월 병자	노인,폐질자, 의절효순에 음식, 물품	세가
22	인종2년 8월 경오	이자겸일가 책봉, 사면, 노인,폐질자, 환과고독, 의절효순에 음식, 물품, 관리승진	세가
23	인종4년 윤11월 임진	사면, 노인,환과고독, 의절효순에 음식, 물품	세가
24	인종6년 4월 을묘	하늘변괴, 기후불순, 사면, 노인, 환과고독, 의절효순에 음식, 물품	세가
25	인종7년 3월 경인	서경에서 와 사면, 산천 신호, 노인, 환과고독, 의절효순에 음식, 물품, 관리승진	세가
26	인종8년 10월 임신	〃	세가
27	인종11년 10월 병오	노인,폐질자, 환과고독, 의절효순에 음식, 물품	세가
28	인종17년 11월 계미	노인,폐질자, 환과고독, 의절효순에 친히 음식 대접	세가

29	인종22년 10월 갑오	노인, 폐질자, 환과고독, 의절효순에 친히 음식,물품	세가
30	의종원년 10월 기미	노인, 효순의절에 친히 음식대접	세가
31	의종원년 10월 경신	환과고독, 폐질자에 음식, 물품	세가
32	의종21년 9월 을해	서경갔다와 사면, 산천 신호, 노인, 환과고독, 의절효순에 음식, 물품, 관리승진	세가
33	의종23년 4월 계묘	〃	세가
34	신종즉위 11월 경자	사면, 산천 신호, 노인, 환과고독 돌 봄, 의절효순에 정표문려, 관리승진	세가
35	희종4년 10월 을해	노인, 효순의절에 왕이 음식 친히 권함	세가
36	희종4년 10월 병자	환과고독, 폐질자에 잔치, 물품사함. 주부군현도 이 예에 따라 시행. 도감설치해 옛 제도 다시 준수	세가/ 예지 가례 노인사설의
37	고종11년 10월기해	노인, 효순의절에 잔치	세가
38	고종11년 10월 경자	환과고독, 폐질자에 잔치,물품	세가
39	원종원년 6월 정유	사면, 노인, 환과고독, 폐질자에 봉양할 사람 줌, 효순의절 집 앞에 정문세워 표창, 승진	세가
40	충선왕복위 11월	교서 - 효순절부열녀 정표문려.	세가
41	충숙12년 10월 을미	교서 - 효자절부정표문려해 풍속 권장	세가
42	공민원년 2월 병자	교서 - 환과고독, 노인, 폐질자, 효순의절은 관례에 따라 표창	세가
43	공민20년 12월 기해	교서 - 효순의절 표창	세가
44	공양2년	효자순손을 관리로 임명, 의부절부 정표	백관지 개성부

<표 4-2>에 의하면 절부 포상은 효자·順孫·義夫에 대한 포상과 함께 성종 8년(989)부터 공양왕 때까지 고려 전 기간에 걸쳐 시행되었음을 알 수 있다. 그리고 이는 鰥寡孤獨이나 병자에 대한 구휼과 같이 실시되고 있다. 왜 정부에서는 이런 일을 했던 것일까.

고려는 태조이래 天命을 받은 왕조임을 표명하면서 유교적 爲民政治를 표방했다. 위민정치란 하늘의 뜻이 백성의 뜻으로 반영되어 나타난다는 관념의 표현이다. 따라서 민의 뜻을 존중하는 것이 곧 하늘의 뜻을 존중하는 것이 되므로 위민정치는 현실정치에도 반영돼야 했다.151) 이에 조세 경감, 노동력 수취 제한, 권농책, 사면, 환과고독이나

---

151) 도현철, 「고려시대 유교의 전개와 성격」, 『한국사』 6, 한길사, 1994, 268~270

노인, 병자에 대한 구휼 등이 행해졌다.

아울러 사회윤리로서는 효가 강조되었다. 『효경』은 신라이래 중요 교과목으로 고려시대에도 국자감의 필수과목이었다.[152] 효는 임금에 대한 충으로 연결되며, 법률·예제 등 사회질서 속에서 실천윤리로 구현되었다. 효와 함께 국가에서는 부인의 정절을 장려하였다. 정절의 장려는 간통에 대한 처벌[153] 및 절부에 대한 포상을 통해 이루어졌다. 이로써 고려왕조는 유교적 위민정치를 실현하고 유교윤리를 진작시키려 하였다.

<표 4-2>에 의하면 절부 포상은 유교적 제도가 만들어지는 성종(3회) 때부터 시작해서 유교정치가 크게 성한 문종(6회)이후 예종(7회), 인종(9회) 때 절정에 달했음을 알 수 있다. 그러나 의종을 고비로 명종 이후에는 사례가 거의 보이지 않는다. 희종 때 도감을 설치해 옛 제도를 다시 준수하게 했다는 데서 명종에서 희종 4년(1208)까지는 거의 제도가 제대로 시행되지 못했음을 알 수 있다. 이는 무신란이 일어난 뒤 무인 집정자들 간의 권력다툼으로 정권이 안정되지 않았기 때문으로 생각된다. 그러다 희종 때 와서 최충헌(?~1219) 정권으로 일단락되자 다시 옛 제도의 복구를 꾀했다. 그러나 이후 몽고와 30년에 걸친 전쟁을 하게 되면서 다시 이 제도는 거의 실시를 못하게 된다. 원 간섭기에는 왕의 교서에서 절부 포상이 표방되고 있으나(40~44) 실제 상을 주었다는 기록은 별로 보이지 않는다. 이 시기 역시 정치적으로 혼란했고 국가재정에 여유도 없었기 때문일 것이다.

절부 포상은 개경만이 아니라 서경이나 각 주·부·군·현에서도 시행되었다(3·10·12·25). 그리고 그 규모는 때에 따라 달랐겠지만 문종 때 사례에 의하면 효자·순손을 포함해 한번에 십여 명 정도였

쪽.

152) 이희덕, 「유학」, 『한국사』 16, 국사편찬위원회, 1994, 255쪽.
153) 구체적인 처벌 내용에 대해서는 본서 제4장 제1절 참조.

다(9).

절부 포상이 이루어진 시기는 우선 천재지변이 있을 때였다. 혜성이 나타났거나(1) 궁중에 벼락이 떨어졌거나(4) 하늘에 변괴가 있어 기후가 불순하거나(24) 할 때가 그것이다. 이때 왕은 근신하며 사면을 행하고 노인이나 환과고독을 구휼하고 효자·순손·의부·절부에 대한 표창을 하고 있다. 이는 유교적 天譴論에 근거, 왕의 자성과 유교적 윤리도덕을 널리 펼침으로써 災異를 막고자 하는 데서 비롯된 것이다.[154] 천견론은 군주가 정치와 도덕의 근원으로 그 일거일동이 天意와 감응한다는 것이다. 만일 군주가 정치를 잘못해 민의 불평과 불만이 일어나면 邪氣가 생기고 이것이 자연계에 난조를 일으켜 천재지변이 발생한다는 것이다.[155]

또 절부포상은 왕이 새로 즉위하거나(7·13·14·21·30·34·39·42) 복위했을 때(40)도 이루어졌다. 문종·숙종·예종·인종·의종·신종·원종·공민왕은 즉위한 해나 이듬해 이러한 조치를 내렸으며, 충선왕은 복위시 같은 조치를 취했다(40). 충숙왕은 정치에 영향을 미치던 부왕 충선왕이 죽고 비로소 친정을 하게 되자 포상하고 있다(41). 이 외 반란이 일어나 정권이 바뀌었거나 반란을 진압하고 나서 민심수습 차원에서 이루어지기도 했다. 김훈·최질이 반란을 일으킨 뒤 왕은 이들의 영향하에 포상을 하였다(5). 또 신돈을 제거한 뒤에도 공민왕은 같은 조치를 내리고 있다. 아울러 유교적 정치를 선포하면서 포상하기도 했다. 성종은 효도를 강조하며(2), 현종은 친히 籍田을 갈

---

154) 이에 대해서는 다음의 논문이 있다. 이희덕, 「고려시대의 천문관과 유교주의적 정치이념」, 『한국사연구』 17, 1977/『고려유교정치사상의 연구』, 일조각, 1984 ; 이희덕, 「고려시대 오행설에 대한연구 - 고려사 오행지를 중심으로」, 『역사학보』 79, 1978/위의 책 ; 이희덕, 「고려시대 기우행사에 대하여 - 고려사 오행지를 중심으로」, 『동양학』 11, 1981/위의 책 ; 이희덕, 「고려초기의 자연관과 유교정치사상」, 『역사학보』 94·95합집, 1982/위의 책.

155) 도현철, 앞의 책, 267쪽.

고 원구에 제사한 뒤 이러한 조치를 내리고 있다(6).

또한 절부 포상은 왕의 순행 시나 순행을 끝내고 돌아온 뒤(3·10 ·20·25·26·32·33) 이루어지기도 했다. 순행은 지방민에게도 왕의 덕을 직접 베푸는 기회가 된다. 또 遷都를 염두에 두고 순행을 하기도 하므로 정치적 전환이나 새 정치의 표방과 관련이 있기도 하다. 아울러 절부 포상은 국가에 경사가 있을 때도 행해졌다. 예종은 어머니를 왕태후에 봉한 뒤에(15), 인종은 이자겸 일가에 대한 책봉을 하면서 각각 이러한 조치를 취하였다(22).

이처럼 즉위나 복위, 순행, 정치 일신, 책봉 축하 등은 모두 특별한 경우라 하겠고, 이때의 포상은 특별조치라고도 하겠다. 그러나 이 외에 절부 포상은 뚜렷한 이유 없이 일상적으로 이루어지기도 하였다(8 ·9·11·12·15·16·17·18·19·23·27·28·29·35·37·38·4 4). 즉 절부 포상은 특별히 기념하거나 유교정치를 표방해야 할 때도 행해졌지만 2~3년 주기로 일상적으로 이루어지기도 했던 것이다. 이는 고려의 전 시기동안 유교적 위민정치가 행해졌으며, 유교적 윤리를 장려했음을 보여주는 것이라 하겠다.

절부 포상의 방식은 고려전기의 경우 주로 잔치를 열어주고 물품을 내리는 것이었다. 그런데 원종 이후에는 旌表[156]를 해 전기와 다른 모습을 보이고 있다. 이는 표창의 주안점이 남에게 널리 알리는 데 있으며, 이는 곧 민을 교화하기 위한 수단으로서의 성격이 전기에 비해 더 강화되었음을 의미하는 것이라 하겠다. 고려전기에 절부를 정표한 사례 중 내용이 기록된 것은 성종 9년(990)의 것이 유일하다(2). 성종은

---

156) 정표란 善行을 칭찬하여 이를 여러 사람에게 알리는 것을 뜻하며, 旌閭는 효자 충신 열녀들이 살던 동네에 旌門[효자 충신 열녀가 난 집 문 앞에 붉은 색 문을 세워 그 행적을 표창하였다. 이를 정문 또는 紅門이라 하였다(『역주 경국대전』 주석편, 한국정신문화연구원, 1986, 476쪽 참조)]을 세워 표창하는 일을 말한다(박주, 『조선시대의 정표정책』, 일조각, 1990, 2쪽). 정려는 旌表 門閭의 줄임말로 보인다.

전국에 사신을 파견해 환과고독과 효순의절 사례를 조사케 했다. 그리고는 이들을 구휼하고 정려하였으며, 요역을 면제해 주었다.157) 이후에도 효순의절 사례를 조사는 했겠으나 내용이 실린 경우가 없으며, 정려나 요역 면제 기록 역시 거의 보이지 않아 대체로 향연과 물품을 내리는 것으로 제도가 정착되지 않았나 여겨진다.158)

고려전기 절부를 향연하고 물품을 사하던 의례는『고려사』에서 찾아볼 수 있다.

> A-1. ……그 전 제도에 의하면 80세 미만의 재·추 또는 3품관을 지낸 사람들과 80세 이상에 달하는 재·추 또는 3품관의 어머니와 아내, 3품관의 節婦에 대해서는 해당기관에서 예빈성의 대청에다가 왕의 임시휴게소를 차린다.……재상·추밀관과 3품관의 어머니 또는 아내와 3품관의 절부들은 오른편으로 붙은 마루에 앉히고 술 과실 음식 등의 가짓수를 3품관의 연석과 같이 한다(술 10잔 과실 14접시 음식 12그릇 - 편집자). 그리고 재상 추밀관의 어머니·아내 및 절개를 지킨 부인들에 대한 예물은 衣綾 2필 鄕大絹 4필 鍊縣 2근 인삼 10량 꽃 6가지 초 2자루 등을 누른 비단보 3매에 싸서 각자에게 선사한다. 3품관의 어머니와 처에게는 의릉 2필 향대견 3필 정제면 1근 인삼 10량 꽃 6가지 초 2자루를 누른 비단보 3매에 싸서 각자에게 선사한다.……80세 이상에 달한 有職女 또는 직이 있거나 없거나를 막론하고 절개를 지킨 부인(有無職節婦)은 오른편 동락정에 앉히고 그들을 대접하는 술 과실 음식 수는 왼편 동락정에 초대된 사람들과 동일하다.……(『高麗史』권68, 志22 禮10 嘉禮 老人賜設儀 熙宗 4년 10월 乙亥 丙子).

---

157)『高麗史』권3, 世家3 成宗 9년 9월 丙子.
158) 신종 즉위년 효순의절에 정표문려했다는 기록이 보인다(<표 4-2>의 34번). 그러나 이후 희종, 고종 때 정표문려 사실이 없어 일상화된 제도로 보기는 어렵다. 반면 원종 이후에는 내내 정표문려가 언급되고 있다.

272

사료 A-1은 오랫동안 실시되지 못했던 구휼과 포상의례를 희종 때 다시 시행하면서 이전 제도에 대해 설명한 것이다. 을해일에는 國 老·庶老 및 효순의절을, 다음날(병자일)은 환과고독·폐질자 등을 초대해 잔치하고 선물을 주었다.159)

여기서 절부는 어떤 사람들이었을까. 구체적인 사례가 나오지 않아 잘 알 수 없지만 일단 초대되어 선물을 받았다는 점에서 죽음으로 절 개를 지킨 사람들은 아니었을 것 같다. 절부 포상 시 "이러저러한 사 례로 절개를 지켜 죽은 부인의 집에 정려했다"는 등의 기사가 없다는 점도 이러한 생각을 하게 한다. 절부에 대한 실마리를 주는 것은 『고 려사』 「열녀전」이다. 「열녀전」 서문에 보면 "출가 전에는 어진 딸이 되고 출가 뒤에는 어진 아내가 되며 변고를 당하면 열녀가 되었다."하 여 열녀란 변란 시 죽음을 무릅쓰고 정절을 지킨 여자를 의미하고 있 다. 그렇다면 위에서 절부는 재혼하지 않고 수절한 여성을 의미하는 것이 아닐까. 유일하게 포상 내용을 알 수 있는 성종 때 절부 字伊와 최씨도 모두 수절녀였다(2). 자이는 경주민 鄭康俊의 딸이고 최씨는 京城宋興坊에 살던 여성이다. 이들은 일찍 과부가 되었으나 개가하지 않고 효성스레 시부모를 모시고 아이를 길렀다. 성종은 그 동리에 정 문을 세워 표창하고 요역을 면제해 주었다.160)

혹자는 "貞節은 남편이나 약혼자를 잃었을 때 절개를 지키는 것, 烈 節은 남편 또는 약혼자를 잃은 뒤 殉死하거나 또는 정조가 위기에 처 했을 때 목숨을 희생하는 것"161)이라며 절부와 열녀를 구분하고 있다. 이것이 논자의 개념인지 혹은 일반화된 개념인지 잘 알 수는 없으나 중국 사서에서도 貞과 烈을 구분하고 있어162) 적어도 烈은 죽음과 관

---

159) 『高麗史』 권68, 志22 禮10 嘉禮 老人賜設儀 熙宗 4년 10월 乙亥 丙子.

160) 『高麗史』 권3, 世家3 成宗 9년 9월 丙子.

161) 진청봉, 앞의 글, 102쪽.

162) "自昔貞專淑媛布在方策者多矣 婦人之德雖在於溫柔 立範垂名咸資於貞烈 溫柔仁之本也 貞烈義之資也 非溫柔無以成其仁 非貞烈無以顯其義"(『隋

런됨을 보여준다. 『고려사』에서도 충선왕 복위교서에 "효자·순손·절부·열녀들에게는 정문을 세워 표창하고 分職을 줄 것"163)이라는 규정이 나와 절부와 열녀를 구분했음을 보여준다.

그런데 왜 『삼강행실도』 등 조선시대의 열녀전 류에서는 열녀와 절부를 구별하지 않고 모두 열녀로 칭하고 있을까. 또 『조선왕조실록』에는 수많은 절부의 포상 사례가 보이는데, 이들은 혹은 절부 혹은 열녀로 칭해져 두 용어가 엄밀히 구분되지 않고 쓰였음을 알게 한다. 이것은 조선시대 열녀전 류의 책이 가지는 문제점과 관련이 있지 않나 생각된다. 중국에서의 열녀전은 유향의 『列女傳』에서 보듯 '烈女傳'이 아니라 '列女傳'이다. 즉 남편에 대해 절개를 지킨 여성만이 아니라 훌륭한 어머니나 현명한 부인, 지혜로운 여성, 심지어는 나라를 망친 악녀에 이르기까지 다양한 여성들의 전기를 수록하고 있다.164) 이것은 正史의 열녀전 역시 마찬가지이다.165) 그러나 우리의 열녀전은 오직

書』 권80, 列女傳 序) ; "女子稟陰柔之質 有從人之義 前代誌貞婦烈女 蓋善其能以禮自防 至若失身賊庭 不汚非義 臨白刃而慷慨 誓丹衷而激發 粉身不顧 視死如歸 雖在壯夫恐難守節 窈窕之操不賢乎"(『舊唐書』 권193, 列女傳 序).

163) 『高麗史』 권33, 세가33 충선왕 복위년 11월 신미.

164) 유향의 열녀전은 母儀, 賢明, 仁智, 貞順, 節義, 辯通, 孼嬖傳으로 나뉘어져 있다(유향, 이숙인 옮김, 『열녀전』, 예문서원, 1996).

165) 『후한서』 이래 『명사』까지 열녀전을 수록하고 있는데, 『후한서』와 『위서』는 거의 유향의 열녀전 분류를 답습하고 있다. 그러나 내용에서는 貞順과 節義가 약 반을 차지했다. 또 뒤로 갈수록 烈節의 비중이 커져 명청대에 가서는 대부분을 차지하게 되고, 부녀상의 기본이 節烈부녀가 되었다(진청봉, 앞의 글, 103~105쪽). 이혜순은 중국 사서의 열녀전이 동일한 사서라도 판본에 따라 列女 혹은 烈女로 표기되어 양자를 분명하게 구분해 사용하지 않은 것 같다고 한다. 즉 예컨대 중국 25사 중 대만 예문서관이 인출한 청 건륭 武英殿 간본은 '列女'로 표기했고, 대만 상무인서관의 百衲本 宋 慶元 黃善夫 간본은 『진서』 『신당서』에는 烈女로, 『송사』에는 列女로 표기했다는 것이다(이혜순, 앞의 글, 1998, 165쪽). 이 역시 列女 중 烈女가 가장 중시되고 비중이 컸음을 말해주는 것이지만 그렇다고 하여 중국 정사 열녀전에 여러 유형의 여성들이 있었음까지 부정되지는 않는다.

남편에게 정절을 지킨 여성만에 한정된다.166) 이 때문에 순절녀뿐 아니라 수절녀까지 포함해 '열녀'로서 입전하고, 이에 열녀와 절부라는 용어도 상대적으로 구분할 필요가 적었기 때문인 듯하다.

그렇다면 수절녀는 구체적으로 어떤 사람들일까. 사료 A-1에서 잔치 및 포상의 대상이 된 여성은 '80세 이상에 달한 재·추·3품관의 어머니와 처 및 3품관의 절부' 그리고 '80세 이상의 有職女 및 有無職 절부'이다. 유직녀란 봉작을 받은 여성을 의미할 것이고, 유무직 절부란 '봉작이 있고 없고를 막론하고 절부'라는 뜻일 것이다. 고려시대에 봉작은 주로 6품 이상 관리의 처나 어미에게 주어졌으므로167) 봉작이 없는 여성은 7품 이하 관리의 처나 어미 혹은 일반 서민 여성이 해당될 것이다.168) 즉 이 구절에 의하면 양인 이상 여성 중 수절하는 80세 이상의 모든 여성이 잔치에 참석한 게 된다. 그런데 여기서 왜 '3품관의 절부'라고만 하고 '재·추의 절부'는 없는 것일까. 중국의 경우 귀족 여성들은 절부 포상에서 제외했는데,169) 혹 이와 관련이 있는지도 모르겠다. 그러나 재추의 부인 중 수절하는 여성은 '80세 이상의 유직

---

166) 『삼강행실도』 열녀도는 소수이기는 하지만 칭찬받을 만한 어머니, 시집가기 전의 딸도 포괄하고 있다. 그러나 110편이 35편으로 축약된 산정본 『삼강행실도』에서는 열행을 한 아내로 집중시키고 있다(이혜순, 앞의 글, 1998, 165쪽). 『삼강행실도』 초간본은 세종 16년(1434) 반포되었으며, 효자 충신 열녀 각 110명씩을 수록했다. 열녀의 경우 이 중 95명이 중국 여성이다. 성종 21년(1490) 『삼강행실도』를 축약한 산정 언해본이 간행되고, 여기서는 효자 충신 열녀 각 35명씩이 실렸다. 열녀는 중국인 95명이 29명으로, 한국인은 15명이 6명으로 축소되었다(김원룡, 「삼강행실도에 대하여」, 세종대왕기념사업회, 『삼강행실도』 열녀편, 1983, 3~19쪽).

167) 『高麗史』 권75, 지29 選擧3 銓注 凡封贈之制.

168) 관리 부인에 한정되지 않는다고 생각하는 이유는 이 잔치의 대상자에 國老 뿐 아니라 庶老도 포함하고 있기 때문이다. 당시인들의 수명이 그리 길지 못했을 것을 생각하면 개성 내 80세 이상에 달한, 그나마도 수절하는 노파는 별로 많지 않았을 것으로 여겨진다.

169) 명대에는 封號를 받은 命婦의 경우 정표에서 제외되었다. "凡婦人已受封誥 者 不予旌表"(『대명회전』, 順治 14년). 진청봉, 앞의 글, 112쪽 참조.

녀' 범주에 들어갈 것이므로 잔치에 참석하는 데 무리가 없다. 즉 사료 A-1은 80세 이상의 수절하는 모든 여성을 포괄하는 것이다.

그런데 과연 고려시대에 수절하는 여성이 얼마나 됐을까. 또 몇 년 정도 수절하면(혹은 질문을 바꿔 남편이 죽은 뒤 몇 년이 지나면) 절부의 범주에 들어갈 수 있었을까. 고려시대에는 재혼이 자유롭게 행해지고 있었다는 것이 통설이다.[170] 그리고 아래의 사료는 이를 잘 보여준다.

> A-2. (공양왕) 원년 9월에 도당에서 제의하기를 "散騎 이상 관리의 처로서 봉작을 받은 자는 재가를 하지 못하게 하며, 판사 이하 6품 관원의 처는 남편이 죽은 후 3년 이내에는 재가를 하지 못하게 하되 위반하는 자는 절개를 잃은 것으로 논죄할 것이며, 산기 이상 관원의 첩과 6품 이상 관원의 처첩으로서 수절하기를 자원하는 자는 마을 거리에 旌門을 세워 그를 표창하는 동시에 상을 주게 하십시오."라 하였다(『高麗史』 권84, 志38 刑法1 戶婚).

사료 A-2에 의하면 산기(정3품) 이상의 처로 봉작을 받은 자는 재혼을 못하게 하고, 2품에서 6품까지 관리의 처는 남편 사후 3년 안에는 재혼을 못하게 하고, 만일 수절을 자원하면 정표하고 상을 주자는 것이다. 즉 고려말에조차 6품 이상 고위공직자 부인들의 재가금지 기간을 3년으로 정할 정도였고, 수절을 자원하는 것만으로도 표창 대상이 될 정도였다. 그렇다면 위의 절부들은 몇 살에 과부가 됐건 수절 기간에 상관없이 단지 '남편이 죽은 뒤 혼자 살고있는 여성' 정도의 의미가 아닐까. 즉 70세가 넘어 과부가 되었다 해도 이 잔치에 '절부'로

---

170) 고려시대에 재혼이 일반적이었다는 것은 개설서를 비롯, 모든 고려시대 연구자들의 공통된 의견이므로 일일이 논문들을 거명하지 않겠다. 고려시대 재혼에 대해서는 본서 제3장 제2절 참조. 또 김현경, 「고려시대 재가연구」, 인하대 교육대학원 석사논문, 2000.도 참고할 수 있다.

276

서 참석할 수 있다는 것이다. 따라서 『高麗史』에 『朝鮮王朝實錄』과
는 달리 절부 포상과 함께 절부의 구체적인 내용이 나오지 않는 것은
사료 부실 탓이라기보다 특별히 기록해 언급할 만큼 대단한 행적이
없었기 때문일 수도 있을 것이다.

왜 고려에서는 수절이 강조되지 않았을까. 우선 고려가 친족구조상
부계 혈통만이 강조되던 사회가 아니었다는 점을 들 수 있다. 사실 순
수한 부계혈통의 유지가 절실해야만 재혼 금지와 수절의 강요, 죽음으
로 절개를 지키거나 남편 사후 따라 죽는 것 등이 미덕으로 칭송될 수
있을 것이다. 그러나 고려는 '兩側的 親屬'[171]이라거나 '父系優位의
非單系社會'[172]라는 등 부계 혈통이 강조되지 않았던 사회였으므로
남편 사후 따라 죽거나 죽음으로 재혼을 거부하는 사례들을 찾아보기
가 쉽지 않았다.

또 고려시대의 혼인이 정략적 성격이 컸다는 점도 간과할 수 없다.
정치적 필요에서 이혼과 재혼이 행해지기도 할 경우 여성은 설사 자
신이 원한다 해도 수절을 할 수 없다. 예컨대 무신집권기 때 上將軍
趙廉卿은 사위 金弘己가 죄 없이 죽자 이를 불쌍히 여겨 온 가족이
소찬을 먹었다. 그러나 崔怡가 이 사실을 알고 딴 마음이 없다면 빨리
사위를 맞으라 하자 딸을 郞將 尹周輔에게 시집보내려 했다. 딸이 울
면서 남편이 죽은 지 며칠 지나지 않았는데 갑자기 수절을 못하게 하
느냐 했지만 조염경은 듣지 않고 강요하였다.[173]

아울러 정부에서도 수절을 크게 권장하거나 이런 사례들을 적극적
으로 찾아내어 포상할 필요성이 별로 없었다. 조선처럼 순수한 부계혈
통의 가족이 사회의 기본단위가 아니었기 때문이다. 고려시대의 가족

171) 노명호, 『고려사회의 양측적 친속조직 연구』, 서울대학교 박사학위논문,
1988.
172) 최재석, 「고려시대의 가족과 친족」, 『한국가족제도사연구』, 일지사, 1983,
359쪽.
173) 『高麗史』 권103, 列傳16 金希磾.

은 소가족적인 단위이나, 이 외 부양을 필요로 하는 가족원을 포함할 경우 兩側的 親屬 관계에 의한 구성을 보이고 있다.[174] 또 고려의 소가족적인 단위의 戶는 대부분 양측적 친속들과의 연고에 따라 그들 중의 일부와 같은 촌락에 거주함으로써 소가족적 규모를 넘는 협업노동을 자주 필요로 하는 경우에도 쉽게 적응[175]하는 등 밀접한 연관하에 있었다. 게다가 왕실 스스로도 필요에 따라 여성에게 이혼과 재혼을 강요하는 등 정략혼을 하고 있었다. 예컨대 환관 楊安吉이 황제의 측근에 있으면서 권세를 누리자 충숙왕은 그에게 도움을 얻으려고, 양안길의 누이가 이미 결혼한 지 오래되었으나 그의 남편을 내쫓고 자기 측근인 朴仁平과 결혼시켰다.[176] 또 충렬왕은 정치적 필요에서 며느리 薊國大長公主를 아들(충선왕)과 이혼시키고 瑞興候 琠에게 개가시키려 했다.[177] 이런 이유 때문에 국가의 열녀에 대한 대책은 그저 간통 사건이나 처벌하고, 유교적 위민정치 차원에서 효순의절에 대한 의례적 표창을 하는 수준이었다 하겠다.

또한 불교가 '수신의 근본'[178]으로서 널리 신앙되었다는 점을 들 수 있다. 불교에서는 남편과 아내에게 서로 정절을 지키라 한다. 그렇지만 죽은 뒤까지의 정절을 이야기하고 있지는 않아 재혼을 금하지는 않았다.[179] 더구나 불교에서는 자살을 반대했기 때문에, 남편 사후 따라 죽는 것은 더욱 있을 수 없는 일이었다 하겠다. 물론 고려시대에도 일부 상류층 여성들의 경우 중국의 여성 교훈서가 읽히고, 유교도덕의 영향을 받았던 것으로 보인다.[180] 1장에서 보았듯 이미 통일신라 때도

---

174) 노명호, 「고려시대 향촌사회의 친족관계망과 가족」, 『한국사론』 19, 서울대, 1988, 198~199쪽.
175) 노명호, 「전시과체제하 백정 농민층의 토지소유」, 『한국사론』 23, 1990, 212~213쪽.
176) 『高麗史』 권131, 列傳44 叛逆 조적.
177) 『高麗史』 권89, 列傳2 后妃 薊國大長公主.
178) 『高麗史』 권93, 列傳6 崔承老.
179) 김영미, 앞의 글, 1997.

극소수나마 수절하는 여성이 등장하고 있다. 그러나 이것은 당시의 사회구조 및 불교신앙의 영향을 고려할 때 결코 보편적인 현상이었다고는 할 수 없을 것이다.

한편 경제적인 면을 보면, 고려시대 여성은 과부가 되어도 口分田을 받는다거나[181] 남편의 재산을 가질 수 있었고,[182] 또 친정에서 상속받은 자신의 몫도 있었기 때문에[183] 수절하는 데 경제적 어려움은 없었던 듯 보인다. 그러나 이는 극소수 귀족 여성에 한정되었고, 대부분 여성의 경우는 생계를 유지하기가 쉽지 않았던 것 같다. 사족의 처였음에 분명한 李勝章(?~1193)의 어머니는 재혼한 남편에게 자신이 '먹고 사는 문제 때문에 수절을 하지 못했다'[184]고 이야기하고 있다.

---

180) 최숙경, 「고려시대의 여성」, 최숙경·하현강 공저, 『한국여성사』(고대~조선시대), 이화여대출판부, 1972, 280~282쪽 ; 본서 제5장 제1절 참조.

181) 아들이 없이 죽은 6품 이하 관원의 처 및 군인의 처에게 지급했다(『高麗史』 권78, 志32 田制 田柴科).

182) "都官에서 올린 글은 다음과 같다. 첫째, 자손이 없이 죽었을 때에 남편이 자기 아내의 노비를 다 가질 수 있고 아내가 수절을 하면 역시 자기 남편의 노비를 다 가질 수 있으나 자기 생전에 한하고 죽은 뒤에는 각각 본 주인의 자손에게 돌려주되 따로 문건이 있을 경우에는 이에 구애하지 않을 것입니다."(『高麗史』 권85, 志39 刑法2 奴婢 恭讓王 4년). 그리고 법제만이 아니라 실제 사례도 보인다. "(池奫은) 우왕 때에 門下贊成事로 임명되어 判版圖司事의 직무를 겸하고 있었는데 姜乙成이란 자가 금을 판도사에 바치고 값을 받기 전에 범죄하고 사형을 당했다. 지윤은 그의 처를 첩으로 삼고 금 값으로 포목 1천 5백 필을 받았다"(『高麗史』 권125, 列傳38 姦臣1 池奫). 이 기사에서 죽은 남편의 재산은 아내에게로 감을 알 수 있다.

183) 고려는 자녀균분 상속이었고, 여자의 재산은 결혼 뒤에도 남편의 재산에 흡수되지 않고 자신의 몫으로 남아 있었다. 그리고 그것은 앞의 註에서도 볼 수 있듯이 여자가 죽은 뒤 자식이 없으면 다시 친정으로 되돌려질 정도였다.

184) 이승장의 어미는 이승장을 데리고 재혼했는데, 새 남편이 집이 가난하다는 이유로 이승장이 다른 곳에 가서 공부하는 것을 허락하지 않았다. 그녀는 자신이 먹고 사는 것 때문에 수절하지 못했음을 말하며 아들만큼은 아비의 뒤를 잇게 하겠다고 주장했다. 여기서 그녀의 신분이 사족이었음을 알 수 있다(「李勝章墓誌銘」, 『집성』, 274~276쪽).

현재 남아있는 여성 묘지명의 주인공인 귀족 여성들 중 재혼 사례가 거의 보이지 않는 것은 이들이 청춘에 과부가 되지 않았다는 점도 있 겠지만 그들이 가지는 경제적 조건(경제력이 있는 장성한 자식을 포 함해서) 때문이기도 한 것이다. 따라서 고려시대에는 이승장 어머니의 말에서 느껴지듯 한편으로는 수절이 아름다운 일이라는 생각이 있었 으면서도 현실적으로는 수절을 하기가 쉽지 않았던 것으로 보인다. 물 론 가장 큰 이유는 꼭 수절을 해야 할 뚜렷한 이유가 없었다는 점일 것이다.

이에 절부 사례들이 드러나지 못한 경우들도 있었다. 이곡(1294~ 1351)은 문집에서 절부 조씨 사례를 소개하며 "내가 일찍 중국에 다닐 때에 보니 정절이 있다 하여 문려에 정표한 것이 서로 바라보일 정도 로 많았는데 처음에는 그렇게 많은 것을 이상스럽게 여겼다.……가령 조씨와 같은 행적이 조정에 보고된다면 장차 大書特書하여 문헌에 오 르며 향리에도 빛이 날 것인데 어찌 끝까지 이름이 없게 되었는가"라 하고 있다.[185] 조씨는 13세에 결혼해 시아버지와 남편이 일본원정에 서 죽자 딸 하나와 언니에게 의탁했다. 딸이 결혼한 뒤에는 딸에게 의 지하고, 다시 딸이 아들 하나와 딸 하나를 낳고 일찍 죽자 다시 손녀 에게 의지해 살았던 수절녀였다.[186]

이처럼 고려전기에는 사회특성상 대단한 절부 사례도 없었고, 국가 의 절부 포상 역시 그다지 적극적이지 않았다 하겠다. 이에 절부 포상 은 구휼 등 다른 유교시책과 함께 관행적으로 시행되었으며, 고려전기 의 절부는 '남편이 죽은 뒤 재혼하지 않은 여성' 정도의 의미밖에는 없 었다고 하겠다.

---

185) 『稼亭文集』 권1, 雜著 節婦曺氏傳.
186) 위와 같음.

3. 성리학의 수용과 열녀의 존재

『고려사』에는 절부 포상 기록도 있지만 열녀들의 행적을 기록한 열
녀전도 있다. 또 고려의 열녀는 『신증동국여지승람』, 『삼강행실도』,
『신속삼강행실도』, 『읍지』『조선왕조실록』 등에도 실려 있다. 절부와
열녀는 어떻게 다를까. 우선 위의 여러 책에 나타난 고려시대 열녀들
의 사례를 도표화하면 다음과 같다.[187)

<표 4-3> 고려시대의 열녀

	이름	신분	내용	포상	시기	지역	출전
1	俞씨	胡壽 처	남편이 孟州수령으로 있을 때 몽고병이 들어오자 강에 몸을 던져 정절지킴	미상	고종44	미상	사.신속
2	玄文奕 처	장군현문 혁	삼별초가 강화에서 반란을 일으켰을 때 남편과 달아나다 물에 빠져 죽음	미상	원종11	강화	사.삼강.신속.강화부지.강도지
3	변씨	直學 鄭 文鑑 처	적에게 더럽혀지지 않으려 남편과 물에 빠져죽음	미상	원종12	강화	삼강.강도지
4	安天儉 처	낭장 안 천검	집에 불이 나자 남편과 함께 타죽음	미상	공민왕22	강화	사.삼강.강도지.신속
5	洪義처	上護軍 홍의	조일신 란 때 남편살해하려하자 몸으로 막아 남편 살림	미상	공민왕	미상	사.신속
6	강화3녀	府吏 딸	왜구침입시 정절지키려 물에 빠져 죽음	미상	우왕3	강화	사.신증12강화.삼강.신속.강화부지.강도지
7	홍씨	낭장 崔 得霖 처	왜구만나 32세 나이로 절개지키다 죽음	정문복호(태조4)	우왕4	함열현	신증34함열현(공민조). 신속.실록(우왕4)
8	辛씨	낭장 金 遇賢 처	왜적이 남편 찾자 숨은 곳 애기 않고 맞아 죽음(영산현)	정문(태종)	우왕5	영산현	신증27영산현.신속

---

187) <표 4-3>의 출전항목에서 사는『고려사』, 신증은『신증동국여지승람』, 삼강
은『삼강행실도』, 신속은『신속삼강행실도』, 실록은『조선왕조실록』, 그 외
○○지는『읍지』를 말한다.

9	최씨	士人 仁祐 딸	호장 鄭滿 처. 왜적 침입시 나무안고 항거하다 죽음. 두 아들 포로. 젖먹이 죽음. 10년 뒤 도관찰사가 사실보고. 아들 정습 잡과응시	정문.吏役免 태종13 세종2	우왕5	영암	사.신증30진주. 35영암.삼강.영암읍지. 실록 동문선100
10	배씨	三司左尹 襄中善 딸	낭장 李東郊에 출가. 왜적 침입시 강에 뛰어들어 화살맞고 죽음. 체복사 조준 보고	정표	우왕6	京山	사.신증28성주. 삼강.성산지.이숭인 배열부전
11	최씨	낭장 金洵 처	왜적에 잡혀 절개지키려다 살해됨	節婦里라정표	우왕6	거창현	신증31거창.신속
12	신씨	낭장 斯葳 딸	왜적 침입시 피난하다 20세로 정절지키려 죽음	비석.정표	우왕8	영산현	신증27영산현. 사
13	안씨	典醫正 景德 宜 처	판사 邦奕 딸. 왜적 침입시 절개지키려다 살해	미상	우왕13	평창군	사.신증34여산. 46평창.삼강.신속
14	김씨	書雲正 金彦卿 처	왜구에게 잡혔으나 절개지키다 살해됨	정표문려(세종6)	우왕13	광산현	사.신증35광산현. 삼강.신속. 실록
15	문씨	判典校寺事 姜好文 처	왜구에게 잡혀가다 절벽에 몸을 던졌으나 목숨건짐		우왕14	光山縣	사.신증35광산현.신속
16	이씨	낭장 李得仁 처	고부 아전 李碩 딸. 왜적침입시 절개지키려다 살해	미상	우왕때	정읍현	신증33고부.34여산.신속
17	송씨	驛丞 鄭寅 처	왜적에 잡혀 절개지키려다 살해됨	정려 태종13	공양왕즉위년	함양군	신증31함양.삼강.신속. 실록
18	임씨	樂安郡事 崔克孚 처	왜적침입시 팔 잘리며 항거하다 살해	집.마을정표 태조4	여말선초	전주	신증33전주.완산지.전주부지.삼강. 실록
19	權 처	金 淮陽府民 권금	호랑이에게 물려가는 남편 구함	마을정표	공양왕2년	회양	사.신증47회양도호부.신속.회양군지
20	조씨	교동현인	왜구가 마을에 들어오자 절개지켜 죽음	정려(태조4)	여말선초	교동현	신속
21	고씨	현감 鄭自求 의 처	33세에 지아비가 죽고 아비가 개가시키려하자 거절하고 여묘, 제사지내며 수절	정려 복호(세종2)	여말선초	공주	신증17공주.공산지. 실록

22	곽씨	朴根 처	23세 과부. 3년여묘. 시부모 효성.수절	정표복호(세종13)	〃	대흥현인	신증20대흥현. 신속, 실록
23	윤씨	진사 梁虎生 처	23세 과부되어 51세 죽을 때까지 수절. 외삼촌이던 판사 성윤덕이 개가시키려.	비석.정표		창녕	신증27창녕현. 신속(모두 고려)
24	김씨	中郎將 趙安鼎 처	17,18,19세에 아비 남편 어미가 죽음. 모두 여막에서 3년상 치루고 애통. 생업을 일삼지 않음	정문	여말선초?	영암	신증35영암군. 영암지
25	이씨	생원 梁仲粹 처	왜적이 범하려했으나 항거하다 살해됨	정문	〃	남원부	신증39남원.신속.용성지
26	손씨	翰林承旨 奇田龍 처	남편이 중국에 들어가 돌아오지 않았으나 시부모 봉양하며 개가 않음	비 세워 정려	여말선초	伊川縣	신증47이천현. 신속
27	김씨	李櫃 처	남편이 말타다 떨어져 죽자 식음전폐하고 따라 죽음	정표 태종13	여말선초	豊山	삼강. 실록
28	鄭召史	職員 석나리보개 처	남편이 合赤의 난에 죽은 뒤 안무사 군관이 겁탈하려했으나 죽기로 수절	정려	정표(세종)	旌義縣	신속.탐라지
29	박씨	柳九淵 처	남편죽자 여묘3년. 조석전을 올리는 등 정성 다함	호역 면제	미상	金溝縣	신속
30	송씨	생원 鄭希重 처	고려말 남편이 일본원정 갔다 죽자 애통해하며 정성껏 제사, 수절	정려 세종21	여말선초	여산	속삼강(조선), 여산부읍지(고려), 실록
31	이씨	직제학 楊首生 처	남편사후 유복자 낳아 기르며 수절			옥천	용성지.옥천지(모두 고려)
32	한씨	錦山 副正 林英順 처	26세 남편 죽은 뒤 61세인 현재(세종)까지 수절	정려 복호(세종2)	우왕11	금산	실록
33	소사	前 散員 李益의 처	25세 남편 사후 67세인 현재(세종)까지 수절	〃	우왕4	미상	실록

34	박씨	김 삼 의 처	18세 남편 죽은 뒤 3년상, 시아버지 43년간 봉양하며 수절	세종13 복호	우왕13	공주	실록
35	노씨	故 判 事 金 五 福 처	남편 죽자 무덤 아래 여막짓고 9년간 제사 지냄	태 조 4 복호,정표	우왕13	양성	실록
36	조씨	前 別 將 李提 처	19세에 왜적에 잡혀 절개 지키고 죽음	〃	고려말	교동	실록
37	이씨	船軍 文 成己 처	남편이 왜란에 죽자 형상 그려놓고 조석으로 奠을 드리며 평생을 마침	정 문 복호(세종17)	세종1	은진현	신증18은진(고려).신속(고려). 실록
38	민씨	학생 金 繼佃 처	남편이 일찍 죽자 눈비가 와도 친히 제묘를 지내고야 식사함	정려 복호(성종1)	세조	은진현	신증18은진(고려).신속(고려). 실록
39	김씨	산원 俞 天桂 처	범에 물려 간 남편 구함	정표 태종13	태종1	안동	신증24안동(고려).삼강(고려). 실록
40	나씨	감찰 羅 尙 딸	집현전직제학 裵閏 처. 남편죽자 3년여묘. 상장례 불교의식 안쓰고 가례 따름	정려(세종8)	조선?	星州	신증28성주(고려).신속(고려). 성산지(조선) 실록
41	한씨	副正 吳 之界 처	남편이 役으로 죽자 굶어 죽음	정려(세종)	태종2	安州	신속(고려), 실록
42	趙씨	생원 曺 仲良 처	남편 죽자 굶어죽음	정려(성종5)	조선?	原州	신속(고려) 실록
43	한씨	金 孝 忠 처	남편이 병으로 죽자 애통해하며 3년 상. 개가제의 죽기로 거부	정표 복호(단종)	여말선초	善山	신속(조선).일선읍지(고려)
44	樂哥	趙 乙 生 처	남편이 왜구에 잡혀가자 8년 간 노심초사. 남편도로 만나 살게 됨	정 표 , 복호(세종2)	태조5	善山	속삼강(조선).일선군지(고려). 실록

　<표 4-3>에서 열녀 사례가 발생한 시기를 보면 고종 1건, 원종 2건, 공민왕 3건, 우왕 14건, 공양왕 1건이며 나머지 23건이 조선초에 걸쳐 있다. 조선초에 걸쳐 있는 기사들은 사실 발생 시기가 명확하지 않고, 어떤 책에는 고려의 열녀로, 또 다른 책에는 조선의 열녀로 나

와있기도 하다. 이들은 모두 고려말부터 조선초에 걸쳐 산 여성들로서 그녀들 생애의 어떤 시기를 잡는가에 따라 고려로도 조선으로도 분류될 수 있을 것이다. 일단 필자는 여러 책에서 한 번이라도 '고려의 열녀'라고 언급된 것은 모두 포함했다.

1~17번까지, 그리고 19번은 사건 발생 시점이 고려로 명시되어 있기 때문에 고려 열녀로 분류하는 데 문제가 없다. 또 32~36번까지는 오랜 기간 수절해 정표된 여성들인데 남편이 죽은 시점이 고려말로 명확히 나와 있기 때문에 고려의 열녀로 간주했다. 18번 그리고 20~31번까지는 사건 발생시점이 불명확하나 여러 책에서 모두 고려의 열녀로 쓰고 있어 고려 열녀로 분류하는 것이 타당할 것이다. 30번은 『읍지』에서는 고려의 열녀로, 『속삼강행실도』에서는 조선의 열녀로 분류하고 있다. 그러나 남편이 죽은 시점이 고려말로 추정되므로[188] 고려 열녀에 넣는다.

37~44번까지는 『신증동국여지승람』이나 『읍지』, 『신속삼강행실도』 등에서 고려의 열녀로 보고 있지만, 『실록』 기사를 확인한 결과 남편이 죽었다거나 자신이 따라 죽는 등 사건의 발생 시점이 조선인 것들이다. 40번 나씨의 경우 『신증동국여지승람』과 『신속삼강행실도』에서는 고려의 열녀로, 『성산지』에서는 조선의 열녀로 간주하고 있다. 또 집현전 직제학이라는 벼슬을 봐도 조선시대의 사실로 보는 것이 타당하다. 따라서 37~44번까지는 사실상 조선의 열녀로 분류될 수 있는 여성들이다. 그러나 사건 발생시점과 무관하게 그녀들 삶의 상당기간이 고려였다면 그녀들은 고려의 열녀였다고 생각될 수도 있을 것이다. 당시의 『읍지』나 『신증동국여지승람』 등에서 이들을 고려 열녀로 분류한 것은 편찬자의 착오일 수도 있지만 이런 이유 때문일 수도 있

---

188) 여산부 읍지에서 남편이 前朝末 일본에 갔다고 언급하고 있다(이태진·이상태 편, 『조선시대 사찬 읍지』 권30(여산부 읍지), 한국인문과학원, 1990, 76쪽).

는 것이다. 따라서 본고에서는 이 기사들도 버리지 않고 포함해 분석하기로 한다. 한편『조선왕조실록』에는 위에 언급된 열녀 외에 더 많은 열녀들이 올라 있다. 특히 조선초 실록의 경우 이들 중 상당수가 麗末鮮初에 걸쳐 살았던 여성들로서 우리의 분석 대상이 될 수도 있을 것이다. 그렇지만 필자는 사례를 더 확대하지 않고, 이들 중 사건 발생시점이 고려말로 명확한 것(32~36번)만 포함시켰다. 이것으로도 시대적 추이를 아는 데는 무리가 없을 것이라 여겨지기 때문이다.

　<표 4-3>에서 사례 유형을 보면 적을 만나 정절을 지키다 목숨을 잃은 것이 가장 많고(1・2・3・6・7・9・10・11・12・13・14・15・16・17・18・20・25・36), 둘째가 남편 사후 수절하는 것이다(22・23・24・26・28・29・30・31・32・33・34・35・37・38・40・43・44). 그 다음은 호환(19・39)이나 화재(4), 칼날(5)에서 남편을 보호하거나 남편이 숨은 곳을 대지 않고 죽은 경우(8)이다. 또 불교의식이 아닌 가례에 따라 상장례를 치렀다거나(24・29・35・40), 남편이 죽은 뒤 식음을 전폐하고 따라 죽은 사례도 있다(27・41・42).

　시기와 사례유형을 연결해 보면 고려 고종 때는 몽고군 침입시(1), 원종 때는 삼별초란에(2・3), 공민왕과 우왕 때는 10건이 왜구 침입시 목숨을 버려 정절을 지킨 것이다(6・7・9・10・11・12・13・14・15・16). 또 사건 발생시점은 불명확하지만 17・18・20・25・36번 역시 고려말 왜구 침입 시 정절을 지킨 것이다. 이 외 집에 불이 나 남편과 함께 타죽은 것(4), 조일신란 때 자신의 몸으로 남편을 덮쳐 적의 칼날로부터 남편을 살린 것(5), 왜적이 침입해 부인을 잡아 남편이 숨은 곳을 대라고 했지만 끝내 대지 않고 왜적의 손에 맞아죽은 것(8), 호랑이에게 물려가는 남편을 구한 것(19) 등이 있다.

　이렇게 볼 때 고려말 열녀의 유형은 대부분 적의 침입 시 목숨을 걸고 정절을 지킨 것이라 하겠다. 그런데 사실 전쟁은 고려전기에도, 그 이전 삼국시대에도 계속 있어 왔다. 그리고 그때도 분명히 정조의 위협에 대해 죽음으로 저항한 여성들은 있었을 것이다. 그런데 왜 그런 이야기는 전해지지 않는 것일까? 이는 1장에서도 언급했듯이 당시의 사회적 상황이 달랐기 때문에 사람들은 그것이 귀감으로 삼을 일이라고 생각하지 않았기 때문일 것이다. 그러나 고려말이 되면 열녀의 사례를 자기의 문집에 수록하는 사대부들이 보이며,189) 이들은 도당에 글을 올려 적게 죽은 효자와 열녀를 표창하도록 주장하기도 했다.190) 또 觀察使(9·19)나 體覆使가 되어 직접 사례를 조정에 보고, 정려하게 하고 있기도 하다.191) 즉 이 시기에는 신진사대부들을 중심으로 죽음으로써 정절을 지킨 여성이 열녀이며 표창할 만하다는 인식이 대두되고 있었던 것이다.

무엇이 이렇게 만들었을까. 고려말에는 원의 지배에 더해 홍건적과 왜구의 침입으로 나라가 어지러웠다. 권세가들은 대토지를 겸병하며 권력을 농단하고 있었다. 불교 사원 역시 백성들에게 정신적 안식처가 되기는커녕 비리에 동참하고 있었다. 한편 지방 사회의 성장과 함께 대두된 중소지주 출신의 신진사대부들은 이러한 제반 모순에 대처할 새 이데올로기로 성리학을 받아들였다. 성리학의 여성관은 주희의 陰

---

189) 이숭인은 자신의 문집에 「배열부전」(<표 4-3>의 10)을 싣고있으며, 이곡의 문집에는 「절부 조씨」 이야기(3장 참조)가 실려 있다. 鄭以吾(1347~1434)는 「열부 최씨전」(<표 4-3>의 9)을 자신의 문집인 『郊隱集』에 싣고 있다.

190) 『高麗史』 권118, 列傳31 趙浚.

191) 체복사 조준은 이동교 처 배씨(10)의 일을 보고해 표창하게 한다. 정만의 처 최씨의 일은(9) 사건이 발생한 지 10년 뒤에 도관찰사 張夏가 사실을 조정에 보고함으로써 旌閭되고 아들의 吏役이 면제되었다. 권금의 처 사례(19)는 교주도 관찰사가 도당에 보고해 정려했다. 12번 신사천의 딸 사례는 조준이 조정에 보고 했다. 그녀의 사례는 『高麗史』에는 효우전에 나와 있지만 『신증동국여지승람』에는 열녀로 기록되어 있다. 그녀는 왜적들이 배에 탄 사람을 다 죽이고 그녀도 끌어내려 하자 '아버지를 죽였으니 원수'라며 저항해 죽임을 당했다. 이는 결국 몸을 지키기 위한 것이라 여겨져 필자 역시 열녀로 분류한다. 이상의 내용은 『高麗史』 권121, 列傳34 孝友 辛斯蔵의 딸 및 권122 列傳35 烈女 李東郊妻 裴氏, 權金妻 참조.

陽觀을 통해 짐작할 수 있다. 주희는『주역』의 乾坤 괘를 설명하면서 음의 독자적 존재성을 부정한다.192) 즉 음은 양에 의해서만 규정되므로 음인 여성은 양인 아버지, 남편, 자식에 의해서만 규정된다. 이것은 결국 삼종지도가 나올 수 있는 배경이 된다. 또 修身齊家治國平天下 에서도 수신과 제가의 주체를 가장으로 보아 가장이 도덕적 모범을 보임으로써 집안사람들이 교화된다고 본다. 즉 유교문화의 이상적 여성상인 강인한 어머니의 모습과 정숙한 여인의 모습은 모두 가장의 도덕적 수행의 결과라는 것이다.193) 이로써 여성의 종속성은 한층 강화된다. 여성은 결국 삼종지도 논리에 따라 남편이 죽으면 자식을 따라 수절해야 하고, 만일 따를 자식이 없으면 남편을 따라 죽어야 한다는 논리가 성립될 수 있는 것이다. 게다가 이러한 남녀관계는 1장에서 보았듯 理, 곧 불변의 진리로서 절대적 권위를 가지게 된다. 이에 정절관은 '餓死事少 失節事大'로 강화되며, 부녀의 수절뿐 아니라 생명을 희생하는 烈節까지 강조된다.194) 이에 고려에서도 원 간섭기 성리학이 도입되면서 순절녀에 의미를 부여하기 시작한 것으로 보인다.

그러나 고려말 왜구 침입시 정절을 지킨 사례 15건 중에서 고려 당대에 포상된 것은 3건(10·11·12)에 불과하다. 나머지 12건 중 미상 3건(6·13·16), 생존해 제외된 것으로 보이는 1건(15)을 제외한 8건이 조선에 들어와 정표되고 있다(7·9·14·17·18·20·25·36). 고려시대 다른 유형의 열녀들 역시 포상 사례가 거의 보이지 않는다. 즉 고종 및 원종 때 적으로부터 정절을 지킨 여성들(1·2·3), 집에 불이 나자 남편과 함께 타죽은 여성(4), 적이 남편을 살해하려 하자 몸으로

192) "……乾無對待 只有乾而已 故不言坤 坤則不可無乾 陰體不足 常虧欠 若無 乾便沒上截 大抵陰陽二物 本別無陰 只陽盡處便是陰"(『朱子語類』69권, 134항) ; 김미영, 「유교 가족윤리에 나타난 타자화된 여성」,『철학연구』46, 1999년 가을, 62쪽.
193) 김미영, 위의 글, 62~64쪽.
194) 진청봉, 앞의 글, 104쪽.

남편을 덮어 남편을 살린 여성(5), 위협에 굴복하지 않고 남편이 숨은 곳을 대지 않은 여성(8), 호환에서 남편을 구한 여성(19), 이 모든 사례 중에서 조선왕조가 성립하기 직전에 발생한 19번의 사건을 제외하고는 포상 사실이 보이지 않는다. 게다가 8번의 사례는 조선왕조에 들어와 포상되고 있다.

이는 열녀에게 상을 주는 것이 원 간섭기 왕들에 의해 계속 표방되고는 있었지만 실제로는 잘 시행되지 못했음을 보여주는 것이라 하겠다. 물론 고려말에도 열녀 표창은 있었던 것 같다. 그리고 열녀가 되는 것이 명예로운 일이고, 실제적인 혜택도 있었던 것 같다. "생각하건대 조정에서는 그만한 정절도 없는 것을 그 재산이 있으므로 정표를 세우기도 하고 혹은 이름을 거짓으로 꾸며서 병역을 면제받기를 도모하기도 하므로 항상 감찰관과 헌사로 하여금 담당관에게 문책하고 있는데 이것은 인간의 윤리를 철저히 하며 풍속을 두텁게 하는 좋은 취지인 줄 안다."[195]라는 말에서 이를 짐작할 수 있다. 그러나 실제 표창이 빠짐없이, 빈번히, 잘 이루어지지는 못한 것 같다. 이는 정치 사회적 혼란 때문일 수도 있지만 그보다는 아직 성리학 이데올로기가 정착되지 못했다는 점, 그리고 그것은 결국 고려말의 사회 및 경제 구조가 이를 뒷받침하지 못하고 있었다는 것을 의미한다. 조선에 들어오면 고려의 열녀까지 포괄해 포상에 매우 적극적이었다.[196]

여말선초 열녀의 포상 방식은 주로 정표문려, 비석 세움, 復戶 등이다. 이는 고려전기의 잔치하고 물건을 주던 것에 비해 행위 사실을 적극 알린다는 점에 주안점이 두어졌다 하겠다. 태조는 효자나 절부 등에 대해 복호하고, 자손을 구휼하며, 벼슬을 원하는 자는 말을 주어

---

195) 『稼亭文集』 권1, 雜著 節婦曺氏.

196) "의정부에서 아뢰기를, '고려 이래의 烈女들이 三綱行實에 다 기록되어 있으나, 그들을 포상하는 은전이 다 거행되지 못하였사오니, 이조에 명하여 다 벼슬 칭호를 추증하게 하소서.' 하니, 그대로 따랐다."(『世宗實錄』 권106, 世宗 26년 10월 20일 乙丑).

서울로 올라오게 하고, 나이 많고 집이 가난한 자와 부인들에게는 차등 있게 쌀을 내리며, 또 정려하고, 사실을 기록해 경중과 외방에 널리 알리라 하고 있다.[197] 즉 조정에서는 갖은 방법을 다 동원해 열녀행위를 칭찬하며 이를 선양하려 힘썼던 것이다. 이로써 열녀는 한층 강조된다.

한편 <표 4-3>에는 남편 사후 수절하거나(21~24・26・28~35・37・38・43・44), 여묘살이를 하는 등 유교식 상장례(21・22・24・29・35・37・38・40)를 행하거나, 남편을 따라 죽는 사례들(27・41・42)이 보인다. 이들은 모두 여말선초를 산 여성들로서 특히 이 중 37~44번은 사실상 조선의 사례이다. 따라서 조선시대로 갈수록 수절과 삼종지도가 강조되고 유교식 의례가 중시되었다 하겠다.

열녀의 신분을 보면 대부분 관인이나 아전의 딸로 아직 서민들에게까지는 열녀 이데올로기가 전파되지 않았음을 보여준다.

지역면에서는 확인이 가능한 41건 중에서 경상도가 11건, 전라도 11건, 충청도 7건, 경기도 8건, 강원도 3건, 평안도 1건으로 경기 및 삼남지방이 대부분이다. 특히 전라 및 경상도가 많은 이유는 이 지역이 고려말 왜구의 주 침입지라 많은 열녀가 발생할 수 있었다는 점을 들수 있다. 또 성리학적 교양으로 무장한 신진사대부들이 주로 삼남지방 출신으로서 자신의 지역에 미친 영향도 있을 것이다. 길재(1353~1419)의 사례는 이를 잘 보여준다. 길재의 덕에 감화되어 이웃집 과부가 십년동안 절개를 지켰으며,[198] 계집종이 시를 외우고[199] 인근의 시골 아낙네들은 '충신은 두 임금을 섬기지 않고 열녀는 두 남편을 섬기지 않는다'는 구절을 다투어 외우며 물 길을 때나 절구질할 때에도 그치지 않았다[200] 한다. 또한 다음과 같은 이야기도 있다.

---

197) 『太祖實錄』太祖 4년 9월 16일 丁未.
198) 『冶隱先生續集』중권 부록 浮査 成汝信 贊, 『국역 冶隱先生言行拾遺 並續集』, 한국정신문화연구원, 1980, 137쪽.
199) 『冶隱先生續集』중권 부록 知府 李在洽 求人齋記, 앞의 책, 141쪽.

B-1. 야은이 사는 이웃 동네에 조을생이라는 한 병졸이 있었는데, 멀리 변경으로 수자리를 떠나자 그 아내 藥哥는 포악한 놈들에게 몸을 더럽힐까 염려하여 가시나무로 울타리를 두르고 수절하기를 거의 십년이나 하였다. 어느날 밤에 그 남편이 돌아와 부르며 문을 열라고 하였으나 아내는 대답이 없었다. 남편이 말하기를 "오랫동안 병역을 치르고 비로소 돌아왔는데 어째서 기쁘게 맞지않고 문을 닫는가"하니 아내는 "내가 비록 내 남편으로 믿지만 밤중에 몰래들어오면 어찌 반평생 수절한 뜻이 있겠습니까. 길선생께서 듣는다면 뭐라고 하시겠습니까"라고 대답했다. 결국 그 남편은 울타리 밑에서 자고 이튿날 아침에 마을 사람들이 맞아들여 본래처럼 부부가 되었다고 한다(『冶隱先生續集』 하권, 부록 市南 兪啓 「麗史提綱」).[201]

즉 길재에 감화된 한 여성은 오랫동안 수자리 갔던 남편이 돌아왔으나 밤에 몰래 맞을 수 없다며 남편으로 하여금 밖에서 밤을 지새게 하고 있다. 이처럼 열녀는 성리학적 이데올로기와 관련을 맺고 있으며 고려말 신진사대부들에 의해 전파되어 나갔다. 그리고 이후 조선에 들어가 본격적으로 창출되고 있는 것이다.

---

200) 『冶隱先生續集』 하권 부록 參判 李翊 안방준이 유계의 물음에 답한 것을 논함, 앞의 책, 193쪽.
201) 앞의 책, 202쪽.

제5장 여성의 가정생활

제1절 여성에 대한 법적 이데올로기적 통제

1. 국가의 여성정책

인간은 사회적 존재로서 작게는 가정의 구성원이고, 크게는 국가의 일원이다. 때문에 인간은 자신이 속한 집단의 규율과 통제 속에서 살게 되며, 이에 규범이나 가치관, 종교 등의 영향을 받게 된다. 고려시대의 여성들도 국가의 일원으로서 법이나 제도의 틀 속에 있었다. 또한 이데올로기적인 면에서 고려는 유교와 불교가 공존하던 사회였다. 태조 이래 역대 왕들은 학교를 세우고 과거제도를 시행하는 등 유학을 장려하였으며, 중국의 제도를 본받아 정치제도를 정비하였다. 그러나 대다수 고려인들은 불교를 신앙으로 가지고 있어 내면생활은 주로 불교에 의거하고 있었다. 성종 때 유학자였던 崔承老는 '유교는 나라를 다스리는 근본이요, 불교는 마음을 닦는 근본'이라고 했으며, 이러한 유불 병립적 관념은 고려시대 내내 유지되었다. 이에 여성들의 지위와 생활 역시 법과 제도 및 유교와 불교 두 이데올로기의 영향을 받게 되었다. 이 글에서는 고려시대 여성들에 대한 법적 이데올로기적 통제를 통해 고려여성들의 존재 조건에 대해 고찰하고자 한다.

우선 국가에서는 주로 유교적 이념에 입각해 법과 제도를 정비, 운영하였다. 성종 이래 역대 왕들은 효자·順孫·義夫·節婦에 대한 표

292

창을 통해 유교적 사회 윤리 진작에 노력했다. 여성들은 부모나 시부
모에 대한 효도 및 남편에 대한 정절로 그 대상이 되었다.

또한 국가에서는 남편에 대해 내조를 잘 했다거나 자식을 잘 기른
여성에 대해 封爵을 하거나 곡식을 상으로 내렸다. 봉작이란 작위에
봉해지는 것으로서 왕비나 공주 등 왕실 여성들이 일차적인 대상이었
지만 일반 여성들도 남편이나 자식의 공에 따라 國大夫人(정3품), 郡
大夫人(정4품), 郡君(정4품), 縣君(정6품) 등이 될 수 있었다.[1] 예컨대
李資謙의 처는 외손주가 왕이 되어(인종) 국대부인에 봉해졌으며,[2]
金殷傅의 처는 딸이 왕비가 되어 군대부인이 되었다.[3] 국대부인이 되
면 1년에 2회 쌀 50섬씩이 지급되었다.[4]

또 봉작은 세 아들이 급제했다거나 남편이나 자식이 특별한 공을
세웠을 때도 주어졌다. 金富軾(1075~1151)의 3형제가 모두 문장가로
서 임금을 시종하자 예종이 장하게 여겨 그 어미를 대부인으로 봉하
고 매년 곡식을 상으로 주도록 명했다.[5] 金台鉉의 처 왕씨(1255~
1356)는 아들 셋이 과거에 합격해 군대부인에 봉작되고 매년 곡식을
받고 있었는데, 그 딸 김씨(1302~1374) 역시 아들 넷이 급제해 혜택
을 입었다.[6] 이 외 봉작이 주어지지는 않았지만 현종 때 楊規의 처와
金叔興의 어머니는 거란과의 전쟁에서 남편 및 자식이 공을 세우고
전사했으므로 곡식을 상으로 받았다.[7]

한편 서민여성의 경우 한꺼번에 여러 명의 아들을 낳으면 곡식을
주었다. 예종 때 패강 나루터에 사는 여자가 한 번에 아들 세 명을 낳
았으므로 전례에 의해 곡식 40석을 주었다고 보고하자 왕이 50석을

1)『高麗史』권77, 志31 百官2 內職.
2)『高麗史』권127, 列傳40 叛逆1 李資謙.
3)『高麗史』권88, 列傳1 后妃1 元成太后 金氏.
4)『高麗史』권80, 志34 食貨3 祿俸 雜別賜.
5)『高麗史』권97, 列傳10 金富佾.
6)「朴允文 妻 金氏 墓誌銘」,『집성』, 580~581쪽.
7)『高麗史』권94, 列傳7 楊規.

더 주라고 명하였다.[8] 이는 농경사회에서의 다산 장려 및 구휼의 의
미가 있는 것으로 보인다.

이처럼 국가에서는 봉작과 포상을 통해 여성들로 하여금 남편에게
내조하고 자식을 잘 기르도록 장려하였다. 그런데, 고려시대 여성에
대한 봉작은 조선시대처럼 남편의 벼슬에 따라 자동적으로 주어지지
않았다는 점이 특징이다. 조선시대의 여성들은 서얼출신이거나 재혼
한 경우를 제외하고는 정1품부터 종9품까지 남편의 관직에 상응하는
작위를 받을 수 있었다.[9] 이는 남과 여를 양과 음의 대칭적 존재로 보
고 둘 간에 균형을 잃지 않는 것을 이상으로 하는 유교적 이념에서 나
온 것이다.[10] 그러나 고려시대에는 봉작이 앞서 예로 든 것처럼 특수
한 경우나, 혹은 왕의 즉위나 순행시 주로 6품직 이상의 고위관료 처
나 부모에 한해 포상의 뜻으로 주어졌다.[11] 따라서 조선에 비해 수혜
범위가 훨씬 좁고 부정기적이었다 하겠다. 이는 고려사회가 소수 특권
층 중심의 귀족사회이며, 아직 유교적 이념 및 봉작제도가 체계적으로
자리 잡지 못했음을 의미하는 것이라 할 수 있다. 그리고 그만큼 남편
에 대응되는 '가정의 안주인으로서의 처'라는 관념도 상대적으로 약하
지 않았을까 여겨진다.

한편 국가에서는 처벌을 통해 유교윤리를 세워 나가기도 했다. 여
성이 벌을 받는 경우는 상을 받는 행위와 반대되는 일을 했을 때였다.
우선 여성은 부모에 대한 불효로 처벌되었다. 이는 사실 여성만이 아
니라 남성에게도 해당하는 것이었다. 법률에 의하면 가까운 친척 어
른, 외조부모, 남편, 처의 부모를 죽이려고 한 자는 비록 상처를 내지
않았어도 목을 베어 죽였다.[12] 그리고 가까운 친척어른이나 외조부모,

8) 『高麗史』 권12, 世家12 睿宗 3년 8월 癸卯.
9) 『經國大典』 권1, 吏典 外命婦.
10) 박용옥, 『이조여성사』, 한국일보사, 1976, 128쪽.
11) 『高麗史』 권75, 志29 選擧3 銓注 凡封贈之制.
12) 『高麗史』 권84, 志38 刑法1 大惡.

294

남편, 처의 조부모 죄를 고발한 자는 비록 그것이 사실일지라도 도형 2년에 처했다.[13] 또 부모나 남편 상사가 났다는 말을 듣고도 슬픈 생각을 잊어버리고 잡된 놀이를 하는 자는 도형 1년에, 상기 전에 상복을 벗고 보통 옷을 입은 자는 도형 3년에, 초상난 것을 숨기고 초상을 치르지 않는 자는 2천 리 밖으로 유배했다.[14]

그런데 남편의 불효에 대한 규제보다 처의 불효에 대한 규제가 더 컸다. 처나 첩이 남편의 조부모, 부모에게 욕설을 했을 때는 도형 2년에 처하고, 구타를 하면 목을 매어 죽였으며, 상처를 입히면 목을 베어 죽였다.[15] 반면 남편이 처의 부모에게 욕설을 했을 때는 처벌 규정이 없으며, 처의 부모를 때렸을 때는 10惡 중 不睦罪로 처벌했는데,[16] 이는 사형이 아니라 유형죄였다. 뿐만 아니라 시부모에 대한 불효는 칠거지악의 하나였으며, 이를 이유로 아내를 버린 남편이 효자로 정표[17]되기까지 함을 볼 때 여성에게 요구되는 효가 남성에 비해 더 컸음을 보여준다.

부모에 대한 효도와 함께 아내는 남편에게 정절을 지켜야 했다. 처가 남편을 두고 다른 남성과 간통을 했다면 처벌되었다.[18] 간통죄는 쌍벌죄로서 남성 역시 이 적용을 받았다. 그러나 남자와 여자는 그 처벌 내용에 차이가 있었다. 우선 남편은 처의 간통 현장을 잡아 그 자리에서 간부와 함께 처를 살해해도 무죄였으며, 이들을 관아로 끌고

---

13) 『高麗史』 권84, 志38 刑法1 大惡.
14) 『高麗史』 권85, 志39 刑法2 禁令.
15) 『高麗史』 권85, 志39 刑法2 禁令.
16) 『高麗史』 권84, 志38 刑法1 大惡.
17) "雲梯縣 祗弗驛 백성 車達의 형제 3명은 늙은 어머니를 함께 봉양하는데 차달은 그 처가 시어머니를 잘 봉양하지 못한다고 하여 즉시 이혼을 하였더니 두 동생들도 역시 장가를 가지 않고 형과 함께 한뜻 한마음으로 어머니를 극진하게 봉양하고 있다.……차달의 형제 등 4인은 驛과 섬에서 해방시켜 그 소원에 따라 다른 주, 현의 호적에 편입하도록 하라……"(『高麗史』 권3, 世家3 成宗 9년 9월 丙子).
18) 『高麗史』 권84, 志38 刑法1 奸非.

가 처벌받게 할 수도 있었다. 반면 여성은 남편의 간음 현장을 목격했어도 이들을 죽일 수 없었음은 물론 이들을 고발할 수조차 없었다. 처에게 있어 남편은 앞에서 보았듯이 부모와 같은 존재로서 모반대역죄 정도가 아니면 고발이 허용되지 않았기 때문이다.[19] 또 남성은 집안의 여자 노비와 관계를 해도 처벌되지 않은 반면 여성이 남자 노비와 관계한 것은 중벌로 다스려졌다. 뿐만 아니라 간음한 여인은 恣女案에 올리고 이혼시켜 針工으로 삼았으며[20] 그 소생 자식들을 실행 전에 낳은 아들의 경우에는 6품까지, 실행 뒤의 자식은 아예 관직에 나가지 못하게 규제했다.[21] 여성의 정절에 대한 의무가 남성에 비해 훨씬 강했던 것이다.[22]

아울러 여성들이 풍속과 관련된 죄를 범했을 때는 남편이나 자식에게 책임을 묻기도 했다. 王璞은 의종 딸 安貞宮主와 혼인했는데 궁주가 악사(伶人)와 간통했다. 명종은 그가 집안을 다스리지 못했다며 작위를 삭탈했다.[23] 또 공양왕 때 工曹摠郎 朴全義는 그 어미와 중의 간통을 막지 못했으므로 헌부의 탄핵을 받았으나 왕이 특별히 용서했다.[24] 즉 남편이나 아들에게 처나 어머니에 대한 가부장적 통제를 요구했음을 알 수 있다. 남편이 같은 죄를 범했을 때 아내를 연좌시켜 처벌하지 않았음은 물론이다.

또, 부녀자가 여승이 된다거나 사원에 가는 것, 萬佛會나 香徒會에 참가하는 것 등을 금하기도 했다. 이는 부녀자들이 가정의 울타리를 떠나 불공을 핑계로 음란한 행실을 할지도 모른다는 우려에서 나온 것이다. 예컨대 충숙왕 때는 부녀자들이 상하 노소를 가리지 않고 향

19) 주 13) 참조.
20) 『高麗史』 권84, 志38 刑法1 戶婚 睿宗 3년.
21) 『高麗史』 권95, 志29 選擧3 毅宗 6년 2월.
22) 간통에 대해서는 본서 제4장 제1절 참조.
23) 『高麗史』 권90, 列傳3 宗室.
24) 『高麗史』 권46, 世家46 恭讓王 3년.

도를 맺어 재를 올리고 불을 켜며 절간으로 몰려가서 중들에게 간통을 당하는 일도 간혹 있으니 평민은 그 아들에게 죄를 주고 양반 집은 그 남편에게 죄를 주라[25]는 규정이 나온다. 여승이 되는 것을 금하는 법은 이미 고려전기인 현종 때부터 보이나[26] 남편 사후에 정절을 지키기 위해 중이 되는 것은 제재하지 않았다. 또 부녀자들의 일상적 신앙을 법으로 규제한다는 것도 사실상 불가능해 고려말에도 '부모가 죽은 날에 올리는 재(忌齋)가 아니면 절에 가는 것을 금한다'[27]라 하여 적어도 기재 때는 절에 가는 것이 허용되었음을 보여주고 있다.

이 외에 단오날 그네 뛰고 풍악놀이 하는 것 등도 금하고 있다.[28] 이러한 금령들은 주로 고려후기에 나타나, 성리학이 수용되면서 여성들의 놀이 등이 보다 규제된 것으로 볼 수 있다. 그러나 이 법령들이 명확히 처벌 량을 규정하고 있지 않고, 또 여러 차례에 걸쳐 금지하고 있다는 점을 볼 때 잘 지켜지지는 않은 것 같다.

이처럼 고려에서는 법과 제도를 통해 여성들로 하여금 부모에게 효도하고 남편에게 정절을 지키며 불교행사나 놀이에 참여하지 않는 등 부녀자로서 조신한 몸가짐을 가질 것을 요구하였다. 그리고 이로써 여성들로 하여금 아내, 며느리, 어머니로서의 임무를 다하도록 했다.

2. 유교적 여성 교훈서와 불교의 여성관

유교윤리는 국가제도를 통해서 뿐 아니라 유교경전을 통해서도 주입되었다. 고려의 귀족계급 여성들은 남성들이 학교에서 『논어』나 『효경』 등 유교경전을 공부한 것과 마찬가지로 집에서 중국의 여성

25) 『高麗史』 권85, 志39 刑法2 禁令 忠肅王 8년 5월.
26) 『高麗史』 권85, 志39 刑法2 禁令 顯宗 8년 정월.
27) 『高麗史』 권85, 志39 刑法2 禁令 忠烈王 원년 6월.
28) 『高麗史』 권85, 志39 刑法2 禁令 高宗 33년 5월, 忠烈王 9년 5월, 忠肅王 원년 5월.

교훈서를 익히며 부녀자로서의 덕을 쌓도록 교육받았다. 왕비를 책봉한 글이나 여성 묘지명 등에 보면 '첩이 감히 女箴을 따라 힘쓰지 않으며 婦道를 닦아 이루지 않겠습니까'라거나 '女則을 거울삼아 옛 법을 지킨다'는 등의 이야기가 많이 보인다. 고려중기의 관리였던 崔婁伯이 그의 처 廉瓊愛(1100~1146)에 대해 '제법 문자를 알아 大義에 밝았다'[29]라고 한 것을 보면 비록 일부 여성들에게나마 문자교육이 베풀어졌고, 유교적 여성교훈서가 읽혔음을 짐작케 한다.

유교에서는 여성을 어떻게 보고 있는가.『주역』에서는 음양을 대칭적으로 설명하고 있는데, 이는 결국 남녀 역할과 지위의 이분화를 가져왔다. 그러면서도 음양은 하나만으로는 아무 것도 성립할 수 없는 상호보완적 성격을 갖는다고 이해하는 데서 여성의 역사적 사회적 지위보장의 의미를 다소간 부여하게 된다.[30]『예기』에서는 三從과 七去가 처음 나타나며, 內則 편에서 부녀의 언행이나 행동거지, 교육 등 모든 것을 남성과 구분해 규범화하고 있다. 또 여성의 역할을 부모에 대한 효도와 식사·의복·제사 준비·자녀양육 등으로 한정하고 있다. 한나라가 성립된 이후 유교가 정치의 근본이 되면서 유교이념은 일반사회로 확대되고 여성의 유교화 교육도 필요해졌다. 이에『女誡』를 시작으로 여성 교훈서들이 등장한다. 이러한 여성 교훈서들은 남녀 차별적 여성관을 보다 고정화시키는 역할을 했으며,[31] 삼국시대 이래 비록 소수지만 우리나라 여성들에게도 영향을 미치게 된다.

한·당대의 여성 교훈서로서 고려 여성들에게도 읽혔으리라 여겨지는『女誡』와『女論語』의 내용을 보면 우선 음양 개념에 여성과 남성을 대치시켜 여성은 낮고 약한 존재로 규정하고 있다. 그리하여 여성은 낳은 지 사흘 째 되는 날 평상 아래에 눕혀 이를 몸으로 체득케

---

29)「崔婁伯妻廉慶愛墓誌銘」,『집성』, 93쪽.
30) 박용옥,「유교적 여성관의 재조명」,『한국여성연구』1(종교와 가부장제), 청하, 1988, 26~27쪽.
31) 박용옥, 앞의 글, 1988, 46~49쪽.

하고,32) 오직 공경하고 순종하도록 가르친다.33) 부모에게는 효도를 다하는데, 특히 시부모가 비록 도리에 어긋나는 분부를 해도 시비를 따지지 않고 순종할 것이며,34) 남편은 하늘이니 그 뜻을 어겨서는 안 되고, 남편을 떠날 수도 없다.35) 남편은 강하고 아내는 부드러워야하며 서로 대하기를 손님처럼 공경하고 존중해야 한다. 만일 남편이 바람직하지 못한 일을 하면 부지런히 간하고 간곡하게 타이를 것이다.36)

또한 항상 청결하고 정숙한 몸가짐을 가지고37) 아침에 일찍 일어나 가사 일을 해야 한다.38) 길쌈하고 바느질하는 여자 일에 능숙해야 하며39) 검소하고 근면하여 가정을 잘 경영해야 한다.40) 자녀 교육에 힘쓰고41) 일가친척 및 남과 화목할 것이며42) 손님을 잘 대접해야 한다.43) 이처럼 유교적 여성 교훈서에서는 여성을 낮고 약한 존재로 규정해 부모와 남편을 섬기고 내조하는 부수적인 사람으로 그리고 있다.

그런데 고려의 여성들은 한편 불교를 신앙으로 가지고 있었다. 게다가 대다수 고려 여성들은 유교적 여성 윤리 교육과 무관했다. 따라서 불교의 가르침은 여성들에게 큰 영향을 미쳤다 하겠는데, 불교에서는 여성을 어떻게 보고 있었을까. 우선 여성을 가정 내의 존재로 보는 것은 불교도 마찬가지였다. 원시불교의 경전에서는 여성들이 성을 잘 내고 질투가 심하고 물건을 아끼고 어리석어 직업에 종사할 수 없

32) 『女誡』卑弱章.
33) 『女誡』敬順章.
34) 『女誡』曲從章.
35) 『女誡』專心章.
36) 『女論語』事夫章.
37) 『女論語』立身章.
38) 『女論語』早起章.
39) 『女論語』學作章.
40) 『女論語』營家章.
41) 『女論語』訓男女章.
42) 『女論語』和柔章.
43) 『女論語』待客章.

다[44] 한다.

가정 내에서 여성은 먼저 부모에게 효도해야 했다. 즉 받들어 모시되 부족함이 없게 하라, 하고자 하는 일에 대해 부모님과 상의하라, 부모의 하시는 일에 순종하여 거역하지 마라, 부모님께서 하시는 바른 명령을 감히 어기지 마라, 부모가 해 오던 바른 직업을 이어서 더욱 번창케 하라 등이 그것이다.[45] 아울러 부모의 역할도 규정하고 있다. 자식을 보살펴 악행을 못하게 하라, 가르치고 일러주어 그 착한 것을 보여 주라, 사랑이 뼈에 사무치도록 하라, 자식을 위해 좋은 짝을 구해 주라, 적당한 시기에 재산을 상속하라 등이다.[46] 즉 불교에서도 부모를 잘 봉양하고 순종할 것을 강조했지만 한편으로는 이처럼 부모의 역할을 함께 이야기함으로써 쌍무적인 도덕을 제시하고 있다.

이는 부부관계에도 적용된다. 아내는 남편에 대해 아내로서의 할일을 잘 처리하며, 남편의 가족과 친구들을 잘 대접하고, 성실하며, 남편이 벌어오는 재산을 잘 관리하며, 아내의 의무를 부지런히 솜씨있게 수행해야 한다.[47] 한편 남편은 아내를 친절하고 예의 바르게 대우하며, 경멸하거나 얕보지 말며, 신의로써 대하며, 더러는 아내에게 권한을 위임하며, 장신구를 비롯하여 아내가 원하는 것을 사주어야 한다[48]고 하여 가부장적인 윤리임에는 틀림없으나 일방적인 복종관계가 아님을 잘 보여주고 있다.

친척들에게는 잘못하는 것을 보면 남이 모르게 조용히 타일러서 고치게 한다, 조그만 것이라도 급한 일이 있을 때는 달려가서 도와주어

---

44) 성열, 「부부 가정 효도에 관한 부처님의 교훈」, 『불교의 여성론』(한국여성불교연합회 편), 불교시대사, 1993, 137쪽.
45) 나카무라 하지메, 「초기 경전에 나타난 불교의 가정윤리」, 한국여성불교연합회 편, 위의 책, 1993, 102쪽.
46) 나카무라 하지메, 위의 글, 99쪽.
47) 피야다시, 「불교에서 여성의 위치」, 한국여성불교연합회 편, 위의 책, 1993, 31쪽.
48) 피야다시, 위의 글, 30~31쪽.

야 한다, 친척 간의 사적인 일은 남에게 공개하지 않아야 한다, 서로 존경하고 칭찬하여야 한다, 좋은 물건이 있을 때에는 적든 많든 나누어주어야 한다[49] 등을 통해 우애를 강조하고 있다.

이처럼 불교 역시 쌍무적 윤리를 강조하긴 했으나 가부장적 윤리로서 여성을 가정 내 존재로 한정했다는 데는 차이가 없다. 불교 역시 婦德을 요구했다. 아래의 사료는 이를 잘 보여주고 있다.

> 애통히 생각하건대 죽은 아내 方氏는 다행히 불교를 믿는 집안에서 태어나 隨喜功德을 알았으므로, 시부모 모시기를 극진히 하여 일찍이 음식과 起居에 어긋남이 없었습니다. (또한) 婦道를 한 번도 게을리 하지 않았기에 마음 속으로 백년해로하기를 기약하였는데 예기치 않은 일이 생겼으니 말을 함에 애통하기 그지없나이다(『東文選』 권111, 金堤學薦妻七七疏).

이는 아내가 죽은 뒤 남편이 쓴 글인데, 여기서 그의 아내는 '다행히 불교를 믿는 집안에서 태어나 婦道를 게을리 하지 않았다' 한다. 고려가 유교적 윤리관을 보급시키려고 노력을 기울이면서도 불교신앙을 장려하여 유불이 병존할 수 있었던 이유는 이처럼 여성의 불교신앙과 불교적 윤리관이 국가가 요구하는 유교적 윤리관과 괴리되지 않았기 때문이다. 이는 어떤 전통사회에서나 여성들에게 요구되던 덕목이 비슷했기 때문이기도 하고, 불교가 중국에서 수용될 때 유교의 비판을 받아들여 적응한 결과이기도 하다.[50]

그러나 양자 사이에는 차이도 있었다. 우선 불교에서는 출생을 윤회설이 바탕이 된 계층별 환생설로 설명한다.[51] 즉 전생의 업보에 의

---

49) 나카무라 하지메, 앞의 글, 104쪽.
50) 김영미, 「불교의 수용과 삶·의식세계의 변화 : 고려시대 여성의 가정생활을 중심으로」, 『역사교육』 62, 1997, 69쪽.
51) 허흥식, 「불교와 융합된 사회구조」, 『고려불교사연구』, 일조각, 1986, 19쪽.

해 현재의 신분별 존재가 생겼으며, 다시 현생의 업보로 내세의 존재
가 규정된다는 것이다. 그런데 업보는 개인의 것이므로 불교는 기본적
으로 가족적이 아니라 개인주의적이라 할 수 있다. 그리고 이러한 윤
회설에 기반한 환생설은 시간에 대한 단절의식을 없게 하여 계승자가
단절되더라도 양자를 들이지 않게 했다.[52] 또 아들이 없는 것을 이유
로 첩을 들이거나 아내를 버릴 이유도 없었다. 불교의 이러한 가족관
은 고려의 非부계적인 친족구조와 잘 맞는다. 고려시대에 불교가 성
행했던 것은 그만큼 불교가 고려사회의 특성에 부합했기 때문이었다
하겠다.

반면 유교에서 출생의 의미는 부계의 수직적 동질성이 강조되고 있
다. 이는 중국의 상고시대부터 발달한 宗法의식에서 기원한다. 자신의
모든 것을 조상으로부터 물려받았기에 부모를 극진히 모셔야 하며 가
정 일은 부모위주로 되어 있다. 조상숭배는 자신의 존재가치이며 후손
을 가져 자신의 분신을 만들어 자자손손 영화를 누리려 했다. 絶孫은
친족질서가 파괴되는 것이므로 이를 가장 큰 불효로 여기게 되고, 이
에 첩을 두고 양자를 두게 되었다.[53] 이는 여성의 삶이나 지위에도 영
향을 미쳤을 것이다.

또 불교의 혼인관은 매우 방임적이다. 불교에서는 혼인을 종교적인
어떤 의무로 보지 않고 전적으로 사적인 일로 간주하기 때문이다. 불
교에서는 신도들에게 혼인할 것을 강요하지 않고 혹은 독신으로 순결
한 생활을 유지하도록 강요하지도 않는다. 또한 아이를 꼭 낳아야 한
다거나 낳는 아이들의 숫자를 제한해야 한다는 규정도 전혀 없다.[54]
반면 유교에서는 혼인을 반드시 해야 할 것으로 보았다. 부모 봉양과

52) 위와 같음.
53) 권두규, 『고려시대의 가족형태와 戶의 구조』, 경북대 박사학위논문, 1996, 97
쪽.
54) 스리담마난다, 「결혼·산아제한에 대한 불교의 입장」, 한국여성불교연합회
편, 앞의 책, 1993, 151쪽.

조상 제사를 지낼 아들을 얻기 위한 혼인은 부계중심 가족구조를 유지하는 데 필수적이었기 때문이다. 이에 모든 여성들은 혼인해 꼭 아들을 낳도록 기대되었다.

또한 불교에서는 이혼이나 재혼을 규제하지 않았다. 진정으로 서로가 화합할 수 없다면 남자나 여자나 모두 헤어질 자유를 갖고 있었다.55) 그리고 원시불교 경전에는 재혼한 여성의 사례도 보이고 있다.56) 불교에서는 남편과 아내에게 서로 정절을 지키라 한다. 즉 남편은 다른 여인에 대한 애정을 지니지 말며, 아내는 남의 남편에게 음탕한 마음을 지니지 말라고 한다.57) 그렇지만 죽은 뒤까지의 정절을 이야기하고 있지는 않아 재혼을 금하지는 않았다.

유교도 『춘추좌전』에서는 부부관계의 덕목으로 信을 제시했는데 이는 貞과 통하는 것으로서 부부가 함께 지녀야 할 쌍무도덕이었다. 따라서 남편이나 아내 모두 정절이 중시됨은 물론 남편과 마찬가지로 부인의 개가 역시 일반적이었다. 그러나 한나라 초에 부부중심 소농가족이 일반적 가족형태로 자리잡고 가부장에 대해서는 효와 정절이, 절대군주에 대해서는 충이 도덕으로 이념화되었다. 절대군주에 대한 권한 강화와 함께 효와 정절이 점점 강화되어 송나라 시대에 들어와서는 '굶어 죽는 것은 지극히 작은 일이나 절개를 잃는 것은 큰 일'이라는 이념으로까지 여성의 정절 이데올로기가 심화되었다.58) 고려는 漢唐儒學을 정치이념으로 받아들였으므로 여성의 재가가 흔히 이루어졌다. 그러나 고려말 성리학이 수용되면서 수절이 강조되고 고위층 관리부인들의 재가금지가 논의되며,59) 재혼녀의 科田 수수 금지60) 및

---

55) 스리담마난다, 위의 글, 154쪽.
56) 성열, 「부부 가정 효도에 관한 부처님의 교훈」, 한국여성불교연합회 편, 앞의 책, 1993, 127~129쪽.
57) 강정희, 「불교 여성관의 새로운 인식」, 한국여성불교연합회 편, 앞의 책, 1993, 22~23쪽.
58) 이숙인, 「유교윤리와 한국여성」, 『여성신학논집』 1, 1995, 112~113쪽.

재가녀 官爵 불허[61] 등의 조치가 내려지기에 이르는 것이다.

제례에 대해서도 불교와 유교는 다르다. 절에서의 재는 행사 주관은 승려가 하고 가족들은 비용만 내면 됐기 때문에 형제자매가 돌아가면서 재를 베푸는 윤회봉사가 가능했다. 이에 아들 중시 및 적장자 우위 관념이 조선에 비해 상대적으로 약할 수 있었다. 유교에서는 家廟를 설치해 제사를 지낸다. 이 경우 자연히 장자를 중심으로 한 부계 친족 중심의 가문 개념이 생기게 되고, 자연스럽게 여성이 배제된다.

또 여러 불교 제전은 남성과 여성이 자유롭게 만날 수 있는 계기를 마련해 주었다. 불교를 매체로 한 제전에는 신분별·연령별·성별로 분리된 모임이 형성됨으로써 수평적 사회구조 원리가 강화되었다.[62] 예컨대 香徒는 재가 신도로서 집단적 불교행사에 참여하기 위한 계층별·성별·연령별 조직체이다. 여성들 역시 불교행사에 참여하고, 향도를 조직해 활동함으로써 보다 활발한 생활을 영위할 수 있었다.

제2절 가족 내 여성의 지위와 역할

전근대 여성에게는 사회생활이 허락되지 않았기 때문에 가정생활이 가장 중요한 삶의 공간이 된다. 이에 가족에 대한 연구는 여성사 연구에서 매우 중요하다 하겠다. 또한 가족은 한 사회의 농업생산력이나 役制, 이데올로기 등과 관련을 맺고 있다는 점에서 그 사회의 성격을 알 수 있는 지표이기도 하다. 따라서 가족에 대한 연구는 사회사적인 면에서도 주요 과제가 된다.

그간 고려의 가족제도에 대해서는 사회사적 측면에서 호적문서나

---

59)『高麗史』권84, 志38 刑法1 戶婚 恭讓王 원년 9월.
60)『高麗史』권78, 志32 食貨1 田制 恭讓王 3년 5월.
61)『高麗史』권75, 志29 選擧3 封贈 恭讓王 3년 8월.
62) 허흥식, 앞의 글, 1986, 22쪽.

304

법규정 등을 통한 여러 연구가 있어 왔다.[63] 그러나 고려의 가족이 非
부계적인 성격을 띤다는 정도의 합의만 있을 뿐 가족의 규모나 역할,
기능 등에 대해서는 연구가 미흡하다. 여성사 부문에서의 연구는 男
歸女家 혼속 및 그에 따른 가족의 非부계적 성격을 지적하고, 남녀균
분 상속 등을 들어 여성의 지위가 높았음을 이야기하였다.[64] 그러나
가장권을 비롯한 가족 성원 간의 관계, 즉 딸, 처, 며느리, 어머니로서
의 권리와 의무 및 처와 夫, 처와 첩 간의 지위 격차 등에 대해서는
개설적인 설명만이 있을 뿐이다. 따라서 가족 내 여성의 실제 생활과
지위를 아는 데는 한계가 있다고 여겨진다. 이에 본 연구에서는 고려
시대 가족에 대한 연구를 통하여 고려 사회의 일 특성을 살펴봄은 물
론 고려 여성의 지위와 생활에 접근해 보고자 한다.

---

63) 김두헌,『한국가족제도연구』, 서울대출판부, 1969 ; 이우성,「고려시대의 가
족 - 가족집단·사회편제 문제와의 관련에서」,『동양학』5, 단국대 동양학연
구소, 1975 ; 최홍기,『한국호적제도사연구』, 서울대출판부, 1975 ; 이광규,
『한국가족의 사적연구』, 일지사, 1977 ; 허홍식,『고려사회사연구』, 아세아문
화사, 1981 ; 최재석,『한국가족제도사연구』, 일지사, 1983 ; 노명호,「고려시
대 향촌사회의 친족관계망과 가족」,『한국사론』19, 서울대, 1988a ; 노명호,
『고려사회의 양측적 친속조직 연구』, 서울대 박사학위논문, 1988b ; 노명호,
「고려후기 족당세력」,『이재룡박사환력기념 한국사학논총』, 한울, 1990 ; 노
명호,「고려시대 호적기재양식의 성립과 그 사회적 의미」,『진단학보』79,
1995 ; 김수태,「고려초 별적이재에 관한 법률의 제정」,『동아연구』17, 1989
; 권두규,『고려시대의 가족형태와 호의 구조』, 경북대 박사학위논문, 1996
; 오영선,「고려후기 호구자료의 기재내용과 형식에 대한 일고찰」,『국사관
논총』87, 1999.
64) 최숙경,「고려시대의 여성」, 이화여대 한국여성사편찬위원회 편,『한국여성
사』1, 이대출판부, 1972 ; 김은파,「상속형태를 중심으로 본 고려시대 여자
의 지위」,『전북사학』2, 1978 ; 김은파,「고려시대 법제상 및 사회통념상에
서의 여자의 지위」,『전북사학』3, 1979 ; 박민자,「고려시대의 여성의 지위
- 가족제도를 중심으로」,『논문집』12, 덕성여대, 1983 ; 김수진,「고려시대
여성의 토지소유형태」,『부산여대사학』12, 1994 ; 허홍식,「고려여성의 지위
와 역할」,『한국사시민강좌』15, 1994.

1. 가족의 규모와 구성

고려시대에 가족은 보통 몇 명이었으며 어떻게 구성되었을까. 현재 고려의 가족 규모에 대해서는 대가족이었다는 의견과 소가족이었다는 견해가 맞서고 있다. 대가족설을 주장하는 측에서는 우선 호적에 보이는 戶를 실제 거주를 같이 하는 '가구'라 생각해 호적문서 분석의 결과 1호 당 양인 가구 수는 10인이 약간 넘고, 여기에 약간의 노비가 첨가되면 10인 이상이므로 大가구(대가족)였다 한다.[65] 또 고려시대에는 別籍異財 금지법이 잘 지켜졌다고 본다. 이 법은 조부모나 부모가 살아있는데 자손이 호적을 나누고 재산을 나누어(別籍異財) 供養에 궐함이 있으면 처벌한다는 규정이다.[66] 고려시대에는 아버지가 살아있으면서 자식이 호주가 된 예가 없다는 점에서 이 법이 지켜졌다[67]고 본다. 또 고려시대에는 혼인으로 인한 분가가 없었으며, 차남이하가 분가하는 관습이었다면 장남에게 상속의 우선권이 있어야 하지만 균분상속에서 나타나듯이 장남의 우선권이 없었다. 그리고 고려의 9등호제는 1호 내 장정이 최하 3정이라는 전제하에 가능한데, 차남이하가 분가하는 경향이 일반적이었다면 1호가 1정이 되어 호등제의 실시가 무의미하였다 등등[68]의 이유에서 대가족설을 주장하고 있다.

소가족설을 주장하는 측에서는 별적이재금지법이 당률 원문에 비해 처벌이 가볍고 부모 생존 중 분가의 경우에도 供養有闕이라는 단서가 있으니 부모봉양만 빠지지 않는다면 처벌이 불필요하다는 뜻[69]으로 해석할 수도 있다 한다. 또한 이 법규를 뒤집어 생각하면 자손들

---

65) 허흥식, 『고려사회사연구』, 아세아문화사, 1981, 294쪽.
66) "祖父母父母在 子孫別籍異財 供養有闕 徒二年 服內別籍 徒一年"(『高麗史』 권84, 志38 刑法1 戶婚).
67) 허흥식, 앞의 책, 1981, 299쪽.
68) 권두규, 「고려시대의 별적이재금지법과 가족규모」, 『전북사학』 13, 1990, 3~4쪽, 7쪽, 12쪽.
69) 이우성, 앞의 글, 1975, 25~26쪽.

306

은 가능한 한 분적하려는 경향이 일반적이었다고도 볼 수 있다.[70] 그리고 고려시대에는 혼인한 자녀가 부모와 고정된 동거를 하지 않았다는 점, 즉 혼인한 자녀들의 거주가 유동적이었다는 사실을 고려할 때 이 법은 시행되지 않았고 형제자매가 분가하는 것이 일반적이었다는 것이다.[71]

전자의 입장에서 보면 고려시대에는 대가족제도가 일반적이었다고 이해된다. 그러나 고려는 상속제도 면에서 딸과 아들에게 균분상속이 행해져 부모는 혼인한 딸·아들 어느 쪽과도 동거가 가능했고 자녀로서도 夫家나 妻家 모두로부터 상속기회가 주어져 있었으며 동시에 혼인 뒤 어디에도 거주할 수 있었다.[72] 즉 고려의 혼속은 率婿婚으로서 혼인 초 처가에서의 생활이 끝난 후에는 일단 분가가 이루어지는데, 이때 처부모와의 동거는 아니라도 계속 처가 쪽에서 생활하는 경우도 있었고, 夫家 쪽에서 생활을 하는 경우나, 새로운 지역에서 생활을 하게 되는 경우도 있었다.[73] 이런 점에서 볼 때 고려시대에는 공양에만 문제가 없으면 형제자매가 분가하는 것이 일반적이었다 하겠다.

따라서 고려시대의 가족은 소가족적인 단위로서 부부가족 이외의 가족원은 夫나 妻의 노부모나 미성년 형제자매 또는 고아가 된 姪이나 甥姪에 대한 부양을 위한 경우가 대부분이었다. 그리고 이들은 부계만이 아니라 兩側的 親屬 관계에 의한 구성을 보이고 있다.[74] 예컨대 鄭道傳의 父 云敬(1305~1366)은 일찍이 어머니를 여의고 이모집에서 자랐고, 뒤에는 외삼촌을 따라 개성에 들어가 학문하였다.[75] 李公遂는 어려서 어머니를 여의고 매부 全公義의 집에서 자라 전공의

70) 최홍기, 앞의 책, 1975, 70쪽.
71) 노명호, 앞의 글, 1988a, 169~170쪽.
72) 노명호,『한국사』15, 국사편찬위원회, 1995, 82쪽.
73) 노명호, 앞의 글, 1988a, 174~176쪽.
74) 노명호, 앞의 글, 1988a, 198~199쪽.
75)『東文選』권117, 行狀「高麗國奉翊大夫檢校密直提學上護軍榮祿大夫刑部尙書鄭先生行狀」.

를 아버지처럼 섬기고 누님을 어머니처럼 섬겼다.[76] 廉悌臣(1304~ 1382)은 6세에 아버지가 돌아가시자 內外侍中(친조부 廉承益과 외조부 趙仁規) 집에서 양육되었고, 11세에 고모부인 원나라 中書平章事 末吉에게 가서 수업하였다.[77] 許珙(1233~1291)은 처제의 딸을 양육하였으며,[78] 李勝章의 어미는 재혼 시 이승장을 데려갔다.[79]

이처럼 고려의 가족은 非父系的인 구성을 보이고 있는데, 동성 양자가 없다는 점 역시 이와 맥을 같이 한다. 고려시대 때 양자는 집안의 대를 잇기 위해 문중에서 들이는 것이 아니었다. 예컨대 崔怡는 大卿 任景純의 아들 恒이 글씨를 잘 쓰자 사랑해 양자로 삼고 성을 최씨로 고쳤으며 장군벼슬을 주었다.[80] 金俊은 고성현에 귀양갔을 때 마을사람 朴琪의 은혜를 많이 입었다. 뒤에 김준은 그를 양자로 삼고 관직을 주었다.[81] 이처럼 고려의 양자는 특별한 경우에 이루어졌고 이성 양자였으며, 설사 양자가 되어도 위에서 보듯 본래의 성이 바뀌기도 하고 아니기도 하였다. 동성 양자가 없었던 이유는 고려의 가족 및 친족구조가 부계직계 사회가 아니었다는 점 때문이다. 고려에서는 아들이 없어도 딸이나 사위가 노부모 봉양을 할 수 있었고, 제사 역시 형제자매가 돌아가면서 모시는 윤회봉사였다. 이에 가계계승을 이유로 양자를 들일 필요가 별로 없었다. 때문에 고려에서는 동성 양자를 했다는 기록을 찾기 어려우며, 오히려 양녀를 들였다거나, 아들이 없자 외손주로써 가계를 이었다는 기사[82]가 보이고 있다.

76) 『高麗史』 권112, 列傳 25 李公遂.
77) 『東文選』 권119, 碑銘 「高麗國忠誠守義同德論道輔理功臣壁上三韓三重大匡曲城府院君贈諡忠敬公廉公神道碑」.
78) 『高麗史』 권105, 列傳18 許珙.
79) 「李勝章墓誌銘」, 『집성』, 274~276쪽.
80) 『高麗史』 권129, 列傳42 叛逆3 崔忠獻 附 怡.
81) 『高麗史』 권130, 列傳43 叛逆4 金俊.
82) "신묘일에 문하시랑평장사 황보영이 왕에게 말하기를 '저에게 자식이 없사오니 외손 김록숭을 양자로 삼게 하여 주시기 바랍니다.'라고 하니 왕이 이

한편 노비의 경우는 거의 가족을 제대로 이룰 수 없었다. 노비에게
도 부부가족은 존재하나 적지 않은 수가 비정상적인 생활을 영위하고
있다. 가족구성에 있어서 둘 이상의 독립된 부부를 중심으로 이루어진
가족이 동거하면서 한 가구를 형성한 예가 보편적이고, 한 가족 내에
서도 성장한 자식이나 자식이 부처를 형성한 예가 보이지 않는다. 노
비가족은 부처와 그에 딸린 극소수의 유아로 형성되어 있다. 따라서
노비가족은 성장한 자식의 경우 상전의 필요에 따라 흩어졌으며 핵가
족끼리 동거하면서 노비의 재생산과 연소자의 부양이라는 의미밖에는
없는 비참하고 예속적인 가족이었다고 하겠다.[83]

전근대시대에는 농업이 가장 중요한 산업이었다. 고려시대의 농업
은 어떻게 경영되었을까. 고려의 소가족은 그대로 농업노동 단위로 기
능했을까. 고려의 田丁 보유는 집단적 소유관계에 의해 이루어지고
있는 것이 아니라 대체로 소가족 단위의 개별적 보유였다[84]고 본다.
그러나 단혼 소가족 자체가 농업경영 단위로 자립하고 있었다고 보기
는 어렵다. 연구에 의하면 조선초까지도 2牛3人이 기본적 노동단위였
다 한다.[85] 그러나 평균 5인 정도의 단혼소가족이 성인남자 3정의 노
동력을 확보하기가 쉽지 않았을 것이고,[86] 고려후기에도 농우의 경우
부유한 자가 겨우 1~2마리를 소유하고 가난한 농민은 대부분 未耕에
의존하거나 빌려서 사용하고 있었으므로 가족노동력이 3丁을 구성하
고 있다 해도 일반적인 소농민경영의 불안정성은 상존하고 있었다.[87]

를 승인하고 록숭에게 9품직을 주었다."(『高麗史』 권7, 世家7 文宗 원년 3월
辛卯).

83) 허흥식, 앞의 책, 1981, 307쪽.
84) 노명호, 「전시과체제하 백정 농민층의 토지소유」, 『한국사론』 23, 1990, 196
쪽.
85) 위은숙, 「소농민경영의 존재형태」, 『고려후기 농업경제연구』, 혜안, 1998, 83
쪽.
86) 위은숙, 위의 글, 118~119쪽.
87) 위은숙, 위의 글, 91쪽.

따라서 고려시대 농경작업과정은 소가족단위만으로 이루어지지 않았을 가능성도 존재한다. 고려시기 소가족적인 단위의 호가 대부분 양측적 친속들과의 연고에 따라 그들 중의 일부와 같은 촌락에 거주함으로써 소가족적 규모를 넘는 협업노동을 자주 필요로 하는 경우에도 쉽게 적응할 수 있었으리라 보이기 때문이다.[88]

이처럼 가족 규모가 소규모이고, 가족 구성면에서도 부계 외에 모계나 처계 친족들이 섞여 있으며, 또 농업경영 시 양측적 친속관계로 연결된 주변호들과 밀접한 관련을 맺어야 한다고 할 때, 과연 가장의 권위는 어느 정도였을까. 고려시대의 가장은 그 方位까지 함부로 하지 않을[89] 만큼 가족 내에서 존경의 대상이었지만[90] 배타적인 재산권도, 제사권도 가지고 있지 못하다. 뒤에서 보겠지만 혼인한 처도 자기 재산을 가지고 있었으며, 제사는 형제자매가 돌아가면서 지냈다. 그러므로 실제적인 권한 면에서 가장은 단지 호를 대표하고, 漏口를 방지할 의무가 있을 뿐이었던 듯하다.[91] 따라서 단혼소가족이 자립적 농업경영의 주체이고, 가족이나 친족구조가 부계중심이며, 나아가서는 부계성씨 중심의 동족부락을 이루었던 조선후기 사회에 비해 가부장권이 약하지 않았을까 여겨진다. 이에 장성한 아들이 있어도 어머니가 호주가 되는 일 같은 게 가능했던 것으로 보인다.

2. 가족 관계와 여성의 지위

1) 부모와 자식의 관계

여성은 가족 내에서 딸로서, 며느리로서, 처로서, 어머니로서 살아간다. 각각의 경우에 여성은 어떤 위상을 가지고 있었을까. 특히 남성

---

88) 노명호, 앞의 글, 1990, 212~213쪽.
89) 『高麗史』권124, 列傳37 申靑.
90) 권두규, 앞의 글, 76쪽.
91) 『高麗史』권84, 志38 刑法1 戶婚.

과 대비해서 그 존재형태를 살펴보고자 한다. 우선 부모 자식의 관계
부터 보겠다.

여성은 부모, 조부모, 외조부모, 처부모로서 남성과 마찬가지로 효
도의 대상이 되었다. 고려왕조는 유교윤리의 보급을 위해 효자와 順
孫을 표창했으며, 효행을 장려하기 위한 여러 제도를 시행했다. 또 불
효에 대해서는 엄격히 처벌하고 사면에서도 제외시킬 만큼 중죄로 여
겼다. 효도의 대상으로서 남성과 여성간에는 격차가 없었을까.

우선 상례 면에서 아비나 어미 모두 3년복이었고[92] 상례나 제례를
위한 휴가[93]나 봉양 등의 면에서도 법적인 차별이 없었던 것으로 보
인다. 아버지뿐 아니라 어머니도 연로할 때 봉양을 위해 관리가 사직
하거나 外職으로 나가는 것을 허용하고, 군인은 병역을 면제시키거나
제대시켰다.[94] 70세 이상 노인으로서 아무도 보호해 줄 자가 없을 경
우는 심지어 그 자손이 죄를 저질렀어도 죄를 면제하거나 유배지를
옮겨 봉양케 했다.[95]

그러나 남편 측 부모와 처 측 부모의 상복에는 차이가 있었다. 남자
측 부모는 3년복, 100일 휴가임에 비해 처부모는 5개월, 15일 휴가였
다.[96] 명종 때 처부모 복은 1년 상복에 20일 휴가로 바뀌었다.[97] 원래
중국에서 처부모 복은 3개월이다. 고려는 처가와 가까웠으므로 애초
법을 도입할 때부터 5개월로 높였는데, 이것조차 현실적이지 못해 1년
복으로 바꿨다. 외조부모 복도 중국에서는 9개월임에 비해 고려에서
는 친조부모와 같은 1년이었다. 이는 중국이나 조선에 비해 처가와 외
가가 중시되었음을 말해주는 것이지만 그러면서도 처가와 친가 간에

---

92) 『高麗史』 권64, 志18 禮6 凶禮 五服制.
93) 『高麗史』 권84, 志38 刑法1 公式 官吏給暇.
94) 『高麗史』 권81, 志35 兵1 兵制 五軍.
95) 『高麗史』 권80, 志34 食貨3 賑恤 鰥寡孤獨賑貸之制 忠烈王 34년 11월.
96) 『高麗史』 권64, 志18 禮6 五服制.
97) 『高麗史』 권64, 志18 禮6 五服制 明宗 14년 7월.

차별이 있었음은 부인할 수 없다.

불효죄도 아비나 어미 사이에 차등이 없었다. 사료에 의하면 가까운 친척 어른, 외조부모, 남편, 처의 부모를 죽이려고 한 자는 비록 상처를 내지 않았어도 목을 베어 죽였다.[98] 조부모나 부모를 구타한 자는 참형에 처하고, 욕을 했을 때는 교형에 처하며 과실로 상처를 냈거나 욕을 했을 때는 도형 3년에 처하고, 과실로 구타했을 때는 3천 리 밖으로 유배했다.[99] 또 가까운 친척어른이나 외조부모, 남편, 처의 조부모 죄를 고발한 자는 비록 그것이 사실일지라도 도형 2년에 처했다. 무고일 경우는 더 무겁게 처벌했다.[100] 그리고 부모나 남편 상사가 났다는 말을 듣고도 슬픈 생각을 잊어버리고 잡된 놀이를 하는 자는 도형 1년에, 상기 전에 상복을 벗고 보통 옷을 입은 자는 도형 3년에, 초상난 것을 숨기고 초상을 치르지 않는 자는 2천 리 밖으로 유배했다.[101]

불효에 대한 엄격한 처벌은 사례 면에서도 확인된다. 인종 때 충주인 劉挺이 아비를 죽였으므로 그를 사형에 처하고 집을 헐어 집터를 웅덩이로 만들었다.[102] 덕종 때 大相 主烏는 자기 어미를 구타했으므로 棄市했다.[103] 안산대군 김씨가 그 아들 李公叶이 불효하다고 고했으므로 棄市했다.[104]

이처럼 아비와 어미는 모두 효도의 대상이었다. 그러나 효도를 해야하는 자식의 입장으로서 처와 남편은 차별이 있었다. 처나 첩이 남편의 조부모, 부모에게 욕설을 했을 때는 도형 2년에 처하고, 구타를 하면 목을 매어 죽였으며, 상처를 입히면 목을 베어 죽였다.[105] 반면

98)『高麗史』권84, 志38 刑法1 大惡.
99)『高麗史』권84, 志38 刑法1 大惡.
100)『高麗史』권84, 志38 刑法1 大惡.
101)『高麗史』권85, 志39 刑法2 禁令.
102)『高麗史』권16, 世家16 仁宗 7년 5월 庚戌.
103)『高麗史』권5, 世家5 德宗 원년 8월 壬寅.
104)『高麗史』권6, 世家6 靖宗 6년 정월 丙子.

312

남편이 처의 부모를 때렸을 때는 10惡 중 不睦罪로 처벌했다.[106] 이는 사형이 아니라 유형에 해당하는 죄이다.[107] 실제 사례 면에서도 郎將 金雖이 장모를 때렸으므로 섬에 귀양 보냈다.[108] 그리고 위에서 남편은 처의 조부모나 부모에게 욕설을 했을 때의 처벌 규정이 없어 여성의 불효가 남성에 비해 더 심하게 규제되었음을 알 수 있다. 더구나 불효가 칠거지악의 하나였으며, 고려시대 때 이를 이유로 이혼을 당함은 물론 효자로 정표[109]되기까지 해 여성에게 요구되는 효의 정도가 더 컸음을 알 수 있다.

한편 부모는 효도의 대상이었을 뿐 아니라 포상의 대상이기도 했다. 자식이 국가에 공을 세우면 부모를 封爵하거나 물품을 상으로 주었다. 예컨대 왕이 李資淵(1003~1061)의 딸을 맞이하여 비로 삼게 되자 그에게 守太尉를 주고 그의 처 樂浪郡君 김씨를 대부인으로 삼았다.[110]

그렇다면 자식에 대해 부모는 어떠했는가. 우선 자식은 부모에 속했다. 국가에서는 가장을 통해 개별 家들을 파악하고 있었다. 예컨대 가장이 인구를 누락하거나 연령을 증감해 役을 피하면 처벌되었고,[111] 자식이 함부로 중이 되었을 때도 부모를 처벌했다.[112]

---

105) 『高麗史』 권84, 志38 刑法1 大惡.
106) 『高麗史』 권84, 志38 刑法1 大惡.
107) 『唐律疏議』 권1, 十惡 不睦/권두규, 앞의 글, 1995, 103쪽에서 재인용.
108) 『高麗史』 권28, 世家28 忠烈王 4년 10월 己卯.
109) "雲梯縣 祇弗驛 백성 車達의 형제 3명은 늙은 어머니를 함께 봉양하는데 차달은 그 처가 시어머니를 잘 봉양하지 못한다고 하여 즉시 이혼을 하였더니 두 동생들도 역시 장가를 가지 않고 형과 함께 한뜻 한마음으로 어머니를 극진하게 봉양하고 있다.……차달의 형제 등 4인은 驛과 섬에서 해방시켜 그 소원에 따라 다른 주, 현에 編籍하도록 하라.……"(『高麗史』 권3, 世家3 成宗 9년 9월 丙子).
110) 『高麗史』 권95, 列傳8 李資淵.
111) 『高麗史』 권84, 志38 刑法1 戶婚.
112) 『高麗史』 권84, 志38 刑法1 職制 恭愍王 20년 12월.

또 부모의 자식에 대한 범죄도 처벌되었다. 법률에 의하면 가까운 친족 卑幼를 죽이려고 한 자는 도형 2년 반에, 상처를 낸 자는 3년에 각각 처하고 죽인 자는 3천 리 밖으로 귀양을 보냈다.113) 이는 부모를 죽이려 한 것과 비교해 볼 때 처벌이 가벼움을 알 수 있다. 그러나 실제로는 사형에 처해지기도 했다. 인종 때 旗頭軍 羅信은 자기 자식을 칼로 상해해 棄市되었다.114)

이는 혹시 고려사회에서 부모의 권한이 중국의 경우보다 약했음을 보여주는 것은 아닐까. 고려율은 당률을 근간으로 한다. 그러므로 고려율은 중국의 법 정신이 내포돼 있고, 따라서 강력한 가부장성을 배경으로 한다고 할 수 있다. 그런데 법의 실제 적용에서 이런 차이가 나타난다는 것은 고려사회가 중국보다는 부모 자식 관계가 덜 절대적이었기 때문이 아니었을까 생각된다. 그 원인으로는 非부계적인 사회구조 및 불교신앙을 들 수 있을 것이다. 유교에서는 효의 필요성을 尊卑의 관계에서 설하지만 불교의 효는 부모의 은혜에서 시작하는 것으로 평등하게 인간적 입장에서 관계를 맺고 있는 수평의 도덕115)이었다고 한다. 또 불교는 쌍무적 도덕을 강조하여 자식의 부모에 대한 효도만이 아니라 부모의 자식에 대한 의무도 함께 규정하고 있다.116) 이에 중국과는 좀 다른 부모자식 관계를 보이게 된 것 같다.

아울러 부모가 자식을 파는 것도 처벌되었다. 부모는 세금117)이나

113) 『高麗史』 권84, 志38 刑法1 大惡.
114) 『高麗史』 권17, 世家17 仁宗 22년 9월 甲戌.
115) 道端良秀, 『佛敎と儒敎倫理-中國佛敎における孝問題』, 平樂寺書店, 1968/ 목정배 역, 『불교의 효 유교의 효』, 불교시대사, 1991 ; 김영미, 「불교의 수용과 여성의 삶·의식세계의 변화 : 고려시대 여성의 가정생활을 중심으로」, 『역사교육』 62, 1997, 44쪽에서 재인용.
116) 김영미, 위의 글, 1997, 42~44쪽.
117) 충렬왕 34년 11월에 충선왕이 명령을 내려 이르기를, "……둘째, 지방에서 백성과 아전들이 까닭도 없이 수시로 징수하는 것이 많고 잦아서 심지어는 아들과 딸들을 팔아서 그 대가로 물품을 꾸어다가 관청에 바치고는 여러 해

빌린 돈의 이자118) 때문에 자식을 팔기도 했는데, 이 경우는 법의 제
재를 받았다. 합의하여 자손을 노비로 판(和賣) 자는 도형 1년, 꾀어서
판 자는 1년 반에 처했다.119) 그런데 친아우나 조카, 외손자는 각각의
경우 도형 2년 반과 3년, 종제나 종형제 자손 경우는 유형 2천 리와 3
천 리120)로 관계가 먼 친척일수록 엄히 처벌하였다. 이는 부모의 자식
에 대한 장악도를 의미하는 것이라고도 하겠다. 그렇지만 이것은 절대
적이지 않아 자식을 부모의 소유물처럼 마음대로 팔거나 죽일 수는
없었음을 보여준다. 그러나 딸의 경우는 부모의 목적을 위한 도구로
이용되기도 했다. 고려초 이래의 정략혼이나 권세가에게 딸을 첩으로
바쳐 출세를 도모하기도 했던 사례들이 이를 말해준다.121) 이것은 결
국 당시 사회에서 여성들의 지위가 낮았으며, 딸이 아들에 비해 훨씬
부모의 지배를 강하게 받았음을 보여주는 것이다. 딸에 대한 부모의
지배는 '삼종지도' 윤리로 합리화되었다.122)

가 지나도록 갚지 못하니 실로 가엾은 일이다. 그러므로 마땅히 관청에서 빨
리 그 값을 돌려주어 아들과 딸들을 그 부모에게 가도록 할 것이다."라고 하
였다(『高麗史』 권79, 志33 食貨2 借貸).

118) (충숙왕) 12년 10월에 왕이 명령을 내리기를, "……빈민들이 오래 묵은 부채
를 갚지 못하여 그 자녀들을 판 자가 있으면 해당 지방 관청에서 속금을 내
어 부모들에게 돌려 주도록 할 것이요. 채권자가 채무자의 자녀를 데려다가
부려 먹은 기간이 이미 그 채무를 보상할 만큼 되었으면 관청에서 차용 증
서를 회수하고 각각 놓아주어 돌려 보내도록 할 것이다."라고 하였다(『高麗
史』 권79, 志33 食貨2 借貸).

119)『高麗史』 권84, 志38 刑法1 戶婚.

120)『高麗史』 권84, 志38 刑法1 戶婚.

121) 예컨대 盧頙은 공민왕 때 자기 딸을 원나라 황제에게 주고 집현전학사 벼슬
을 얻었다(『高麗史』 권131, 列傳44 叛逆5 盧頙).

122) 불교에서도 "여인의 예는 어려서는 곧 부모를 따르고, 젊어서는 곧 남편을
따르고, 늙어서는 곧 아들을 따른다(『대지도론』 99)"라 하여 삼종지도를 언
급한다(강정희, 「불교여성관의 새로운 인식」, 한국여성불교연합회 편, 『불교
의 여성론』, 불교시대사, 1993, 15~16쪽). 이는 불교를 신앙으로 가지고 있
던 고려시대 사람들에게도 영향을 미쳤을 것이다.

2) 아들과 딸 간의 관계

형제 간의 지위 차이는 크지 않았던 것 같다. 제사가 적장자로 계승되지 않았고 상속 역시 균분이었기에 장자로서의 우위 의식이 약할 수밖에 없었다. 그렇다면 아들과 딸 간에는 어떠했을까. 고려에서도 아들을 선호하기는 했다. 아들이라야 입신양명해 집안을 빛내는 것이 가능했기 때문일 것이다. 그렇지만 유교국가였던 조선에 비해서는 그 정도가 덜 했으리라 여겨진다. 유교에서 강조하는 것은 종법의식이다. 이는 부계직계 가족을 이상으로 한다. 여기서 여성은 반드시 혼인할 것이 전제가 되며 시집의 대를 이어주는 것이 절대절명의 목표가 된다. 따라서 딸은 반드시 시집을 가고, 그러면 출가외인이 되므로 친정부모의 노후봉양과 사후 제사는 모두 아들에 의해 이루어질 수밖에 없다. 조선시대에 아들을 바라는 것은 결국 이 때문이었다고 할 수 있다.

그런데 고려의 경우 종법의식이 약했으며, 처계와 모계가 상당히 중시되었다. 고려의 친족구조를 '兩側的 親屬'[123)이라거나 '父系優位의 非單系社會'[124)였다고 한다. 따라서 고려시대에는 아들이 없어도 양자를 들이지 않았으며 외손으로 후사를 잇기도 했다.[125) 이런 사회에서 혼인은 여성이 일방적으로 남성의 집으로 들어가는 시집살이 형태일 수가 없다. 고려의 혼인풍속은 男歸女家婚으로서 그 형태는 실제로 처가에서 혼인식을 올리고 처가에 머물다 남편집으로 가는 것만이 아니라 처가에 있다가 분가를 한다거나 시집 혹은 제3의 장소에서

---

123) 노명호, 『고려사회의 양측적 친속조직 연구』, 서울대학교 박사학위논문, 1988.

124) 최재석, 「고려시대의 가족과 친족」, 『한국가족제도사연구』, 일지사, 1983, 359쪽.

125) "신묘일에 문하시랑평장사 황보영이 왕에게 말하기를 '저에게 자식이 없사오니 외손 김록숭을 양자로 삼게 하여 주시기 바랍니다.'라고 하니 왕이 이를 승인하고 록숭에게 9품직을 주었다."(『高麗史』 권7, 世家7 文宗 원년 3월 辛卯).

살다가 나중에 처가 근처로 이주하거나 장인·장모를 모시는 등 다양한 유형이 보이고 있다.[126]

따라서 여성이 혼인을 한다고 해도 출가외인이 아니었으며 친정부모를 봉양하는 것이 가능했다. 예컨대 金昴의 처 麗興郡夫人 閔氏(1324~1379)는 외동딸로서 혼인 뒤에도 친정에서 살며 10여 년간 어머니를 모셨다. 어머니가 돌아가신 뒤 딸과 사위가 개경으로 올 것을 청했지만 어머니 무덤을 두고 갈 수 없다며 그 곳에서 살다 죽었다.[127] 게다가 불교에서는 혼인을 강요하지 않았으므로 심지어 혼인을 하지 않고 친정부모에게 효도를 하며 사는 여성들도 보이고 있다. 인종의 외손녀인 王瑛의 딸(1150~1185)은 혼인을 하지 않고 아버지를 정성으로 섬겼다.[128] 이는 딸이 30세가 넘도록 혼인을 시키지 않으면 가장을 처벌하고, 가난해 혼인을 못하면 혼인비용을 대주면서까지 혼인시켰던[129] 조선시대와 상당히 대조를 이룬다.

또 이와 관련을 맺고 있는 것이 자녀균분 상속제와 윤회봉사이다. 유교적 종법의식의 약함은 아들과 딸로 하여금 같은 양을 상속받게[130] 하며, 이에 여성은 상속 면에서 남성과 동등한 권리를 가질 수 있었다. 또 제사 역시 불교 신앙의 영향으로 가묘제가 시행되지 않았고 주로 절에서 재를 올렸다. 이에 형제자매가 돌아가면서 재를 주관하는 윤회봉사(윤행) 형태가 보편적이었다. 이는 자녀균분 상속제와도 잘 들어맞는다. 이처럼 여성들은 부모 부양권과 상속권뿐 아니라 제사

---

126) 노명호, 「고려시대 향촌사회의 친족관계망과 가족」, 『한국사론』 19, 서울대, 1988, 174~176쪽 ; 본서 제2장 제2절 참조.
127) 「金昴妻閔氏墓誌銘」, 『집성』, 598~599쪽.
128) 「王瑛女王氏墓誌銘」, 『집성』, 252쪽.
129) 『經國大典』 권3, 禮典 惠恤.
130) 명문화된 법 규정이 보이지는 않지만 상속이 자녀균분이었음을 보여주는 몇 가지 사례(『高麗史』 권102, 列傳15 孫抃 ; 권104, 列傳17 羅裕 등)들이 있다. 또 조선의 『경국대전』에서도 승중자의 봉사조를 제외하고는 자녀균분 상속이었다는 점에서 고려 역시 그랬으리라 여겨진다.

권까지 가지고 있었다. 그러므로 조선에 비해서는 아들 선호가 약할 수밖에 없었다 하겠다. 따라서 호적의 기재도 아들 먼저 하고 딸을 뒤에 쓰는 것이 아니라 연령 순으로 해 아들과 딸을 차별하지 않았다.

그렇다면 고려시대에는 아들과 딸의 지위가 동등했다는 것인가. 그렇게 볼 수는 없다. 상속권과 제사권은 재산이 넉넉했던 지배층의 이야기이다. 물려받을 땅도 노비도 없고, 절에서 재를 올릴 비용도 없었던 서민 여성들은 무슨 권리가 있었을까. 고려시대 여성의 지위는 여성으로서의 지위라기보다 계급에 따른 지위였던 것이다.

게다가 무엇보다도 여성들은 사회생활이 불가능했다. 전근대 여성의 경우 남성과 동등한 권리와 의무를 가진 국가의 공민이었다고 보기 어렵고, 가정 내에서 남자를 보조하는 존재였다. 따라서 여성은 자신이 속한 가정 내 남성의 지배를 받기 쉬우며, 이는 고려의 여성 역시 예외가 아니었다고 여겨진다. 불교와 유교에서도 모두 여성을 가정 내 존재로 묶어두고 있으며, 여성의 주체적 행위를 막는 三從之道를 이야기하고 있다.[131] 여성은 계급에 상관없이 남성에 종속된 존재였던 것이다. 따라서 고려의 여성들은 아비나 오라비의 욕구에 따라 정치적 도구로 이용되었다. 태조 王建의 무려 29명에 달하는 부인들은 모두 당시 후삼국 쟁패과정에서 살 길을 도모하던 집안 남성들의 요구에 따른 정략적 희생물이었다고 할 수 있다. 이들은 하룻밤 인연으로 끝나기도 하고, 자매가 같이 한 남자에게 바쳐지기도 했다. 이는 이후에도 계속된다. 예컨대 중 松戒는 자기 누이를 충숙왕의 폐행 尹碩에게 주고, 윤석은 그녀를 왕에게 바쳤다. 이때부터 송계는 윤석과 함께 왕의 총애를 받고 궁중 출입을 마음대로 했다.[132] 공민왕 때 관리 盧頙은 자기 딸을 원나라 황제에게 주고 집현전학사 벼슬을 얻었

---

131) 불교에서도 "여인의 예는 어려서는 곧 부모를 따르고, 젊어서는 곧 남편을 따르고, 늙어서는 곧 아들을 따른다(『대지도론』 99)"라 하여 삼종지도를 언급한다(강정희, 앞의 글, 15~16쪽).
132) 『高麗史』 권124, 列傳37 嬖幸2 尹碩.

다.133) 고려시대 딸의 지위는 결코 높았다고 볼 수 없는 것이다.

고려말이 되면 성리학의 수용과 함께 조금씩 변화되는 모습을 보여준다. 우선 전기에는 어버이가 병이 들었을 때 관직을 가진 형제 중 누구라도 휴가를 받아 병간호를 할 수 있었지만134) 후기에는 장자로 한정된다.135) 이로써 형제 간에 서열이 나타나며, 또 불교식이 아니라 주자가례에 입각해 상장례를 치르기도 한다.136) 이는 이후 가묘의 설치와 부계중심의 친족구조를 가져오게 되며, 딸의 부모봉양 및 상속이나 제사 면에서의 소외를 내포하게 된다.

3) 부부관계

부인의 권리로서 우선 재산권을 들 수 있다. 여성이 친정에서 받은 재산은 남편에게 귀속되지 않았다. 고려시대에 불사에 기증한 토지 중에는 여성의 토지가 적지 않고, 남편 것과 구분해 부인의 소유라 명시되고 있다.137) 또 남편이 죽은 뒤 아내는 남편의 재산을 가졌던 것으로 보인다.138) 이는 궁극적으로는 자식에게 상속되겠지만 생전에는 부인 소유였다. 거꾸로 아내가 죽었을 때 아내의 재산은 남편이 소유했다. 그러나 남편이 죽은 뒤 자식이 없다면 그 재산은 다시 아내의 친정에 귀속되었다.139)

---

133) 『高麗史』 권131, 列傳44 叛逆5 盧頙.
134) 『高麗史』 권84, 志38 刑法1 官吏給暇 文宗 23년.
135) 위의 책, 忠穆王.
136) 「尹龜生妻崔氏墓誌銘」, 『집성』, 609쪽.
137) "또 시주한 田地 중 부평부·김포현·수안현·당성현에 있는 것은 공의 祖業이고, 김포·동성에 있는 것은 부인의 조업이다"(『牧隱集』 報法寺記).
138) 신우 때에 門下贊成事로 임명되어 判版圖司事의 직무를 겸하고 있었는데 姜乙成이란 자가 금을 판도사에 바치고 값을 받기 전에 범죄하고 사형을 당했으므로 지윤은 그의 처를 첩으로 삼고 금 값으로 포목 1천 5백 필을 받았다(『高麗史』 권125, 列傳38 姦臣1 池奫).
139) "都官에서 올린 글은 다음과 같다. 첫째, 자손이 없이 죽었을 때에 남편이 자기 아내의 노비를 다 가질 수 있고 아내가 수절을 하면 역시 자기 남편의

또 불교경전에서는 남편에 대한 부인의 태도만이 아니라 부인에 대한 남편의 태도도 기술하여 부부간에 수평적 도덕을 보이고 있다.[140] 아울러 혼인생활이 처가에서 이루어졌다거나 처부모를 모신 경우가 적지 않았다는 점도 처의 지위에 영향을 미쳤을 것이다. "男歸女家하니 부인이 무지하여 그 부모의 사랑을 믿고 그 지아비를 가벼이 여기지 않는 자가 없고, 교만하고 투기하는 마음이 날로 자라 마침내는 반목하는데 이르러 家道가 무너지니"[141]라는 정도전의 말은 이를 잘 보여주고 있다.

그러나 부부관계가 평등했다고 이야기할 수는 없다. 사료에 보이는 혼인생활에서의 부부관계를 보면, 여성은 결혼 후 남편에 대해 순종하며 공경할 것이 강조되었다. 염경애는 아내의 도리를 부지런히 하여 남편의 뜻을 미리 알아 잘 받들었으며,[142] 李德孫의 처 茂松郡大夫人 庾氏(1247~1326)는 천성이 유순하고 침착해 남편을 의로써 섬기고 순종해 아내의 도리를 극진히 했다.[143] 이는 불교와 유교 어느 쪽에서도 강조되던 것이다. 뿐만 아니라 여성들은 남편의 첩에게 질투를 하지 않고 의로써 대할 것이 요구되었다. 金方慶의 아들인 文英이 늦게 노래와 기생을 좋아하였으나 부인 허씨(?~1332)는 질투하는 기색을 보인 적이 없었다.[144] 洪奎의 처 三韓國大夫人 김씨(1258~1339)는 남편이 죽고 홀로 20여 년을 살았는데, 첩이 여전히 그를 따랐다.[145]

불평등은 법제에서 더욱 두드러진다. 우선 상례 면을 보면, 부모나

노비를 다 가질 수 있으나 자기 생전에 한하고 죽은 뒤에는 각각 본 주인의 자손에게 돌려주되 따로 문건이 있을 경우에는 이에 구애하지 않을 것입니다."(『高麗史』 권85, 志39 刑法2 奴婢 恭讓王 4년).
140) 김영미, 앞의 글, 1997, 65쪽.
141) 鄭道傳, 『三峰集』 권7, 婚姻.
142) 「崔婁伯妻廉慶愛墓誌銘」, 『집성』, 93쪽.
143) 「李德孫妻庾氏墓誌銘」, 『집성』, 457쪽.
144) 「金恂妻許氏墓誌銘」, 『집성』, 481쪽.
145) 「洪奎妻金氏墓誌銘」, 『집성』, 506쪽.

320

남편 상사에 잡된 놀이를 한다거나 상기 전에 상복을 벗고 보통 옷을 입는다거나 초상난 것을 숨기고 초상을 치르지 않으면 처벌되었다. 여기서 부모와 함께 남편은 명기되어 있으나 처가 빠져 있다. 즉 처에게 있어 남편은 부모와 동격이었으나 남편에게 처는 그러한 존재가 아니었던 것이다. 상복제 면에서도 남편이 죽었을 때 처와 첩은 3년복을 입었다. 반면 처가 죽었을 때 남편은 1년복을 입었으며 첩에 대해서는 아예 복이 없었다.146)

뿐만 아니라 남편 사후 여성은 정절을 지키려 승려가 되기도 하고,147) 개가를 하지 않아 節婦로 상을 받기도 했다. 그러나 남성은 예외 없이 재혼을 하고 있으며, 고려초부터 고려말까지 계속된 효자·順孫·義夫·절부 표창에서 단 1건의 의부사례도 보이지 않는다. 이는 부부 간에 정절 면에서의 불균형을 보여주는 것이다. 고려말이 되면 과전법에서 재혼녀의 수신전을 불허한다거나148) 재가녀는 관작을 주지 않는다거나149) 재혼을 규제150)하는 등 정절 관념이 한층 강화된다.

의부나 절부는 부부 중 한 쪽이 죽었을 때 발생하는 정절관념이나, 부부가 함께 살고 있을 때의 정절관념도 여성 쪽에 더 엄격했다. 간통죄는 쌍벌죄로서 남성 역시 간통죄 적용을 받았다. 그러나 남자와 여자는 그 처벌 내용에 차이가 있었다. 우선 남편은 처의 간통 현장을 잡아 그 자리에서 간부와 함께 처를 살해해도 무죄였으며, 이들을 관아로 끌고 가 처벌받게 할 수도 있었다. 반면 여성은 남편의 간음 현장을 목격했어도 이들을 죽일 수 없었음은 물론 이들을 고발할 수조

---

146) 『高麗史』 권64, 志18 禮6 五服制.
147) 우왕 때 고 밀직 成大庸의 측실은 승려가 되어 절개를 지키고 있었는데 楊伯淵이 강간했다(『高麗史』 권114, 列傳27 楊伯淵). 충렬왕 때 재상 洪休의 딸은 과부로서 여승이 되었다(『高麗史』 권123, 列傳36 林貞杞).
148) 『高麗史』 권78, 志32 食貨1 田制 恭讓王 3년 5월.
149) 『高麗史』 권75, 志29 選擧3 封贈 恭讓王 3년 8월.
150) 『高麗史』 권84, 志38 刑法1 戶婚.

차 없었다. 처에게 있어 남편은 앞에서 보았듯이 부모와 같은 존재로
서 모반대역죄 정도가 아니면 고발이 허용되지 않았기 때문이다. 또
남성은 집안의 여자 노비와 관계를 해도 처벌되지 않은 반면, 여성이
남자 노비와 관계한 것은 중벌로 다스렸다. 뿐만 아니라 간음한 여인
은 恣女案에 올리고 이혼시켜 針工으로 삼았으며,151) 그 소생 자식들
을 실행 전에 낳은 아들의 경우에는 6품까지, 실행 뒤의 자식은 아예
관직에 나가지 못하게 규제했다.152)

남편과 아내 간의 불평등은 다른 범죄에서도 나타난다. 우선 남편
이 처를 구타해 상처를 냈거나 연장으로 상처를 냈으면 곤장 80대, 이
빨 한 대 이상을 부러뜨린 자는 90대, 두 대 이상이면 100대를 각각
치고 힘줄을 끊어뜨린 자는 도형 1년, 팔 다리를 부러뜨린 자는 2년,
두 가지 이상의 상처를 낸 자는 3년에 각각 처하고 죽게 한 자는 교형
에, 고의로 죽인 자는 참형에 각각 처하고 머리털을 뽑은 자는 곤장
60대를 치며 과실로 죽게 한 경우에는 죄를 논하지 않았다. 아내가 첩
을 구타한 경우에도 이와 같이 하였다.153) 반면 아내가 남편을 죽이려
했으면 비록 상처를 내지 않았어도 참형에 처했다.154)

남편이 처를 죽인 경우는 사례는 몇 건 보이지만 사료에 이유가 명
확히 나와 있지 않다. 우왕 때 전 판사 金鼎侯가 처를 때려 죽였으므
로 헌부에서 탄핵해 처벌했다.155) 충렬왕 때 관리였던 金周鼎의 아들

---

151) 『高麗史』 권84, 志38 刑法1 戶婚 睿宗 3년.
152) 『高麗史』 권95, 志29 選擧3 毅宗 6년 2월. 이상의 간통에 대해서는 본서 제4
   장 제1절 참조.
153) 『高麗史』 권84, 志38 刑法1 大惡.
154) "謀殺周親尊長外祖父母夫婦之父母 雖未傷斬"(『高麗史』 권84, 志38 刑法1
   大惡). 이 조항은 당률에서 '周親尊長外祖父母夫夫婦之父母'로 되어있음에
   비해 '주친존장외조부모부부지부모'로 남편이 빠져 있다. 그러나 남편의 부
   모는 주친존장 이상이므로 구태여 쓰지 않아도 법 적용에 무리가 없다. 그러
   므로 필자는 '주친존장·외조부모·부·부지부모'로 해석하여 이를 남편도
   포함되는 것으로 본다.

金深은 처를 핍박해 죽게 만들었다.156) 처가 남편을 죽인 경우는 주로 간통과 관련되어 있다. 이혼이 쉽지 않았던 당시에 새로운 사람과의 관계를 계속하기 위해서는 남편의 존재가 없어야 했다. 崔怡의 딸은 자신의 간통사실을 남편이 알자 아버지에게 참소해 남편을 죽이게 했다. 뒤에 그것이 거짓이었음을 안 최이는 죽을 때까지 딸을 보지 않았다.157) 최이의 사랑을 받았던 관리 李需는 처가 죽은 뒤 처조카의 처와 간통했는데, 그 여자는 자기 남편을 해치려하다가 발각되었다. 둘은 함께 섬으로 귀양 갔으며, 여자는 遊女籍에 올렸다.158)

또 처는 질투로 남편을 죽이기도 했다. 전 開城尹 洪壽老의 처는 질투로 나무판자를 가지고 남편을 때려 허리가 부러져 죽게 했다. 처는 국문 중 옥에서 죽었다.159) 崔雲海의 처가 질투로 남편 얼굴에 상처를 내고 그 옷을 찢었으며 남편을 때리려 했다. 그녀는 곧 이혼 당했다.160) 이는 당시 사회에서 남성이 여성에 비해 더 많은 성적 자유를 누렸음을 보여주는 것이다.

이 외 남편만 저질렀던 죄로서 처를 판 것을 들 수 있다. 李安仁이라는 자는 자기 처의 머리를 깎아서 여종이라고 속이고 팔아먹으려다 일이 뜻대로 안 되자 죽이려고 해 처가 도망쳤다. 이안인은 장인 장모에게 시비를 걸고 따지다 칼을 빼어 찌르려 했다. 典法司에서 논죄해 사형에 처했다.161) 이는 "나라에 빚을 갚는 법이 있음에도 불구하고 이자를 무한히 증식해 가난한 자들이 아내와 지식을 팔고도 갚지 못한다"162)는 기사와 함께 생각해 볼 때 당시 처를 파는 것이 아주 특이

155) 『高麗史』 권135, 列傳48 辛禑 10년 10월.
156) 『高麗史』 권104, 列傳17 金周鼎.
157) 『高麗史』 권101, 列傳14 金台瑞.
158) 『高麗史』 권102, 列傳15 李淳牧 附 李需.
159) 『高麗史』 권135, 列傳48 辛禑 10년 4월 丙子.
160) 『高麗史』 권114, 列傳27 崔雲海.
161) 『高麗史』 권133, 列傳46 辛禑 4년 11월 辛巳.
162) 『高麗史』 권79, 志33 借貸 忠肅王.

한 것은 아니었던 듯하다. 심지어 아내를 걸어 내기를 한 사례까지 보인다.163)

반면 처에게만 해당했던 죄로는 擅去를 들 수 있다. 처가 제 마음대로 집을 떠났을 때는 도형 2년에 처하고(첩은 도형 1년 반), 도망가 재혼을 하면 2천 리 밖으로 귀양을 보냈다(첩은 도형 2년 반). 이들과 혼인한 남자도 같은 죄를 주었지만 유부녀임을 몰랐을 때는 무죄였다.164) 이처럼 남편은 처를 팔 수도 있는 존재였던 반면 아내는 기껏 남편을 피해 달아나는 정도였다. 물론 둘 다 처벌받을 범죄였지만 여기서도 부부간의 지위 차이를 감지할 수 있다.

고려시대에는 연좌제가 있었다. 남편이 반역죄를 저질렀을 때 아내는 연좌되어 노비가 되었다. 여성의 경우는 풍속과 관련된 죄를 범했을 때 남편이나 자식에게 책임을 묻기도 했다. 王璞은 의종 딸 安貞宮主와 결혼했는데 궁주가 악사(伶人)와 간통했다. 명종은 그가 집안을 다스리지 못했다며 작위를 삭탈했다.165) 충숙왕 때는 "성안 부녀들이 상하, 노소를 가리지 않고 香徒를 맺어 가지고 齋를 올리고 불을 켜며 절간으로 몰려가서 중들에게 간통을 당하는 일도 간혹 있으니 평민은 그 아들에게 죄를 주고 양반의 집은 그 남편에게 죄를 줄 것이다."166) 라는 법을 제정하기도 했다. 또 공양왕 때 工曹摠郞 朴全義는 그 어미와 중의 간통을 막지 못했으므로 헌부의 탄핵을 받았으나 왕이 특별히 용서했다.167) 즉 남편이나 아들에게 처나 어머니에 대한 가부장

163) 옛날에 중국 상인 賀頭綱이 바둑을 잘 두었다. 일찍이 예성강에 이르렀을 제 한 아름다운 부인을 만났다. 그래서 바둑으로 도박을 걸고자 그 부인의 남편과 돈 내기 바둑을 시작하였다. 그런데 거짓으로 바둑을 지고 곱 주기를 하니 그 남편이 입맛을 붙이고 자기 처를 걸었다. 이때 두강이 단번에 바둑을 이기고 그의 처를 배에 싣고 갔다. 그래서 그 남편이 후회하고 한탄하면서 이 노래를 지었다 한다(『高麗史』권71, 志25 樂2 俗樂 禮成江).

164) 『高麗史』권84, 志38 刑法1 戶婚.

165) 『高麗史』권90, 列傳3 宗室.

166) 『高麗史』권85, 志39 刑法2 禁令 忠肅王 後8년 5월.

적 통제를 요구했음을 알 수 있다. 남편이 같은 죄를 범했을 때 부인을 연좌시켜 처벌하지 않았음은 물론이다.

이혼 면에서 남편과 아내의 지위 차이도 아주 크다.[168] 불교에서는 이혼이나 재혼을 규제하지 않고 있다. 이는 남성과 여성의 지위가 동등한 상태라면 그야말로 애정에 의한 결합과 분리를 가능케 할 것이다. 그러나 고려시대에는 남성과 여성의 지위가 같지 않았고, 혼인의 주관이 아버지에 의해 이루어졌다. 때문에 이혼과 재혼은 여성의 의사와 무관할 수 있었다. 예컨대 고려말의 관리 權衡은 사돈집이 마음에 들지 않자 왕의 뜻이라 칭탁하고는 딸을 이혼시켜 왕에게 바쳤다.[169] 또 환관 楊安吉이 황제의 측근에 있으면서 권세를 누리자 충숙왕은 그에게 도움을 얻으려고 양안길의 누이가 이미 혼인한 지 오래되었으나 그의 남편을 내쫓고 자기 측근인 朴仁平과 혼인시켰다.[170] 이처럼 여성들은 혼인해 살다가도 자신의 뜻과 무관하게 이혼과 재혼을 강요당하기도 했던 것이다.

게다가 이혼과 재혼의 자유는 고려의 非부계적인 친족구조 및 그와 관련된 처가나 외가 측으로부터의 귀족적 특권의 전수, 연좌제 등과 맞물리면서 棄妻의 빈번함을 가져왔다.[171] 즉, 고려시대에 蔭敍나 功蔭田 같은 여러 귀족적 특권은 친가뿐 아니라 처가나 외가를 통해서도 얻을 수 있었다. 거꾸로 처가 및 외가와의 밀접함은 범죄 시 이들과 함께 연좌됨을 의미하기도 했다. 따라서 평소에는 부귀와 출세를 위해, 유사시에는 연좌를 피하기 위해 아내를 버리고 새로 혼인하는 남성들의 사례가 빈번히 보인다. 예컨대 명종 때 관리였던 宋有仁은 애초에 처가 돈으로 벼슬을 샀다. 그런데 무신란이 일어나자 평소 무

167) 『高麗史』 권46, 世家46 恭讓王 3년.
168) 이혼에 대해서는 본서 제3장 제1절 참조.
169) 『高麗史』 권89, 列傳2 后妃 壽妃 權氏.
170) 『高麗史』 권131, 列傳44 叛逆 曹頔.
171) 본서 제3장 제1절 참조.

신들과 사이가 좋지 않았던 자신에게 화가 미칠까 염려해 아내와 이혼하고 새로운 권력자 鄭仲夫 딸과 혼인했다.172) 이처럼 기처는 빈번한 반면 처의 이혼은 아주 어려웠다. 단 1건이, 그것도 왕의 뜻을 칭탁해 이혼이 이루어지고 있다.173)

이혼에 대한 규제가 내려진 것은 역설적이게도 조선시대에 들어와서이다. 고려말 성리학 수용에 따라 종법의식이 강화되면서 부계 중심의 가족구조가 이상으로 여겨지게 되었다. 이에 고위층 부인들의 재가 금지가 논의되고, 이후 조선시대에 여성의 재혼이 규제된다. 아울러 합당한 이유 없는 棄妻 역시 처벌하였다. 이는 순수한 부계 혈통의 유지를 위해 여성들에게 남편 사후까지 정절을 지킬 것을 강요하면서 그 반대급부로 처로서의 지위를 보장해 준 것이었다고 말 할 수 있다. 고려시대 처의 지위는 그 불안정성이라는 점 때문에 비록 처가에서 살 수 있는 등 여러 장점에도 불구하고 높았다고 보기는 어려운 것이다.

4) 처첩관계

첩은 주로 신분이 낮은 층으로 나타나고 있다. 고려는 신분에 따른 지위가 매우 엄격하던 시절이었기 때문에 첩의 지위는 매우 열악했다. 이에 첩들은 처에 비해 더 쉽게 간통의 대상이 되었다. 사료에 보면 타인의 첩174)은 물론 아비175)나 형,176) 장인177)의 첩을 간통한 경우가

---

172) 『高麗史』 권128, 列傳41 叛逆2 鄭仲夫 附 宋有仁.

173) 壽妃 權氏는 福州 사람으로 左常侍 衡의 딸이다. 처음에 密直商議 全信의 아들에게 시집갔다. 衡이 全家를 불초하게 여겨 離하려 하였으나 이루지 못하였다가 충숙왕 복위 4년에 內旨를 칭탁하여 絶하고 드디어 왕에게 바치니 수비로 책봉되었다(『高麗史』 권89, 列傳2 后妃2 壽妃權氏).

174) 『高麗史』 권111, 列傳24 李子松 ; 권114, 列傳27 李成瑞 ; 권114, 列傳27 李壽山.

175) 司宰副令 文允慶이 그 아비의 첩을 간음하고 또 관아의 물품을 도적질하니 法司에서 탄핵하여 윤경과 그 아비의 첩을 목매어 죽였다 한다(『高麗史節

326

여럿 보인다. 심지어는 아비의 첩을 구타한 경우까지 나타난다. 內醫
였다 벼슬이 높아진 崔思全이 살았을 때 금으로 만든 술잔 1개씩을
두 아들에게 주었는데 최사전이 죽은 후 그 첩이 한 개를 훔쳤다. 아
들 弁이 노하여 채찍으로 치려 하니 동생이 자신의 것을 주겠다며 말
렸다.178) 뿐만 아니라 첩의 간통 시 私刑을 가하기도 해179) 좋은 집안
딸이었던 처에 비해 차별되었음을 알 수 있다.180)

그러나 첩은 남편의 사랑을 미끼로 뇌물을 받는다거나 호사스러운
생활을 하기도 했다. 선종의 애첩 만춘은 규모가 크고 화려하게 집을
신축했으며181) 裵中倫은 李仁任의 첩에게 노비 5명을 선물로 주고
典客寺丞에 임명되었다.182) 첩에게 남편의 사랑을 빼앗긴 본처는 가
슴앓이로 병을 얻어 죽기도 했다.183) 첩은 자신의 집을 갖기도 했지

要』권34, 恭讓王 원년 4월).
176)『高麗史』권131, 列傳44 金文鉉.
177)『高麗史』권133, 列傳46 辛禑 2년 9월.
178)『高麗史』권98, 列傳11 崔思全.
179) 許猷는 성품이 참혹하고 난폭하여 첩이 집안 노비와 간통하니 첩의 두 귀를
베고 두 눈을 상하게 하였으며, 또 그 노비의 두 눈을 도려내고 귀를 베고
코를 베고 발꿈치를 베는 형벌을 가하였다. 또 그의 勢를 베어 첩에게 먹게
하니 듣는 사람들이 몸서리를 쳤다(『高麗史』권105, 列傳18 諸臣 許珙 附
猷).
180) 처의 경우는 간통을 해도 사형을 한 예가 없다. 법대로 처벌하거나 더러워
상종을 하지 않거나 이혼하는 식으로 처리하고 있다. 예컨대 李義旼의 처
최씨는 계집종을 질투하여 때려 죽였고, 또 종과 사통하였다. 그러자 이의민
이 종을 죽이고 처를 내쫓았다. 또 이의민의 딸은 승선 이현필의 처였는데
음탕한 것이 그 어미와 마찬가지였으므로 현필이 더럽게 여겨 같이 살지 않
았다(『高麗史』권128, 列傳41 叛逆2 李義旼).
181)『高麗史』권95, 列傳8 魏繼廷.
182)『高麗史』권126, 列傳39 李仁任.
183) 月精花라는 노래는 이를 잘 보여준다. 월정화는 진주 기녀이었는데 司錄 魏
齊萬이 그에게 매혹되었다. 그래서 그의 부인이 울분으로 병이 나서 그만 죽
었다. 고을 사람들이 그를 불쌍히 여기어 그 부인이 생존하였을 때에 서로
친애하지 않았던 사실을 들어 사록이 여색에 미친 듯이 침혹된 것을 풍자했

만[184] 처와 같은 집에서 기거하기도 했을 것이다. 집 안에서 첩은 처의 지휘를 받는 존재였다. 金元義(1147~1217)의 처 印氏는 "비첩을 거느림에 있어 寬重하며 까다롭고 잘게 굴지 않아 아랫사람들이 비록 어려워는 했으나 싫어하지 않았다"[185] 한다. 또 법률 상 처의 첩에 대한 관계는 남편의 처에 대한 관계와 맞먹었던 듯하다. 남편이 아내를 구타했을 때의 처벌이 처가 첩을 구타했을 때의 처벌과 같았다[186]는 데서 이를 짐작할 수 있다.

첩은 처에 비해 부부 관계의 공고함도 적었던 듯하다. 앞서 본 처첩 천거 조항에서 처가 천거했을 때는 도형 2년, 천거 후 재혼했을 때는 유형 2천 리였음에 비해 첩은 각각 도형 1년 반과 도형 2년 반[187]으로 가벼웠다는 데서 이를 알 수 있다.

첩의 자식들도 차별되었다. 왕실에서조차 양인 및 천인 궁인 소생 왕자는 '소군'이라 하여 차별 받았고, 왕녀 역시 양반 남성과 혼인한 경우 남편(國婿) 및 자식의 관직 종류와 승진에 제약이 있었다. 선종 이래 예종 때까지 文武 양면에서 크게 활약한 金漢忠은 처가 문종 비 첩의 딸이라 높은 지위에까지 오르기는 했지만 대각에는 들어가지 못했다.[188] 또 그 자식에 대해서는 명종 때, 前例에 궁인이 천한 출신이면 그 자손은 7품까지만 오르게 하고 과거에 합격해도 5품까지만 허용했다는 기록이 보인다.[189] 관리 첩의 자식 경우도 이에 따랐다. 원종때 康俊才는 가계가 미천하여 제한을 받아 7품관에 있었으나 몽고

다(『高麗史』 권71, 志25 俗樂).

184) 池淪은 거의 30명이나 되는 많은 첩을 늘어놓았는데 단 부자만을 취하였고 色은 문제 삼지 않았다. 그리고 그 중에서 독립 세대를 가진 자가 12명이나 되었다는 데서 이를 짐작할 수 있다(『高麗史』 권125, 列傳38 姦臣 池淪).
185) 「金元義妻印氏墓誌銘」, 『집성』, 392쪽.
186) 『高麗史』 권84, 志38 刑法1 大惡.
187) 『高麗史』 권84, 志38 刑法1 戶婚.
188) 『高麗史』 권95, 列傳8 金漢忠.
189) 『高麗史節要』 권13, 明宗 15년 12월.

말을 잘하므로 5품관에 올랐다.[190] 이는 엄격한 신분제 사회의 특성을
반영하는 것이기도 하며 한편 부계와 모계 모두의 출자를 중시하는
고려사회의 특성을 말해주는 것이기도 하다.

그렇지만 고려의 처첩차별 및 적서차별은 조선만큼 강하지는 않았
다. 처첩과 적서라는 의미 자체가 宗法과 순수한 부계혈통 친족구조
를 전제로 한다. 외가나 처가와도 상당히 가까웠고 아들이 없어도 양
자를 들이지 않았던 고려시대에 처첩이나 적서차별은 신분적인 것 이
상일 수 없었다.

3. 가족 내 여성의 역할

1) 부모 봉양

여성들은 혼인 전에는 딸로서 부모에게 효도하고, 혼인 뒤에는 며
느리로서 시부모에게 효도할 것이 요구되었다. 고려시대 사료에 보면
여성들의 효도 사례가 많이 나와 있다. 예컨대 무신집권기 때 관리 庾
碩이 당시의 최고 권력자 최항에게 미움을 사 벼슬이 깎였다. 유석의
막내딸이 글을 알아 崔沆에게 시를 지어 부친의 유임을 빌자 최항이
유석을 위로하고 곡식과 비단을 보내주었다[191]는 일화가 있다. 또 鄭
臣祐의 17세된 딸은 아버지가 죄를 지어 해주에 귀양 갔는데 병이 위
독하다는 편지를 받고 아버지를 뵙고자 하였다. 서울로 올라가 도당에
글을 올렸으나 받아들여지지 않았다. 그녀는 문 밖에 서서 기다리다
재상들이 나오자 그 말고삐를 잡고 아버지께서 위독하니 가서 뵙는
것을 허락해 달라고 호소하였다. 재상이 감동해 눈물을 흘리고 우왕에
게 아뢰어 아버지를 석방하였다.[192]

여성들은 혼인 뒤 시부모에게 효도하였다. 吉再의 아내는 시어머니

---

190) 『高麗史』 권75, 志29 選擧3 銓注 限職.
191) 『高麗史』 권121, 列傳34 良吏 庾碩.
192) 『高麗史』 권121, 列傳34 孝友 鄭臣祐의 딸.

에게 늘 맛있는 음식을 대접하려 노력했으며, 혹 식량이 떨어지면 옷
을 팔아 봉양하였다.193) 李崇仁의 어머니 김씨(1327~1381)는 시부모
가 병이 나자 약 수발과 대소변 가리는 것을 밤낮없이 부지런히 했다.
지극한 병구완에도 불구하고 시부모가 돌아가시자 염을 손수 하고, 곡
을 하다 여러 번 까무라쳐 일가친척과 동네 사람들이 모두 칭찬했다
는 일화도 있다.194)

그런데 특이한 점은 여성이 혼인을 하지 않고 친정부모를 모신다거
나 혼인을 한 뒤에도 친정부모에게 효도를 다한 사례들이 보인다는
것이다. 인종의 외손녀인 王瑛의 딸은 혼인을 하지 않고 아버지를 정
성으로 섬겼으며,195) 金昴의 처 여흥군부인 민씨(1324~1379)는 외동
딸로서 혼인 뒤에도 친정에서 살며 10여 년간 어머니를 모셨다. 어머
니가 돌아가신 뒤 딸과 사위가 개경으로 올 것을 청했지만 어머니 무
덤을 두고 갈 수 없다며 그 곳에서 살다 죽었다.196) 이는 고려인들의
기본 신앙이었던 불교에서 개인에게 혼인을 강요하지 않았다는 점197)
과 당시 宗法의 수용이 미미했다는 점, 그리고 男歸女家 혼속의 영향
으로 혼인 뒤에도 친정에서 살 수 있었기에 가능한 일이었다.

2) 남편에 대한 내조

한편 남편에 대해서는 순종하며 공경할 것이 요구되었다. 閔思平의
처 彦陽君夫人 金氏(1302~1374)는 술과 음식을 마련하여 남편의 마
음을 즐겁게 해주고도 매양 부족하다고 여기고, 손녀들에게 남편을 공
경하는 것이 아내로서 가장 중요한 예절이라고 가르쳤다.198) 崔婁伯

193) 『冶隱集』 吉再行狀.
194) 『陶隱集』 先夫人行狀.
195) 「王瑛女王氏墓誌銘」, 『집성』, 252쪽.
196) 「金昴妻閔氏墓誌銘」, 『집성』, 598~599쪽.
197) 김영미, 앞의 글, 67쪽.
198) 「閔思平妻金氏墓誌銘」, 『집성』, 582쪽.

의 처 廉瓊愛(1100~1146)는 아내의 도리를 부지런히 하여 남편의 뜻을 미리 알아 잘 받들었으며,[199] 李德孫의 처 茂松君大夫人 庾氏(1247~1326)는 천성이 유순하고 침착해 남편을 義로써 섬기고 순종해 아내의 도리를 극진히 했다.[200]

남편을 의로써 섬긴다는 것은 어떤 것일까. 여성들은 남편의 신념을 추종하고 격려하였으며, 남편의 청렴함을 유지하기 위해 뇌물을 거절하고 사적인 청탁을 하지 않았다. 염경애는 남편 최루백이 간관으로 승진하자 가난을 면할 수 있게 되었다고 좋아했다. 남편이 간관은 녹만 먹는 자리가 아니라고 힐난하자 한 번이라도 남편이 임금과 당당히 논의할 수 있다면 가난해도 개의치 않는다고 답하였다.[201] 庾應圭의 처는 남편이 남경의 수령으로 있을 때 출산 후 병이 났다. 그녀가 나물국만 먹는 것을 안타깝게 여긴 그 곳 아전이 꿩 1마리를 보내주었으나 '남편은 평생 남의 선물을 받은 적이 없다'며 거절하였다.[202] 金倫의 처 卞韓國大夫人 崔氏(1279~1347)는 남편이 수상의 지위에까지 올랐으나 한 번도 사적인 청탁을 한 적이 없었다.[203] 朴全之의 처 변한국대부인 최씨(?~1316)는 집에 손님이 왔을 때 남편이 현실문제에 대해 언급하는 일이 있으면 손님이 돌아간 후 남편에게 글이나 옛일만을 논의하여 말로 인해 화를 입지 않도록 조언했다.[204]

또한 여성들은 남편을 출세시키기 위해 자신의 재주를 이용하기도 했다. 충렬왕 때 高密의 처는 술을 잘 빚어 매번 술로써 권세 있는 자와 임금의 총애를 받는 자들에게 아첨했으므로 그 덕에 관직을 얻었다.[205] 또 정치에 영향을 미칠 수 있는 여성에게 접근하여 남편의 정

---

199)「崔婁伯妻廉瓊愛墓誌銘」,『집성』, 93쪽.
200)「李德孫妻庾氏墓誌銘」,『집성』, 457쪽.
201)「崔婁伯妻廉瓊愛墓誌銘」,『집성』, 94쪽.
202)『高麗史』권99, 列傳12 庾應圭.
203)「金倫妻崔氏墓誌銘」,『집성』, 532쪽.
204)「朴全之妻崔氏墓誌銘」,『집성』, 432쪽.
205)『高麗史』권106, 列傳19 李湊.

치적 요구를 관철시키기도 했다. 政堂文學 許完과 同知密直 尹邦晏은 자기들 처를 시켜 우왕의 유모 장씨를 사촉하여 우왕에게 內宰樞林堅味 都吉敷를 축출할 것을 청했다.[206] 이처럼 여성들이 권력가에 접근해 정치적 행위를 할 수 있었던 것은 조선에 비해 내외법 등으로 행동의 제약을 덜 받았던 때문이기도 할 것이다. 여기서 고려 여성의 보다 활발했던 활동범위를 짐작할 수 있다.

3) 자녀양육과 교육

여성들은 어머니로서 자녀 교육에도 힘을 기울였다. 우선 그녀들은 자식을 낳기 위해 부처나 신에게 기원하였다. 의종 때 과거에 장원급제한 李純佑의 어머니 박씨는 뜰에 등불을 켜고 아들을 낳기 위해 기도를 드렸으며,[207] 의종은 왕비 김씨와 함께 절에 가 아들을 낳으면 금과 은으로 쓴 글자로 화엄경 4부를 만들어 바치겠다 하였다.[208]

임신을 한 뒤에는 태교에 힘을 기울였다. 地藏禪院 朗圓大師의 어머니는 한 승려가 하늘에서 내려와 金印을 주고 떠난 꿈을 꾸고 임신임을 알았다. 이후 파와 마늘 등 냄새나는 음식물과 맵고 짠 것을 먹지 않고 정성스레 절을 설치해 불사를 닦아 대사를 낳았다.[209] 고려시대 태교에 대한 기록은 승려들의 묘지명에만 남아 있어 이것이 일반적인 태교 내용인지는 잘 알 수 없다. 그러나 당시 대부분 여성들의 신앙이 불교였음을 감안하면 큰 차이는 없었으리라 여겨진다.

아이가 자라면서 자녀교육은 일차적으로 어머니의 몫이었다. 三韓國大夫人 이씨는 자질이 영리하며 민첩하고 자상하면서도 엄해 두 아들이 과거공부에 힘써 모두 출세하도록 하였다.[210] 이숭인의 어머니

206) 『高麗史』 권113, 列傳26 崔瑩.
207) 『高麗史』 권99, 列傳12 李純佑.
208) 『高麗史』 권18, 世家18 毅宗 10년 4월 甲午.
209) 「地藏禪院 朗圓大師 悟眞塔碑」, 이화여대 한국여성연구소편, 『한국여성관계자료집 중세편(중)』, 1985, 388쪽.

는 옷은 따뜻하기만 하면 되고 음식은 배고프지만 않으면 되니 사치
스럽고 진기한 것을 숭상하지 말라고 가르쳤다. 또 어릴 때 숭인이 文
에, 숭인의 동생 숭문이 武에 재능을 보이자 그들의 적성대로 키웠다.
그러면서 숭인에게는 배움을 게을리 하지 말 것을 말하고, 숭문에게는
무인이니 활쏘고 말타는 것을 잘해야 하지만 함부로 생명을 해쳐서는
안 된다고 하였다.211) 김원의의 처 인씨는 집안이 부유한 데도 일을
손에서 놓지 않으며 일을 그만 하라고 만류하는 자식들에게 길쌈하고
누에치는 일은 붓과 벼루, 문서와 같은 것이므로 하루도 그만둘 수 없
다고 가르쳤다.212)

　어머니로서의 교육열도 대단했다. 李勝章의 어머니는 개가한 뒤 남
편이 15세가 된 승장에게 생업을 함께 하자고 하자 자신이 먹고 사는
문제 때문에 재혼했지만 아들만은 친아버지의 뒤를 잇게 하겠다며 남
편을 설득했다. 이승장은 崔冲의 문도가 되었고, 결국 과거에 급제했
다.213)

　이처럼 고려시대 여성의 가족내 지위와 역할은 가족 및 친족구조의
비부계적 성격, 불교의 수평적 이데올로기, 내외법의 미실행 등으로
여성들에게 유리한 측면이 있었다 하겠다.

제3절 여성의 일과 경제활동

1. 일상적 가사노동과 손님접대

　고려시대의 여성들은 가족 내에서 딸·아내·며느리·어머니로서

---

210) 「李自成妻李氏墓誌銘」,『집성』, 547쪽.
211) 『陶隱集』先夫人行狀.
212) 「金元義妻印氏墓誌銘」,『집성』, 392쪽.
213) 「李勝章墓誌銘」,『집성』, 274쪽.

의 역할도 했지만, 한편 주부로서 의식주 생활을 책임지고 가정을 경
영하는 존재였다. 때문에 여성들은 일상적인 가사노동은 물론 농업이
나 상업, 그 외 영리활동에도 종사하게 된다. 이하에서는 가정 경영의
주체로서의 여성 노동의 문제를 살펴보고자 한다.

고려시대 여성들은 가정 내에서 일차적으로 의식주와 관련된 노동
을 했을 것이다. 밥 짓고 반찬 만드는 일은 그녀들에게 일차적으로 주
어진 몫이었을 것이다. 고려시대의 곡식으로는 쌀, 조, 기장, 참깨, 보
리, 밀 등이 있었다.214) 고려가 한전 중심의 농업이었음을 고려하면
쌀밥을 일상적으로 먹지는 못했을 것이다. 서민의 경우는 말할 것도
없고, 관리들도 집이 가난할 때는 조나 기장이 주식이었던 것 같
다.215) 반찬은 채식 위주로 순무·오이·가지·동아·박·배추·아
욱·부추·상추·파·더덕 등 여러 가지 채소가 있었으며,216) 특히
무는 칼로 잘라 배같이 시원한 맛을 즐기기도 하고, 장을 곁들여 여름
에 먹거나 소금에 절여 긴 겨울을 넘기기도 했다.217)

또한 생채에 밥을 싸 먹었으며218) 두부와 김치, 장류, 젓갈도 있었
다. 특히 두부는 여러 사람이 시로 읊고 있다.

A-1. 맷돌에 콩을 갈아 눈빛 물 흐르거든
끓는 솥 물 식히려고 타는 불 거둔다
하얀 비계 엉긴 동이 열어 놓으니

---

214) 『高麗圖經』 권23, 雜俗2 種藝.
215) "대고리에는 갓옷이 없고 곡식자루에는 조(粟)도 남은 것이 없었으며 집안
의 재산이라고는 10金이 채 되지 않으니……"(「배정지묘지명」, 『집성』, 444
쪽) ; "……조만간 돌아가 임금님께 복명한 다음/ 닭잡고 기장밥 지어 옛 친
구도 만나야겠다."(「定興 路上에서」, 『익재난고』 제1권 시/민족문화추진회
편, 『국역 익재집』 1, 28~29쪽).
216) 국사편찬위원회 편, 『한국사』 21, 1996, 579쪽.
217) 이규보, 「집안 채마밭의 여섯노래」, 『동국이상국집』 후집 권4, 고율시.
218) 이익, 『성호사설』 권5, 萬物門 生菜掛背.

옥 같은 두부덩이 상머리에 가득하다
아침 저녁 두부 있음 스스로 다행히 여기거니
구태여 고기음식 번거로이 구하랴
병 끝에 하는 일 자고 먹을 뿐
한 번 배부르니 만사를 잊을 만하네
(권근, 「두부」, 『양촌선생문집』 제10권, 시)[219]

　위의 사료에서 두부 제조 광경이 자세히 묘사된 것으로 보아 두부
를 집에서 만들었음을 짐작할 수 있다. 또 아침 저녁으로 먹었다는 데
서 두부가 일상식이었고, 당시 양촌이 병 중이었음을 고려할 때 특히
환자에게 좋은 음식이었음을 알 수 있다. 목은도 "채소 국은 별 맛이
없더니 두부를 썰어 넣으니 맛이 새롭다. 疏齒에도 편하여 늙은 몸을
보양하기에 좋다"[220]고 하여 두부가 노인들에게 역시 요긴했음을 말
해준다. 그런데, 두부를 만드는 일은 제법 손이 많이 가는 일이었으며,
장을 담그는 것, 그리고 가을에 하는 김장[221] 등 주부의 노력이 많이
드는 '큰 일'도 적지 않았음을 알 수 있다. 또 고려시대에는 육식이 발
달하지 않았고, 해산물을 많이 먹었는데,[222] 이는 불교 신앙과 관련이
있다.[223] 그러나 고려시대의 장시가 주로 해안도시를 중심으로 발전
했고,[224] 또 상인들이 遠行하지 않았다[225]는 것을 고려하면 바닷가
주민들이 아닌 대부분의 사람들은 채식 위주의 식생활을 했을 것이다.

---

219) 민족문화추진회 편, 『국역 양촌집』Ⅱ, 1978, 186쪽.
220) 「大舍求豆腐來餉」, 『牧隱詩藁』 권33, 시.
221) "시월이라 거센 바람 새벽 서리 내리니/ 울 안에 가꾼 소채 거두어들였네/
　　맛 있게 김장 담가 겨울에 대비하니/ 진수성찬 없어도 입맛 절로나네……"
　　(「김장(蓄菜)」, 『양촌선생문집』 제10권, 시/민족문화추진회 편, 『국역 양촌
　　집』Ⅱ, 1978, 186쪽).
222) 『高麗圖經』 권23, 雜俗2 魚.
223) 『高麗圖經』 권23, 雜俗2 屠宰.
224) 김삼현, 「고려후기 장시에 관한 연구」, 『명지사학』 4, 1992, 90쪽.
225) 『高麗圖經』 권19, 民庶.

그런데, 채소 요리는 고기나 생선요리에 비해 훨씬 조리시간이 길고
손이 많이 간다는 점에서 여성들이 일상적으로 식사를 준비하는 것도
적은 일은 아니었다 하겠다.

식생활 면에서 특히 여성들의 시간을 많이 뺏은 것은 술 빚기였을
것이다. 물론 파는 술을 사 올 수도 있었겠으나 서민들의 경우 돈의
여유가 없었을 것이고, 지배층에서는 집안 자체 수요는 물론 수시로
드나드는 손님들 때문에 사는 술로는 감당이 되지 않았을 것이다. 당
시 집에서 술을 빚었음은 이규보(1168~1241)의 시를 통해서도 알 수
있다.

A-2. 처마 끝에 빗방울/ 밤새도록 떨어지면
자주 꿈만 깨고/ 듣기 귀가 아프리
술 거르는 소리도/ 빗소리와 비슷한데
이 소리는 왜 이리도/ 듣기 좋은가⋯⋯(하략)[226]

술을 좋아했던 이규보는 밤에 술 거르는 소리가 빗소리와 비슷한
데, 후자는 듣기 싫지만 전자는 듣기 좋다는 감상을 시로 읊고 있다.
고려시대 술의 종류에 대해서는 다음의 기록이 있다.

A-3. 고려에는 찹쌀은 없고 멥쌀에 누룩을 섞어서 술을 만드는데, 빛
깔이 짙고 맛이 독해 쉽게 취하고 속히 깬다. 왕이 마시는 것을 良
醞이라고 하는데 左庫의 맑은 法酒이다. 거기에도 두 가지 종류가
있는데, 瓦尊에 담아서 黃絹으로 봉해 둔다. 대체로 고려인들은 술
을 좋아하지만 좋은 술은 얻기가 어렵다. 서민의 집에서 마시는 것
은 맛은 싱겁고 빛깔은 진한데, 아무렇지도 않은 듯이 마시고 다들
맛있게 여긴다(『高麗圖經』 권32, 器皿3 瓦尊).

226) 이규보, 「밤에 술 거르는 소리를 들으며」, 『리규보작품선집』, 국립문학예술
서적편찬사, 1958. 122쪽.

336

위의 기록에서 술이 탁주와 청주의 두 종류가 있었으며, 청주가 더 귀한 술이었음을 알 수 있다. 뿐만 아니라 「한림별곡」에 황금주·柏子酒·松酒·醴酒·죽엽주·이화주·오가피주 등의 이름이 보인다. 이 외에도 문인들의 시를 보면 계피술,[227] 보리술[228] 등 다양한 술이 등장하며, 단오에는 창포주를,[229] 중양절에는 술잔에 국화꽃잎을 띄워 마시는 낭만을 즐기기도 했다.[230] 그리고 사료 A-3에서 '싱거운 맛의 술을 아무렇지도 않은 듯 마시고 다들 맛있게 여긴다'는 데서 고려인들이 술을 좋아하며 일상적으로 마셨을 것으로 짐작된다. 술은 명절뿐 아니라 친구들과 사교 시에, 또 집에서 평상시에도 늘 마시는 존재였다. 따라서 여성들에게 술을 빚는 것은 매우 중요하고도 필수적인 일이었을 것이다.

또한 술은 선물로 쓰이기도 했다. 충렬왕 때 高密의 처는 술을 잘 빚어 권세 있는 자와 임금의 총애를 받는 자들에게 아첨하여 그 덕에 남편이 벼슬을 했다.[231] 귀족가문에서 술 빚는 일은 일차적으로 노비들이 했을 것이나 전체적인 관리는 주부가 했을 것이다. 오늘날 무형문화재로 지정되어 있는 전통주들을 보면 모두 각 지방을 대표하는 명문양반가 종부들이 기능보유자로 되어 있다. 이 점을 상기하면, 고려시대에도 술은 각 가정 단위로 빚었고, 각 가문마다 비장된 비법들이 있었을 것으로 추정된다.

여성들은 또한 가족의 의복을 장만하는 일을 해야 했다. 고려시대 여성 묘지명에 보면 주인공들이 새벽부터 밤까지 길쌈과 누에치기, 바

227) 「상서 백문거가 보낸 시에 차운하다」, 『益齋亂藁』 제2권, 시/민족문화추진회 편, 『국역 익재집』 I, 1979, 63쪽.
228) 「鵂鶹天3 飮麥酒」, 『益齋亂藁』 제10권, 장단구/민족문화추진회 편, 『국역 익재집』 II, 1979, 66쪽.
229) "주점에서 또 창포주 한 잔 들이키니……", 「단오」, 『益齋亂藁』 2권, 시/『국역 익재집』 I, 1979, 82쪽.
230) 「9월 13일에 국화를 띄우다」, 『東國李相國集』 후집 제5권, 古律詩.
231) 『高麗史』 권106, 列傳19 李湊.

느질에 힘썼다는 이야기가 나온다. 특히 길쌈에 대한 것이 빠지지 않고 등장한다. "부인은 성품이 길쌈을 좋아하였으며 어릴 때부터 늙어서까지 여자의 일에 힘쓰며 잠시도 게을리 하지 않았다."[232]는 종류의 기사가 그것이다. 金元義(1147~1217) 처 印氏 같은 이는 아래의 사료에서 보듯 남편이 재상이 될 때까지 길쌈과 누에치기를 계속하고 있다.

A-4. 집이 원래 넉넉하였지만 부유하다고 해서 손에서 여자가 할 일을 놓지 않았다. 자손들이 말려서 그만 두라고 하자 부인은 "길쌈하고 누에치는 일은 여자의 직책이다. 너희들의 글과 책과 붓과 벼루와 같은 것이니 어찌 잠시라도 떨어져 있을 수가 있겠느냐"고 했다. 남편이 재상의 지위에 오른 뒤에야 그 일을 손수지 않고 아랫사람들에게 맡겼다(「金元義妻 印氏 墓誌銘」, 『집성』 392쪽).

김원의 처 인씨의 경우 부유한 살림이었으나 길쌈이 여자가 할 일이라며 자손들이 말려도 손에서 놓지 않았다. 이는 자식들에게 몸소 근면하고 성실한 태도를 보여주려는 교육적 의도도 있었겠으나 거의 모든 귀족부인들 묘지명에 길쌈이 강조되고 있음을 보면 이 시기 길쌈의 문제가 노비 노동만으로는 해결되지 않았던 다른 이유가 있었을 것 같다. 우선 당시의 직물류부터 보도록 하겠다.

A-5. 고려는 모시(紵)와 삼(麻)을 스스로 심어 사람들이 많이 베옷(布)을 입는다. 제일 좋은 것을 絁라 하는데 깨끗하고 희기가 옥과 같고 폭이 좁다. 그것은 왕과 貴臣들이 다 입는다. 양잠에 서툴러 絲線과 織紝은 다 장사치를 통하여 산동이나 閩浙지방으로부터 사들인다. 극히 좋은 文羅花綾이나 緊絲나 비단(錦)이나 모직물을 짜는데 그동안 여진의 항복한 졸개에 工技가 많았으므로 더욱 기교

232) 「房淸璉妻皮氏墓誌銘」, 『집성』, 279쪽.

하고 염색도 그 전보다 나았다(『高麗圖經』권23, 雜俗2 土産).

A-5는 인종 때 고려에 사신으로 왔던 송나라 사람 서긍의 기록이다. 즉 12세기 당시 직물류로 모시·삼베·비단·모직물 등이 있었으나, 가장 많이 사용되었던 것이 모시와 삼베였음을 알 수 있다. 그리고 양잠에는 서툴러 비단을 짜기 위한 실 등은 중국에서 수입했음을 추측할 수 있다. 당시의 의복은 왕 이하 평민까지, 남녀 모두가 白紵袍를 입었다 한다.[233] 그러나 모시는 생산지가 한정되어 있는 데다가 삼베에 비해 직조에 있어 더 많은 노동시간이 소요되었으므로 일반 농민들은 생산해 보았자 대부분 공납용으로 수탈당하고 의복으로서 상용하지는 못했을 것으로 생각된다.[234] 귀족들의 경우에는 모시로 된 백저포를 입었을 가능성이 크지만 일반 서민들의 일상복은 아무래도 베옷이 중심이었을 것이다.[235] 삼베는 당시 의복 재료이며, 세금이며, 시장에서 교환수단이기도 해 수요가 무궁무진했다. 따라서 평민 여성들은 말할 것도 없고, 지배층 여성들도 길쌈에서 자유로울 수 없었다.

게다가 삼베는 무명에 비해 방적하는 데 손이 많이 갔다. 기존 연구에 의하면, 방적과정에서 같은 양의 실을 만드는 데 드는 노동시간은

---

233) "농상의 백성은 농사꾼은 貧富할 것 없이 장사치는 遠近할 것 없이 그 옷은 모두 白苧로 袍를 만들어 입고, 烏巾에 네 가닥 띠를 하는데, 다만 베(布)의 곱고 거친 것으로 구별한다. 나라의 벼슬아치나 귀인도 물러가 私家에서 생활할 때면 역시 이를 입는다. 다만 두건의 띠를 두 가닥으로 하는 것으로 구별하고 간혹 거리를 걸어갈 때에도 향리나 백성이 이 두 가닥 띠를 보고는 피한다."(『高麗圖經』권19, 民庶 農桑) ; "……흰모시로 두루마기를 만들어 입는데 대략 남자의 도포와 같으며 무늬가 있는 두꺼운 비단으로 넓은 바지를 만들어 입는다. 안에는 생명주로 감싸 바치니 이것은 겹으로 하여 몸에 붙지않게 함이다."(『高麗圖經』권20, 婦人 貴婦).
234) 위은숙, 『고려후기 농업경제연구』, 혜안, 1998, 196쪽.
235) 박경안, 「고려중기 서민들의 경제생활 소고」, 하현강교수 정년기념사학논총 간행회, 『한국사의 구조와 전개』, 혜안, 2000, 466쪽.

면이 마의 1/5에 불과하다고 한다.[236] 마는 원시적 수작업에 의존하는 반면 목면은 씨아, 활, 물레 등 기기를 사용하기 때문이다. 때문에 "길쌈은 여자의 일 중 가장 어려운 일"[237]이라는 말이 나오는 것이다. 직포에 걸리는 시간은 마와 면이 비슷했다. 방적까지의 이러한 월등한 노동생산성이, 목면이 도입되자마자 급속히 확산될 수 있었던 가장 큰 이유였다는 것이다. 그리고 보온성이 적은 마를 착용하는 데는 다른 노역도 필요했다 한다. 겨울철에는 마포를 누빈 옷을 입거나 여러 겹 껴입어야 했고, 또 신축성이 적은 마는 피부에 잘 붙지 않아 한기를 막기 위해서 다듬이질을 계속해 섬유를 부드럽게 해야 했다[238]는 것이다. 따라서 고려시대 여성들은 신분과 계층의 고하를 막론하고 길쌈을 손에서 놓을 수 없었다.

특히 피지배층 여성의 상황은 더욱 열악했다. 고려의 농민들은 토지세와 공물, 力役의 의무를 졌는데, 공물 중 직물류로는 平布・小平布・中布・紵布・絲綿・綿紬・黃麻布・細麻布・大絹・中絹・小絹・大綾・大文羅・綾羅 등이 있고, 공물에서 布가 차지하는 비중은 상당했던 것으로 추정한다.[239] 고려후기가 되면 常徭・雜貢 등 세목이 증가하고, 科斂 등의 임시세도 증가한다. 원에 대한 공물이나 사행 비용, 전쟁 비용 마련 등이 이유였다. 그리하여 "외방의 백성과 아전들이 이유없는 과렴이 잦고 무거워 심지어는 아들과 딸들을 팔아서 그 대가로 물품을 꾸어다가 관청에 바치고는 여러 해가 지나도록 갚

---

236) 위은숙, 앞의 책, 227~228쪽.

237) "紡績於女工最難"(『高麗史』 권123, 列傳36 嬖幸1 朱印遠).

238) 永原慶二, 『新 木棉以前のこと』, 중앙공론사, 1990, 46~48쪽 ; 위은숙, 앞의 책, 226쪽 재인용.

239) 이는 군현 공물의 상당부분이 군현민의 稅布로 충당되었을 뿐 아니라 문종 20년 각 군현의 상공 품목이었던 쇠가죽 등을 평포로 折價代納 하도록 한 조치, 예종 10년 녹봉의 일부를 布 류로 지급할 때의 기준을 고쳐 정했던 사실 등을 통해 확인된다(박종진, 「고려시대 수취구조와 농민생활」, 『한국사』 5, 한길사, 1994, 393쪽).

지 못하는" 상황이 초래되기도 했던 것이다. 특히 원에서 모시가 인기를 끌면서 모시와 마 수요는 더 커졌고, 수탈도 날이 갈수록 가중되었다. 아래의 사료는 이러한 정황을 잘 보여준다.

A-6. 충숙왕 15년 12월에 왕이 장차 원나라를 예방하려 하면서 盤纏都監을 설치하고 各品의 관원들 및 5부 坊里의 민호들에서 흰 모시를 차등 있게 내도록 명령하였고, 또 경기 8현의 민호들로부터 베를 차등 있게 거두었다. 이에 간사한 아전들이 이것을 기회로 하여 비법적 징수를 감행하였기 때문에 서울과 지방 도처에서 소동이 일어났다(『高麗史』권79, 志33 食貨2 科斂).

즉, 왕이 원에 갈 비용을 마련하기 위해 관리들은 물론 일반 백성들까지 모시를 내게 했는데, 아전들이 이 틈을 타 자신들의 몫까지 더해 거두는 바람에 크게 소동이 일어났다는 것이다. 이런 일은 원 간섭기에 비일비재했다는 점에서 서민들의 수탈상 및 마와 모시의 직접 생산자로서 여성들의 피폐함을 짐작하고도 남는다. 게다가 모시는 마보다도 방적과정이 더 까다롭고 오랜 공정을 거쳤다 하니 여성들의 고통은 더욱 심했을 것이다.

여성들의 일은 길쌈에서 끝나는 것이 아니다. 길쌈한 천으로 다시 바느질을 하여 옷을 지었다. 귀족 여성들도 손수 바느질 해 옷을 만든 기사들이 보인다.

A-7. (전략) 내가 군사 관계에 종사하는 동안 가난하고 추운 규방을 지키면서 여러차례 군복을 지어 보내 주었다.……또 일찍이 길쌈하여 이것을 모아서 저고리 한 벌이나 또는 바지 한 벌을 지어 제삿날이 될 때마다 영위를 모신 자리를 베풀고는 절하고 이것을 바쳤으며……(하략) (「崔婁伯妻廉慶愛墓誌銘」, 『집성』, 93쪽)

사료 A-7에서 염경애(1100~1146)는 남편이 군사관계 일에 종사하는 동안 군복을 지어 보내주기도 하고, 돌아가신 시아버지의 제삿날에는 새 옷을 지어 영전에 바치기도 했음을 알 수 있다. 또 이규보의 시에 보면 부인이 지은 갓옷(겨울옷, 가죽옷)을, 먹을 것이 없어서 전당잡혔으나 조 한 말 밖에는 받지 못한 이야기가 나온다.[240]

이처럼 여성들은 가족의 식사와 의복을 준비하기 위해 일 했다. 이외에 집을 수리한다거나 집 안의 가구를 들이고 내는 일, 장식을 하는 일 등 주생활과 관련된 사항들도 다 그녀들의 관리 아래에 있었을 것이다. 그리고 부모를 봉양하고, 자식을 기르며, 남편을 내조하고, 일가 친척과 우애 있게 지내려 노력하였다.

의식주 노동 이외에 여성들이 했던 또 하나의 중요한 역할은 친척과 우애 있게 지내고, 손님을 잘 접대하는 일이었다. 河源郡君 柳氏(1079~1117)는 내외 친척을 대하는데 모두 법도가 있었으며,[241] 염경애는 친척의 길흉경조에 정성을 다해 남들이 훌륭히 여기지 않는 이가 없었다.[242] 윤구생의 처 최씨(1317~1381)는 일가친척 중 혹시 누가 굶거나 추워하면 의식을 주고 자신이 굶주리는 것을 달갑게 여겼다.[243] 낙랑군대부인 최씨(1227~1309)는 손님을 대접할 때 친소와 귀천을 막론하고 온갖 정성을 다하고도 오히려 부족하게 여겼다.[244] 아

---

240) "3월11일/ 부엌에 아침거리가 없어
아내가 갓옷을 전당잡히려 하니/ 처음에는 꾸짖으며 말렸네……
아내가 대뜸 화를 내며 말하기를/ 당신은 어찌 그렇게 어리석소
갓옷이 비록 좋지는 못하나/ 내가 지은 것이니
아끼고 애석함이 당신보다 더 하지만/ 우선 입이 이보다 급하오……"
(이규보, 「옷을 전당잡히는 것이 유감스러워 시를 지어 최종번에게 보이다」, 『東國李相國集』 권12, 古律詩).
241) 「尹彦榮妻柳氏墓誌銘」, 『집성』, 47쪽.
242) 「崔婁伯妻廉慶愛墓誌銘」, 『집성』, 93~94쪽.
243) 「尹龜生妻崔氏墓誌銘」, 『집성』, 609쪽.
244) 「金㻒妻崔氏墓誌銘」, 『집성』, 426쪽.

래의 사료에는 빈객 접대에 정성을 다했던 여성의 모습이 보인다.

A-8. 상국이 한창 이름이 알려질 때에는 여러 아들들이 어리고 한창 자랄 때로서, 집안에 손님이 가득하고 벼슬아치들이 자리를 메웠으나 부인은 모두 맛깔진 음식을 정성껏 만들어 아침저녁으로 대접하니, 무릇 이 집의 대문을 한 번이라도 밟아 본 사람은 누구나 먼저 부인의 훌륭함을 칭찬하였다(「崔惟淸妻 鄭氏 墓誌銘」, 『집성』, 207쪽).

최유청 처 동래군부인 정씨(1104~1170)는 늘 집안에 가득한 손님을 아침저녁으로 정성껏 대접했다. 또 김구 처 최씨(1227~1309)는 "무릇 손님에게 음식을 대접할 때에는 가깝고 멀거나 귀하고 천함을 가리지 않고, 가진 것을 다하여 장만하면서도 오히려 부족하다고 하였다."[245] 이처럼 여성들이 손님접대에 신경을 쓴 이유는 무엇일까.

우선 전근대 시대에는 사교 공간이 마땅치 않아 대부분의 교제가 집에서 이루어졌다는 점을 들 수 있다. 손님과의 접촉은 전근대 사회에서 對사회적인 중요한 통로였다. 이런 상황에서 손님접대에 소홀하면 곧 집안에 손님 발길이 끊어지게 될 것이고, 그러면 자신이 밖에 나가서도 역시 제대로 대접받지 못하게 될 것이다. 그러면 학문이나 당시 사회의 중요한 정보로부터 소외되어 가문이 무식해지고, 나아가서는 동료그룹으로부터 배제되어 가문의 쇠퇴까지도 불러오게 될 것이다. 따라서 "부인들은 다리를 팔아서 손을 대접하고 짚자리를 썰어 손님의 말을 먹인다"는 말이 나올 정도로 접빈객에 성의를 다해야[246] 했던 것이다.[247]

---

245) 「金坵妻崔氏墓誌銘」, 『집성』, 425쪽.
246) 이순구, 「조선시대 여성의 일과 생활」, 『우리 여성의 역사』, 청년사, 1999, 197쪽.
247) 송시열은 『계녀서』에서 "한 번 박대하면 한 손님이 아니 오고 한 손님이 아니 오면 다른 손님이 아니 오나니, 손님이 아니 오면 가문이 자연 무식하고

남성들도 접빈객에 정성을 다하였다. 王煦(1296~1349)는 "손님을 접대하는 것을 좋아하여서 비록 낮은 지위의 관리라도 반드시 예의를 다하였다."[248] 金倫(1277~1348)은 "종족과 인척에게는 인후하고 친구에게는 신의가 있어 그들이 찾아오면 반드시 술자리를 마련하여 종일토록 즐겼으며 병이 들었다는 말을 들으면 그때마다 약을 사가지고 찾아가 보았다."[249]

한편 여성들의 친척과 빈객접대는 보다 큰 차원으로 확대되기도 했다. 명종 19년(1189) 재상 崔忠烈의 처는 백미 100석을 국고에 바쳤는데,[250] 당시 가뭄이 계속돼 기우제를 지낸 기사가 많은 것으로 보아 구휼차원으로 여겨진다. 이처럼 고려시대에 손님접대는 매우 중요했고, 접빈객은 여성의 일이 사적 차원의 일이면서도 공적 차원과 긴밀히 연결돼 있음을 잘 보여준다 하겠다.

2. 상·제례와 여성의 역할

전근대 여성의 일로 또 중요한 것이 제사였다. 고려시대에는 불교가 성행하여 불교식 상례와 제례가 치러졌다. 이 경우 제사에 드는 여성의 노력은 유교식 상·제례에 비교해 어떠할까.

고려시대 사람들은 대개 私家나 佛寺에서 임종을 맞이했다. 사가에서 사망한 경우도 殯所를 불사에 옮기는 경우가 적지 않았다. 장례는 사망, 화장, 拾骨, 불사에서의 權安, 埋骨의 과정을 겪는데, 수개월에서 수년이 걸렸다.[251] 즉 사람이 사망하면 사제나 사찰에 빈소를 차려

_____

지아비와 자식이 나가면 대접할 이 없을 것이니 부디 손님 대접을 극진히 하라"고 하였다. 비록 조선시대의 이야기이나 고려시대에도 크게 다르지 않았을 것이다.

248) 「王煦墓誌銘」, 『집성』, 545쪽.
249) 「金倫墓誌銘」, 『집성』, 533쪽.
250) 『高麗史』 권20, 世家20 明宗 19년 윤5월 辛酉.
251) 최재석, 「고려시대의 상·제」, 『남사정재각박사고희기념 동양학논총』, 170~

2~26일 간 모셨다가 좋은 날을 받아 산록이나 사찰 주변의 화장지에
서 화장한다. 화장한 후 며칠이 지나면 유골을 수습한다. 이 유골은
용기에 담아 사찰에 권안(임시 봉안)하는데, 이 동안 자손들은 공양을
드리고 불승을 통한 극락왕생의 기원을 하며 길일을 택해서 땅에 매
장한다. 땅에 매장할 때는 유골을 석관에 넣어 매장하는데, 이로써 화
장의 장례는 끝난다.[252] 사망 뒤 빈소에 모셨다 화장하는 기간은 7일
이내부터 30일 이내까지 다양했으며, 화장 뒤 매골까지의 기간도 2개
월에서 76개월까지로[253] 일정하지 않았다.

이처럼 고려시대 장례의 전 절차는 불교에 의거했다. 불교식 상례
의 핵심은 追薦(七七齋)에 있다.[254] 初齋부터 7일마다 7회 열리는 칠
칠재, 백일재, 소상재, 대상재, 忌晨齋 등의 추천 불사가 있다.[255] 또
유골을 불사에 권안하고는 아침 저녁으로 饗祀하기를 살아있을 때 같
이 하고,[256] 초하루와 보름마다 빠뜨리지 않고 제사를 받들었다.[257]

유골을 땅에 묻은 뒤 제례는 어떻게 행했는가. 고려시대의 제사 시
행을 보면 忌祭祀 외에 설, 단오, 한식, 추석, 백중 등 명절에도 제사
를 드렸고, 伏日과 臘日[258] 같은 때도 제사를 지낸 기록이 보인다.[259]
사철 중간 달에 지내는 時祭[260]도 있었다. 제사의 실제적인 내용은 아

171쪽.
252) 정길자, 「고려시대 화장에 대한 고찰」, 『부산사학』 7, 1983, 15쪽.
253) 정길자, 위의 글, 27~28쪽.
254) 안호룡, 「조선 초기 상제의 불교적 요소」, 『한국사회사연구회논문집』 11(한
　　국 고중세 사회의 구조와 변동), 문학과 지성사, 1988, 105쪽.
255) 안호룡, 위의 글, 114쪽.
256) 「李頲墓誌銘」, 『집성』, 29쪽.
257) 「崔時允墓誌銘」, 『집성』, 85쪽.
258) 한 해 동안 지은 농사의 형편이나 그 밖의 일을 여러 신에게 제사하여 고하
　　는 날. 冬至 뒤의 셋째 술일.
259) 「廉慶愛墓誌銘」, 『집성』, 93쪽.
260) "文宗二年七月壬寅制, '大小官吏四仲時祭給暇二日'."(『高麗史』 권63, 志17
　　禮5 吉禮小祀 大夫士庶人祭禮).

래의 글들이 참고가 된다.

B-1. 그 때의 풍속은 부처를 숭상하여 忌日에는 재를 올리고 時祭에
는 紙餞만을 진설하였는데 선생이 청하여 士庶가 주자가례를 본받
아 사당을 세우고 신주를 만들어 선조의 제사를 받들게 하여 예속
을 다시 일으키셨다(영일정씨포은공파종약원, 『포은정선생문집』
(역), 378쪽, 묘지명 병서).

B-2. 매달 초하루와 춘추와 단오에 다 조상 신주에 제향을 드리는데
府中에 그 화상을 그려놓고 승려들을 거느리고 범패를 노래하며
밤낮을 계속했다(『高麗圖經』 17 祠宇).

B-3. 우리 돌아가신 아버지를 섬기지 못하여서 명절이나 복일과 납일
이 되면 매번 몸소 제사를 드렸다. 또 일찍이 길쌈하여 이것을 모
아서 저고리 한 벌이나 또는 바지 한 벌을 지어 제삿날이 될 때마
다 靈位를 모신 자리를 베풀고는 절하고 이것을 바쳤으며, 곧 재에
나아가 무리가 많든 적든 버선을 지어가서 모두 중들에게 시주하였
는데 이것이 가장 잊지 못할 일이다(「崔婁伯妻廉慶愛墓誌銘」,『집
성』, 136쪽).

위의 인용문에 의하면 기제사는 주로 절에서 齋의 형태로 행해졌
고, 초하루, 보름, 명절 및 시제 때는 묘소에 가는데, 승려를 청하기도
하고 혹은 당사자가 간단히 지전만 진설하기도 했던 것으로 보인다.
즉, 고려조의 제례는 승려가 재의 형식으로 후손의 조상숭배를 대신하
며, 다만 여기에 드는 비용만 후손이 부담하는 불교식 조상숭배 형태
임을 알 수 있다. 忌齋에는 여인들도 남자와 똑같은 자격으로 참여하
였으며, 재를 준비하기 위한 비용은 忌日寶로서 자녀들이 모여 공동
의 기금을 마련하기도 하였다.[261] 이렇게 볼 때 고려시대의 제례는 여

261) 안호룡, 「유교의례의 보편화와 전통사회의 구조화 - 상·제례를 중심으로」,

성의 노동보다도 일차적으로 비용이 중요했다 하겠다.

　그러나 그렇다고 하여 여성의 할 일이 없었던 것은 아니다. B-3에서 염경애는 평소 부지런히 길쌈을 하여 옷을 지어 두었다가 제삿날이 되면 영전에 바쳤다. 또 齋를 올리러 절에 갈 때면 버선을 많이 만들어 두었다가 가지고 가, 중들에게 시주하였다. 즉 불사에서 재를 올릴 때 가장 중요한 것이 비용인데, 남편 최루백(?~1205)의 경우 형제가 없어[262] 함께 기일보 같은 것을 만들 수 없었다. 게다가 아비도 수원의 향리[263]였다는 점에서 재산이 넉넉하지도 못했을 것이다. 귀족의 딸이었던 염경애[264]가 친정에서 받은 재산이 있었을 것이나 어느 정도였는지는 알 수 없다. 결국 제사 때마다 염경애는 자신이 직접 옷이고, 버선이고 만들어서 시주를 하는 수밖에 없었던 것이다. 재산이 넉넉하다면, 남원군부인 양씨(1094~1156)처럼 할 수도 있었을 것이다. 양씨는 남편 김공칭과 함께 1131년 溟水 북쪽에 있는 天神寺에 別殿을 창건하여 대장경 5천여 권을 만들어 봉안하고 미곡을 희사하여 그 이자로 香火 비용을 쓰게 했다.[265] 그러나 이렇게 넉넉한 경우는 극히 드물 것이고, 대부분의 고려 여성들은 염경애처럼 자신의 노동력을 이용할 수밖에 없었을 것이다. 불교식 제례라 하여 여성이 수고롭지 않았던 것은 아니었던 것이다.

　제사는 몇 대 조상까지 지냈을까. 忌日에 관리들에게 주는 휴가를 보면, 부모 기일에 하루낮 이틀밤의 휴가를 주며,[266] 조부모 기일에는

『한국의 사회와 문화』 21, 64~65쪽.

262) 박용운, 「고려시대 수주최씨 가문 분석」, 『고려사회와 문벌귀족가문』, 경인문화사, 2003, 336쪽.

263) 최루백은 수원의 향리 尙翥의 아들로 아비가 호랑이에게 잡아먹히자 호랑이를 죽여 원수를 갚은 효자였다(『高麗史』 권121, 列傳34 孝友 崔婁伯).

264) 염경애의 아버지는 검교상서우복야 대부소경 염덕방이고, 어머니는 의령군 대부인 심씨로 명문가의 딸이었다. 「崔婁伯妻廉慶愛墓誌銘」 참조.

265) 「金公偁妻梁氏墓誌銘」, 『집성』, 155쪽.

266) "景宗六年十二月制 父母忌日依書儀 一日兩宵給暇"(『高麗史』 권64, 志18

친아들이 없는 경우에 부모의 예에 준해 휴가를 주고 있다.[267] 공양왕
때에야 가묘설치, 3대봉사와 함께 증조부모 기일에 제사를 지내게 했
다.[268] 이를 볼 때 고려시대에는 부모만 제사지내는 정도였고, 아들이
없을 경우에 한해 조부모까지 제사를 지냈음을 알 수 있다. 실제로 묘
지명이나 문집에서 제사에 대해 언급한 것을 보면 거의 부모제사였
다.[269] 또 고려시대에는 아들을 두고 먼저 사망한 처, 동거한 처부모,[270]
외조부모 기일에도[271] 휴가를 주고 있다. 이로써 고려시대의 제사는 조
선과 같은 부계집단 위주의 종적인 형태라기보다 부모, 조부모, 외조
부모, 처부모의 횡적인, 양측적 형태를 띠었다 하겠다.

　그러나 이 같은 불교식 상례는 성리학의 수용과 함께 차츰 비판의

---

267) "成宗元年十二月制 百官遇父母忌 給暇一日兩宵 祖父母忌無親子則亦依父
　　母例"(『高麗史』 권64, 志18 禮6 凶禮 百官忌暇 成宗 원년 12월) ; "顯宗十
　　一年閏六月制 無親子祖父母忌日 除庶人外文武入仕人 並給暇一日兩宵"
　　(위의 책, 顯宗 11년 윤6월).
268) "恭讓王二年二月判 大夫以上祭三世六品以上祭二世七品以下至於庶人止
　　祭父母並立家廟朔望必奠出入必告 四仲之月必享食新必薦忌日必祭. 當忌
　　日不許騎馬出門接對賓客其俗節上墳許從舊俗. 時享日期一二品每仲月上旬
　　三四五六品仲旬七品以下至於庶人季旬"(『高麗史』 권63, 志17 禮5 吉禮小
　　祀 大夫士庶人祭禮) ; "恭讓王三年五月庚子敎 近設家廟旣令六品以上祭三
　　代 自今許行曾祖考妣忌日之祭"(『高麗史』 권64, 志18 禮6 凶禮 百官忌暇).
269) 조선시대에도 분재기에 의하면 조선초기의 봉사는 대개 부모 조부모 등 1, 2
　　대의 조상을 제사의 대상으로 삼았는데 비해 후기로 내려올수록 2, 3대 또는
　　3, 4대 조상까지도 제사의 대상으로 취급했다(최재석, 『한국가족제도사연
　　구』, 일지사, 1983, 534쪽). 즉 조선후기로 내려올수록 여타 가족제의 유교식
　　구성원리의 영향을 받아 사대봉사를 일상화하는 성리학적 제례가 내면화되
　　었던 것이다(안호룡, 「유교의례의 보편화와 전통사회의 구조화」, 『한국의 사
　　회와 문화』 21, 한국정신문화연구원, 1993, 101쪽).
270) "文宗三十年六月制 先亡有後之妻及同居妻父母忌日依制給暇"(『高麗史』
　　권64, 志18 禮6 凶禮 百官忌暇).
271) "明宗十四年七月制 文武入流以上者妻父母忌日依外祖父母式一日兩宵給
　　暇"(『高麗史』 권64, 志18 禮6 凶禮 百官忌暇).

대상이 된다. 노국공주가 죽자 공민왕은 불교식으로 화장하려 했으나 柳濯(1311~1371)이 반대해 중지했다.[272] 공양왕 원년(1389) 憲司는 화장을 不仁이 심하다며 금지할 것을 주장하는 상소를 올렸다.[273] 공양왕 2년(1390)에는 주자가례에 의해 가묘를 세우고 적장자 중심으로 제사하는 법이 제정되었으며, 제사절차와 제수차림까지 규정하였다.[274] 공양왕 3년(1391)에는 가묘에 관한 법을 실행할 것을 명령하고,[275] 또한 복제를 대명률에 의해 개정하고 삼년상을 치를 것을 강조하였다.[276] 이처럼 불교식 상제례는 주자가례에 입각한 상제례로 일대 전환을 하게 된다.

그러나 이렇게 법이 바뀌기 이전에도 이미 삼년상을 치르고, 가묘를 세워 제사지내는 사람들이 보인다.

> B-4. 병신년(1356) 3월에 대부인이 병환으로 돌아가시자 아버지 문정공의 묘 아래에 장례지내고 그 곁에서 머물면서 복제를 마쳤다. 선생은 평소에 병이 있어 걷기가 어려웠으나 아침 저녁으로 제물을 드리고 쓸고 닦는 것을 반드시 몸소 하면서 잠시라도 그만두는 일이 없었다. 우리나라 풍속에 부모의 분묘를 지키는 것을 흔히 종이 대신하게 하고 사사로이 그의 부역을 면제해 주기도 하였다. 선생은 차마 어버이에게 무례하게 할 수 없다고 하여 몸소 이를 행하였으니 이는 대개 근래의 재상 중에 일찍이 없던 일이다(「金光載墓誌銘」, 『집성』, 562쪽).

김광재(1289~1363)는 당시에 흔히 종을 시켜 여묘살이하던 풍속을 버리고, 병든 몸으로 직접 여묘살이를 했다. 공민왕은 그가 사는 곳을

---

272) 『高麗史』 권111, 列傳24 柳濯.
273) 『高麗史』, 志39 刑法2 恭讓王 원년.
274) 『高麗史』 권63, 志17 禮5 大夫士 庶人祭禮 恭讓王 2년 2월, 8월.
275) 『高麗史』 권63, 志17 禮5 大夫士 庶人祭禮 恭讓王 3년 6월 己巳.
276) 『高麗史』 권64, 志18 禮6 五服制 恭讓王 3년 5월 庚子.

靈昌坊 孝子里라 명하고, 그 마을 몇 집의 세금을 떼어 그에게 주어
제사지내는 데 쓰게 했다.277) 정몽주(1337~1392)는 공민왕 당시 喪制
가 문란하고 해이하여 사대부가 다 백일만에 길복을 입었으나 부모상
에 여묘하고, 애도와 예절을 모두 극진히 하였으므로 문려에 정표했
다.278) 길재(1353~1419)는 어머니의 상사를 당해 삼년동안 시묘살이
하면서 모든 상제의 예절을 한결같이 성인의 제도를 따르고 불가의
법을 쓰지 않았다.279) 이숭인의 어머니는 시부모가 돌아가시자 "크고
작은 염을 모두 친히 하고 애통히 곡하다 여러 번 까무라쳐 마을 사람
들이 칭찬하였다."280)는 데서, 화장을 하지 않고 호곡하는 유교식 상
례를 치뤘음을 짐작케 한다. 특히 이색(1328~1396)의 문인이었던 尹
龜生의 사례는 고려말 주자가례에 의한 제사 모습을 잘 보여준다.

> B-5. (윤구생은)……벼슬을 그만두고 금주에 거주하면서 사당을 세우
> 고 매 초하루 보름과 四仲 및 俗節에는 3대 조상을 제사하고, 동지
> 에는 시조를, 입춘에는 선조를 제사하되 전적으로 주자가례에 의거
> 하였다(『高麗史』 권121, 列傳34 孝友 尹龜生).

윤구생은 공양왕 때에야 국가에서 시행하고자 했던 가묘제, 증조부
모까지의 제사 등을 솔선수범하고 있었다. 그는 주자가례에 의해 금주
에 있는 일곱 군데 조상 분묘에 제사를 지냈으며, 그의 처 최씨(1317
~1381)는 가난한 데도 제물을 법도대로 준비했다.281) 그는 가묘 설치
명령이 있기도 전에 가묘를 설치하고 제사를 지냈다 하여 나라에서
정표문려하고 효자비를 세우고, 집의 부역을 면제해 주었다.282)

---

277) 『高麗史』 권110, 列傳23 金台鉉 附 金光載.
278) 『高麗史』 권117, 列傳30 鄭夢周.
279) 『陽村集』 권20, 序 吉再先生詩卷後序.
280) 『陶隱集』 先夫人行狀, 436쪽.
281) 「尹龜生妻崔氏墓誌銘」, 『집성』, 608쪽.
282) 『高麗史』 권121, 列傳34 孝友 尹龜生.

350

B-5를 보면, 제사의 시기는 기제사 외에 초하루 보름, 시제, 명절 제사로 고려전기 불교식으로 지냈을 때와 큰 차이가 없었음을 알 수 있다. 그러나 '부인이 제물을 법도대로 준비했다'는 데서 제사에서 여성의 역할이 달라졌음을 감지할 수 있다. 고려후기 제사의 사례를 하나 더 보도록 하겠다.

> B-6. 집안에서 제사를 드리려 하면 典章을 조금 알아 돕지 않은 적이
> 없었다.……홀로된 것이 47세였는데 초하루와 보름의 제사에는 반
> 드시 몸소 묘소에 갔으며 3년상을 치르면서 아무리 춥거나 덥더라
> 도 게을리 하지 않았다. 그 뒤에도 명절의 제사 때에는 또한 나들
> 이를 삼가고 몸소 처음과 같이 가지 않은 적이 없었으나 중이 된
> 뒤에야 그만두었다(「金㫱妻許氏墓誌銘」, 『집성』, 445~447쪽).

김변 처 허씨(1255~1324)는 집안에서 제사 지낼 때 典章을 조금 알아 도왔다는 것이다. 이는 그녀가 유교식 제사법을 알고 있었음을 시사한다. 불교식 제사라면 승려가 주관하니 구태여 절차를 알아야 할 필요가 없을 것이기 때문이다. 게다가 '돕는다'는 표현283)도 남편이 제사를 주관하고 부인이 보조하는 것을 연상시킨다. 그리고 삼년상을 치렀다 하여 혹시 유교식으로 상례와 제례가 이루어진 것이 아닌가라는 생각도 든다. 그러나 묘지명을 보면 그렇지 않았음을 알 수 있다. 그녀는 남편이 충렬왕 27년(1301) 작고하자 나라에서 베푸는 의식을 사양하고 스스로 장례도구를 마련해 대덕산의 남쪽 언덕에 묘소를 마련하였다. 장례가 끝나자 이 묘지에서 바라볼 수 있는 서남쪽에 집을 짓고 또 이 곳에서 1리도 떨어지지 않은 곳에 절을 지어 명복을 비는 곳으로 삼고 감응사라 이름 지었다. 집안의 재화와 보물을 모두 털어서 승려를 청하여 불경을 사경했는데 금과 은을 섞어 글씨를 썼다. 그 외에도 여러 불사를 일으켰다. 즉 그녀는 화장을 하지 않고 삼년상을 치

283) "知典章莫不輔助".

르되 절을 지어 명복을 비는 불교식을 절충했던 것이다. 그녀는 충숙
왕 2년(1315) 비구니가 되어 계림에 갔다 오는 등 산천을 유람했다.
충숙왕 7년(1320)에는 장남의 집 근처인 서울 남산 남쪽에 초당을 짓
고 머물러 '지아비가 죽으면 아들을 따른다'는 교훈을 본받고자 했다.
그녀의 행적은 유교와 불교가 착종된 고려후기의 생활모습을 매우 잘
보여준다고 하겠다.

　이후 공양왕 2년(1390) 8월 초하루 발표한 제사 절차를 보면 嫡長
子孫이 주제하고, 衆자손과 친백숙부 및 그 자손, 당백숙부 및 자손은
모두 주제자 집으로 가서 제사에 참여하게 하였다. 또 주제자가 초헌
을, 주부가 아헌을, 여러 형제가 종헌을 한다고 규정하였다.[284] 이로써
제사가 '부계친족집단의 일'이며, 여성은 주제자의 배우자 자격으로
제사에 참여하게 되는 보조적 역할로 전락하게 되었던 것이다. 이는
행사를 절에서 승려가 주관하고 형제자매가 똑같이 돈을 내 제사를
지내던 고려의 관행에서 멀어지는 것이며, 고려 여성의 제사 면에서의
주체적 지위와 크게 달라지는 것이라 하겠다. 고려시대처럼 사찰에서
형제자매가 윤행의 형식으로 재를 지내면 제사를 지내기 위한 아들의
중요성이 적을 수밖에 없다. 또 외가와 처가의 제사를 지낼 수 있었다
는 점 역시 딸만 있어도 양자를 들이지 않게 했다. 아울러 절에서 재
를 지냈다는 점, 그리고 대체로 부모 제사에 한했다는 점 등도 여성들
의 제사 준비 부담을 크게 덜어줄 수 있었다 하겠다. 고려와 조선의
제사의례의 차이는 여성의 존재 조건 및 생활양식의 차이를 단적으로
보여준다고 하겠다.

3. 가정 경영과 영리활동

　여성은 '봉제사 접빈객' 같은 가사노동 뿐 아니라 한 가정의 주부로

---

284) 『高麗史』 권63, 志17 禮5 大夫士庶人祭禮.

352

서 가정을 관리하고 가정 경제를 운영해야 했다. 고려시대에 이상적인
부부관계의 모습은 남편은 정치나 학문 등 공적인 일에 힘쓰고, 여성
은 가정을 경영하는 것이었다. 아래의 사료는 이를 잘 보여준다.

> C-1. 평일에 일찍이 나에게 말하기를 "그대는 독서하는 분이니 다른
> 일에 힘쓰는 것이 귀중하지는 않습니다. 저는 집안의 의복이나 식
> 량을 주관하는 것이 맡은 일인데, 비록 반복하여 구하더라도 뜻과
> 같지 않은 경우가 때때로 있습니다. 설사 불행하게도 뒷날 내가 천
> 한 목숨을 거두게 되고, 그대는 후한 녹봉을 받아 모든 일이 뜻대
> 로 되게 되더라도, 제가 재주 없었다고 하지 마시고 가난을 막던
> 일은 잊지 말아주세요."라고 하였는데, 말을 마치고는 크게 탄식을
> 했다(「최루백 처 염경애 묘지명」, 『집성』, 94쪽).

염경애는 남편이 집안 살림에는 신경 쓰지 않고 오로지 관직 생활
과 공부에만 전념하기를 바랐다. 그리고 의복이나 식량을 구하는 것은
오로지 자신의 일이라며 혼자 가난한 살림을 꾸려가느라 애를 썼다.
다른 여성들의 묘지명에서도 '가정 살림하는 아내와 자기 일 하는 남
편'이라는 도식이 잘 나타난다. 최유청이 수만 권의 서적을 모아놓고
검토와 열람에 전념하고 집안 살림에 정신을 쓰지 않을 수 있었던 것
은 부인이 집안일을 잘 처리하였기 때문이다.[285] 閔漬가 나라에 충성
을 다하여 근무하였으되 집에 들어와서는 아무 것도 하지 않고 편히
지내고, 재산을 모으는 일로 그 마음에 누를 끼치지 않았던 것도 실로
그 처(1252~1336)의 내조에 힘입은 것이다.[286] 민사평은 날마다 시와
술로써 스스로 즐겼으며 집안 살림살이는 묻지 않고 부인에게 맡겼다.
주위 사람들은 "민공이 性情에 맡겨 술 마시고 마음껏 自適하는 것은
부인이 집안일을 잘 다스린 때문이다"라 하였다.[287]

---

285) 「崔惟清妻鄭氏墓誌銘」, 『집성』, 207쪽.
286) 「閔漬妻申氏墓誌銘」, 『집성』, 498쪽.

집안을 잘 다스렸다는 것은 구체적으로 어떤 것일까. 아래의 기사가 참고가 된다.

C-2. 부인은 평생 부모 섬기기를 효도로 하고 형제들에게 순종하였으며, 자손들에게 공평하고 婢僕들에게는 자애로왔다. 밤에는 불경을 외우고 낮에는 길쌈을 하였는데 나이가 들어서도 게을리하지 않았고, 의복과 음식에 이르기까지 풍족함과 검소함이 반드시 절도에 맞았다(「朴允文妻金氏墓誌銘」, 『집성』, 580쪽).

이는 대부분의 여성 묘지명에 나오는 기사들인데, 여성의 역할은 부모에게 효도하고 자식을 잘 기르고 노비를 잘 관리하며, 부지런하고 검소하게 의복과 음식을 준비하는 것이었다. 이 중 특히 주목되는 것은 노비 문제이다. 남편이 집안일에 신경 쓰지 않으려면 노비 관리는 당연히 여성의 몫이었을 것이다. 묘지명에 의하면 지배층들은 노비를 수십 명에서 수백 명까지 소유한 것으로 나오는데,[288] 집 안에서 부리는 노비도 있었을 것이고, 멀리 외거해 토지를 경작하는 노비들도 있었을 것이다. 따라서 노비를 부린다는 것은 의식주와 관련된 일상의 소소한 일부터 시작하여 농사를 짓고 상행위나 무역을 통해 이익을 구하는 것까지 상당히 광범위한 일들을 여성이 관리했다는 것을 의미한다.[289] 여성은 집에서 가족들을 먹이고 입히는 노동이나 하는 존재

---

287) 「閔思平妻金氏墓誌銘」, 『집성』, 582쪽.
288) 본문의 아래에서 인용되고 있는 박거실 처 원씨 집에는 수백 명의 노비가 있었고, 이보여 처 인씨 집에는 수십 명의 노비가 있었던 것으로 나온다.
289) 수백 년 뒤 사료이긴 하나 조선 인조 때 좌의정을 지낸 南以雄의 처 정경부인 曺氏가 쓴 『병자일기』에 보면 어디에 있는 논에 누구누구가 가서 김을 매고 추수를 했다는 등 농사와 관련된 사항들이 꼼꼼히 기록되어 있다. 예컨대 "무인년(1638) 5월 24일 집의 종 넷은 흙당 논에 김매러 가고 용수 정수 집의 종들은 이안의 밭에 그루갈이 하러갔다."(전형대·박경신 역주, 『역주 병자일기』, 예전사, 1991, 233쪽). "기묘년(1639) 6월 2일 보리타작을 하였더니 보통으로 두 섬 다섯말이 났다. 오늘은 김을 매지 않았다."(위의 책, 337

가 아니라 명실상부한 집안의 관리자였던 것이다. 여성의 관리 능력은 남편이 죽은 뒤 가장으로서의 역할을 하게 했다.

> C-3. 현릉(공민왕) 정유년(공민왕 6년, 1357) 5월에 공이 병들어 위독하게 되자 부인과 자녀들이 곁에 있으면서 소리를 내어 슬피 울었다. 공이 부인을 가리키며 여러 자녀들에게 일러 말하기를 "이제 어머니가 족히 너희들을 돌보아 줄 것이니, 뒷일에 대해 나는 걱정이 없다."라고 하였는데, 말을 마치자 돌아가셨다. 부인이 홀로된 지 20여 년 동안 어머니의 도리를 지키며 자녀들을 기르면서 모두 다 결혼시켰으나 재산은 줄어들지 않았다(「許邕妻李氏墓誌銘」, 『집성』, 645쪽).

허옹은 죽을 때 아내(1305~1380)가 자식을 돌볼 터이니 걱정 없다며 안심하고 죽었다. 과연 그의 처는 20여 년 동안 자식을 잘 길러 다 혼인시켰으며, 그러고서도 재산이 줄어들지 않을 정도로 경영 능력도 탁월했다. 남편 사후 장성한 아들이 있어도 호주로 기록된 여성의 사례가 보이는 점과도 관련해 당시 여성이 명실상부하게 가장 역할을 했으리라 짐작된다.

여성들이 노비를 효율적으로 부리면서도 불만이 없게 하는 것은 상당히 어려운 일이었을 것이다. 김원의 처 인씨는 "노비와 첩을 다스리는 데 있어서는 너그러우면서도 무게가 있었고 가혹하게 하지 않았으므로 아랫사람들이 비록 무서워하였지만 싫어하지 않았다"[290] 한다. 박거실 처 원씨(1288~1334)는 "법도로 다스렸으며, 부리는 비복이 수백 명이었지만 명을 내면 어기거나 원망하는 자가 없었다."[291] 한다.

쪽) 등이 그것이다. 또 토지경작과 관련해 누구에게 얼마를 받았다는 것 역시 기재하고 있다. "기묘년(1639) 6월20일 청풍 세미와 끝쇠가 貢木 6필을 보내고 끝쇠가 선물로 베 한 필을 보내왔다."(위의 책, 341쪽).

290) 「金元義妻印氏墓誌銘」, 『집성』, 392쪽.

291) 「朴居實妻元氏墓誌銘」, 『집성』, 482쪽.

즉 노비를 부리는 것은 '법도에 따라, 너그러우면서도 무게 있게, 자애롭고 가혹하지 않게' 등의 쉽지 않은 기술을 필요로 했던 것이다.

집안의 관리자로서 여성들은 가정 경제를 전적으로 운영했다. 이들은 양가로부터 받은 상속재산은 물론 남편이 벌어오는 녹봉을 잘 관리해야 했을 뿐 아니라 '공부하는 동안 집안에서 밥이 끓든 죽이 끓든 상관 않는 남편'[292]을 대신해 집안 살림을 꾸려가야 했다. 그런데, 여성들이 살림을 도맡을 때 경제적 어려움은 어느 정도였을까. 고려시대의 관리들은 전시과와 녹봉을 받았는데, 그리 넉넉한 양이 아니었다. 토지는 품계에 따라 최고 100결에서 최저 17결까지 차등적으로 지급되었다. 녹봉은 최고 400석부터 최저 10석까지 큰 차이가 있었다. 전시과 18등급 가운데 제11과에 배정된 정6품 관리의 경우 전시과 토지 45결에서 나오는 토지세와 86석 10두의 녹봉을 받아 합하면 약 1770두의 곡식을 받았다. 이것은 성인 23명 정도가 1년 동안 먹을 수 있는 양이었다 한다.[293] 이 정도면 그래도 여유가 있을 것 같으나 이 시기에는 오늘날과는 달리 집을 방문하는 일가친척, 친구, 문생, 식객 등이 많았음을 생각하면 결코 넉넉한 것이 아니었을 것이다. 아래의 사료는 이를 잘 보여준다.

C-4. (이보여는) 국권을 장악하여 왕명을 출납하는 직책(喉舌)에 있었는데, 매우 청렴결백하고 엄중하였으므로 당시에 소문이 났다. 부인도 마음을 같이하여 그 뜻을 따르며, 그 덕을 쌓는데 내조하지 않은 적이 없었다. 비록 집안은 몹시 가난하였으나 오히려 義로써 가난함을 즐겁게 여겼다. 낮에는 길쌈하고 밤에는 바느질을 하며, 부지런하고 게으르지 않으니 집안이 이에 잘 다스려졌다. 위로는 남편을 받들고 아래로는 여러 아이들과 노비 등 무려 수십 명을 거느리면서도 거두어 먹이고 기르는데 부족함이 없는 듯이 하였고,

292) 정도전, 「가난」, 『三峰集』 권4,.
293) 『고려시대사람들 이야기 1(정치생활)』, 신서원, 2001, 240쪽.

음식에 있어서도 반드시 고르게 나누어 주었으니, 참으로 어머니의 도리를 다하였으며 여자의 도리를 다하였다(「李輔予妻李氏墓誌銘」, 『집성』, 159쪽).

이보여는 중요한 관직에 있었지만 청렴결백하여 집이 몹시 가난했다. 집에는 가족과 노비 등 수십 명이 있었는데, 부인(1099~1157)은 이들을 다 거둬 먹이고 길러 집안을 잘 다스렸다. 이 보여는 누차 승진했지만 안팎이 모두 뇌물을 받지 않아 "지위는 더욱 높아졌지만 살림은 더욱 가난해졌고, 이름은 더욱 빛났으나 절개는 더욱 견고해졌다."[294] 심지어는 사료 C-4에서 보듯 '가난을 즐겼다'고까지 묘사되고 있는 것이다.

의식주와 관련된 일상적인 생활비 외에 또 남편의 관직생활 면에서도 비용이 들어가는 것이 있었다. 남편이 군사관계 일에 종사하는 동안 염경애는 여러 차례 군복을 지어 보내주었으며, 內侍로 있는 동안에는 있는 것 없는 것을 다 털어서 음식을 만들어 보내기도 하였다.[295] 즉 관리들에게 필요한 의복이나 음식물이 충분히 지급되지 않아 집에서 마련해야 하는 경우도 있었던 것 같다. 비슷한 사례들은 더 찾을 수 있다. 김원의는 원래 무반 출신으로 정벌을 하거나 국경을 지키러가게 되면 장비를 준비하거나 관례에 따라 먹고 마시며 잔치하는 비용이 번잡하고 사소하지 않았지만 부인은 모두 손수 마련하였다[296]는 기록도 있다.

넉넉지 않은 살림을 규모 있게 꾸리기 위해 여성들에게 일차적으로 요구된 덕목은 검소함과 근면함이었다. "병이 나거나 특별한 일이 있지 않으면 집안 사람들조차 그의 게으른 모습을 볼 수 없었다"[297]는

---

294) 「李輔予妻李氏墓誌銘」, 『집성』, 159쪽.
295) 「崔婁伯妻廉慶愛墓誌銘」, 『집성』, 94쪽.
296) 「金元義妻印氏墓誌銘」, 『집성』, 392쪽.
297) 「崔湧妻金氏墓誌銘」, 『집성』, 102쪽.

류의 기사가 대부분의 여성묘지명에서 언급되고 있다. 나아가 여성들은 실제로 경제활동에 종사하기도 했다. 여성들에게는 상속받은 재산이 있었고, 가정 살림을 꾸려나가는 것은 그녀들이었기 때문이다. 그래서 일부 여성들은 단순히 근검절약하는데 그치지 않고 경제적 이득을 추구하기도 하였다. "부인은 평생 재산을 모으는 일에 구차하게 마음을 쓰지 않았고 또한 얻은 것이 있더라도 지나치게 아끼지 않았다."[298] "부인이 홀로된 지 20여 년 동안 어머니의 도리를 지키며 자녀들을 기르면서 모두 다 혼인시켰으나 재산은 줄어들지 않았다."[299]는 기사에서 고려시대 여성들이 경제활동을 했음을 어렵지 않게 짐작하게 된다. 그렇다면 여성들은 어떤 방식으로 돈을 벌었을까.

여성들은 우선 부모로부터 받은 토지나 노비에서 나오는 수익을 가질 수 있었다. 아래의 사례는 이를 잘 보여준다.

> C-5. 좌우에 부리는 사람을 신중하게 선택하고 아첨하는 사람을 멀리하였으니 사람 됨됨이를 잘 알아보았으며, 재물의 유혹을 받지 않았으니 근검절약하여 필요하지 않은 일을 하지 않았다. 그리하여 부모가 살아계실 때의 귀중한 보물과 골동품들을 □ 조금도 허비함이 없이 삼가며 지켰으니 아 훌륭하다(「王梓女王氏墓誌銘」, 『집성』, 246쪽).

왕재 딸은 독신으로 일생을 마쳤다. 그녀는 돈을 벌 수 있다고 유혹하는 주위의 아첨꾼들을 물리치고 쓸데없는 영리사업을 하지 않고 오직 근검절약하여 부모의 재산을 잘 지킬 수 있었다는 것이다. 이처럼 많은 재산을 물려받고, 그 재산을 그저 지키는 수준에 머무르기도 했다.

여기서 조금 더 나간 방법이, 그리고 아마도 고려시대 여성들이 가

298) 「金坵妻崔氏墓誌銘」, 『집성』, 426쪽.
299) 「許邕妻李氏墓誌銘」, 『집성』, 645쪽.

장 많이 했을 것으로 추정되는 것이 고리대이다. 고려시대에는 고리대가 매우 성행하였다. "무릇 公私 借貸에서 쌀 15말에 이자 5말, 布 15필에 이자 5척을 받는 것을 恒式으로 삼았다."[300]는 데서 보듯 기본 이자율이 무려 1/3이나 되었다. 성종 원년(982)에는 이자가 불어 원금과 같아졌을 때는 더 이상 이자를 받지 못하게 하는 법을 제정[301]하기도 했다. 그러나 부강한 양반이나 사원, 심지어는 관청까지 법을 무시하고 이자를 한정 없이 증가시키고,[302] 이자에 이자까지 받거나[303] 원래 돈의 10배까지 받고,[304] 꾸어간 자가 죽은 뒤에까지도 징수했다.[305] 이에 백성들은 예로부터 전해오는 丁田을 강제로 빼앗겨 생업을 잃고 더욱 가난해지며,[306] 아내와 자식을 전당잡히거나 팔고도 빚을 갚지 못했다.[307] 농민들이 고리대를 이용할 수밖에 없는 상황은 공민왕 때 白文寶의 箚子에 잘 나타나 있다.

C-6. 빈민들은 해마다 몇 묘의 토지를 경작하는데 조세가 그 수확의 절반을 차지하므로 그 해를 넘기지 못하여 벌써 식량이 떨어집니다. 그리하여 이듬해 농사철이 되면 부잣집의 곡물을 꾸어다가 種子와 식량을 준비하게 됩니다. 그런데도 지금 관리들은 백성들의 고통을 돌보아 주려는 생각이 없으므로 부자들이 제 마음대로 곡물을 꾸어주고 갑절 이자를 받는 것을 금하지 않습니다.……(『高麗史』 권79, 志33 借貸 恭愍王 11년).

---

300) 『高麗史』 권79, 志33 食貨2 借貸.
301) 『高麗史』 권79, 志33 食貨2 借貸 成宗 원년 10월.
302) 위의 책, 忠肅王 5년 5월.
303) 위의 책, 恭愍王 5년 6월.
304) 위의 책, 恭讓王 원년 12월.
305) 위의 책, 定宗 9년 12월 ; 恭愍王 12년 5월 ; 辛禑 원년 2월.
306) 위의 책, 明宗 18년 3월.
307) 위의 책, 忠烈王 34년 11월 ; 忠肅王 5년 5월 ; 恭愍王 원년 2월 ; 5년 6월 ; 12년 5월 ; 20년 12월 ; 辛禑 원년 2월 ; 恭讓王 원년 12월.

즉 조세 부담이 커 농민들은 부잣집에서 곡물을 꾸지 않을 수가 없
는데, 관리들은 법대로 처리하지를 않아 부자들이 높은 이자를 받는다
는 것이다. 관청조차도 이에 편승해 묵은 곡식을 억지로 빈민들에게
나눠주고 강제로 이자를 취하기까지 했다.[308] 따라서 고려 전후기를
막론하고 고리대가 매우 성행했으며, 농민들은 항상적으로 이에 시달
렸다 하겠다. 이처럼 고리대가 일반적으로 이루어지던 상황에서 여성
들 역시 고리대를 통해 영리행위를 했을 것으로 여겨진다. 그녀들이
부모로부터 받은 상속지분과 시가의 재산, 그리고 남편이 벌어온 것
등을 이용해 그녀들은 재산을 불려 나갔을 것이다. 권부 처 변한국대
부인 유씨(1247~1326) 묘지명에 보면 그녀가 원금과 이자 계산하는
것을 부끄럽게 여겼다[309]는 말이 나와 이를 뒷받침해 준다.

고리대 외에 여성들은 또한 상업이나 무역을 통해서도 이득을 취했
던 것 같다. 고려시대에는 상업이 발달해 上下가 모두 물건을 사고 팔
아 이익을 남기는 것으로써 일을 삼았으며,[310] 개경에는 시전이 있었
고 지방에는 장시가 있었는데, 농민과 수공업자, 관리, 남녀노소가 함
께 참여했다.[311] 고려시대의 상업은 도시와 지배층을 중심으로 발전
하고, 농민층의 유통경제는 발전하지 못하였다. 농민들은 가혹한 수취
와 抑賣抑買 형식으로 권력가에게 잉여를 수탈당했기 때문이다. 예컨
대 권세가들은 각 군현에 사람을 보내 민간의 細布・綾羅・葦席・인
삼・松子・벌꿀 등 진귀한 물건을 강제로 매입했고, 악질의 은병을
사용하여 이중의 이득을 취하였다. 또한 사원은 질 나쁜 종이와 베를
빈민에게 강제로 판매하기도 하고, 지방관들도 부임할 때 고가의 물품
을 가지고 가서 강제로 팔아 이익을 취하는[312] 등 농민에 대한 수탈

308) 위의 책, 仁宗 5년 3월.
309) 「權溥妻柳氏墓誌銘」, 『집성』, 522쪽.
310) "上下以賈販利入爲事"(『송사』 권487, 고려전).
311) 『高麗圖經』 권3, 城邑 貿易.
312) 안병우, 「고려시대 수공업과 상업」, 『한국사』 5, 한길사, 136쪽.

은 끝이 없었다. 또 상인들에 대한 억매억매도 있었다.

C-7. (이자겸의) 어머니는 평장사 金廷俊의 딸인데 욕심이 많아서 상인에게서 물건을 사고 그 값을 제대로 주지 않거나 또는 전혀 주지 않았다. 또 노비를 내어놓아서 횡포한 짓을 했으므로 그녀가 죽자 상인들이 서로 축하하였다(『高麗史』 권127, 列傳40 叛逆 李資謙).

C-8. 충렬왕 34년 11월에 충선왕이 명령을 내려 이르기를 첫째, 시장과 저자의 행상, 좌상들은 이 곳에 있고 저 곳에 없는 물건들을 서로 바꾸어 살아나가는 밑천을 삼는데 지난날 迎送・國贐・宴禮의 여러 관원들이 빈 문서만을 주고 여러 가지 물품들을 가져다 쓰고는 그 값을 돌려주지 않았고, 심지어는 공공연히 약탈하는 수도 있었기 때문에 원망하는 소리가 적지 않으니, 마땅히 각 관사들에 명령하여 문계들을 조사 대조해 보고 물품의 수량대로 돌려주도록 하여야 한다. 금후로는 모두 그 값을 주고 사게 하여 소동을 일으키지 말게 할 것이다(『高麗史』 권79, 志33 食貨2 借貸).

C-7에서 인종 때의 권신 이자겸의 어미가 물건값을 제대로 치르지 않거나 노비들을 시켜 횡포한 짓을 해 그녀가 죽자 상인들이 서로 축하했다는 것은 상인에 대한 수탈의 모습을 잘 보여준다고 하겠다. 이는 단순히 그녀가 집에서 쓸 물건을 사면서 횡포를 부린 것이 아니라 그녀 스스로, 혹은 노비를 시켜 권력을 배경으로 수탈적인 상행위를 했음을 말해주는 것이다. C-8은 관리들이 시장의 물품을 가져다 쓰고는 값을 지불하지 않음을 이야기하고 있다. 이처럼 고려시대에는 지배층에 의한 수탈적 상행위가 만연해 있었고, 이자겸 어머니의 예에서 보듯 여성들도 가담하여 영리를 추구했던 것으로 보인다.

원 간섭기가 되면 무역이 크게 성행한다. 원이 아시아에서 유럽에 걸치는 대제국을 건설하고 교통로를 열었기 때문이다. 이에 이전과는 비교가 안될 만큼 대외무역이 발전하고, 고려도 여기에 참가하게 된

다. 왕실과 지배층은 농민들의 물자를 수탈해 활발한 무역활동을 벌인
다. 아래의 사료는 이를 잘 보여준다.

C-9. (충렬왕비 제국대장)공주는 일찍이 잣과 인삼을 중국 강남으로
수출해 많은 이익을 얻었다. 그 후 내시들을 각처에 보내 그 물건
을 구하고 비록 생산되지 않는 지방까지도 받아들여 백성들이 괴로
워 했다. 어느 날 한 여승이 공주에게 흰 모시를 바쳤는데 가늘기
가 매미 날개 같으며 꽃무늬도 놓여 있었다. 공주가 출처를 물어
자기가 데리고 있던 여종이 짠 것이라 하자 공주는 여종을 요구했
다(『高麗史』 권89, 列傳2 后妃2 齊國大長公主).

제국대장공주(1259~1297)는 잣 인삼 등을 수출했으며 모시 짜는
여종을 요구한 것으로 볼 때 모시 등 직물류도 교역했던 것 같다. 당
시 원에서는 고려의 모시가 매우 인기 있어 수출품 중 상당량을 차지
하고 있었다. 충혜왕도 신하 南宮信을 시켜 포목 2만필, 금·은·초화
를 가지고 유주·연주 지역에 가서 무역하게 했다.[313] 충혜왕이 상인
임신의 딸로서 사기 장사를 했던 단양대군의 종 은천옹주 임씨를 후
궁으로 맞아들인 것[314]은 당시 상업의 발전과 상인들의 세력, 그리고
왕의 상업에 대한 관심 등을 엿볼 수 있게 한다. 왕실뿐 아니라 권세
가들도 사행무역에 편승하거나 자신의 노비를 시켜 무역하는 방식으
로 대외무역에 적극 참여하였다.[315]

C-10. 공민왕 때부터 사신으로 가는 사람들은 금 은 기타 토산물을
많이 가지고 가서 비단 기타 일용품들을 구입해 왔다. 비록 유식한
사람들이라도 세력 있는 귀족들의 칭탁에 마지 못해서 가지고 간

313) 『高麗史』 권36, 世家36 忠惠王 후3년 3월 丙申.
314) 『高麗史』 권89, 列傳2 后妃2 忠惠王 銀川翁主 林氏.
315) 전병무, 「고려 충혜왕의 상업정책과 재정정책」, 『역사와 현실』 10, 1993, 240
~241쪽.

개인의 사용 물품이 공헌물의 10분의 9를 차지하니 중국에서는 고려 사람들이 큰 나라를 섬기는 것을 구실로 무역 상 이익을 위하여 온 것이라고 하였다(『高麗史』 권112, 列傳25 朴宜中).

C-11. 어떤 북방 중이 北元으로부터 와서 康舜龍에게 "원나라가 瀋王의 손자를 고려 왕으로 세운다"라고 말하였다. 왕이 이 말을 듣고 그 중과 강순룡을 옥에 가두고 심문하니 그 중이 누구에게서 들었다고 말하므로 그 사람을 잡아서 국문하니 "전에 찬성사 우제의 집 奴僕이 북원에 가서 行商하였을 때에 들은 것이다"라고 말하였다. 그 노복을 심문하려 하니 그는 도망하였으므로 중과 강순룡은 석방하고 임오일에 우제를 巡衛府에 투옥하였다(『高麗史』 권44, 世家44 恭愍王 23년 9월 辛巳).

C-10은 朴宜中 열전의 일부이다. 그는 명에 가서 철령이북 땅을 반환해 줄 것을 요구하였다. 당시 중국에 사신 가는 사람들이 이를 기화로 무역을 했으나 박의중은 한 가지 물건도 가지고 가지 않았다. 요동 護送鎭撫 徐顯이 천을 달라고 하니 박의중은 자루를 털어 보이면서 자기가 입고 있던 모시 옷을 벗어 주었다 한다. C-11에서는 찬성사 우제의 집 종이 원나라에 가서 상행위를 했음을 알 수 있다. 이처럼 고려후기에는 왕실 뿐 아니라 권세가들도 적극적으로 무역의 利를 추구했던 것이다.

이들이 교역한 물품은 무엇이었는가. 그리고 교역할 물품은 어떻게 확보했는가. 가장 대표적인 것이 모시였다. 모시는 원에서 매우 인기가 있었고, 당시 고려의 모시 직조기술은 상당한 수준이었다. 모시는 '색깔이 결백하여 옥과 같았으며',[316] C-9의 사료에서 보듯 '가늘기가 매미날개 같고, 꽃무늬가 놓여진' 홀륭한 것들도 있었다. 권세가들은 反同과 억매를 통해 농민들로부터 모시를 수탈했을 뿐 아니라 직접

---

316)『高麗圖經』 권23, 雜俗2 土産.

자신들의 농장에 모시를 심기도 했다. 그리고는 文紵布를 직조할 수
있는 기술을 보유한 사원과 결탁하거나 아니면 그러한 직조기술을 가
진 장인이나 織婢들을 초치하여 상품을 직접 생산하여 무역을[317] 했
을 것이다. 이러한 모시 교역은 상당한 이익을 가져왔을 터인데, 권세
가의 모시 교역에는 그 집 안주인의 영향도 상당했을 것이다. 노비를
시켜 농민들의 모시를 억매하게 하는 것도 그렇고, 집 소유 농장에 모
시를 심고 관리하는 것, 직비를 시켜 모시를 짜게 하는 것 등 이 모든
과정에 그녀들이 상당히 관여했을 것이다. 남편은 기본적인 관직 생활
외에 모시교역을 위해 사신으로 가기를 열망하거나 사신 갈 사람과
교제에 열중하는 등 주로 대외적인 교섭에만도 바빴을 것이므로 실제
적인 일에는 여성의 역할이 중요했으리라 여겨진다. 물론 피지배층 여
성들은 수탈의 대상이 되어 밤낮없이 직조 노동에 골몰해야 했을 것
이다.

  이처럼 여성들의 활발한 상행위나 이식 활동은 내외법이 없어 여성
의 활동이 보다 자유로웠다는 점과 함께 불교에서 상업 등 경제행위
를 죄악시하지 않은 영향도 있을 것으로 추측된다. 원시불교 교단에서
는 출가 수행자에게는 경제행위가 금지되었으나 재속신자에게는 그렇
지 않았다. 오히려 현세적 재물을 존중해야 한다는 것과 각자의 업무
에 부지런히 애써서 영리를 추구하는 것을 말하고 있다. 예컨대 경전
에서는 "세상에 점포의 주인이 오전에 열심히 일에 정려하고, 낮에 열
심히 일에 정려하고, 오후에 열심히 일에 정려한다. 이들 세 가지의
조건을 구비하고 있는 점포의 주인은 아직 얻지 않은 재물을 얻고, 또
한 이미 얻은 재물을 증식할 수 있다."고 한다.[318] 또한 불교에서는 상
업도덕의 하나로 정직을 강조하는데, 이는 대차관계 면에서도 나타난
다. 부채는 반드시 반제해야 하며, 이자 금지 사상 같은 것은 존재하

---

317) 위은숙, 앞의 책, 219쪽.
318) 中村元, 『원시불교 그 사상과 생활』, 동문선, 1993, 283쪽.

지 않았다. 오히려 조금 뒤에는 경전 자체가 이자를 받기 위해서 대부하는 것을 세속인에게 적극적으로 장려하고 있고, 후대에는 불교교단 자신이 대부를 하게 된다.[319] 이처럼 영리활동을 죄악시하지 않은 불교의 영향으로 고려의 지배층들은 상업과 무역, 고리대를 통해 경제적 이익을 추구했고, 여기에는 여성도 실제적으로 많은 역할을 했다 하겠다.

이처럼 고려의 여성들은 일상적인 의식주 노동과 봉제사 접빈객 그리고 가정경영의 주체로서 활발히 활동했다. 고려의 상·제례는 수평적 성격을 띠어 여성도 남성 못지않은 역할을 할 수 있었다. 또 내외 관념이 약했으며, 영리활동을 죄악시하지 않은 불교의 영향으로 여성들의 경제활동 역시 적극적일 수 있었다 하겠다.

---

319) 앞의 책, 289~290쪽.

결 론

  지금까지 고려시대의 혼인제도에 대해 먼저 그 범주와 사료를 검토하고, 다음으로 그 성립요건 및 거주규정, 그리고 혼인제의 유지와 해소로서의 간통과 수절문제, 이혼과 재혼의 문제 등 혼인제 전반에 대해 고찰하였다. 또 국가의 대여성 정책과 유교 및 불교의 여성관, 그리고 고려시대 가족의 규모와 구성 및 가족 내 여성의 지위와 역할, 여성의 가사노동과 경제활동 등에 대해서도 고찰하였다. 이로써 혼인과 가정생활의 영역에서 고려시대 여성들의 존재형태는 물론 고려사회의 일면을 알아보고자 하였다. 본서의 내용을 요약하면 다음과 같다.

  제1장에서는 고려시대 혼인 분석의 전제로서 고대의 혼인 및『고려사』형법지 혼인 관련 사료에 대해 검토하였다. 제1절 고대의 혼인을 보면, 고대에는 자유혼 사례도 보이나 지배층의 경우 중매혼이 중심이었다. 그러나 지배층의 경우도 자유혼이 가장에 의해 규제되었을 뿐 국가나 사회적 처벌대상이 아니었다는 점에서 후대와의 차이를 보인다. 혼인은 같은 신분 내에서 이루어졌으며 폐쇄적인 골품제로 인하여 동성근친 간에 혼인하는 경우가 비일비재했다. 한편 신라는 삼국을 통일한 뒤 확대된 영토와 인구를 효과적으로 통치하기 위해 唐制를 수용하고 유학을 중시하여 왕 중심의 관료제를 강화해 나간다. 이는 혼인제에도 영향을 미쳐 왕실의 경우 중국식 혼인의례가 실시되고, 동성

혼에서 탈피하려는 의식 및 일부일처적 경향과 미약하나마 적서구분이 나타나기도 한다. 그러나 골품제가 붕괴되지 않는 한 동성근친혼에서 탈피하는 것은 사실상 불가능하고, 또 신라 하대가 되면 族의 분화와 귀족 연립적 성향 등으로 다시 多妻가 보인다.

제2절에서는『고려사』형법지 혼인 관련 조항에 대한 검토를 통하여 고려 혼인제의 범주와 형법지가 가지는 사료로서의 의미와 한계를 알아보고자 하였다.『고려사』형법지의 내용을 통해 볼 때 고려의 혼인은 부부의 결합으로서의 혼인과 그 유지로서의 간음에 대한 규제, 그리고 그 해소로서의 이혼으로 구성된다. 그리고 형법지는 고려율이 현존하지 않는 상황에서 고려의 혼인율에 대해 알 수 있는 유일한 기초 사료라는 점에서 큰 의미를 가지고 있다. 그러나 한편 형법지는 그 내용이 매우 소략하여 고려 혼인율의 전부를 말해주지 못한다. 또한 고려 멸망의 필연성과 조선왕조 건국의 정당화라는 목적의식에서 작성되어 사료가 취사선택되기도 했다는 한계를 가진다. 또한 어떤 시대나 마찬가지로 고려 역시 법제와 실제 사회적 삶 간에 괴리가 있을 수도 있다. 따라서 고려의 혼인제 연구를 위해서는 중국률과의 비교 고찰을 통하여 형법지의 소략함을 보충하고, 실제 사례들을 통해 율문의 실제 적용성을 알아보는 것이 요구된다 하겠다.

제2장에서는 고려시대 혼인제의 운영과 변천에 대해 고찰하였다. 제1절에서는 고려전기에 혼인이 성립하기 위해서는 어떠한 요건을 갖추어야 하는가를 알아보았다. 시기 면에서는 부모가 옥에 갇혀 있다거나 親喪 중일 때 혼인하는 것이 금지되었다. 대상 면에서는 同姓近親婚이 규제되기 시작하였다. 고려시대에 들어와 골품제가 붕괴하고 귀족사회가 형성되면서 지배층의 경우 이전에 비해 혼인 대상이 보다 확대되었다. 또 중국의 법이나 제도의 영향이 더 커지면서 동성근친혼을 부정적으로 보는 의식도 더 강해졌다. 그리고 현종 이후 고려의 중앙 정계를 주도하는 세력들 간의 밀집된 통혼이 이루어지고 그에 따

라 그들 간에 서로를 중첩된 계보로 연결시키는 혈족관계망이 성립되었다. 계급내혼과 근친혼으로 얽힌 특정 가문의 세력 확대는 왕실과 지배층 모두에게 상호 위협적인 것으로 인식되어 이에 대한 견제의 목소리가 대두되고 공론화하였다. 이러한 여러 이유로 문종대 이후 근친혼이 규제되기 시작하였던 것이다. 그러나 이 시기의 근친혼 규제는 범위도 들쑥날쑥하고, 처벌도 소생자식을 규제하는 간접적인 것으로서 피지배층에게까지 영향을 미치지는 못하였다. 신분 및 지위가 다른 사람 간의 혼인도 규제되었으나 양천혼의 경우 노비수를 늘리려는 노비주의 욕구 때문에 불법적으로 행해지기도 하였다. 일부다처를 취하는 중혼은 왕실에서는 여전히 행해졌으며, 민간에서는 대체로 일부일처였던 것으로 보인다. 그러나 법적으로 엄격히 중혼을 규제했는지 여부는 여전히 잘 알 수 없다. 主婚과 절차 면을 보면, 혼인은 반드시 집안의 어른에 의해 중매를 통해 결정되어야 했으며 당사자 간의 자유혼은 인정되지 않았다. 또, 혼인을 하는 데는 중국의 혼인례에 준하는 일정한 의식이 있었으나 중국과 다른 男歸女家 관습 때문에 親迎은 실시되지 않았다.

제2절에서는 혼인 거주규정에 대해 살펴보았다. 고려의 혼인은 중국과 달리 처가살이 형태인 남귀여가혼이었다. 그러나 남귀여가혼은 기존에 알려져 있듯이 일률적으로 처가에서 장기간 머물다 夫家로 돌아가는 것이 아니었다. 처가에서 오래 머물기도 하고 남편집의 사정에 따라 일찍 夫家로 가기도 하며, 혹은 벼슬 등의 이유로 분가를 하기도 하는 등 다양한 양상이 보인다. 이는 양측적 친속 및 남녀균분 상속이라는 고려의 독특한 친족·상속제에서 비롯된다. 남귀여가혼의 결과 고려시대에는 모계나 처계친과도 부계친 못지않게 가까웠고, 사위도 아들 못지않은 존재일 수 있었다. 딸에 대해서도 출가외인이라는 생각이 적을 수밖에 없었으며, 이에 아들과 딸 간의 차별도 그다지 심하지 않을 수 있었다. 그러나 남귀여가혼은 처가가 사위를 지대할 정도의

재력을 기본적으로 요구한다는 점에서 가난한 여성들은 혼인을 하지 못하는 일이 생기기도 하였다. 또 처가와의 밀접성은 한편으로 정치적 이유 및 부귀와 출세를 위한 棄妻를 성행하게 했다는 역기능도 아울러 가지고 있다.

제3절에서는 고려후기 혼인제의 변화 및 시기에 따른 고려 혼인제의 특징에 대해 살펴보았다. 12세기 이후 지배체제의 동요현상이 나타나기 시작해 무신집권과 원 간섭기를 거치면서 고려사회는 큰 변화를 겪게 된다. 이는 혼인제도에도 영향을 미쳐 근친혼 규제는 지배집단의 확대 및 원의 요구, 전기 이래 근친금혼의 누적된 효과 등이 작용하여 동성동본불혼제가 성립하며, 고려 친족구조의 특징을 반영하여 이성친에 대해서도 금혼범위가 확대된다. 또 경제변동과 신분제의 혼란으로 양천혼이 늘어나고 소생 자식에 대한 규제도 제대로 이루어지지 않는다. 또한 혼인의 정략적 성격이 한층 강해지면서 12세기 후반 이래 조혼 풍조가 나타나고, 이는 원 간섭기에도 공녀 징발의 여파로 계속된다. 원 간섭기에는 원 풍속의 영향으로 일부다처를 취하는 사례도 늘어난다. 한편 원에서 성리학이 수입되며, 신흥사대부들은 이를 사회 혼란을 개혁할 이데올로기로 받아들인다. 이에 혼인제도 이 영향을 받아 부계중심적 개혁이 모색되어 혼인율의 강화와 여성의 재가금지, 처첩 적서구분 등이 논해진다.

고려의 혼인제는 크게 4시기로 나눌 수 있다. 태조에서 정종까지를 제1기, 문종에서 의종까지를 제2기, 명종에서 고종까지를 제3기, 원종에서 공양왕까지를 제4기로 나눌 수 있다. 제1기에는 당률 및 신라율 등을 참작, 고려의 혼인율이 처음으로 제정되었다. 제2기에는 고려 사회의 여러 문물제도의 완비와 함께 혼인율 면에서도 대대적인 정비가 행해졌다. 근친혼 규제와 신분과 지위가 다른 사람 간의 혼인, 중 및 간음한 부녀자의 자식에 대한 처벌 규정 등이 그것이다. 그러나 이 시기의 혼인규제는 처벌 방식이 혼인당사자를 처벌하고 이혼시켜 불법적인 혼인 자체를 무효화시키는 것이 아니라 자손을 규제하는 간접적인 방식이었다. 이는 혼인율의 규제 대상이 지배층에 한정되었음을 의미하는 것이기도 하다. 제3기는 무신집권기로서 새로운 법령의 제정이나 기존 법령의 폐지 등이 보이지 않는다. 정치제도 등과 달리 혼인제 면에서는 앞 시기의 법제가 그대로 유지되었던 것이다. 다만 그 운영 면에서만 몇몇 불법 사례들이 나타난다. 제4기는 원 간섭기로서 동성혼 금제가 성립하고, 공녀징발 및 원풍속의 전래로 조혼과 예서제, 일부다처제 등이 성행한다. 또한 성리학의 수용으로 혼인율이 강화되고 여성의 재가금지, 처첩 적서구분 등이 논해진다. 그런데 동성불혼제의 성립은 곧 부계적 관념의 강화를 의미한다. 고려전기의 근친금혼은 대공친 혹은 소공친 등 당시에 가까운 친척이라고 여겨지는 일정한 친족 범위 밖의 사람과의 혼인이었다. 그러나 이것이 동성혼으로 확대되었다는 것은 '동성은 곧 근친'이라는 관념이 나타난 것으로서 부계 친족제로의 경사를 의미하는 것이라 하겠다. 이것이 非부계적인 친족구조에서보다 여성에게 불리할 것임은 말할 것도 없다. 예컨대 남귀여가혼이나 남녀균분 상속 등 혼인거주 규정이나 상속 면에서 아들 위주가 될 가능성이 높아지기 때문이다. 또 조혼은 적령기의 혼인보다 더욱 가장의 영향력이 강하게 미칠 수 있으며, 일부다처제 역시 일부일처제에 비해 처의 지위가 낮아진다. 이처럼 제4기에는 공녀로 인한 조혼과 다처로 혼인제에서 가부장의 권한이 한층 강화되며 성리학의 수용으로 부계관념 역시 확대되어 여성에게 불리해지는 면이 있었다.

제3장에서는 이혼과 재혼에 대해 고찰하였다. 제1절 고려시대의 이혼은 부부의 합의하에 이루어지거나 부부 중 한 쪽이 義絶을 범했을 때도 이루어졌지만 남편의 일방적인 의사에 의한 棄妻가 대부분이었다. 기처는 여자에게 七去에 해당하는 사유가 있어 행해지기도 하였지만, 정치적 이유나 출세를 위해 행해지는 경우도 많았다. 고려는 친족제도 면에서 妻系나 母系와도 관계가 밀접하여 사위는 처가의 형벌

에 함께 연루되고 영예도 함께 누렸다. 이에 정치적 격변기에는 형벌을 면하기 위하여, 평소에는 부귀나 출세를 구하기 위하여 처를 버리고 재혼하는 경우가 생길 수 있었던 것이다. 고려가 재혼이 금지된 사회가 아니라는 점도 이를 조장하였다. 그러나 정치적 이유나 상대 집안의 세력을 얻기 위해 이혼한다면 여자 측에서도 이혼을 요구할 수 있어야 하나 실제로 여자 측에는 거의 이혼권이 없었다. 이혼제의 측면에서 볼 때 고려 여성의 지위는 매우 낮았다 할 수 있다.

제2절 고려시대에 여성의 재혼은 불법이 아니었다. 그러나 실제로 여성의 재혼사례는 그다지 보이지 않는다. 이는 여성의 재혼보다 수절을 이상적으로 여기는 관념과 함께 과부가 아이를 데리고 재혼하는 것이 현실적으로 어려웠기 때문으로 보인다. 재혼의 실상을 보면 남자는 상처나 이혼 후 거의 재혼했으며 상대는 대체로 처녀였다. 과부를 취한 경우는 그녀에게 미모나 재산, 집안 배경 등이 있는 경우가 대부분이었다. 또 남성들은 정치적 이유로 재혼을 하기도 하고, 고려말에는 重婚 사례도 보인다. 여성의 재혼 사례는 많지 않으나 유부녀나 과부가 정치적 재혼의 대상이 되기도 했다는 점, 재혼 시 자식을 데리고 가기도 했다는 점 등이 특징이다. 이는 종법의식의 미약함을 보여주는 것이다. 자식 없는 과부는 구분전을 받았는데, 과전법 규정에서는 재혼녀를 남편 사후 과전 수수대상에서 제외하고 있다. 이는 고위관료 부인들에게 재혼을 금지하는 한편 재혼녀에게 봉작을 금한 규정과 함께 여성에게 수절을 강요한 법제의 시작이라 하겠다.

제4장에서는 성과 성차별에 대해 다루었다. 제1절은 혼인 외 관계에 대한 고찰이다. 간통에 대한 처벌은 이미 고대사회에서도 보이나 고려에 들어와 그 개념과 범위는 법제의 정비와 함께 보다 확대되었다. 고대에는 배우자가 있는 사람에 한해 간통죄가 적용된 반면 이 시기에는 혼인 외의 모든 성관계를 간통으로 지칭, 처벌하였다. 또한 간통에 대한 처벌도 세분되어 간통자 간의 관계에 따라 형률에 차등이

두어졌다. 주인과 종이 간통을 했다거나 가까운 친척끼리 간통을 했다거나 관리가 자기가 관할하는 구역의 백성을 간통한 경우, 승려의 간통 등은 일반인 간의 간통보다 무겁게 처벌되었다. 그러나 여기서도 여성 차별이 보여 여자노비와 남자 주인의 관계는 간통으로 취급되지 않는 반면 여자주인과 남자종과의 관계는 重刑으로 다스려졌다. 또, 남편은 처의 간통에 대해 官에 고발하는 것은 물론 현장에서 姦夫와 함께 죽이는 것도 가능하였으나 여성에게는 이러한 권리가 없었다. 뿐만 아니라 여성들은 간통죄로 처벌된 뒤에도 남편에게 棄妻당함은 물론 恣女案에 올라 針工이 되었으며 자손들의 仕路에도 제한을 받았다. 기존의 견해처럼 고려시대는 성 관계 면에서 자유로운 사회도, 여성들이 남성과 동등한 권리를 가진 사회도 아니었던 것이다.

제2절은 고려의 수절의식과 열녀에 대해 다루었다. 고려시대에는 수절이 일반화되지 않았다. 非父系적인 친족구조로 인하여 순수한 부계혈통의 유지가 요구되지 않았으며, 정략혼 때문에 수절이 강조되기도 어려웠다. 또 불교와 한·당유학에서는 남편 사후까지의 정절을 이야기하고 있지 않다. 국가에서도 수절을 적극적으로 강조할 필요가 없어서 절부 포상은 구휼 등 다른 유교시책과 함께 관행적으로 시행될 뿐이었다. 그러나 고려말이 되면 외적의 침입 시 죽음으로 정절을 지킨 열녀들이 나타난다. 그리고 이와 함께 고위층 부인들의 再嫁 금지가 논의되며, 家廟 설치, 親迎制 도입 등이 주장된다. 이는 결국 非부계적인 친족구조에서 부계 친족제로의 변화를 의미하며, 남편 생전에 한했던 정절의식이 남편 사후까지 확대됨을 뜻한다. 고려말 목숨을 버려 정절을 지킨 열녀들의 사례는 성리학을 이념으로 채택한 신진사대부들에 의해 문집에 수록되고, 찬미되었다. 신진사대부들은 국가에 포상을 건의하는 등 열녀 행위를 드러내는 데 적극적이었고, 나아가서는 부녀자들로 하여금 이러한 행위를 하도록 교화하고, 제도화했다. 그러나 열녀에 대한 장려책은 고려말의 정치 사회적인 혼란 및 사회

구조적인 기반 미숙 등으로 조선에 들어가서야 본격화한다.

제5장에서는 여성의 가정생활에 대해 고찰하였다. 제1절에서는 여성에 대한 국가의 정책 및 유교와 불교 이데올로기에 대해 살펴보았다. 국가에서는 효도와 정절을 지킨 여성에 대해 표창하였으며, 남편이나 자식의 공으로 여성이 봉작을 받는 규정도 있었다. 또한 간통과 불효를 처벌함으로써 여성으로 하여금 부모에게 효도하고 남편에게 정절을 지키며 내조에 힘쓰고 자식을 잘 기를 것을 요구하였다. 유교 교훈서나 불교 이데올로기에서도 여성에 대한 요구는 이와 크게 다르지 않았다. 전근대시대에 사회생활이 허락되지 않은 여성에게 기대할 수 있는 것은 사실 동서양을 막론하고 일정할 것이기 때문이다. 그러나 불교는 유교와 달리 쌍무적 이데올로기로서 부모와 자식, 부부간의 관계를 일방적으로 규정하지 않는다는 점이 특징이다. 즉 자식의 효도도 언급하지만 부모의 의무도 이야기하고 있다. 부부 간에도 아내의 도리와 함께 남편의 의무 역시 언급했다. 이는 유교에 비해 여성들에게 유리한 점이 있었다 하겠다.

제2절에서는 가족 내 여성의 지위와 역할에 대해 살펴보았다. 고려의 가족은 부부와 미혼자녀로 이루어진 부부가족이 기본 단위가 되어 때로는 부부의 노부모나 생활능력이 없는 가까운 미성년 친척 등을 부양가족으로 했다. 가족 내 여성의 지위를 보면, 여성은 어머니로서 아버지와 다름없이 효도의 대상이 되었다. 또 여성은 딸로서 아들과 마찬가지로 상속과 제사 면에서 권리를 가지고 있었다. 그러나 부부 간의 관계에서 남편은 처에 대해 부모와 동격이었다. 그리고 상복이나 부부간 정절의무, 상대방에 대한 살상, 이혼 등 모든 면에서 남편의 우위가 뚜렷하다. 그러나 여성은 자신의 재산을 보유할 수 있었으며, 남귀여가 혼속으로 처를 무시할 수 없었던 측면도 있다. 또 부부간 수평적 도덕을 강조한 불교이데올로기의 영향도 있어 고려시대 처의 지위가 지극히 낮았다고는 할 수 없다. 첩은 신분이 낮은 층으로 천시되

었다. 첩의 처에 대한 관계는 처의 남편에 대한 관계와 맞먹었다. 또 부부간의 공고함도 처에 비해 낮았으며, 첩의 자식도 천대되었다. 그러나 고려의 처첩 및 적서차별은 조선만큼 강하지 않았다. 처첩과 적서라는 의미자체가 宗法과 순수한 부계혈통 친족구조를 전제로 한다. 따라서 고려시대에 처첩이나 적서차별은 신분적인 것 이상일 수 없었다. 여성의 가정 내 역할을 보면, 여성은 혼인 전에는 부모에게, 혼인 뒤에는 시부모에게 효도했다. 그러나 남귀여가 혼속으로 혼인 뒤에도 친정부모를 모시고 효도를 다 한 사례들이 보인다. 남편에게는 순종하고 공경하는 등 내조를 다하였으며, 자녀양육과 교육에도 힘을 기울였다. 고려시대에는 가족 및 친족구조의 非부계적 성격, 불교의 수평적이데올로기 등의 영향으로 여성들에게 유리한 측면이 있었다 하겠다.

제3절에서는 여성의 일과 경제활동에 대해 고찰하였다. 여성의 일로는 의식주와 관련된 일상적인 가사노동과 봉제사, 접빈객을 들 수 있다. 고려시대 여성노동에서 가장 큰 비중을 차지하는 것은 길쌈이다. 고려의 직물은 마가 중심이었는데, 마는 식구들의 의복재료였으며, 국가의 세금이었고, 시장에서 화폐로도 사용되었다. 또한 여성들은 손님접대에도 많은 신경을 썼는데, 이는 대외적인 정보를 얻고 관계를 돈독히 하는 수단이었다는 점에서 단순히 사적 차원의 일이 아니라 공적 영역과도 밀접한 관련이 있었다 하겠다. 제사는 주로 절에서 재의 형태로 치뤘으며, 형제 자매가 돌아가면서 비용을 대는 輪行형태가 일반적이었다. 여성들은 남녀균분 상속에 입각, 자신의 재산으로 제사를 주관할 수도 있었다. 또한 제사가 절에서 이루어졌으므로 여성들은 제수 준비에서도 벗어날 수 있었다. 그러나 고려말이 되면 주자가례에 의해 가묘를 세우고 적장자 중심의 제사를 치를 것이 강조되어 제사에서 여성의 역할이 축소된다. 또한 고려시대에 이상적인 부부상은 남편은 공적인 일에 힘쓰고, 여성은 가정을 경영하는 것이었다. 여성의 가정 관리는 부모를 봉양하고 남편을 내조하고 자식을 양

육하는 정도가 아니었다. 가계를 운영하고, 집안의 노비와 토지를 관리하는 것도 여성의 몫이었다. 이에 여성들은 남편 사후 명실상부한 가장 노릇을 할 수 있었던 것이다. 아울러 여성들은 경제적 활동을 통해 영리도 추구했다. 노비를 시켜 고리대와 상업, 무역을 통해 부를 축적하기도 했던 것으로 보인다. 불교에서는 영리추구를 죄악시하지 않았고, 고리대 역시 긍정하였으므로 여성들은 이윤 추구에 제약을 받지 않았던 것으로 보인다.

혼인은 사회성격과 밀접한 관련을 맺고 있다. 고려의 혼인은 동성근친혼, 서류부가혼에서 보듯 비부계적인 고려사회의 특성을 반영하는 것이었다. 또한 계급내혼으로서 신분제사회라는 고려사회의 성격에 부합하는 것이기도 하였다. 이런 혼인제 하에서 높은 친족 배경을 가진 여성들은 서류부가혼과 남녀균분 상속으로 남자 못지않은 지위를 누릴 수도 있었다. 그러나 한편 이는 기처와 재혼의 빈번함을 가져와 처로서의 지위가 불안정한 측면도 보였다. 고려말 성리학적 가족논리가 수용되면서 혼인제에서 가부장적 성격이 강화되는 경향을 띠게 된다. 동성불혼이나 재가금지, 적서분변 강화 등이 그 대표적인 예라 할 수 있다. 이로써 正妻의 지위는 보다 안정적으로 확보되어 갔으나 한층 강한 가부장적 규제에 놓이는 결과가 되기도 하였던 것이다.

참고문헌

1. 자료

『三國史記』, 景仁文化社, 1976.

『三國遺事』, 民族文化推進會, 1973.

『高麗史』, 亞細亞文化社, 1990.

『高麗史節要』, 亞細亞文化社, 1973.

『朝鮮王朝實錄』(太祖~成宗), 國史編纂委員會, 1955.

『高麗圖經』, 梨大 史學硏究院, 1970.

『高麗名賢集』, 成均館大學校 大東文化硏究院, 1973~1980.

『唐律疏議』, 東京 : 汲古書院, 1975.

『宋刑統』, 台北 : 文海出版社, 1968.

『元史』, 景仁文化社, 1977.

『經國大典』, 景仁文化社, 1972.

『大明律直解』, 保景文化社, 1986.

『朝鮮金石總覽』, 朝鮮總督府, 1919.

李蘭映 編, 『韓國金石文追補』, 亞細亞文化社, 1968.

黃壽永 編, 『韓國金石遺文』, 一志社, 1968/『황수영전집 4-금석유문』, 혜안, 1999.

許興植 編, 『韓國金石全文』上・中・下, 亞細亞文化社, 1984.

金龍善 編, 『高麗墓誌銘集成』, 翰林大學校出版部, 1993.

許興植 編, 『韓國中世社會史資料集』, 亞細亞文化社, 1972.

李基白 編, 『韓國上代古文書資料集成』, 一志社, 1987.

『국역 동문선』, 민족문화추진회, 1982.

梨花女大 韓國女性硏究院, 『韓國女性關係資料集』(古代編), 1974.

梨花女大　韓國女性研究院, 『韓國女性關係資料集』(中世編)　上・中・下,
　　　1983・1985・1986.
梨花女大　韓國女性研究院, 『한국여성사자료집(조선왕조실록)』1~7권, 1992
　　　~1996.

2. 단행본

高光林, 『韓國의 婚姻研究』, 和成社, 1990.
權斗奎, 『高麗時代의 家族形態와 戶의 構造』, 慶北大 박사학위논문, 1995.
金基德, 『高麗 封爵制研究』, 건국대 박사학위논문, 1994.
金淇春, 『朝鮮時代刑典』, 三英社, 1991.
金斗憲, 『朝鮮家族制度研究』, 乙酉文化社, 1949/『韓國家族制度研究』, 서울
　　　大出版部, 1969.
金尙憶, 『朝鮮女俗考』, 東文選, 1990.
金用淑, 『한국女俗史』, 民音社, 1989.
金完燮, 『韓國婚姻考-法制와 婚俗』, 高麗大學校 博士學位論文, 1974/『韓
　　　國婚姻考(法制와 婚俗)』, 高大出版部, 1975.
金靜子, 『韓國結婚風俗史』, 民俗苑, 1974.
金鍾鳴, 『韓國의 婚俗研究』, 大星文化社, 1981.
金疇洙, 『婚姻法研究』, 法文社, 1969.
盧明鎬, 『高麗社會의 兩側的 親屬組織 研究』, 서울大 博士學位論文, 1988.
박경휘, 『조선민족 혼인사 연구』, 한남대학교 충청문화연구소 편, 한남대학교
　　　출판부, 1992.
朴秉濠, 『韓國法制史攷』, 法文社, 1974.
朴惠仁, 『韓國의 傳統婚禮研究-婿留婦家婚俗을 中心으로』, 高麗大學校 民
　　　族文化研究所, 1988.
辛虎雄, 『高麗法制史研究』, 國學資料院, 1995.
延正悅, 『韓國法制史』, 학문사, 1990.
李光奎, 『韓國家族의 史的研究』, 一志社, 1977.
李光奎, 『韓國의 家族과 宗族』, 民音社, 1990.
李能和, 『朝鮮女俗考』, 大洋書籍, 1978.
李能和, 李在崑 譯, 『朝鮮解語花史』, 東文選, 1992.
李範稷, 『韓國中世禮思想研究-五禮를 중심으로-』, 一潮閣, 1991.

이순구,『朝鮮初期 宗法의 수용과 女性地位의 변화』, 한국정신문화연구원 학국학대학원 박사학위논문, 1994.

李順洪,『韓國傳統婚姻考』, 學研文化社, 1992.

이정란,『高麗時代 庶孽 硏究』, 고려대 박사학위논문, 2003.

李兒榮,『韓國離婚硏究』, 梨花女大 韓國文化硏究院, 1968.

梨花女大 韓國女性史編纂委員會,『韓國女性史』, 梨大出版部, 1972.

張炳仁,『조선전기 혼인제와 성차별』, 일지사, 1997.

鄭容淑,『高麗王室族內婚硏究』, 새문社, 1988.

정용숙,『고려시대의 后妃』, 민음사, 1992.

崔達坤・鄭東鎬,『人類婚姻史』, 博英社, 1981.

崔在錫,『韓國家族制度史硏究』, 一志社, 1983.

崔在錫,『韓國古代社會史方法論』, 一志社, 1987.

崔在錫,『韓國古代社會史硏究』, 一志社, 1987.

崔弘基,『韓國戶籍制度史硏究』, 서울大出版部, 1973.

한국정신문화연구원,『한국전통사회의 관혼상제』, 한국정신문화연구원, 1984.

韓福龍,『韓國婚姻法論』, 하락도서, 1989.

許興植,『高麗社會史硏究』, 亞細亞文化史, 1981.

許興植,『한국의 古文書』, 民音社, 1988.

仁井田陞,『中國法制史』, 岩波全書, 1968.

滋賀秀三,『中國家族法の原理』, 創文社, 1967.

陳顧遠,『中國婚姻史』, 臺北:商務印書館, 1935.

陳東原,『中國婦女生活史』, 臺北:商務印書館股彬有限公司, 1989.

3. 논문

康龍權,「虛婚에 관한 硏究」,『民族文化』2, 동아대학교 부설 한국민족문화연구소, 1980.

姜鳳龍,「三國時期의 律令과 '民'의 存在形態」,『韓國史硏究』78, 1992.

高光林,「李朝時代에 있어서의 婚姻制度에 관한 연구」,『인천교대논총』2, 1971/『韓國의 婚姻硏究』, 和成社, 1990.

高光林,「李朝時代의 婚姻節次에 關한 연구 - 國婚을 中心으로」,『인천교대 논문집』6, 1971/『韓國의 婚姻硏究』, 和成社, 1990.

高富子,「濟州道의 婚俗」,『國際大學 論文集』6, 1978.

高英津,「15·16世紀 朱子家禮의 施行과 그 意義」,『韓國史論』21, 서울대 국사학과, 1989.

具玩會,「朝鮮 中葉 士族孼子女의 贖良과 婚姻 -「眉巖日記」를 통한 사례검토」,『慶北史學』8, 慶北大學校 人文大學 史學科, 1985.

權斗奎,「高麗時代의 別籍異財禁止法과 家族規模」,『慶北史學』13, 경북사학회, 1990.

權斗奎,「高麗時代 戶主의 機能과 地位」,『大邱史學』43, 1992.

權斗奎,「高麗時代 官人의 親族範圍 - 8世戶籍을 중심으로」,『安東史學』1, 안동대학교 사학회, 1994.

權斗奎,「고려시대 限品制와 世系추심 범위」,『한국중세사연구』창간호, 1994.

권순형,「고려시대 간비(奸非)연구」,『여성학논집』11, 이화여대 한국여성연구원, 1994.

권순형,「고려시대 혼인제도에 대한 일 연구 - 이혼을 중심으로 - 」,『梨大史苑』28, 1995.

권순형,「고려 혼인제 연구의 동향과 과제」,『梨花史學硏究』22, 1995.

권순형,「고려 혼인제도의 범주와 사료에 대한 검토 - 형법지 혼인관련 조항을 중심으로」,『한국사연구』98, 1997.

권순형,『고려시대 혼인제도 연구』, 이화여대 박사학위논문, 1997.

권순형,「고려시대 서류부가혼에 대한 연구」,『이대사원』30, 1997.

권순형,「고려시대 혼인규제의 성립과 변천 : 혼인의 대상을 중심으로」,『백산학보』50, 1998.

권순형,「고려의 이혼과 재혼」,『민속학연구』6, 국립민속박물관, 1999.

권순형,「고려시대 여성의 규범과 삶」,『유교사상연구』14, 한국유교학회, 2000/한국유교학회편,『유교와 페미니즘』, 철학과 현실사, 2001.

권순형,「고려시대의 수절의식과 열녀」, 박용옥 엮음,『여성 : 역사와 현재』, 국학자료원, 2001.

권진철,「고려 태조의 후비책에 관한 재고」,『백산학보』47, 1996.

金基德,「고려시기 왕실의 구성과 근친혼」,『국사관논총』49, 1993.

金琪燮,「高麗前期 戶等制와 농업경영규모」,『釜大史學』18, 1994.

金琪燮,「고려후기 호등제 변화의 배경과 그 추이」,『釜大史學』19, 1995.

金東洙,「高麗時代의 相避制」,『歷史學報』102, 1984.

金東仁,「朝鮮前期 良賤交婚에 나타난 良人分化樣態」,『숭실사학』8, 1994.

金斗憲, 「朝鮮의 早婚과 그 起源에 대한 고찰」, 『震檀學報』 2, 1935.

金斗憲, 「朝鮮妾制史小考」, 『震檀學報』 11, 1939.

김선주, 「고구려 서옥제의 혼인형태」, 『고구려연구』 13, 2002.

金成俊, 「麗代 元公主出身 王妃의 政治的 位置에 대하여」, 『韓國女性文化
    論叢』, 1958/『韓國政治法制史研究』, 一潮閣, 1985.

金壽泰, 「李能和의 社會史研究」, 『忠南史學』 3, 忠南大學校 史學會, 1988.

金壽泰, 「高麗初 別籍異財에 관한 法理의 制定」, 『동아연구』 17, 1989.

김영미, 「불교의 수용과 삶·의식세계의 변화 : 고려시대 여성의 가정생활을
    중심으로」, 『역사교육』 62, 1997.

김영미, 「고려시대 여성의 출가」, 『이화사학연구』 25·26합집, 1999.

김영심, 「혼인습속과 가족구성 원리를 통해 본 고대사회의 여성」, 『강좌한국
    고대사』 10, 가락국사적개발연구원, 2003.

金英夏·許興植, 「韓國中世의 戶籍에 미친 唐宋戶籍制度의 影響」, 『韓國史
    研究』 19, 1978.

金龍善, 「新羅 法興王代의 律令頒布를 둘러싼 몇 가지 問題」, 『加羅文化』 1,
    慶南大學校 加羅文化研究所, 1982.

金龍善, 「高麗時代의 家系記錄과 族譜」, 『이기백선생고희기념한국사학논총』
    상 - 고대편·고려시대편, 이기백선생고희기념한국사학논총 간행위
    원회, 1994.

金用淑, 「韓國女俗史」, 『韓國文化史大系』 IV, 高大民族文化研究所, 1970.

金銀坡, 「相續形態를 中心으로 본 高麗時代 女子의 地位」, 『全北史學』 2,
    1978.

金銀坡, 「高麗時代 法制上 및 社會通念上에서의 女子의 地位」, 『全北史學』
    3, 1979.

金毅圭, 「新羅母系制社會說에 대한 檢討 - 新羅親族研究」, 『韓國史研究』
    23, 1979.

金一美, 「朝鮮의 婚俗變遷과 그 社會的 性格」, 『梨花史學研究』 4, 1969.

金貞培, 「魏志東夷傳에 나타난 古代人의 生活慣習 - 葬禮·婚禮를 중심으
    로」, 『大東文化研究』 13, 成均館大學校 大東文化研究院, 1979.

金哲埈, 「三國時代의 禮俗과 儒教思想」, 『大東文化研究』 6·7, 成均館大學
    校 大東文化研究院, 1970.

金春東, 「韓國禮俗史」, 『韓國文化史大系』 IV, 高大民族文化研究所, 1970.

김해영, 「<상정고금례>와 고려조의 祀典」, 『국사관논총』 55, 1994.

김현경,「고려시대 재가연구」, 인하대 교육대학원 석사논문, 2000.

김현정,「부여의 혼인제연구」,『상명사학』 8·9, 2003.

金惠苑,「麗元王室通婚의 成立과 特徵 - 元公主出身王妃의 家를 중심으로」,『梨大史苑』 24·25, 1990.

金勳埴,「고려후기의 <孝行錄> 보급」,『韓國史研究』 73, 1991.

盧明鎬,「高麗의 五服親과 親族關係 法制」,『韓國史研究』 33, 1981/『高麗社會의 兩側的 親屬組織 研究』, 서울大 博士學位論文, 1988.

盧明鎬,「高麗時代 承蔭血族과 貴族層의 蔭敍機會」,『金哲埈博士華甲紀念 史學論叢』, 金哲埈博士華甲紀念史學論叢 刊行準備委員會, 1983/『高麗社會의 兩側的 親屬組織 研究』, 서울大 博士學位論文, 1988.

盧明鎬,「高麗時代 親族組織의 연구상황」,『中央史論』 5, 중앙대학교 사학회, 1987/『高麗社會의 兩側的 親屬組織 研究』, 서울大 博士學位論文, 1988.

盧明鎬,「高麗時代의 親族組織」,『국사관논총』 3, 1989.

盧明鎬,「高麗時代의 土地相續」,『中央史論』 6, 1989.

盧明鎬,「高麗後期의 族黨勢力」,『李載龒博士還曆紀念 韓國史學論叢』, 1990.

盧明鎬,「田柴科체제하 白丁농민층의 토지소유 - 토지 상속제와 관련된 검토를 중심으로」,『한국사론』 23, 1990.

盧明鎬,「高麗時代 戶籍記載樣式의 成立과 그 사회적 의미」,『震檀學報』 79, 1995.

盧明鎬,「羅末麗初의 사회변동과 친족제도」,『한국고대사연구』 8, 신서원, 1995.

盧重國,「高句麗 律令에 관한 一試論」,『東方學志』 21, 1979.

盧重國,「百濟律令에 대하여」,『百濟研究』 17, 충남대, 1986.

盧泰敦,「高句麗 初期의 娶嫂婚에 관한 一考察」,『金哲俊博士 華甲紀念論叢』, 1983.

盧泰敦,「高句麗 初期의 娶嫂婚에 관한 一考察」,『金哲俊博士 華甲紀念論叢』, 1983.

閔丙河,「高麗法과 그에 나타난 倫理觀」,『대동문화연구』 21, 성균관대, 1987.

閔丙河,「『高麗史』刑法志를 통해 본 倫理思想」,『국사관논총』 4, 1989.

閔濟,「婚俗의 大禮에 대하여」,『月山任東權士頌壽紀念論文集 - 民俗學編』,

集文堂, 1986.

朴桂弘, 「韓·日民俗의 比較考察(Ⅱ)-日本婚姻의 歷史的 類型을 中心으로」, 『百濟研究』 7, 忠南大學校 百濟研究所, 1976.

朴桂弘, 「韓日婚俗의 比較考察」, 『韓國民俗學』 11, 1976.

朴南勳, 「朝鮮前期의 再婚禁止法과 實際」, 『한국의 사회와 역사』, 崔在錫교수정년퇴임기념논총간행위원회, 1991.

박민선, 「고려시대 여성의 생활과 불교」, 이화여대 사회생활학과 석사논문, 1997.

朴敏子, 「高麗時代 女性의 地位-家族制度를 중심으로」, 『論文集』 12, 덕성여자대학, 1984.

朴秉濠, 「우리나라 率婿婚俗에 由來하는 親族과 禁婚範圍」, 『法學』 4-12, 1962.

朴秉濠, 「韓國家父長權法制의 史的 考察」, 『한국여성학』 2, 한국여성학회, 1986.

박연호, 「조선전기 士大夫禮의 변화양상-「家禮」와 宗子法을 중심으로-」, 『청계사학』 7, 한국정신문화연구원 청계사학회, 1990.

朴容玉, 「3國史의 女性記事 史論 分析」, 『연구논문집』 31, 성신여자대학교, 1991.

朴恩卿, 「高麗時代 歸鄕刑에 대한 재검토」, 『韓國史研究』 79, 1992.

朴貞惠, 『韓國婚姻風俗研究-古代婚俗의 民俗學的 考察』, 誠信女大 大學院, 1976.

朴惠仁, 「婿留婦家婚俗의 變遷과 그 性格-朝鮮時代家族制度變化를 중심으로」, 『民族文化研究』 14, 高麗大民族文化研究所, 1979.

朴惠仁, 「傳統的 婚姻儀禮에 나타난 韓國家族의 性格」, 『女性問題研究』 10, 1981.

朴惠仁, 「母處父處制 婚姻居住規則의 殘滓-婿留婦家婚俗을 중심으로」, 『民族文化研究』 17, 1983.

朴惠仁, 「女家에서의 婚禮式의 淵源 및 그 變遷」, 『女性問題研究』 12, 曉成女大 부설 여성문제연구소, 1983.

朴惠仁, 「혼인풍속 서옥 기록과 삼국사기 초기 사례를 통해 본 고구려의 혼인 및 처가방문생활」, 『역사민속학』 18, 2004.

裵慶淑, 「韓國婚俗의 變遷에 관한 考察」, 『法史學研究』 6, 1981.

白承鐘, 「高麗 後期의 '八祖戶口'」, 『韓國學報』 34, 1984.

徐銀淑, 「新羅 中古・中代 王室婚姻考」, 慶北大 석사학위논문, 1977.

孫晋泰, 「朝鮮婚姻의 主要形態인 率婿婚俗考」, 『開闢』 2, 1934/『朝鮮民族文化의 硏究』, 을유문화사, 1948.

孫晋泰, 「寡婦 掠奪婚俗에 就하여」, 『朝鮮民族文化의 硏究』, 을유문화사, 1948.

宋斗用, 「高麗律令의 硏究」, 『行政學報』 1・2, 建國大學校 行政大學院, 1968・1969.

申圭東, 「韓國의 婚姻制度」, 『成均法學』 7, 1962.

辛東鎭, 「고구려 초기의 혼인체계분석」, 건국대 석사학위논문, 1984.

신영숙, 「한국가부장제의 사적 고찰 - 고려시대와 조선전・후기를 중심으로」, 『여성・가족・사회』 34, 여성한국사회연구회, 1991.

申瀅植, 「新羅王位繼承考」, 『柳洪烈博士華甲紀念論叢』, 惠庵柳洪烈博士華甲紀念事業委員會, 1971.

辛虎雄, 「고려사 형법지의 검토」, 『소헌남도영박사화갑기념 사학논총』, 1984/『高麗法制史硏究』, 國學資料院, 1995.

辛虎雄, 「고려사 형법지의 무편년 과조적 기사에 대한 검토」, 『논문집』 12(인문과학・사회과학편), 1984/『高麗法制史硏究』, 國學資料院, 1995.

辛虎雄, 「高麗史 刑法志 再論」, 『東國史學』 19・20합집, 1986/『高麗法制史硏究』, 國學資料院, 1995.

辛虎雄, 「高麗律의 內容과 그 法源에 관한 硏究」, 『關大論文集』 16 - 인문사회과학편, 1988/『高麗法制史硏究』, 國學資料院, 1995.

辛虎雄, 「高麗律의 制定에 대한 檢討」, 『東國史學』 22, 1988/『高麗法制史硏究』, 國學資料院, 1995.

辛虎雄, 「高麗律에 있어서 閏刑의 施行問題」, 『西巖趙恒來교수화갑기념 한국사학논총』, 1992/『高麗法制史硏究』, 國學資料院, 1995.

辛虎雄, 「高麗律에 있어서 犯罪의 構成要件」, 『소헌남도영박사 고희기념 역사학논총』, 1993/『高麗法制史硏究』, 國學資料院, 1995.

申虎澈, 「高麗時代의 土地相續에 대한 再檢討」, 『歷史學報』 98, 1983.

沈耦俊, 「新羅王室의 婚姻法則」, 『趙明基博士華甲紀念佛教史學論叢』, 1965.

安秉台, 「婚俗 親迎에 대하여」, 『韓國民俗學』 5, 1972.

呂重哲, 「同族部落의 通婚圈에 관한 硏究」, 『人類學論集』 1, 1975.

呂重哲, 「韓國農村의 地域的 通婚圈」, 『新羅伽倻文化』 9・10, 1978.

柳洪烈, 「高麗의 元에 對한 貢女」, 『震檀學報』 18, 1957.

尹庚子, 「高麗王室의 婚姻形態」, 『淑大史論』 3, 1968.

尹熙勉, 「高麗史」 刑法志 小考」, 『東亞研究』 6, 1985.

李京炯, 「高麗時代의 系譜觀念과 親族」, 『한국의 사회와 역사』, 최재석교수 정년퇴임기념 논총간행위원회, 1991.

李光奎, 「同性同本不婚의 史的 考察」, 『韓國文化人類學』 8, 1976/『韓國家族의 史的研究』, 一志社, 1977.

李光奎, 「新羅王室의 婚姻體系」, 『社會科學論文集』 1, 서울大學校 社會科學大學, 1976.

李光奎, 「韓國古代社會와 親族制度」, 『韓國古代文化와 隣接文化와의 關係』 (報告論叢81-1), 韓國精神文化研究院, 1981.

李光奎, 「신라왕실의 혼인체계」, 『민족과 문화』 II(사회·언어 - 한국문화인류학회논문집), 정음사, 1988.

李基東, 「新羅中古時代血族集團의 特質에 관한 諸問題」, 『震檀學報』 40, 1975/『新羅骨品制社會와 花郎徒』, 一潮閣, 1984.

李基白, 「夫餘의 妒忌罪」, 『史學志』 4, 檀國大學校 史學會, 1970.

李能和, 「朝鮮民庶婚制」, 『韓國民俗研究論選』(I), 一潮閣, 1982.

李東科, 「韓國의 儒敎的 傳統婚禮 節次에 關한 考察」, 『法學論考』 17, 청주대학교 법과대학, 1988.

李文雄, 「新羅 親族 연구에서 婚姻體系와 出系의 문제」, 『韓國文化人類學』 17, 韓國文化人類學會, 1985.

李培鎔, 「新羅下代 王位繼承과 眞聖女王」, 『千寬宇先生還曆紀念 韓國史學論叢』, 正音社, 1985.

李培鎔, 「유교적 전통과 변형 속의 가족윤리와 여성의 지위」, 『여성학논집』 12, 1995.

정세화·최숙경·이배용·장필화·김영미·박진숙, 「한국 여성사 정립을 위한 인물 유형 연구 - 고대에서 대한제국 시기까지」, 『여성학논집』 5, 1988.

李範稷, 「高麗史禮志의 分析」, 『韓㳓劤停年紀念史學論叢』, 知識産業社, 1981.

李範稷, 「高麗史 禮志 「吉禮」의 검토」, 『김철준박사화갑기념 사학논총』, 1983.

李範稷, 「高麗時期의 五禮 - 朝鮮初期 五禮成立背景」, 『歷史敎育』 35, 1984.

384

李範稷, 「『高麗史』禮志 嘉禮의 검토」, 『이재룡박사환력기념 한국사학논총』, 1990.

李範稷, 「朝鮮前期의 五禮와 家禮」, 『한국사연구』 71, 1990.

李範稷, 「高麗時期 儒敎禮制의 受容 - 五禮를 중심으로」, 『李元淳교수정년 기념 역사학논총』, 1991.

李相佰, 「再嫁禁止習俗의 由來에 대하여」, 『東洋思想研究』 1, 1934/『李相佰 著作集』 1, 을유문화사, 1978.

李英夏, 「高句麗家族制度와 娶嫂婚制」, 『論文集』 25 - 人文·社會科學編, 公州師範大學, 1987.

李仁哲, 「新羅律令의 編目과 그 內容」, 『정신문화연구』 54, 1994.

이정란, 「고려시대 혼인형태에 대한 재검토」, 『사총』 57, 2003.

李鍾書, 『14-16세기 韓國의 親族用語와 日常의 親族關係』, 서울대 박사학위 논문, 2003.

이종서, 「고려~조선전기 친족관계 - 族을 중심으로」, 『역사비평』 64, 2003.

이종서, 「朝鮮後期 이후 '同氣'理論의 전개와 血緣意識의 變動」, 『東方學志』 120, 2003.

이종서, 「高麗末 和寧府戶籍의 作成原則과 記載內容 - 同居狀況과의 關聯 性을 중심으로 - 」, 『震檀學報』 95, 2003.

이종서, 「14세기 이후 친족용어의 변천과 친족관계」, 『역사비평』 63, 2003.

이종서, 「전통적 繼母觀의 형성과정과 그 의미」, 『역사와 현실』 51, 2004.

李鍾旭, 「新羅 上代 王位繼承 研究」, 『民族文化叢書』 7, 嶺南大學校 民族文 化研究所, 1980.

이혜옥, 「여성의 자아실현과 의식세계」, 『東方學志』 124, 2004.

이혜옥, 「고려시대의 家와 家意識」, 『東方學志』 129, 2005.

이혜옥, 「高麗時代 女性의 經濟觀念과 富의 추구 - 상류층 가정의 여성을 중 심으로」, 『東洋古典研究』 23, 2005.

李効再, 「한국 결혼제도를 통하여 본 변동의 유형」, 『진단학보』 3, 19671

李義權, 「高麗의 財産相續形態에 관한 一考察」, 『韓國史研究』 41, 1983.

李熙德, 「高麗律과 孝行思想에 대하여」, 『歷史學報』 58, 1973.

張炳仁, 「高麗時代 婚姻制에 대한 재검토 - 一夫多妻制說의 비판 - 」, 『한국 사연구』 71, 1990.

장병인, 「조선 중기 혼인제의 실상 - 반친영의 실체와 그 수용여부를 중심으 로」, 『역사와 현실』 58, 2005.

張承斗, 「韓國原始諸種族の婚姻」, 『조선』281·282, 1938.

張承斗, 「朝鮮の同姓不婚」, 『朝鮮總督府調查月報』10·11월호, 1939.

전경수, 「진도 하사미(下沙渼)의 대바구 혼인 : 그 민족지적 의미와 비교문화적 위상」, 『한국문화인류학』19, 한국문화인류학회, 1987.

全吉姬, 「新羅時代 庶族에 대한 小考」, 『梨大史苑』2, 1960.

田鳳德, 「新羅의 律令巧」, 『서울大論文集』4, 1956.

鄭肯植, 「우리나라 姦通罪의 法制史的 考察」, 『형법개정과 관련하여 본 낙태죄 및 간통죄에 관한 연구』, 한국형사정책연구원, 1991.

鄭東鎬, 「韓國의 原初的 家族法規範과 中國法文化의 繼承」, 『江原大 論文集』15 - 사회계, 1982.

鄭範錫, 「우리나라 同姓婚 및 近親婚에 관한 硏究」(1), 『金斗憲博士華甲紀念論文集』, 1964.

鄭容淑, 「高麗時代 儒敎倫理思想의 性格」, 『원우논총』1, 숙명여대 원우회, 1983.

鄭容淑, 「고려사 형법지 노비항의 검토 - 찬자의 대노비관과 관련하여」, 『韓國史硏究』46, 1984.

鄭容淑, 「高麗初期 婚姻政策의 추이와 王室族內婚의 成立」, 『韓國學報』37, 1984.

鄭容淑, 「公主의 婚姻關係를 통해 본 高麗王室婚의 一斷面」, 『高麗史의 諸問題』, 三英社, 1986.

鄭容淑, 「高麗王室 族內婚의 展開와 變質」, 『斗溪李丙燾博士九旬紀念韓國史學論叢』, 知識産業社, 1987.

정용숙, 「고려와 일본의 왕실혼인에 대한 검토 : 10~12세기를 중심으로」, 『한국민족문화』9, 부산대 한국민족문화연구소, 1997.

조강희, 「영남지방의 婚班연구 - 진성이씨 퇴계파 종손을 중심으로 한 추적조사」, 『민족과 문화』II 사회·언어 - 한국문화인류학회논문집, 정음사, 1988.

趙康熙, 「嶺南地方의 婚班硏究 - 眞城李氏 退溪派 宗孫을 中心으로 한 追跡調査」, 『民族文化論叢』6, 嶺南大學校民族文化硏究所, 1988.

朱甫暾, 「新羅時代의 連坐制」, 『大邱史學』제25집, 大邱史學會, 1984.

竹田旦, 「死後결혼의 比較民俗學的 硏究」, 『月山任東權博士頌壽紀念論文集 - 民俗學編』, 集文堂, 1986.

竹田旦, 「全南 珍島에 있어서의 死後婚 - 民俗의 地域性 解明을 爲해서」,

386

　　　『韓國民俗學』20, 民俗學會, 1987.

채웅석, 「高麗時代의 歸鄕刑과 充常戶刑」, 『한국사론』9, 서울대, 1983.

채웅석, 「고려후기 지방지배 정책의 변화와 '貢戶'의 파악」, 『논문집』창간호, 카톨릭대학교 성심교정, 1995.

崔權默・韓基範, 「17世紀의 同姓婚 - 丹城戶籍을 中心으로」, 『人文科學研究所 論文集』9-2, 忠南大學校, 1982.

崔圭成, 「高麗初期 官僚體制와 政治擔當勢力의 變遷」, 『藍史鄭在覺博士古稀紀念 東洋學論叢』, 1984.

崔吉城, 「死後結婚의 意味 - 韓・中・日 比較」, 『比較民俗學』창간호, 比較民俗學會, 1985.

崔淑, 「麗末鮮初 新興士大夫의 婚姻制度 改革論」, 『韓國史의 構造와 展開 - 河炫綱敎授定年紀念論叢』, 혜안, 2000.

崔淑, 「고려 혼인법의 개정과 그 의미 - 근친혼 금제를 중심으로」, 『한국사론』33, 국사편찬위원회, 2002.

崔淑, 「여말선초 정도전의 혼인제 인식」, 『최숙경교수정년기념사학논총』, 2000.

崔在錫, 「韓國古代家族에 있어서의 母系・父系의 문제」, 『韓國社會學』4, 1968/『韓國家族制度史研究』, 1983.

崔在錫, 「高麗後期 家族의 類型과 構成 - 國寶131호 高麗後期 戶籍文書 分析에 의한 接近」, 『韓國學報』3, 1976.

崔在錫, 「濟州道의 婚姻儀禮와 그 社會的 意義」, 『亞細亞女性研究』16, 淑明女子大學校 亞細亞女性問題研究所, 1977.

崔在錫, 「濟州道의 死後婚」, 『韓國學報』13, 一志社, 1978.

崔在錫, 「17世紀初의 同姓婚 - 山蔭帳籍의 分析」, 『震檀學報』46・47합병호, 1979.

崔在錫, 「高麗朝에 있어서의 土地의 子女均分相續」, 『韓國史研究』35, 1981.

崔在錫, 「高麗時代의 親族組織」, 『歷史學報』94・95합집, 1982.

崔在錫, 「高麗朝의 相續制와 親族組織」, 『東方學志』31, 1982.

崔在錫, 「出系와 出系集團」, 『韓國文化人類學』14, 韓國文化人類學會, 1982.

崔在錫, 「高麗時代의 家族과 親族」, 『韓國家族制度史研究』, 1983.

崔在錫, 「高麗時代의 家族과 親族」, 『韓國家族制度史研究』, 1983.

崔在錫, 「新羅王室의 王位繼承」, 『歷史學報』98, 1983.

崔在錫,「新羅王室의 婚姻制」,「韓國史研究』40, 1983.

崔在錫,「高麗時代 父母田의 子女均分相續再論」,『韓國史研究』44, 1984.

崔在錫,「古代社會의 婚姻形態」,『奎章閣』9, 서울大學校 圖書館, 1985.

崔在錫,「社會史에서의 女・女婿・外孫의 社會的 地位의 變化」,『學術院論文集』제24집 - 人文・社會科學編, 學術院, 1985.

崔在錫,「韓國家族史에서의 서로 다른 두 原理에 대하여」,『歷史學報』106, 1985.

崔泰吉,「渤海 婚俗에 대한 고찰」,『한국민속학』25, 1993.

河炫綱,「高麗前期의 王室婚姻에 對하여」,『梨大史苑』7, 1968.

韓福龍,「朝鮮朝 定婚法制의 繼受」,『논문집』9, 세무대학, 1991.

韓榮國,「朝鮮 中葉의 奴婢結婚樣相(上) - 1609년의 蔚山戶籍에 나타난 事例를 中心으로」,『歷史學報』75・76합집, 1977.

韓榮國,「朝鮮 中葉의 奴婢結婚樣相(下) - 1609년의 蔚山戶籍에 나타난 事例를 中心으로」,『歷史學報』77, 1978.

韓容根,「高麗律 成立에 관한 一考察」,『국사관논총』21, 1991.

韓容根,「統一新羅의 刑律」,『중재장충식박사 화갑기념 논총』(역사학편), 1992.

許興植,「高麗戶口單子의 新例(光山 金璉・金稹)와 國寶戶籍과의 比較分析」,『史叢』21・22合輯, 1977.

許興植,「國寶戶籍으로 본 高麗의 社會構造」,『韓國史研究』16, 1977/『高麗社會史研究』, 1981.

許興植,「密陽朴氏 漢城分派의 14・1세기 戶口單子와 그 分析」,『白山學報』23, 1977.

許興植,「高麗時代 小君의 身分上 特性」,『擇窩 許善道선생 정년기념 한국사학논총』, 일조각, 1992.

許興植,「高麗時代의 夫妻形態와 그 變遷」,『韓國親族制度研究』, 역사학회, 1992.

허흥식,「고려시대 근친혼과 일부일처제」,『역사비평』1994년 여름, 역사비평사, 1994.

洪承基,「高麗時代 土地相續의 여러 形態」,『韓國親族制度研究』, 역사학회, 1992.

今村鞆,「朝鮮婚姻制의一面觀察」,『朝鮮』, 1931.

今村鞆,「朝鮮に於ける一夫多妻の存在について」,『稻葉博士還曆紀念滿鮮史論叢』, 1938.

都守泰一,「朝鮮人の婚姻と族姓」,『社會學雜誌』26, 1926.

徐台洙,「高麗朝の內外鄉についての一考察」,『駿台史學』19, 明治大學駿台史學會, 1966.

小田幹治郎,「婚姻に關する朝鮮の習俗」,『朝鮮』6월호, 1920.

伊藤憲郎,「朝鮮に於ける同族不婚の原則」,『朝鮮』161, 1928.

李丙洙,「朝鮮の「同姓不婚」制」,『婚姻法の研究』上, 日本 東京：高梨公之教授還歷祝賀記念論文集刊行發起人會, 1976.

李熙永,「高麗朝歷代妃嬪の姓の繼承に關する一試論 - 同姓不婚制の形成過程における一現象の究明」,『民族學研究』31-1, 1966.

仁井田陞,「高麗および李氏朝鮮の財産相續法と中國法」,『朝鮮學報』 30, 1964.

井上和枝,「高麗時代の女性の地位について」,『史學研究』190, 廣島：廣島史學研究會, 1990.

秋葉隆,「朝鮮の婚姻形態」,『哲學論叢』제2부, 京城帝大法文學部, 1930.

찾아보기

392

394

저자_ 권 순 형

이화여대 사회학과를 졸업하고, 이화여대 대학원 사학과에서 석사와 박사학위를 받았다.
현재 한경대, 평택대 등에서 강의하고 있다.
저술로는『우리 여성의 역사』(청년사, 1999),『전통시대 법과 여성』(경기도, 2005),『혼인과
연애의 풍속도』(국사편찬위원회, 2005) 등의 공저가 있으며,「고려시대 여성의 규범과
삶」(2000),「고려의 수절의식과 열녀」(2001),「고려시대 여성의 일과 경제활동」(2004),
「원공주 출신 왕비의 정치권력 연구」(2005) 등의 논문이 있다.

고려의 혼인제와 여성의 삶

권 순 형

2006년 6월 2일 초판 1쇄 인쇄
2006년 6월 8일 초판 1쇄 발행

펴낸이 · 오일주
펴낸곳 · 도서출판 혜안
등록번호 · 제22-471호
등록일자 · 1993년 7월 30일

⊕ 121-836 서울시 마포구 서교동 326-26번지 102호
전화 · 3141-3711~2 / 팩시밀리 · 3141-3710

E-Mail hyeanpub@hanmail.net
ISBN 89 - 8494 - 273 - 1 93910
값 25,000원